GIMP 2

Jürgen Osterberg ist Inhaber und Geschäftsführer des IT-Schulungs-unternehmens opentraining (www.opentraining.de), das Schulungen rund um die Themen Linux, Internet und IT-Security anbietet, sowie der Web-Agentur »30 doradus media design« (www.30doradus.de). Zuvor arbeitete er in den Bereichen Elektronisches Publizieren und Internet bei verschiedenen Agenturen und Unternehmen, u.a. bei Thyssen-Krupp und beim Brockhaus-Verlag. Als freier Autor und Wissenschaftsjournalist schrieb er für verschiedene Zeitungen und Zeitschriften. Außerdem betreibt er die Website »www.gimp.de«.

Jürgen Osterberg

GIMP 2

Anspruchsvolle Bildbearbeitung unter Linux, Windows und Mac OS X

2., überarbeitete und aktualisierte Auflage

dpunkt.verlag

Jürgen Osterberg
osterberg@opentraining.de

Lektorat: René Schönfeldt
Fachgutachter: Simon Budig, Siegen
Copy Editing: Annette Schwarz, Ditzingen
Satz: Ulrich Kilian, Heidelberg
Herstellung und Farbseiten: Birgit Bäuerlein
Umschlaggestaltung: Helmut Kraus, Düsseldorf
Druck und Bindung: Koninklijke Wöhrmann B.V., Zutphen, Niederlande

Bibliografische Information Der Deutschen Bibliothek
Die Deutsche Bibliothek verzeichnet diese Publikation in der Deutschen Nationalbibliografie;
detaillierte bibliografische Daten sind im Internet über <http://dnb.ddb.de> abrufbar.

ISBN 3-89864-295-X

2., überarbeitete und aktualisierte Auflage 2005
Copyright © 2005 dpunkt.verlag GmbH
Ringstraße 19
69115 Heidelberg

Die 1. Auflage erschien im Oktober 2000 unter dem Titel:
GIMP – Anspruchsvolle Grafikbearbeitung unter Linux und Windows

Inhaltsverzeichnis

1 Einführung

GIMP ist als Grafikprogramm das, was Linux als Betriebssystem, Apache als Webserver und PHP als Skriptsprache ist: eine kostenlose und frei erhältliche Alternative, die sehr leistungsfähig ist und die den Vergleich mit teurer kommerzieller Software nicht zu scheuen braucht.

GIMPs zahlreiche Funktionen, seine Erweiterbarkeit und viele im Web verfügbare zusätzliche Plugins und Filter machen es zu einem (nahezu) universell einsetzbaren Werkzeug für alle grafischen Aufgaben. Mit GIMP können Sie beispielsweise Bilder bearbeiten, Ihre Fotografien retuschieren oder Animationen für Ihre Homepage erstellen.

1.1 Inhalt des Buches

Das vorliegende Buch unterstützt sowohl Ihre ersten Gehversuche mit GIMP als auch Ihre Ambitionen, die fortgeschrittenen Funktionen dieses Programmes zu nutzen. Es hilft Ihnen bei der Installation und der Konfiguration dieses leistungsfähigen Grafikprogramms. Die bei einer Installation auftretenden Fragestellungen und Probleme werden ausführlich behandelt, sodass Ihnen der Start auch dann gelingen sollte, wenn Sie nicht so geübt im Umgang mit dem Betriebssystem Linux und der auf dieser Plattform laufenden Software sein sollten.

Seit einiger Zeit existiert eine Version von GIMP, die auf Window 95, Windows 98 bzw. auf Windows 2000 lauffähig ist. In einem kleinen Exkurs (Kap. 3.2) werden Sie lernen, wie man diese GIMP-Version installiert und welche Besonderheiten es bei der Benutzung von GIMP auf diesen Betriebssystemen zu beachten gibt.

Danach beschäftigen wir uns mit den einzelnen Elementen der GIMP-Benutzeroberfläche. Die Bedienung der Dialogboxen, der Umgang mit den GIMP-Menüs, die Tastaturkürzel des Programms, all dies wird ausführlich erklärt und soll Ihnen den leichten Einstieg in die GIMP-Oberfläche ermöglichen.

Sie lernen von Grund auf, wie man die Auswahl- und Zeichenwerkzeuge von GIMP für die Erstellung und Bearbeitung von Grafiken nutzt. Die zahlreichen Filter des Programms aus den verschiedenen Bereichen werden vorgestellt und ihre Benutzung wird Ihnen anhand zahlreicher anschaulicher Beispiele erläutert. Hierzu zählen beispielsweise Filter, mit denen Sie Ihre Grafiken gekonnt verfremden, sei es durch Farbeffekte oder witzige Werkzeuge, die Ähnliches leisten wie die bekannten Programme von Kai Krause. Andere Filter unterstützen Sie bei der Erstellung animierter Bilder fürs Web oder helfen Ihnen, Ihre Fotografien wirkungsvoll aufzuwerten, z.B. durch Farb- oder Wischeffekte.

In den Folgekapiteln lernen Sie GIMPs fortgeschrittene Methoden der Bildbearbeitung kennen (Arbeiten mit Ebenen und Kanälen, Anwendung von Farbmodellen usw.).

Sie lernen schließlich, wie Sie Hardware-Erweiterungen unter Linux in Betrieb nehmen und wie Sie direkt von GIMP aus Ihren Scanner benutzen können oder mit einem Grafiktablett Illustrationen bequem mit einem Stift erstellen und diese mit einem dem richtigen Airbrush-Werkzeug nachempfundenen Zeigegerät kolorieren.

Abbildung 1.1
Kurze hilfreiche Hinweise finden Sie in Tipp-Boxen überall dort, wo Sie dieses Symbol am Spaltenrand sehen

1.2   Aufbau dieses Buches

Um den Inhalt des Buches möglichst übersichtlich zu gestalten und wichtige Informationen herauszustellen, finden Sie bestimmte Kapitelbereiche so hervorgehoben, dass sie im Text nicht untergehen und besonders leicht zu finden sind.

So sind z.B. alle GIMP-Befehle, egal ob es sich um Befehle in Menüs, Bestandteile von Dialogboxen oder um Tastaturbefehle handelt, grundsätzlich in Kapitälchen ausgezeichnet, also z.B. BILD →

BILD ZUSAMMENFÜGEN. Auch Programme und Programmbestandteile sind besonders gekennzeichnet, etwa die Programme *xv* und *Ghostview*. Zusätzlich sind Befehlszeilen und Dateinamen besonders gekennzeichnet (z.B. `configure`, `ftp.gimp.org`). Hilfreiche Tricks und Kniffe, welche die Benutzung von GIMP vereinfachen, sind als Ganzes hervorgehoben. Diese finden Sie unter dem Titel »Tipps«. Zum einen finden Sie einen besonderen Hinweis in der Randspalte, zum anderen sind diese in Boxen farbig aus dem Rest des Textes herausgehoben.

Umfangreichere Anleitungen habe ich in zusammenhängenden Übersichten unter dem Titel »So geht's« zusammengefasst. Hier war es mir wichtig, komplexe Effekte, wie man sie in GIMP nur realisieren kann, wenn man verschiedene Programmfunktionen in Kombination nutzt, möglichst intuitiv darzustellen. Damit Sie alle diese Effekte nachvollziehen und selbst ausprobieren können, sind diese als (tabellarisch aufgebaute) Schritt-für-Schritt-Anleitungen umgesetzt, auf die auch – ähnlich wie bei den Tipps – in der Randspalte des Buches hingewiesen wird.

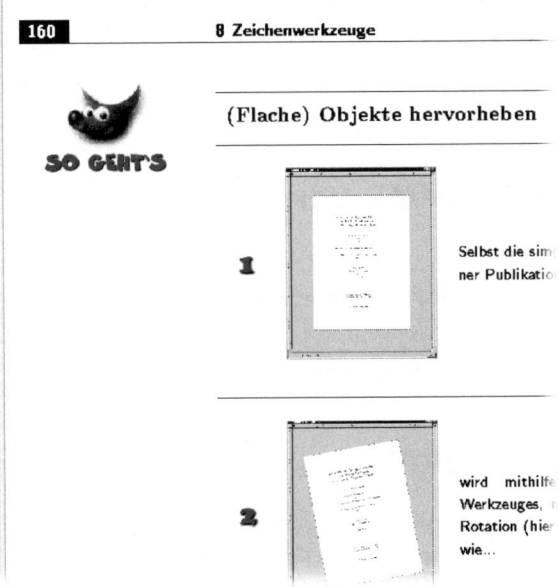

Abbildung 1.2
Umfassendere Informationen und Anleitungen werden schrittweise erläutert in den »So geht's«-Anleitungen, die Sie an diesem Symbol erkennen

1.3 Die Website zum Buch

Die Adresse `http://www.gimp.de` ist Ihr Startpunkt ins Internet, wenn Sie Weiteres zum Thema GIMP suchen. Diese Adresse führt Sie zur er-

Abbildung 1.3
www.gimp.de: *Das
deutschsprachige
Forum rund um GIMP*

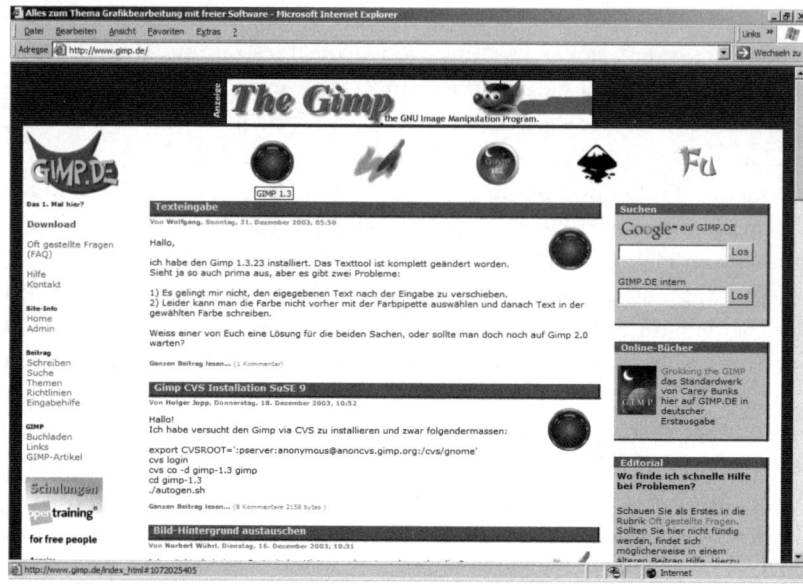

gänzenden Website dieses Buches. Hier finden Sie aktuelle Ergänzungen zum Buch, eine kommentierte und redaktionell bewertete Linkliste, zusätzliche Inhalte rund um GIMP sowie ein aktives Forum rund um das freie Grafikprogramm.

1.4   Welche GIMP-Version?

Die beim Erscheinungstermin des vorliegenden Buches aktuelle Programmversion ist GIMP 2.2. Bei der Arbeit mit den Programmfunktionen und für die Erstellung von Screenshots wurden in diesem Buch die Preview der Version 2.2 und die Version 2.0 verwendet.

1.5   Danksagung

An dieser Stelle bedanke ich mich bei all denen, die es mir ermöglicht haben, dieses Buch fertig zu stellen: Zuallererst *Spencer Kimball* und *Peter Mattis* für die originäre und wirklich herausragende Idee, ein modulares und umfassendes Grafikprogramm zu programmieren und dieses unter die GNU Public Licence zu stellen.

Dem gesamten GIMP-Entwicklungsteam sei gedankt für die gute, kontinuierliche Arbeit, die das Programm zu einem Juwel unter den OpenSource-Programmen hat werden lassen. *Tuomas Kuosmanen* (»*Tigert*«) danke ich dafür, dass ich die von ihm entworfene Figur »*Wil-*

ber, the gimp« in diesem Buch verwenden durfte. *Simon Budig* hat den Text gewissenhaft gelesen und viele hilfreiche Tipps und Ergänzungsvorschläge beigesteuert, für beides sei ihm herzlich gedankt.

Dem dpunkt.verlag und insbesondere meinem Lektor *René Schönfeldt* danke ich ganz besonders für die kontinuierliche Unterstützung, die stete Freundlichkeit und Hilfsbereitschaft. Last but not least danke ich meinen Söhnen *Florian*, *Leonard* und *Laurenz* für ihre Geduld und ihr Verständnis, wenn es hieß: »Der Papa hat keine Zeit, er arbeitet an seinem Buch.« Meiner Frau *Simone* danke ich für alles.

Teil I

GIMP kennen lernen

2 Eine kurze Geschichte des GIMP

GIMP wird oft als typisches Open-Source-Projekt bezeichnet und mit der Entwicklung des Linux-Kernels durch Linus Torvalds verglichen. Warum dies so ist, wird klar, wenn man sich die GIMP-Entstehungsgeschichte näher anschaut.

Zwei Informatikstudenten der University of Berkeley in Kalifornien, Spencer Kimball und Peter Mattis, starteten parallel zu einer (frustrierenden) Studienarbeit 1995 die Programmierung eines Bildbearbeitungsprogramms mit Namen GIMP, dem *General Image Manipulation Program*. Nach wenigen Monaten, im Januar 1996, gab es eine erste Version 0.54, die bereits einige viel versprechende Eigenschaften aufwies. Das Programm war modular aufgebaut, andere Programmierer konnten es folglich durch Plugins ergänzen. Es besaß Standardwerkzeuge zum Zeichnen und zur individuellen Bearbeitung von Bildern, einige Kanalfunktionen sowie eine Funktion, mit deren Hilfe man Bearbeitungsschritte rückgängig machen konnte. Wichtig für die Integration und Motivation weiterer Entwickler war die Tatsache, dass es unter der *GNU Public License* veröffentlicht worden war.

1995/1996: General Image Manipulation Program

Allerdings stürzte das Programm recht häufig ab, wobei nicht so recht klar war, ob das Basisprogramm dies verursachte oder eines der Plugins. Als Bibliothek für die grafischen Elemente wie Dialogboxen, Schaltflächen usw. verwendete diese frühe GIMP-Version *Motif*, ein kommerzielles Produkt, dem oft nachgesagt wird, dass es kompliziert und schwierig zu programmieren sei. Eine wichtige Eigenschaft leistungsfähiger Bildbearbeitungsprogramme fehlte ebenso: GIMP 0.54 verwendete keine Bildebenen.

Im Laufe dieses ersten Jahres entstanden im Internet, wie bei fast allen Open-Source-Projekten, Foren der Kommunikation, die sowohl von Entwicklern als auch Benutzern des Programms intensiv genutzt wurden. Mailinglisten wurden eröffnet, Websites beschäftigten sich mit verschiedenen Aspekten des Programms. Es entstanden FAQ-Listen mit den oft gestellten Fragen, Tutorials wurden ins Netz gestellt usw. usw. Ganz besondere Berühmtheit erlangte GIMP schließlich, als Larry Ewing das mittlerweile allseits bekannte Maskottchen der Linux-Anhängerschaft, den Pinguin Tux, mit dem Grafikprogramm illustrierte.

Kurze Zeit später begann Peter Mattis mit der Programmierung eigener Toolkits für das Benutzerinterface von GIMP, des *gtk* und *gdk*, das steht für *Gimp Tool Kit* bzw. *Gimp Drawing Kit*. Die zuerst genannte Bibliothek ist mittlerweile recht bekannt, da sie zur Programmierung der grafischen Benutzeroberfläche *GNOME* benutzt wird. Auch der Name des Programms wurde geändert: Aus dem General Image Manipulation Program wurde das *GNU Image Manipulation Program.*

GNU Image Manipulation Program

Die damalige Phase wird von den Entwicklern heute als sehr experimentell beschrieben, wobei die zu dieser Zeit aktuelle Version 0.6 noch häufiger abstürzte als die allererste Version 0.54. Im Juni 1997 schließlich erschien die Version 0.99.10 von GIMP, aber kurz hiernach fanden sowohl Kimball als auch Mattis Beschäftigung als Programmierer in der Industrie und verließen das Projekt.

Eine der reizvollen Besonderheiten von Open-Source-Projekten ist es, dass die Entwicklung von Software solche Wendepunkte, an denen manches kommerzielle Projekt gescheitert ist, überstehen, weil andere Programmierer die Lücken füllen und die Entwicklung weitergeht. Im Falle des GIMP-Projektes übernahm die Federführung Federico Mena Quintero, der mit der Version 0.99.14 eine stabile Version 1.0 ankündigte, bis zu der keine weiteren neuen Features in das Programm genommen werden sollten. Stattdessen sollte nur noch ausprogrammiert werden. Auch er verließ später das Projekt, um sich anderen Aufgaben zu widmen. Schließlich erschien am 5. Juni 1998 die stabile GIMP-Version 1.0. Sofort danach begannen die Programmierer die Weiterentwicklung einer instabilen Version 1.1. Mittlerweile ist GIMP ein solch umfangreiches Projekt geworden, dass heutzutage keiner allein mehr das gesamte Management in der Hand hat; diese Last ist nun auf mehreren Schultern verteilt. Der »Maintainer« des Projektes ist nun Manish Singh, der u.a. entscheidet, wann eine neue Version herauskommt (etwa eine Zwischenversion oder auch eine neue stabile Version). Die Federführung der GIMP-Entwicklung teilen sich nun Sven Neumann und Michael Natterer.

1998: GIMP 1.0

Ende 2000 erschien die stabile GIMP-Version 1.2. Auch hier schloss wieder unmittelbar eine Weiterentwicklung des Programms in einem instabilen Zweig 1.3 an. Gleichzeitig starteten die GIMP-Entwickler ein paralleles Projekt, in dem GIMP von Grund auf gänzlich neu programmiert werden sollte, und zwar auf der Basis der GEGL-Bibliothek (Generic Graphical Library). Ziel dieser Entwicklungslinie sollte eine Programmversion 2.0 sein, mit gleicher Funktionalität und ähnlichem Aussehen, aber gänzlich anderer Architektur und neuem (Software-)Design.

2000: GIMP 1.2

Tatsächlich erschien dann Anfang 2004 die Version GIMP 2.0. Hierbei handelte es sich allerdings nicht um den eigentlich geplanten Neuanfang, sondern um eine direkte Weiterentwicklung der bewährten

2004: GIMP 2

Vorversionen 1.0 und 1.2. Der gesamte Programmcode der Software wurde komplett umstrukturiert, jedoch ohne Einbindung von GEGL.

Wenige Monate später machten die GIMP-Entwickler ihr Versprechen wahr, neue Programmversionen in kürzeren Abständen folgen zu lassen, denn bereits im Juni 2004 folgte eine (instabile) Entwicklerversion GIMP 2.1, und im November 2004 erschien die erste Preview der Version 2.2.

3 Das benötigen Sie

GIMP ist auf nahezu allen Rechner lauffähig, auf denen ein UNIX-Betriebssystem installiert ist. Im Gegensatz zu vielen Dienstprogrammen und Anwendungen, die sich effizient und sparsam unter diesem Betriebssystem benutzen lassen, zählt GIMP als Grafikprogramm allerdings zu den eher aufwendigen Applikationen. Dies bedeutet, dass gewisse Hardware-Voraussetzungen erfüllt sein müssen, damit Sie das Programm sinnvoll betreiben können. Darüber hinaus müssen bestimmte Systemkomponenten vorhanden sein, ohne die eine Benutzung von GIMP nicht möglich ist.

3.1 GIMP unter Linux nutzen

Wenn Sie Linux auf einem Intel-PC[1] betreiben, so haben Sie selbst schon erfahren, dass dieses Betriebssystem sehr ressourcenschonend ist und sich selbst auf einem älteren Rechner mit 386er-Prozessor betreiben lässt. Für den einfachen Server-Betrieb oder anspruchslose (textorientierte) Anwendungen ist dies auch zutreffend. Sie sollten sich allerdings nicht erhoffen, GIMP auf einem solchen Rechner sinnvoll betreiben zu können. Hierzu ist mindestens ein Rechner notwendig, der ein wenig besser ausgestattet ist. In der Tat lässt GIMP sich auf zahlreichen älteren PCs betreiben, sofern diese mit ausreichend Arbeitsspeicher, d.h. mindestens 32 MB ausgestattet sind.

Rechner

Richtig Spaß macht GIMP allerdings erst mit einem neueren Pentium-Prozessor, ausgestattet mit mindestens 64 MB, besser noch mit 128 MB oder gar 256 MB.

An Grafikvoraussetzungen gilt es zu beachten, dass die von Ihnen verwendete Grafikkarte vom X Window Server, den Sie benutzen, unterstützt wird. Wenn Sie den freien X-Server des XFree86-Projektes ein-

Grafikkarte

---

[1]Wenn Sie (beispielsweise an der Universität) Zugriff auf eine Unix-Workstation haben, z.B. eine SparcStation der Firma Sun, eine Workstation von Silicon Graphics o.Ä., werden Sie GIMP zumeist ohne Probleme nutzen können, da diese Rechner in der Regel alle (wenn sie nicht allzu betagt sind) ausreichend ausgestattet sind.

setzen (alle Linux-Distributionen bieten diesen als Standard-Server an),
so können Sie auf

```
http://www.xfree86.org/cardlist.html
```

nachschauen, ob Ihre Grafikkarte unterstützt wird. Auch die Distributoren stellen hierüber Informationen zur Verfügung (z.B. unter
`http://cdb.suse.de/cdb/D/`).

Wenn Ihre Grafikkarte in einer dieser Listen aufgeführt ist, so können Sie das X Window System auf Ihrem Rechner betreiben und damit automatisch auch GIMP. Für den Grafikspeicher gilt das oben schon Gesagte: Je mehr Speicher auf Ihrer Grafikkarte vorhanden ist, desto komfortabler lässt GIMP sich benutzen. Als Mindestvoraussetzung empfehle ich 2 MB, besser noch 8 oder 16 MB Grafikspeicher.

Peripherie   Auch Peripherie-Geräte lassen sich zusammen mit GIMP nutzen. Das Programm unterstützt eine große Anzahl von Druckern. Näheres hierzu erfahren Sie in Kap. 7.6. Außerdem können Sie Scanner und auch Grafiktabletts benutzen. Für Erstere existiert für Linux eine Sammlung von Treibern, mit Namen *SANE*. Alles hierzu, insbesondere, wie Sie Scanner in GIMP benutzen, erfahren Sie in Kap. 32.1. Alles zur Einrichtung von Grafiktabletts können Sie in Kap. 33 nachlesen.

Installation   Wenn GIMP nicht innerhalb Ihrer Distribution mitgeliefert worden sein sollte oder Sie eine neuere Version des Programms installieren wollen, finden Sie weitere Details hierzu in Anhang A »Installation unter Linux«.

3.2   GIMP unter Windows nutzen

Eine Frage, die in Usenet-Foren und in GIMP-Mailinglisten immer wieder auftaucht, ist die nach einer GIMP-Version, welche sich unter Windows 95, Windows 98, Windows 2000 bzw. Windows XP benutzen lässt.

Damit GIMP vollständig auf diesem Betriebssystem benutzt werden kann, muss nicht nur das Programm selbst portiert werden (so nennt man die Anpassung eines vorhandenen Programm-Quellcodes auf ein anderes System), sondern auch die *GTK*+-Bibliothek. Diese stellt, wie zu Anfang erwähnt, alle Elemente der GIMP-Oberfläche zur Verfügung und ist damit für den Betrieb des Programms, auch unter Windows 95/98/2000/XP, zwingend erforderlich.

Tor Lillqvist hat die *GTK*+-Portierung vollbracht und stellt auf seiner Website eine unter dem Microsoft-Betriebssystem lauffähige GIMP-Version als Download zur Verfügung:

```
http://www.gimp.org/ tml/gimp/win32/downloads.html
```

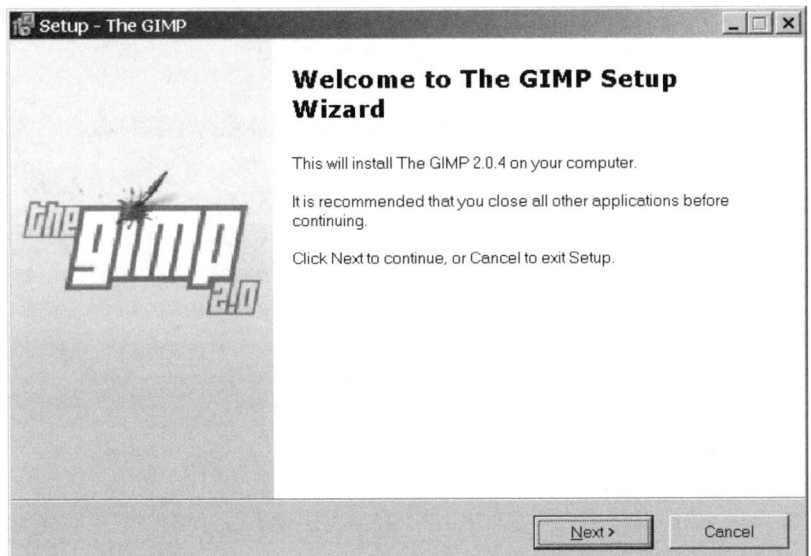

Abbildung 3.1
GIMP lässt sich unter
Windows ganz einfach
installieren, denn es
wird eines der für
Windows verfügbaren
Standard-Installations-
werkzeuge
benutzt.

Die aktuelle Version 2.0 der GTK+-Bibliothek unterstützt offiziell alle Win32-Systeme, sodass auch GIMP 2 nun nicht mehr im »Very much beta«-Status ist, sondern stabil und problemlos auf den oben genannten Windows-Plattformen laufen sollte.

Sie sollten aber auf jeden Fall auf die oben angegebene Website schauen, denn möglicherweise finden Sie dort eine aktuellere Version. Tor bietet darüber hinaus auf seiner Website die angepassten Quelldateien sowie einzelne portierte Bibliotheken an – falls es Sie interessieren sollte, das Programm unter Win32 weiterzuentwickeln :-)

Die oben genannte komprimierte Datei enthält ein unter Windows 95/98/2000/XP ausführbares Programm. Hierbei handelt es sich um eine komfortable Installationsroutine, die alle Bibliotheken und Programmdateien bereithält. Damit läuft die GIMP-Installation unter Windows 95/98/2000/XP in der Art und Weise, wie Sie es von anderen Installationen dieser Plattform gewohnt sind.

Installation

Die Installationsroutine führt die üblichen Abfragen durch, z.B. nach dem Verzeichnis, in dem Sie GIMP installieren möchten (Abb. 3.2).

Wenn Sie sich für die Windows-Version interessieren und auf dem Laufenden bleiben wollen, so sollten Sie des Öfteren die in Kap. 5.2.1 vorgestellte Website http://www.gimp.de besuchen, dort erfahren Sie in einer separaten Rubrik Neuigkeiten zu diesem Thema. Darüber hinaus gibt es zwei Mailinglisten, die sich mit den Besonderheiten der GIMP-Windows-Version beschäftigen, siehe Kap. 5.2.2.

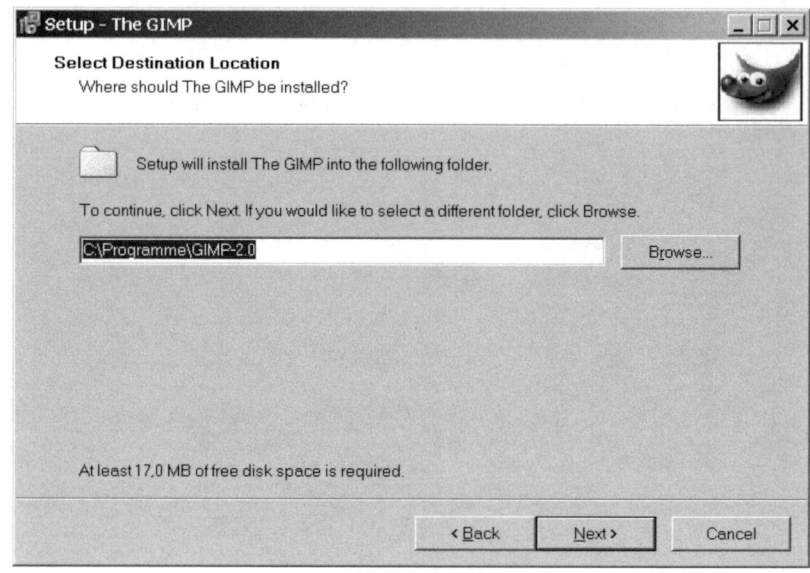

3.3 GIMP unter Mac OS X nutzen

Die seit einigen Jahren auf Apple-Rechnern verwendete Betriebssystem-Version Mac OS X basiert auf einem Unix-ähnlichen Betriebssystem. Aus diesem Grunde lassen sich recht viele X-Window-Anwendungen unter dieser Plattform verwenden.

Wenn Sie GIMP auf Ihrem Rechner verwenden wollen, haben Sie unterschiedliche Möglichkeiten, das Grafikprogramm zu installieren. Im Internet finden Sie unter www.gimp.org/macintosh Hilfestellung und die notwendigen Downloads.

Gimp als fertige Mac-OS-X-Anwendung   GIMP finden Sie als fertig kompilierte Anwendung unter gimp-app.sourceforge.net. Dieses verwendet allerdings die Apple-Variante der grafischen Benutzeroberfläche X Window, die nicht zum Standardinstallationsumfang Ihres Mac-Rechners gehört.

X Window muss folglich zunächst installiert werden. Unter Panther, der aktuellsten OS-X-Version (10.3), finden Sie X Window als Installationspaket auf der dritten CD-ROM Ihres Systems. Für die Benutzer älterer Versionen, also beispielsweise Jaguar, stellt Apple einen Download der grafischen Oberfläche bereit.

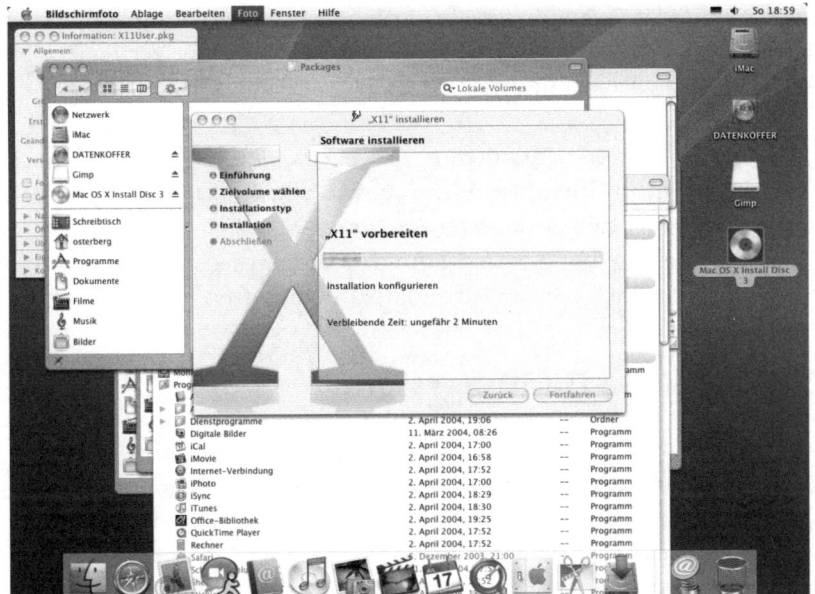

Abbildung 3.3
Vor der Installation des Apple-GIMP-Paketes muss X Window installiert werden.

Abbildung 3.4
So arbeitet man mit GIMP auf AppleRechnern unter Mac OS X.

GIMP unter Mac OS X kompilieren Selbstverständlich können Sie GIMP auch unter Mac OS X kompilieren. Hierzu benötigen Sie allerdings andere zusätzliche Programme bzw. Pakete. Hierzu gehört ein mit dem Paketmanager *fink* erstelltes GIMP-Paket, das Sie unter `fink.sourceforge.net/pdb/package.php/gimp2` finden. Darüber hinaus benötigen Sie für das Kompilieren des Programms einen Compiler für die Programmiersprache C. Apple stellt einen solchen zur Verfügung, Sie finden diesen ebenso auf der dritten CD-ROM Ihres Mac OS X.

GIMP unter Mac OS X benutzen Die Verwendung von GIMP unter Mac OS X, der Aufbau der Menüs sowie alle Funktionen, Filter und Optionen lassen sich ohne Probleme unter Mac OS X benutzen. Das heißt, alle Beschreibungen und Hinweise des vorliegenden Buches lassen sich sofort auch auf der Mac-Plattform umsetzen.

3.4 Welche GIMP-Version?

Bevor im Folgekapitel beschrieben wird, wie Sie mit GIMP loslegen, eine kurze Anmerkung zu den unterschiedlichen Versionen des Programms. Wie bei anderen GNU-Projekten auch, unterscheiden die GIMP-Entwickler eine stabile, für die Benutzung freigegebene Version von einer instabilen, die nur von Entwicklern und anderen Mutigen (beispielsweise Buchautoren ;-) installiert und genutzt werden sollte. Während der Programmcode der stabilen Version nur zur Beseitigung etwaiger Fehler geändert wird, wird die instabile Version fortlaufend weiterentwickelt und erweitert.

Der Status der Programmversion lässt sich an der Versionsnummer ablesen. Die GIMP-Entwickler verwenden die in anderen Open-Source-Software-Projekten – beispielsweise der Entwicklung des Linux-Kernels – benutzte Nomenklatur zur Unterscheidung stabiler und instabiler Versionen:

Eine *gerade* Mittelziffer bezeichnet stets die stabile GIMP-Version, während eine *ungerade* Mittelziffer die instabile Version kennzeichnet. Die Endziffer der Versionsnummer wird zur Bezeichnung von Zwischenversionen verwendet. So sind z.B. die GIMP-Versionen 1.0.0, 1.2.0 und 2.0.0 alles *stabile* Versionen, während die Versionen 1.1.2, 1.3.1 usw. *instabile* Versionen sind.

4   GIMP starten

4.1   Der erste Programmaufruf

Wenn Sie GIMP bzw. eine neu installierte Version dieses Programms das erste Mal aufrufen, öffnet sich die in Abb. 4.1 gezeigte Dialogbox.

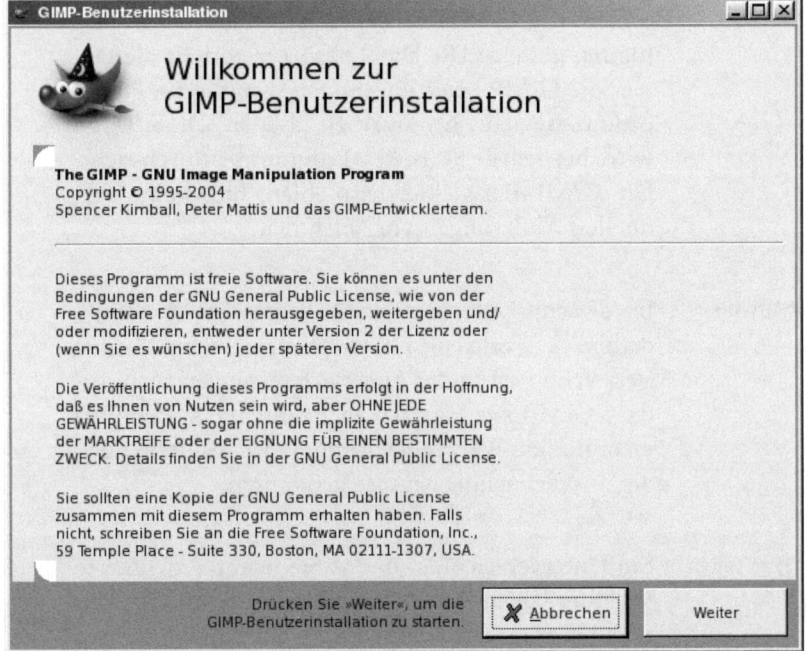

Abbildung 4.1
Diese Dialogbox startet GIMP beim ersten Programmaufruf.

In dieser Box werden Sie darüber informiert, dass GIMP der GNU General Public License unterliegt. Darüber hinaus legt GIMP beim ersten Start ein Benutzerverzeichnis $HOME/.gimp-2.2 an, in welchem Sie zahlreiche Dateien und Unterverzeichnisse finden. Dies sind unter anderem:

gimprc

Diese Datei enthält persönliche Voreinstellungen. GIMP schaut zuerst in diese Datei und nutzt dann erst die Standarddatei (diese liegt in ${prefix}/local/etc/gimp/2.2/gimprc, wobei ${prefix} üblicherweise /usr ist.

In dieser Datei finden Sie die Standards, die das Verhalten von GIMP bei der Benutzung festlegen, oder beispielsweise Tastaturkürzel für GIMP-Plugins. Zusätzlich stehen hier die Pfadangaben zu Werkzeugspitzen, Farbpaletten, Verläufen und zu Plugins fest.

pluginrc

In Kap. 31 erfahren Sie mehr zu GIMP-Plugins und -Erweiterungen. Die meisten Programmfunktionen von GIMP werden durch Plugins zur Verfügung gestellt. Die Datei pluginrc enthält die Daten, die GIMP benötigt, um ein installiertes Plugin ordnungsgemäß benutzen zu können. Diese Datei wird bei jedem Start des Programms durchsucht. Die GIMP-Entwickler empfehlen, hier keine manuellen Änderungen vorzunehmen.

brushes

In diesem Unterverzeichnis legen Sie benutzerdefinierte Werkzeugspitzen ab. Das hier genannte Verzeichnis ist in der gimprc-Datei eingetragen, sodass GIMP zur Startzeit nicht nur die systemweit installierten Werkzeugspitzen lädt, sondern auch die im Verzeichnis brushes genannten.

gradients

Ein Unterverzeichnis, in das Sie benutzerdefinierte Verläufe (siehe Kap. 9.10) ablegen. Auch das Verzeichnis gradients wird via gimprc zusätzlich zu den systemweiten Verläufen durchsucht.

gfig   In diesem Unterverzeichnis speichern Sie komple-
         xe Grafikobjekte und Zeichnungen ab, die Sie mit
         dem in Kap. 28.6 beschriebenen GFIG-Plugin er-
         zeugt haben. GIMP schaut zur Startzeit in diesem
         Verzeichnis nach und bietet Ihnen in der GFIG-
         Dialogbox die Grafikobjekte, die es hier gefunden
         hat, zur Auswahl an.

gflare   Ein Unterverzeichnis, in welchem Sie die von Ihnen
         angelegten Lichteffekte, die Sie mit dem GFLARE-
         Plugin erzeugt haben, abspeichern.

palettes In diesem Unterverzeichnis werden benutzer-
         definierte Farbpaletten abgespeichert. Anders als
         bei den meisten Unterverzeichnissen in /.gimp-2.0
         schaut .gimprc nur hier nach Farbpaletten und
         nicht im systemweiten Verzeichnis. Während der
         Installation werden alle systemweiten Standard-
         Paletten in dieses Verzeichnis kopiert. So ist ge-
         währleistet, dass einmal ausgeführte Änderungen
         und Anpassungen an Paletten nicht nur während
         einer GIMP-Sitzung genutzt werden können, son-
         dern auch später zur Verfügung stehen.

patterns In diesem Unterverzeichnis werden benutzer-
         definierte Füllmuster abgespeichert.

plug-ins In diesem Verzeichnis werden vom Benutzer ange-
         legte oder temporäre Plugins abgespeichert.

scripts Hier werden Skripte, die Sie als Benutzer angelegt
         haben, abgespeichert.

tmp   Dieses Verzeichnis ist GIMPs Zwischenspeicher für
         die in einer Sitzung benutzten Funktionen und
         durchgeführten Schritte.

4.2 Startoptionen

Gewöhnlich startet man GIMP über einen Menüeintrag der jeweiligen Desktop-Umgebung. Selbstverständlich lässt sich das Programm darüber hinaus auch von der Kommandozeile eines Terminal-Fensters aus starten. Das sind üblicherweise die Programme *xterm*, *xrvt* oder – sofern man KDE benutzt – die *konsole*.

```
/home/gimp> gimp-2.0
```

Zusätzlich zu diesem Start ohne jede weitere Eingabe können Sie GIMP, wie die meisten anderen Programme unter Linux auch, mit einer oder mehreren Optionen in der Programmzeile aufrufen. Eine kurze Übersicht über diese Kommandozeilenoptionen und deren Bedeutung finden Sie in Tab. 4.1.

Für eine erste Orientierung sind die in Tab. 4.1 enthaltenen Informationen sicher ausreichend. Sollten Sie ausführliche Informationen suchen, damit Sie die einzelnen Optionen optimal nutzen können, so finden Sie diese in den folgenden Abschnitten.

GIMPs Kommandozeilenhilfe   Die Option -h bzw. -help zeigt eine Liste aller Kommandozeilen-Optionen. Im Wesentlichen sehen Sie dann im Textfenster die in Tab. 4.1 gezeigten Informationen. Die Option -h ist folglich immer dann nützlich, wenn Sie das vorliegende Buch nicht zur Hand haben und die Bedeutung der einzelnen GIMP-Kommandozeilen-Optionen vergessen haben.

Informationen zur GIMP-Version   Die Option -v, -version informiert Sie, welche GIMP-Version Sie installiert und verwendet haben. Anhand dieser Option können Sie beispielsweise nach der Installation einer aktuellen Programmversion überprüfen, ob diese neue Version wirklich genutzt oder ob möglicherweise doch noch auf eine alte Version zugegriffen wird.

Die Option -v gibt (bei einer installierten Version 2.0) beispielsweise aus:

```
/home/gimp> gimp -v

GIMP version 2.0.0
```

Tabelle 4.1
Einige der in der
Kommandozeile
möglichen Optionen,
mit denen GIMP
aufgerufen werden
kann

Option	Ergebnis
-h, -help	Zeigt eine Liste aller Kommandozeilen-Optionen.
-v, -version	Zeigt die Versionsnummer der aktuell verwendeten GIMP-Version an.
-b, -batch <Befehle>	Führt die in <Befehle> angegebene Befehlsliste interaktiv aus.
-i, -no-interface	Startet GIMP ohne Benutzer-Interface.
-d, -no-data	Startet GIMP ohne Füllmuster, Verläufe, Werkzeugspitzen oder Farbpaletten.
-verbose	Zeigt alle Startmeldungen im Fenster Ihrer Kommando-Shell.
-no-shm	Kein geteilter Speicher zwischen GIMP und Plugins.
-no-no-cpu-accel	Keine speziellen CPU-Beschleunigungen verwenden.
-no-xshm	Startet ohne X Shared Memory.
-display <display>	Startet GIMP auf einem im Feld <display> angegebenen X-Window-Bildschirm.
-f, -no-fonts	Keine Schriftarten laden.
-no-splash	Unterdrückt die Anzeige des gesamten Startbildschirms.
-no-splash-image	Unterdrückt lediglich die Anzeige des GIMP-Startbildes.
-debug-handlers	Startet Debug-Meldungen.
-console-messages	Zeigt Fehlermeldungen im Fenster Ihrer Kommandoshell (anstatt in separaten Dialogboxen).

GIMP im Batch-Modus benutzen   Die Option -b oder -batch
<Befehle> führt die in <Befehle> angegebene Liste von GIMP-
Kommandos interaktiv aus. Diese Option erlaubt Ihnen folglich, eine
ganze Reihe von GIMP-Befehlen entweder direkt von der Kommandozeile her auszuführen oder von der Standard-Eingabe (Ihrer Shell) aus
oder aus einer Datei heraus. GIMP analysiert hierzu die der Option -

`batch` nachfolgenden Angaben. Handelt es sich hierbei um ein »-«, also ein Minus-Zeichen, so verwendet GIMP den Standard-Input *STDIN*. Beginnt der Parameter hingegen mit einer Klammer, nimmt GIMP an, dass dies selbst der auszuführende Befehl ist. Trifft beides nicht zu, nimmt GIMP an, dass es sich bei dem Parameter um einen Dateinamen handelt, und versucht, die Datei zu finden und zu öffnen. Scheitert dies, so sehen Sie die Fehlermeldung: `unable to open batch file: <commands>`.

Möglicherweise müssen Sie die Befehle, die Sie mit GIMP ausführen wollen, in Anführungszeichen stellen. Dies ist insbesondere dann nötig, wenn Sie Zeichen umgehen wollen, die möglicherweise von der von Ihnen benutzten Shell interpretiert würden (z.B. Klammern). Darüber hinaus müssen Sie jedes Anführungszeichen innerhalb eines Befehles besonders kennzeichnen, indem Sie davor ein »\« setzen (das so genannte »quoten«).

GIMP ohne Benutzer-Interface starten Die Option `-n` oder auch `-no-interface` startet GIMP ohne Benutzer-Interface, d.h., es wird keine Werkzeugpalette gestartet, keine Bildfenster o.Ä. Diese Option hat üblicherweise nur Sinn, wenn Sie GIMP, wie oben beschrieben, im Stapel-Modus benutzen wollen.

GIMP ohne Zusatzdaten starten Wie weiter oben bereits erwähnt, lädt GIMP zur Startzeit eine Reihe zusätzlicher Dateien. Diese geben an, wo das Programm z.B. Füllmuster, Verläufe, Werkzeugspitzen oder Farbpaletten findet. Mit der Option `-no-data` unterbinden Sie diesen Ladevorgang. Hierdurch haben Sie einen leichten Zeitgewinn, denn das Programm startet ohne den Ladevorgang schneller. Später, zur Laufzeit des Programms, laden Sie die Werzeugspitzen und die Füllmuster nach, indem Sie das Menü DATEI → DIALOGE → PINSEL bzw. das Menü DATEI → DIALOGE → MUSTER aufrufen und in den Dialogboxen, die sich daraufhin öffnen, jeweils die Schaltfläche AUFFRISCHEN auswählen, um die jeweiligen Dateien nachzuladen.

Für das Nachladen der Farbpaletten rufen Sie DATEI → DIALOGE → FARBPALETTEN auf. Das Menü DATEI → DIALOGE → FARBVERLÄUFE schließlich öffnet die GIMP-Farbverläufe.

Genau wie die oben beschriebene Option `-n` hat auch diese Option nur Sinn, wenn Sie GIMP im nicht-interaktiven Einsatz betreiben wollen, wenn es folglich darum geht, die Startzeit des Programms zu verkürzen.

Alle GIMP-Startmeldungen sehen Die Option `-verbose` zeigt Informationen an, die (in minimal abgewandelter Form) auch in den Fenstern zu sehen sind, die GIMP zum Programmstart öffnet. Wenn Sie

GIMP mit dieser Option gestartet haben, erfahren Sie insbesondere, welche Dateien und Verzeichnisse nach (notwendigen) Zusätzen und Inhalten durchsucht werden.

GIMP ohne Shared Memory starten Die Option -no-shm unterbindet den Gebrauch von gemeinsam genutztem Speicher zwischen GIMP und seinen Plugin-Erweiterungen. Dieser Speicher optimiert die Kommunikation und den Datenaustausch zwischen verschiedenen parallel oder in kurzer Abfolge laufenden Prozessen in einem Unix-Betriebssystem. Ohne Benutzung dieses Speichers, d.h., wenn GIMP mit dieser Programm-Option gestartet wurde, erfolgt die Kommunikation zwischen dem Prozess des GIMP-Hauptprogrammes und den Plugin-Prozessen über so genannte *pipes*, was zumeist (viel) langsamer läuft.

GIMP ohne X Shared Memory starten Eine zusätzliche Bibliothek des X-Window-Systems erlaubt es den unter X Window laufenden Programmen, den vom Betriebssystem zur Verfügung gestellten gemeinsamen Speicher zu nutzen. Diese so genannte MIT-Shared-Memory-Ergänzung wird von den meisten X-Servern unterstützt. Hierdurch läuft die Kommunikation zwischen der Anwendung und dem benutzten Display schneller. Im Falle von GIMP bedeutet dies, dass insbesondere große Bilder schnell und effizient bearbeitet werden können, da mithilfe des X Shared Memory Daten zwischen GIMP und X Window sehr effizient ausgetauscht werden. Wenn Sie GIMP ohne jede Kommandozeilenoption starten, wird diese Speichererweiterung stets genutzt.

Es gibt jedoch Situationen, in denen man diese nicht nutzen kann bzw. sollte. Dies ist zum Beispiel der Fall, wenn Sie GIMP nicht auf dem Rechner starten, dessen Bildschirm-Terminal Sie nutzen, sondern auf einem Rechner, zu dem Sie über Netzwerk verbunden sind und von dem aus Sie über die im nächsten Abschnitt beschriebene Option -display die Bildschirmausgabe umgelenkt haben. Letzteres trifft z.B. auch zu, wenn Sie einen X-Server auf einem Windows 95/98/2000/XP-Rechner betreiben. Schließlich gibt es die simple Möglichkeit, dass Ihr X-Server kein X Shared Memory unterstützt. Sie können dies ganz einfach überprüfen, indem Sie den folgenden Befehl aufrufen:

```
/home/gimp> xdpyinfo | grep MIT-SHM
```

Wenn als Ergebnis in der Zeile »MIT-SHM« zu lesen ist, können Sie davon ausgehen, dass Ihr Server X Shared Memory unterstützt. Für das Betriebssystem Linux sollte dies mittlerweile für die aktuellen Versionen aller X-Server der Fall sein, z.B. für die (kommerziellen) X-Server der

Hersteller *Metro Link* und *Xi Graphics*, aber auch für den freien X-
Server des XFree86-Projektes. Wenn Sie ältere Versionen dieser Server
benutzen, kann es allerdings manchmal zu Problemen kommen.

　　In beiden der oben genannten Fälle müssen Sie GIMP mit der Option -no-xshm starten, sodass der Gebrauch des X Shared Memory un-
terbunden wird.

GIMP-Ausgabe umlenken　Die Option -display <display> startet
GIMP auf dem in <display> angegebenen X-Bildschirm und lenkt damit die Anzeige um. Dies ist dann notwendig, wenn GIMP auf einem
Rechner im Netzwerk läuft, die Bildschirmausgabe allerdings anderswo
sein soll.

GIMP mit reduziertem Startbildschirm starten　Die Option -no-
splash unterdrückt die Anzeige des gesamten Startbildschirms. Die Meldung, welche Verzeichnisse durchsucht werden, die man normalerweise
im Startbildschirm sieht, werden in der Kommandozeile der Shell angezeigt.

Debug-Meldungen aktivieren　Für die Diagnose von Programmfeh-
lern und zur Kontrolle, ob GIMP oder die Teile des Programms
fehlerfrei laufen, lassen sich mit -debug-handlers Meldungen auf der
Kommandoshell aktivieren, die während der gesamten Laufzeit des
Programms den Status anzeigen und die Fehlersuche mit Debug-
Meldungen unterstützen.

GIMP-Fehlermeldungen im Shell-Fenster anzeigen　Treten unerwar-
tete Probleme und Fehler auf, meldet GIMP dies zumeist in separaten
Dialogboxen. Wenn Sie das auf die Dauer stört, lässt sich dieses Verhalten mit der Option -console-messages deaktivieren. Ist das geschehen,
werden Fehlermeldungen im Fenster der Shell, von der aus Sie GIMP
gestartet haben, angezeigt.

4.3　Voreinstellungen grafisch festlegen

Auch GIMP erlaubt Ihnen, die meisten Voreinstellungen grafisch festzulegen. Hierzu müssen Sie in der Befehlsleiste des Programms das
Menü DATEI → EINSTELLUNGEN aufrufen. Es öffnet sich dann eine
Dialogbox EINSTELLUNGEN, die eine übersichtliche Zweiteilung besitzt und deren Aufbau den grafischen Konfigurationswerkzeugen z.B.
von GNOME und KDE nachempfunden ist. Auf der linken Seite der

Box finden Sie die unterschiedlichen Voreinstellungs-Kategorien in einer Baum-Ansicht. Wenn Sie eine der Kategorien durch Mausklick auswählen, zeigt die rechte Seite der Box eine Ansicht mit den Detail-Einstellungen der aktiven Kategorie.

Insgesamt finden Sie in der Baumansicht die weiter unten genauer beschriebenen Kategorien NEUES BILD, ANZEIGE, OBERFLÄCHE, UMGEBUNG, SITZUNG, BILDSCHIRM sowie ORDNER.

Neues Bild In der obersten Kategorie (Abb. 4.2) legen Sie im rechten Teil der Voreinstellungs-Box Größe und Bildauflösung für Bilder fest, die Sie über den Befehl DATEI → NEU bzw. über die Tastenkombination STRG+N neu anlegen (s.a. Kapitel 7.2). Zuerst können Sie Werte für die Bildgröße aus einer Reihe von Vorlagen auswählen AUS VORLAGE), z.B. aus Standardauflösungen oder Dokumentformaten. Im Detail legen Sie die Bildbreite (BREITE) und Bildhöhe (HÖHE) fest, dies in Bildpunkten (PIXEL) oder in einer Maßeinheit. Hier haben Sie die Wahl zwischen Zoll (INCHES) und Zentimetern (CM). Im darunter liegenden Teil AUFLÖSUNG legen Sie die Auflösung neuer Bilder fest, wobei hier eine Auflösung von 72 Bildpunkten je Zoll vorgegeben ist. Zusätzlich entscheiden Sie hier, ob jedes neu angelegte Bild farbig (RGB) oder als Graustufenbild (GRAUSTUFEN) angelegt werden soll. Im Feld BILD-KOMMENTAR können Sie einen Text eingeben (z.B. Ihr Copyright), da zahlreiche Bildformate eine solche Angabe unterstützen. Mit MAXIMALE GRÖSSE NEUER BILDER legen Sie die maximale Größe eines Bildes fest.

Bei dieser von Ihnen hier getroffenen Auswahl handelt es sich – wie anfangs schon gesagt – um *Vor*einstellungen. Das heißt, hier legen Sie fest, welche Einstellungen in der Dialogbox zum Befehl DATEI → NEU gesetzt sind, wenn Sie diese aufrufen. In jener Dialogbox haben Sie bei der Neuanlage eines Bildes selbstverständlich jederzeit die Möglichkeit, andere individuelle Werte und Einstellungen für Bildgröße, -auflösung und -typ einzugeben.

Vorgabegitter In diesem Bereich legen Sie Größe und Aussehen des Bildgitters fest, das in Bildfenstern bei der Positionierung von Bildelementen hilfreich ist. Neben dem ERSCHEINUNGSBILD, wie Hintergrund- und Vordergrundfarbe, kann die Maschenweite des Gitters festgelegt werden.

Oberfläche Diese Kategorie besteht aus einer Hauptansicht sowie weiteren Nebenansichten, dies sind die Unterkategorien HILFESYSTEM, WERKZEUGEINSTELLUNGEN, EINGABEGERÄTE, BILDFENSTER, ANZEIGE sowie BILDSCHIRM.

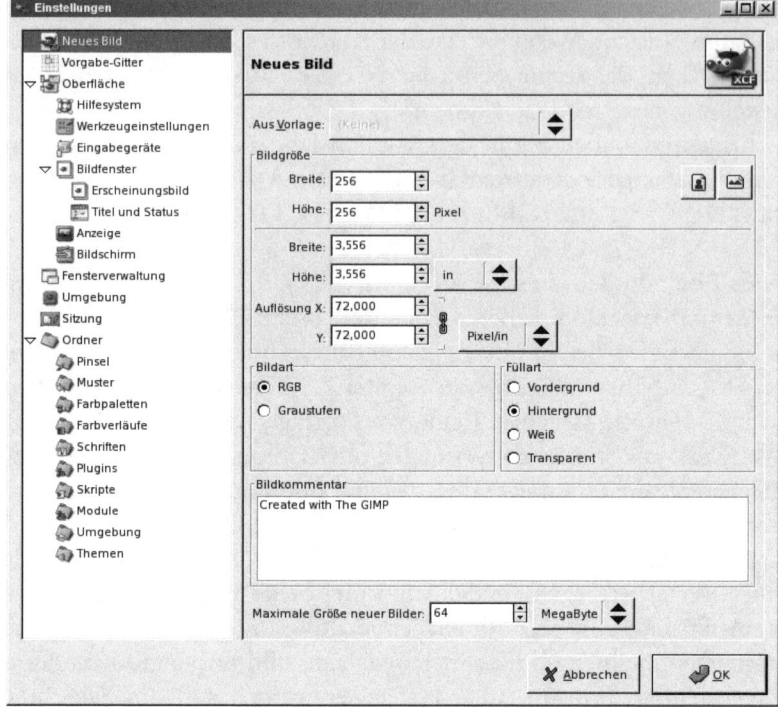

In der Hauptansicht (Abb. 4.3) legen Sie die Größe der Bild-
vorschau (VORSCHAUBILDER) in den Registerkarten der Ebenen-
Dialogbox fest. Als Standard ist hier die speicher- und ressourcen-
freundliche Größe KLEIN ausgewählt, darüber hinaus haben Sie die
Möglichkeit, größere Darstellungen, z.B. MITTEL oder GROSS, auszuwählen. Auch die Größe der kleinen Voransicht, die man in jedem
Bildfenster zur Navigation nutzen kann, lässt sich hier einstellen, mit
GRÖSSE DER NAVIGATIONSVORSCHAU, ebenso die Größe der Voransicht im Journal.

GIMP stellt Ihnen während einer Sitzung die bereits geöffneten
(und möglicherweise wieder geschlossenen) Dateien im Befehlsmenü
DATEI zur Verfügung, sodass Sie diese sehr schnell aus diesem Menü
heraus aufrufen können. Mit dem Parameter GRÖSSE DES ZULETZT-
GEÖFFNET-MENÜS bestimmen Sie, wie viele Dokumente im Befehlsmenü angeboten werden sollen.

Als äußerst hilfreich werden Sie, wenn Sie öfter mit GIMP arbeiten, die Möglichkeit empfinden, dass Sie alle Dialoge im Programm
am Zuklappen hindern können, indem Sie diese abreißen und auf dem
Desktop fixieren. Der Befehl ABREISSBARE MENÜS AKTIVIEREN sorgt
dafür, dass diese Funktion aktiv ist.

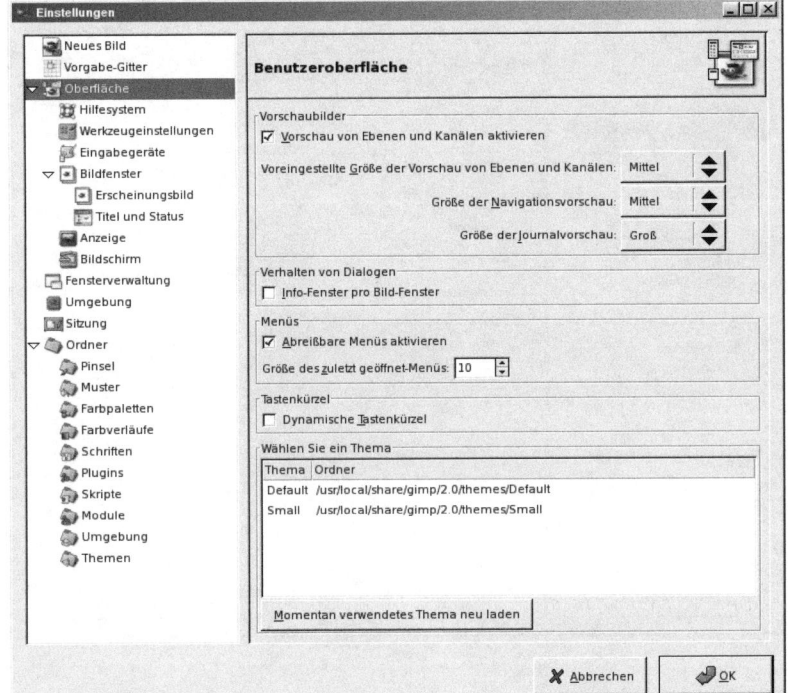

Abbildung 4.3
*An dieser Stelle legen
Sie fest, welche Größe
die Bildvoransichten in
der Ebenen-Dialogbox
haben sollen.*

Hilfesystem In der Registerkarte HILFESYSTEM (Abb. 4.4) legen Sie das Verhalten von GIMPs Hilfesystem (Kap. 5.1.2) fest. GIMP zeigt an verschiedenen Stellen kleine Hilfen in Form von Minifenstern an, wenn Sie mit dem Mauszeiger z.B. über eine Schaltfläche, über eine Auswahlliste o.Ä. fahren. Diese so genannten »Tool Tipps« lassen sich mit der Option MINIHILFEN ANZEIGEN aktivieren oder deaktivieren. Das Gleiche gilt für die Hilfe!Kontext, die man mit UMSCHALT+F1 aufruft (KONTEXTABHÄNGIGE HILFE...). Als Help-Browser für die GIMP-Hilfe können Sie wählen zwischen einem internen Programm oder *Mozilla* (siehe auch Kap. 5.1.2).

Werkzeugeinstellungen In dieser (Unter-)Kategorie (Abb. 4.7) legen Sie fest, welche Reichweite etwaige Hilfslinien oder das Gitter auf Werkzeuge im Einsatz haben soll (REICHWEITE DES MAGNETEN). Für alle Werkzeuge, welche die Umgebung eines Ausgangspunktes im Bild untersuchen (z.B der Zauberstab), lässt sich der Standardschwellwert einstellen.

Im nächsten Feld SKALIERUNG bestimmen Sie, wie GIMP Veränderungen der Bildgröße berechnet. Wie bereits erläutert, handelt es sich bei GIMP um ein pixelorientiertes Grafikprogramm. Im Prinzip kann

Abbildung 4.4
An dieser Stelle legen
Sie die Parameter für
das GIMP-Hilfesystem
fest.

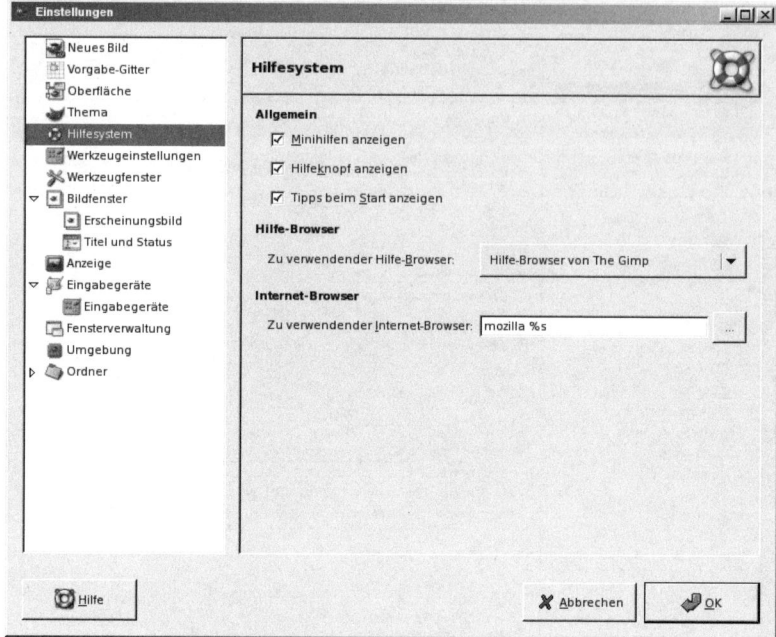

Abbildung 4.4
An dieser Stelle legen
Sie die Parameter für
das GIMP-Hilfesystem
fest.

man sich die einzelnen Bildpunkte, aus denen sich ein Bild zusammensetzt, sowohl horizontal als auch vertikal aufgereiht vorstellen, sie bilden ein Raster einzelner Punkte. Für einige Operationen wie Drehungen
und Scherungen oder wenn Sie ein Bild vergrößern oder verkleinern,
muss GIMP Teile des Bildes oder das gesamte Bild bzw. das Raster
neu berechnen. Bei dieser Neuberechnung muss berücksichtigt werden,
dass das neue Bildraster (fast) niemals deckungsgleich ist mit dem alten
Bildraster. Das heißt, für Zwischenbereiche muss GIMP neue Bildpunkte berechnen. Diese Berechnung nennt man *Interpolation*.

In der Voreinstellungsbox finden Sie im Feld SKALIERUNG die Einstellungsmöglichkeiten KEINE, LINEAR und KUBISCH. Das Ergebnis
der beiden ersten Einstellungen ist oftmals ziemlich lausig, denn häufig
erkennt man beispielsweise bei einer Bildverkleinerung nur noch sehr
wenig Details. Wollen Sie folglich möglichst viele Details nach einer
Größenänderung erhalten, so verwenden Sie die komplexere, besser ar-
beitende kubische Interpolation.

Screenshots und Kubische Interpolation

Bindet man Screenshots von Dialogboxen auf eine Website ein, so ist in der Verkleinerung der Screenshots oftmals der Text nicht sonderlich gut lesbar. Hier bietet es sich an, die bessere kubische Interpolation für die Verkleinerung der Bilder zu nehmen und diese nach der Verkleinerung ein wenig nachzuschärfen (mit FILTER → VERBESSERN → SCHÄRFEN).

Eingabegeräte Sofern Sie Grafik-Tabletts einsetzen, lassen sich hier weitere Parameter für die Geräte einstellen, die diese Tabletts verwenden. Sobald Sie die Schaltfläche ERWEITERTE EINGABEGERÄTE KONFIGURIEREN betätigen, öffnet sich eine Dialogbox, in der Sie die angeschlossenen Geräte auswählen und deren Parameter einstellen können. Näheres hierzu erfahren Sie in Kap. 33.

Bildfenster In dieser Ansicht (Abb. 4.5) legen Sie Optionen fest, die das Verhalten und das Aussehen der GIMP-Bildfenster bestimmen. Im Feld GESCHWINDIGKEIT DER LAUFENDEN AMEISEN stellen Sie die Geschwindigkeit der »Wanderameisen« ein. Hierbei handelt es sich um eine bewegte Strichellinie, die eine ausgewählte Bildregion umgibt. Die Zahl im Eingabefeld gibt den Update-Rhythmus in Tausendstel-Sekunden an, wobei ein kleinerer Wert die Burschen schneller »marschieren« lässt.

Mit dem Parameter VERHALTEN BEI GRÖSSENÄNDERUNGEN legen Sie fest, wie GIMP die Größe des Bildfensters verändern soll, wenn Sie die (Ansichts-)Größe einer Bilddatei wechseln. Standardmäßig lässt GIMP das Bildfenster in seiner Ausgangsgröße. Wenn Sie den Parameter FENSTERGRÖSSE ANPASSEN, WENN SICH DIE BILDGRÖSSE ÄNDERT aktivieren, dann wird die Bildfenstergröße der Zoomansicht angepasst. Dieselbe Funktion finden Sie übrigens auch in der Optionsbox des Lupen-Werkzeuges, hier allerdings heißt sie FENSTER ANPASSEN. Sie haben folglich zwei Möglichkeiten, das Verhalten der Bildfenster bei Größenänderung festzulegen, einmal hier oder individuell bei Anwendung des Lupen-Werkzeuges.

Der Parameter PINSELUMRISS ANZEIGEN sorgt dafür, das bei ausgewähltem Zeichenwerkzeug stets die gerade aktive Werkzeugspitze angezeigt wird. Standardmäßig verändert sich in GIMP der Mauszeiger in einem Bildfenster, abhängig davon, welches Werkzeug Sie in der Werkzeugleiste ausgewählt haben. Beispielsweise sehen Sie den Mauszeiger im Bildfenster als kleines Kreuz, wenn Sie ein Auswahlwerkzeug ausgewählt haben, oder als Stift bei Auswahl eines Zeichenwerkzeuges. Mit

Abbildung 4.5
In dieser Kategorie legen Sie Aussehen und Verhalten der GIMP-Bildfenster fest

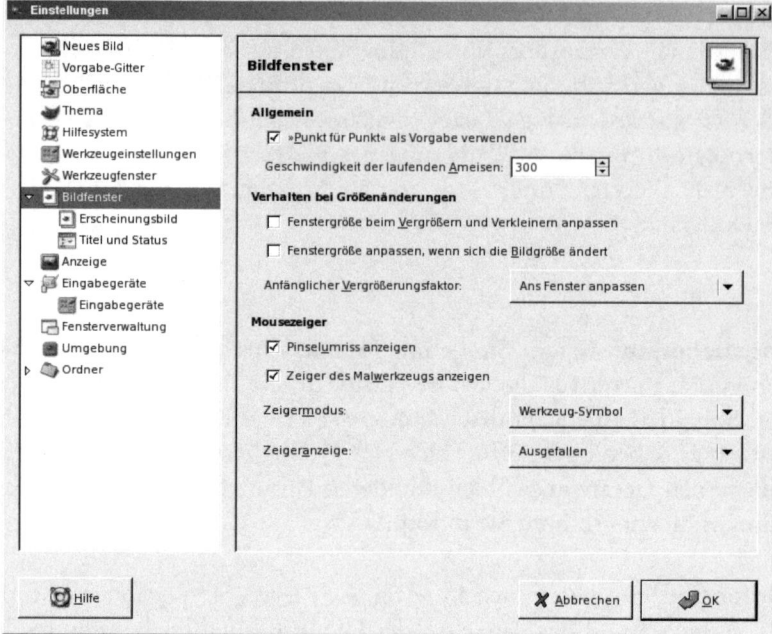

dem Parameter GENAUE ABER LANGSAME MAUSZEIGERNACHFÜHRUNG bestimmen Sie, wie strikt GIMP die von der Maus gelieferten Koordinaten berücksichtigt. Ist diese Option nicht gesetzt, werden u.U. bestimmte Mauskoordinaten ignoriert (z.B. wenn durch schnelle Mausbewegung sehr viele Koordinatenpaare geliefert werden). Im Resultat werden dann z.B. gezeichnete Kurvenzüge eckiger, GIMP dafür aber in der Nachführung des Mauszeigers schneller.

Die Checkbox MAUSZEIGERÄNDERUNGEN DEAKTIVIEREN unterbindet die Anpassung des Mauszeigers ganz. Sie sollten diese nützliche Funktionalität allerdings nicht deaktivieren (auch wenn dies Arbeitsspeicher spart), denn so wissen Sie im Bildfenster stets, in welchem Modus Sie sich gerade befinden und welches Werkzeug aktiv ist.

Erscheinungsbild Mit den Parametern LINEALE ANZEIGEN und STATUSLEISTE ANZEIGEN lassen sich informative Elemente der Bildfenster (Kap. 6.2.3), nämlich die Zeilenlineale und die Statuszeile, aus- und einschalten. Weitere Bestandteile des Bildfensters, die sich hier aktivieren bzw. deaktivieren lassen, sind Rollbalken, Auswahl, Ebenenrahmen oder auch die Menüleiste. Alle Einstellungen lassen sich für den Vollbildmodus des Programms oder für den normalen Modus (d.h., Bildfenster nehmen nicht den gesamten Bildschirm in Anspruch) konfigurieren.

Titel und Status Jedes Bildfenster zeigt in der Titelzeile und in der Statusleiste bestimmte Informationen (Name der Grafikdatei, Bildart usw.) an, mit FORMAT DES BILDTITELS bzw. FORMAT DER STATUSLEISTE legen Sie fest, welche Informationen dort erscheinen sollen.

Anzeige Im Bereich TRANSPARENZ dieser Kategorie legen Sie mit zwei Parametern fest, wie GIMP in einem Bildfenster die Transparenz eines Bildbereiches darstellen soll. Als Standard bietet das Programm ein Schachbrettmuster an. Mit dem Parameter TRANSPARENZTYP legen Sie fest, mit welcher Farbstärke die einzelnen Felder des Musters gezeichnet werden sollen, und mit GRÖSSE DES SCHACHBRETTS ihre Größe.

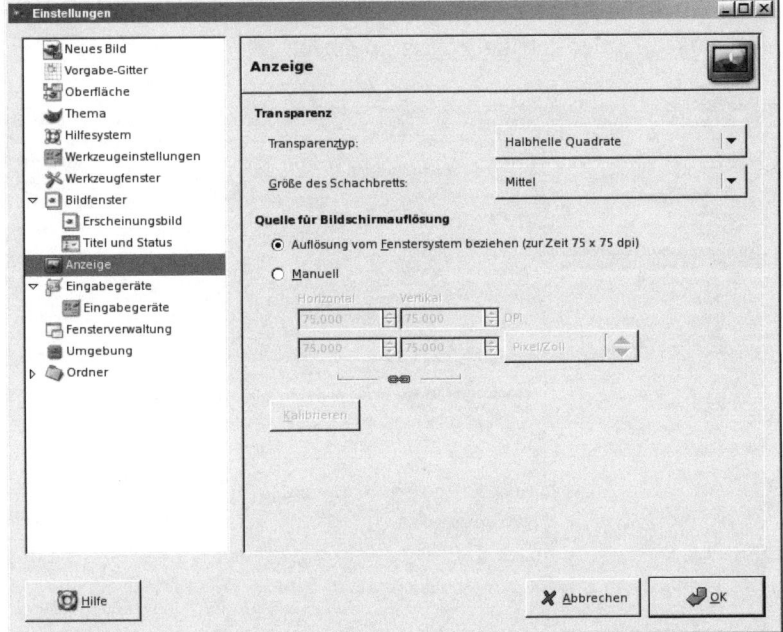

Abbildung 4.6
Wie der transparente Bereich einer Datei dargestellt wird, legen Sie hier fest.

Die beiden nächsten Einstellungen in der Kategorie 8-BIT-ANZEIGEN beziehen sich auf die Nutzung von GIMP unter X Window mit einer Farbtiefe von acht Bit. Wenn Sie X Window in dieser Farbtiefe benutzen, stehen Ihnen lediglich 256 Farben zur Verfügung. Diese sind aber bei der Bearbeitung nahezu jeder Grafik schnell aufgebraucht. Mit FARBTABELLE INSTALLIEREN benutzt GIMP deshalb immer eine eigene Farbtabelle. Ein unschöner Effekt dieser Option ist es, dass die Bewegung des Mauszeigers auf dem Bildschirm zu Farbumschaltungen führt, wenn Sie auf Ihrem X Desktop von einer Anwendung in die nächste gehen.

Quelle für Bildschirmauflösung Diese Einstellungen betreffen die Bildschirmauflösung, mit der Sie Ihr X-Window-System betreiben. Mit der Schaltfläche VOM FENSTERSYSTEM weisen Sie GIMP an, die Bildauflösung vom X-Server zu beziehen. Standardmäßig aktiv ist die Einstellung MANUELL, in der Sie selbst die Bildauflösung einstellen können, wobei Sie (wie schon in der Kategorie NEUES BILD) die Möglichkeit haben, die Auflösung in dpi (d.h. in Bildpunkten pro Zoll) einzugeben oder in einer anderen Einheit.

Auch hier ist eine Standardeinstellung ausgewählt, nämlich 72 Bildpunkte pro Zoll in horizontaler und in vertikaler Richtung, einer Standardauflösung für Computerbildschirme. Moderne Bildschirme, insbesondere solche der gehobeneren Preisklasse, lassen sich auch in einer höheren Auflösung betreiben.

Sobald Sie auf MANUELL umschalten, lassen sich sowohl der horizontale als auch der vertikale Wert angeben.

Abbildung 4.7
Hier bestimmen Sie, ob die unter GIMP zur Verfügung stehenden Zeichen-Modi von allen Werkzeugen genutzt werden sollen oder nicht.

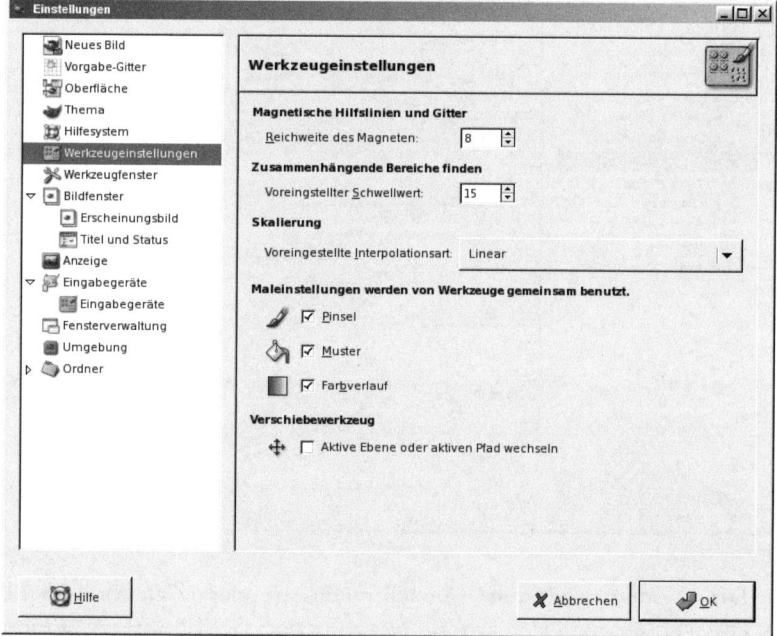

Umgebung Wenn Sie nicht viel Arbeitsspeicher in Ihrem Rechner besitzen, so können Sie in der Kategorie UMGEBUNG mit der Box ZURÜCKHALTENDE SPEICHERAUSNUTZUNG GIMP veranlassen, weniger Arbeitsspeicher zu benutzen. Der verminderte Zugriff auf den Arbeitsspeicher lässt GIMP und seine Plugins möglicherweise schneller ablaufen. Allerdings sollten Sie bedenken, dass dies auch einen verstärkten Zugriff auf den Swap-Speicher Ihres Systems bedeutet (was zumeist einen erheblichen Verlust an Laufgeschwindigkeit zur Folge hat).

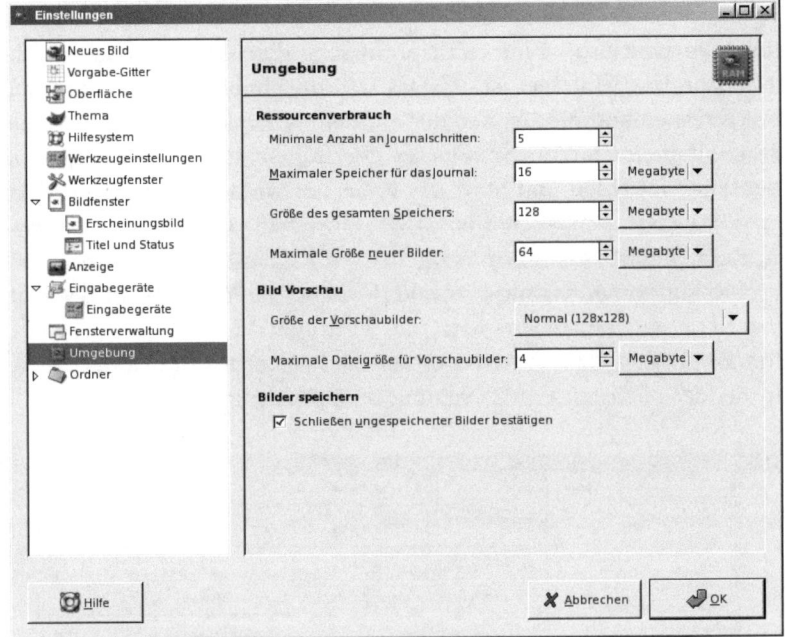

Abbildung 4.8
In dieser Kategorie bestimmen Sie, wie das GIMP-Speichermanagement arbeiten soll.

Mit dem Parameter MINIMALE ANZAHL AN SCHRITTEN legen Sie fest, wie oft Sie einzelne, durchgeführte Aktionen rückgängig machen können. Je größer die hier angegebene Zahl, desto komfortabler lassen sich komplexe Operationen durchführen und bei Nicht-Gefallen wieder rückgängig machen. Beachten Sie aber, dass die zwischengespeicherten Aktionen viel Platz im Arbeitsspeicher Ihres Rechners oder auf Ihrer Festplatte belegen.

Im darunter liegenden Eingabefeld GRÖSSE DES DATENSPEICHERS haben Sie die Möglichkeit, festzulegen, wieviel Arbeitsspeicher (RAM) GIMP für das Ablegen von Bilddaten verwenden darf. Übersteigt die Größe der Bilddatenmenge, die GIMP zu verwalten hat (alle offenen Bilder, Rückgängig-Schritte etc.) diesen Wert, wird dann ebenso auf die Festplatte gespeichert. Dieses besondere Speichermanagement von GIMP erlaubt es Ihnen übrigens, sehr große Bilder zu bearbeiten und somit einen Zugriff auf den Arbeitsspeicher schonender zu gestalten. Dieser steht dann eher für Berechnungen und Operationen des Programms zur Verfügung. Die Größe der Einzeldateien kann im Eingabefeld in Bytes, Kilobytes oder Megabytes eingegeben werden.

Im Bereich DATEIEN SPEICHERN legen Sie fest, ob beim Speichern in jedem Fall das Bild gespeichert werden soll oder nur im Falle einer Änderung (DATEI → SPEICHERN...).

Fensterverwaltung Eine recht praktische Eigenschaft einiger moderner X Window Manager ist es, dass sich mit ihnen festlegen lässt, dass die Positionen und die Größen der auf dem X Desktop geöffneten Fenster sich über eine Sitzung hinaus speichern lassen und auch später, nach erneutem Anmelden und Start des X-Server, wieder zur Verfügung stehen. Dies lässt sich auch für GIMP einstellen. GIMP besitzt hierfür sogar ein eigenes Sitzungsmanagement, d.h., diese Funktionalität steht unabhängig von X Window zur Verfügung. Sie lässt sich in der Kategorie SITZUNG einstellen. Mit dem Parameter FENSTERPOSITIONEN BEIM BEENDEN SPEICHERN werden die Fensterpositionen gespeichert und bei der nächsten GIMP-Sitzung berücksichtigt.

Abbildung 4.9
In dieser Kategorie legen Sie fest, ob die Positionen verschiedener geöffneter GIMP-Fenster über eine Sitzung hinaus auch später noch zur Verfügung stehen sollen.

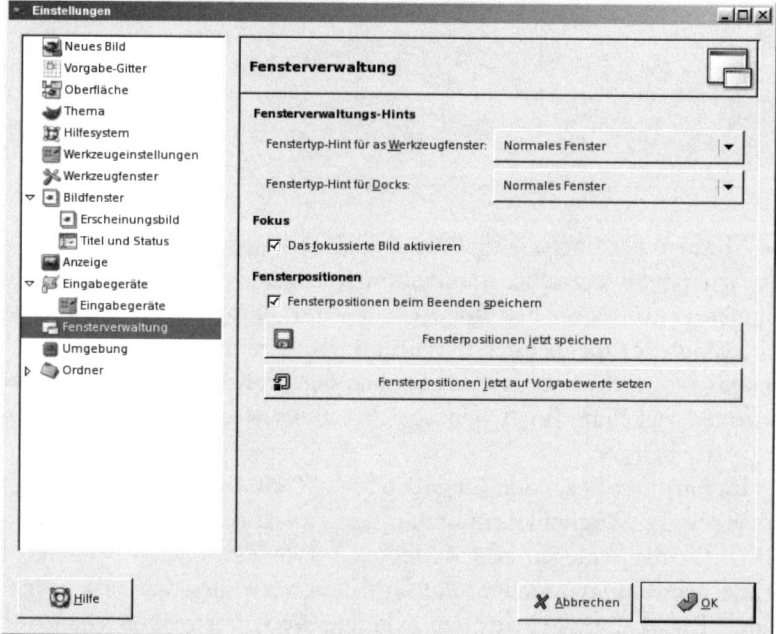

Die Schaltfläche GESPEICHERTE FENSTERPOSITIONEN JETZT LÖSCHEN löscht einmal gespeicherte Fensterpositionen. Die Option GERÄTESTATUS BEIM BEENDEN SPEICHERN speichert darüber hinaus den Zustand der in GIMP benutzten Peripherie-Geräte, z.B. den Zeichengeräten eines Grafik-Tabletts (s. Kap. 33).

Ordner Diese Kategorie besteht aus zwei Unterkategorien, einer Hauptansicht, in der Sie die Verzeichnispfade zu temporären Dateien angeben, sowie einer weiteren Ansicht, in welcher die Pfade zu den von GIMP verwendeten Zusätzen aufgeführt werden.

Sehr wichtig für die Arbeit mit GIMP sind die Verzeichnisse, in denen das Programm seine temporären Dateien abspeichert, beispielsweise momentan verwendete Farbtabellen, offene Bilddateien usw. Auch das Verzeichnis, in denen die oben beschriebenen Swap-Dateien abgelegt werden, sollte mit Bedacht ausgewählt werden. In der ersten Ansicht der hier besprochenen Kategorie (Abb. 4.10) legen Sie den Pfad zu diesen beiden Verzeichnissen fest.

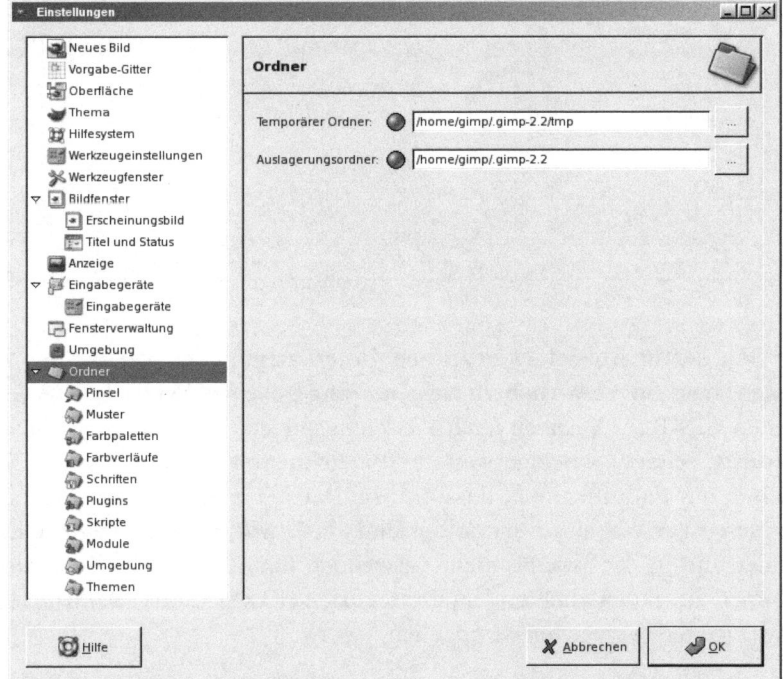

Abbildung 4.10
In dieser Kategorie legen Sie fest, in welchen Verzeichnissen GIMP temporäre Dateien sowie Teildateien seines Speichermanagements ablegen kann.

Das an der Stelle TEMPORÄRES VERZEICHNIS angegebene Verzeichnis /home/BENUTZERNAME/.gimp-2.0/tmp nutzt GIMP zur Laufzeit zum Speichern von Daten. Swap-Dateien können sehr groß werden. Befindet sich das Verzeichnis AUSLAGERUNGSVERZEICHNIS auf einem anderen Rechner (etwa, wenn die entsprechende Festplatte von einem Server-Rechner zur Verfügung gestellt wird), läuft GIMP extrem langsam. Jede Aktion des Programms wird erst dann fortgeführt, wenn GIMP ausreichend (Netz-)Bandbreite für den Zugriff auf die Swap-Dateien hat.

Abbildung 4.11
Hier legen Sie die
Verzeichnisse fest, in
denen GIMP
zusätzliche Dateien
ablegt (und zur
Startzeit finden soll).

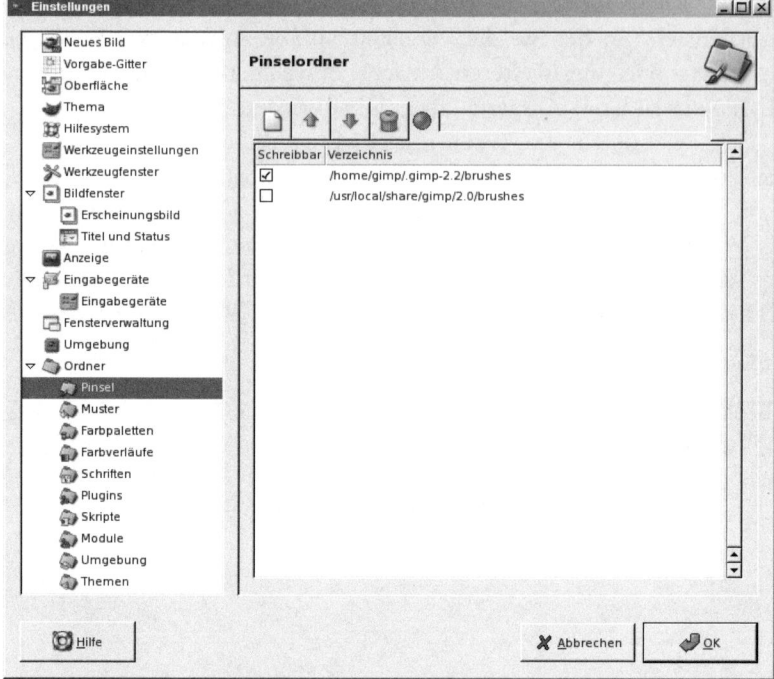

Zu der in Abb. 4.11 gezeigten Unterkategorie PINSEL ist nur zu sagen, dass Sie zusätzlich zu den hier angegebenen Verzeichnissen, in denen GIMP zur Startzeit nach Werkzeugspitzen, Verläufen, Farbtabellen usw. schaut, beliebige weitere Verzeichnisse eintragen können. Sie sollten nur darauf achten, dass die von Ihnen angelegten Zusätze auch in diesen Verzeichnissen enthalten sind, da GIMP diese ansonsten nicht findet und in der Sitzung nicht verwenden kann. Vollkommen analog können Sie in den anderen Unterkategorien (FARBPALETTEN, MUSTER usw.) weitere Verzeichnisse angeben.

5 Hilfe und Informationen zu GIMP

Falls Sie bei der Arbeit mit GIMP auf Probleme stoßen und dieses Buch Ihnen nicht weiterhelfen kann, stehen Ihnen einige weitere Möglichkeiten zur Verfügung, offline und online.

5.1 Hilfe offline

Offline bietet GIMP nach der Installation zwei unterschiedliche Hilfesysteme an: Eine umfassendere Hilfe ist innerhalb des Programms aufrufbar, ein weiteres Hilfesystem – die so genannten Manual-Seiten – stehen allerdings nur den Linux-Usern zur Verfügung.

5.1.1 Die GIMP-Manual-Seiten

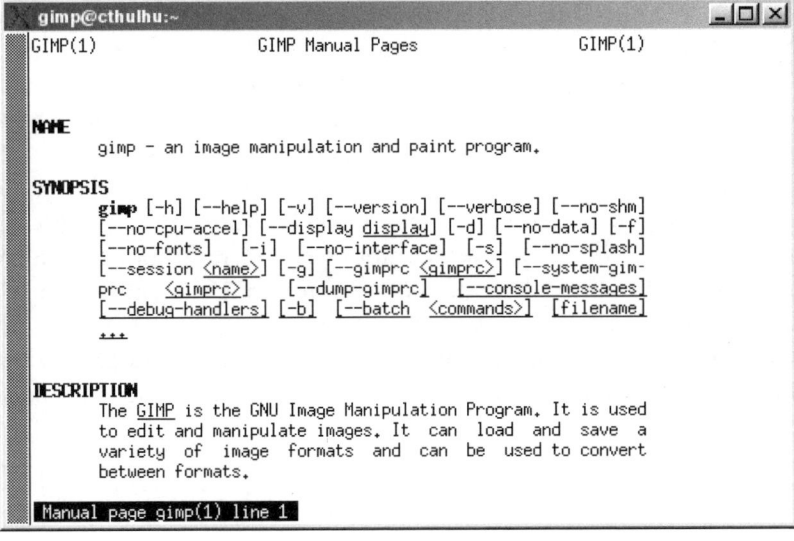

Abbildung 5.1
GIMP bietet eine ausführliche Hilfeseite, die Sie mit dem Linux-Befehl man *aufrufen können.*

Wie die meisten Linux-Programme bietet auch die Linux-Version von GIMP eine Hilfe, die Sie von der Kommandozeile Ihrer Shell aus aufrufen können, und zwar mit:

`/home/gimp>` `man gimp`

Das Ergebnis ist ein ausführlicher Text, dessen Anfang Sie in Abb. 5.1 abgebildet sehen. Der Text dieser Seite orientiert sich im Inhalt und der Struktur an dem, was innerhalb einer so genannten Manual-Seite üblicherweise an Information angeboten wird.

Im Bereich NAME wird die vollständige Bezeichnung des Programms genannt, im Bereich SYNOPSIS sind alle Kommandozeilen-Parameter aufgelistet. Der darauf folgende Bereich DESCRIPTION liefert eine umfassendere Beschreibung des Programms. Im Bereich OPTIONS werden die Kommandozeilen-Parameter erklärt, und die Bereiche ENVIRONMENT und FILES erläutern die von GIMP verwendeten Umgebungsvariablen und Dateien. In den weiteren Bereichen SEE ALSO, COPYRIGHT, SUGGESTIONS AND BUG REPORTS, OTHER INFO und AUTHORS erfahren Sie, welches Copyright Sie beachten müssen, wer an der Entwicklung von GIMP beteiligt war, und Sie erhalten weitere nützliche Hinweise, z.B. welche Kommandos im Zusammenhang mit GIMP noch von Interesse sind, was Sie machen müssen, wenn Sie Verbesserungsvorschläge oder entdeckte Fehler melden wollen usw.

5.1.2   Das GIMP-Hilfesystem

Nicht nur unter Linux, sondern auch unter Windows und Mac OS verfügt GIMP 2 über eine Onlinehilfe, die sich hinter dem Befehl HILFE in der Befehlsleiste der Werkzeugpalette verbirgt. Hier finden Sie zwei Zugänge zur Hilfe: Mit HILFE bzw. der Funktionstaste F1 öffnet sich das in Abb. 5.2 gezeigte Fenster. In der Registerkarte INDEX finden Sie einen stichwortbezogenen Zugang zu den einzelnen Hilfsthemen.

Tastatur: Umschalt+F1

Eine weitere Möglichkeit, die GIMP-Hilfe zu benutzen, bietet die Kontexthilfe, die Sie mit dem Befehl KONTEXTHILFE der Befehlsleiste erreichen. Auch für diesen Befehl gibt es ein Tastaturkürzel, nämlich UMSCHALT+F1. Sobald Sie die kontextsensitive Hilfe aufgerufen haben, verändert sich der Mauszeiger zu einem Fragezeichen. Wenn Sie dann damit z.B. auf ein Symbol der Werkzeugpalette tippen oder in eine Dialogbox, öffnet sich das Hilfefenster mit dem entsprechenden Hilfethema.

Abbildung 5.2
GIMPs Onlinehilfe
bietet bequeme
Blättermöglichkeiten,
die eine Suche
während der
Programmbenutzung
erlauben.

Hier eine Übersicht der im Menü HILFE enthaltenen Funktionen:

HILFE	Öffnet den Browser des Hilfesystems.
KONTEXTHILFE	Verwandelt die Maus in ein Fragezeichen. Ein Klick öffnet im Browser die zur Klickposition passende Hilfe.
TIPP DES TAGES	Zeigt GIMPs Tipp des Tages an.
INFO	Verrät einiges über GIMP und seine Entwickler.
THE GIMP ONLINE	Links zu Internet-Sites z.B. www.gimp.org.

Kontexthilfe in der Dialogbox GIMP bietet in vielen Dialogboxen eine Kontexthilfe durch so genannte »Tool Tips«. Das sind kleine Textboxen, die sich öffnen, wenn Sie sich mit der Maus auf eine Schaltfläche bewegen und diese nicht betätigen, sondern an dieser Stelle mit der Maus kurz verharren. Diese Texthilfen sind insbesondere dann nützlich, wenn man die komplexeren Filter und Funktionen, wie z.B. den in Kap. 18.3 vorgestellten GIMPressionist verstehen und benutzen möchte. Abb. 5.3 zeigt einige der vom Hilfesystem angebotenen Informationen, die als »Tool Tip« von der GIMP-Hilfe angeboten werden; dies am Beispiel des gerade genannten künstlerischen Filters.

Abbildung 5.3
Einige der »Tool Tips«,
die in der Dialogbox
des GIMPressionist
vom GIMP-Hilfesystem
angeboten werden

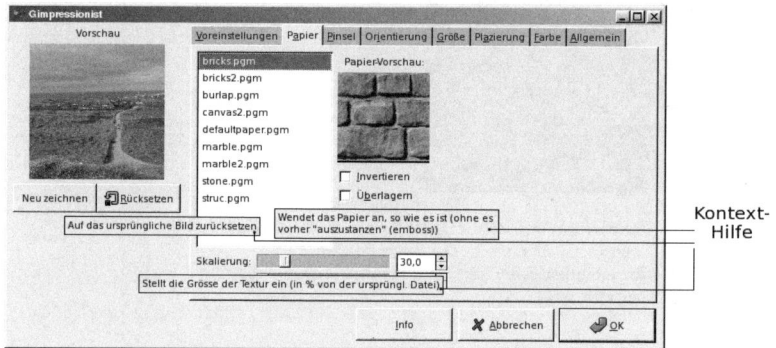

5.2 GIMP im Internet

Sollten Sie Probleme bei der Installation oder bei der Benutzung von GIMP haben, die Sie mithilfe dieses Buches nicht lösen können, so finden Sie Hilfestellung im Internet, sei es auf verschiedenen Websites, in den Foren des Usenet sowie in Mailinglisten und Chats.

5.2.1 GIMP-Websites

www.gimp.de Interessantes und Wissenwertes rund um das Thema GIMP in deutscher Sprache finden Sie auf www.gimp.de. Die Seite ist als Forum organisiert, lebt also von den Beiträgen der Benutzer. Neben Informationen zum GIMP-Programm mit deutschem Interface finden Sie dort nützliche Hinweise, wie z.B. zu GIMP-Veranstaltungen oder der Win32-Version des Programms, sowie kleine Grafik-Tutorien. Weitere Dinge, die den Besuch der Seite lohnenswert machen, sind deutsche FAQs, Informationen zu den GIMP-Plugins sowie eine Sammlung interessanter Links ins Internet zu den Themen Grafikbearbeitung, GNU-Software und Linux.

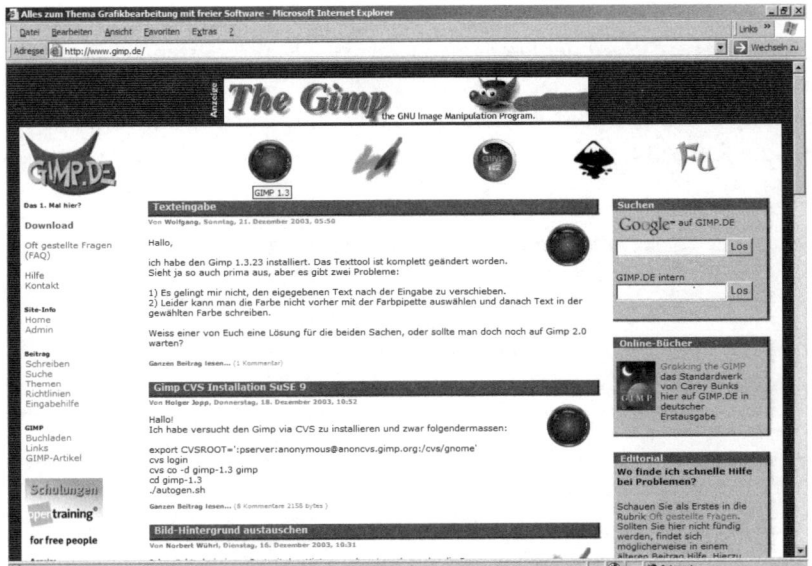

Abbildung 5.4
*Ihre Startseite im Web:
gimp.de, das deutsche
GIMP-Forum*

www.gimp.org Die Wurzel allen GIMPens. Dies ist die Startseite zu GIMP. Hier finden Sie Informationen rund um das Programm sowie Links zu anderen GIMP-relevanten Punkten im Web.

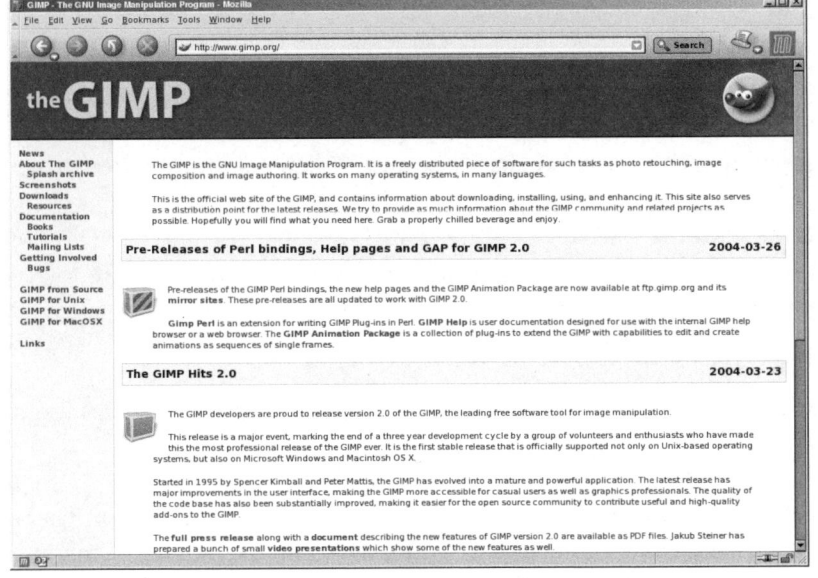

Abbildung 5.5
*Noch eine Startseite im
Web: www.gimp.org*

registry.gimp.org Die GIMP Registry ist ein geeigneter Ausgangspunkt, wenn Sie auf der Suche nach der jeweils aktuellsten Version eines GIMP-Plugins sind oder nach neuen Plugins Ausschau halten wollen. Die Site wird von Ingo Lütkebohle verwaltet. Auf der Startseite haben Sie die Auswahl, nach Plugins für verschiedene GIMP-Versionen zu suchen.

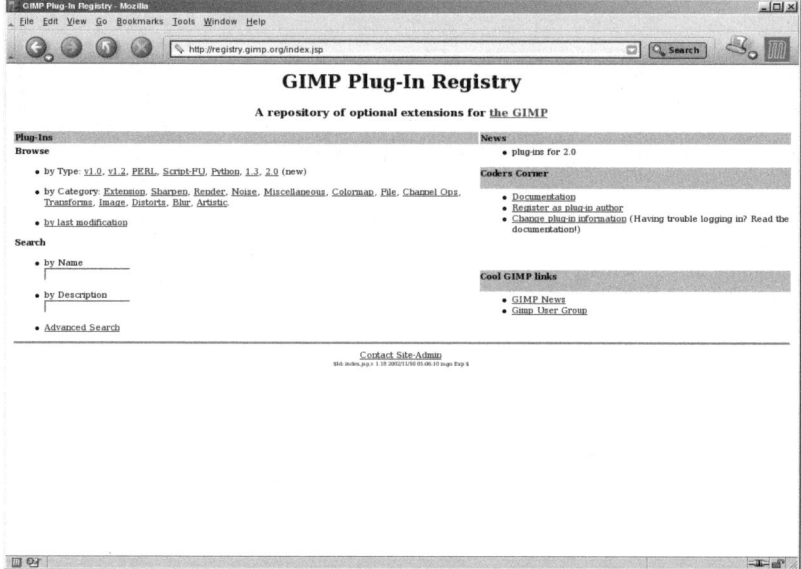

Abbildung 5.6
Die Registry auf
registry.gimp.org ist Ihr
Startpunkt, wenn es
um neue Plugins geht
oder um neue
Versionen älterer
Plugins.

Zu jedem der Plugins finden Sie eine kurze Beschreibung, den Namen und die E-Mail-Adresse des Autors sowie einen Link zum Download sowie zu weiteren, möglicherweise ausführlicheren Informationen.

GIMP-Zusätze Wenn Sie Ihre GIMP-Installation um weitere Programm-Zusätze erweitern möchten, so werden Sie garantiert in folgendem Unterbereich der GIMP-Website fündig:

`http://www.gimp.org/ressources`

Hier finden Sie übersichtlich und durchsuchbar weitere Werkzeugspitzen, Verläufe, Farbpaletten und Skripte.

GIMP User Group Äußerst hilfreich für weitere Fragen zum Thema GIMP sind die Sammlungen von Tutorials auf der Site der Gimp User Group. Neben Neuigkeiten sowie einer Liste mit interessanten Links zum Thema GIMP findet man dort zahlreiche Anleitungen für den Anfänger und auch für den fortgeschrittenen Nutzer von GIMP.

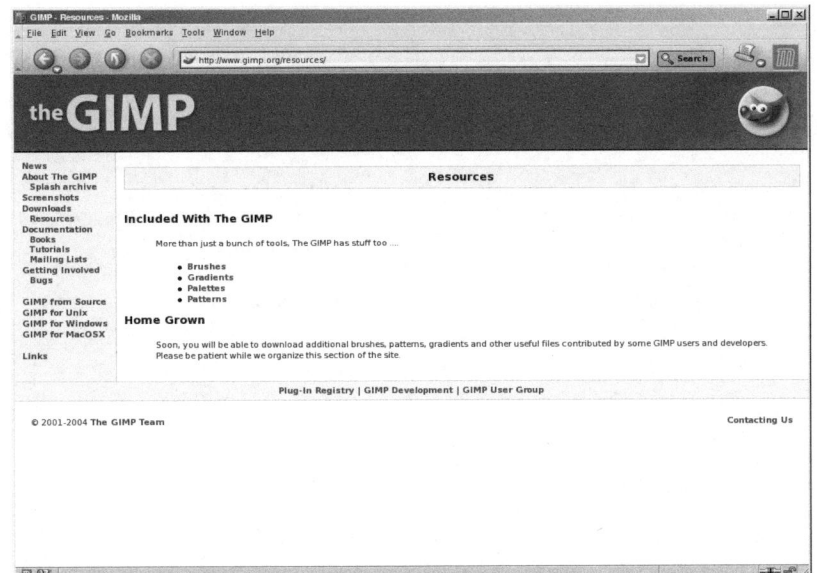

Abbildung 5.7
Pinsel,
Werkzeugspitzen,
Verläufe, all dies finden
Sie auf www.gimp.org.

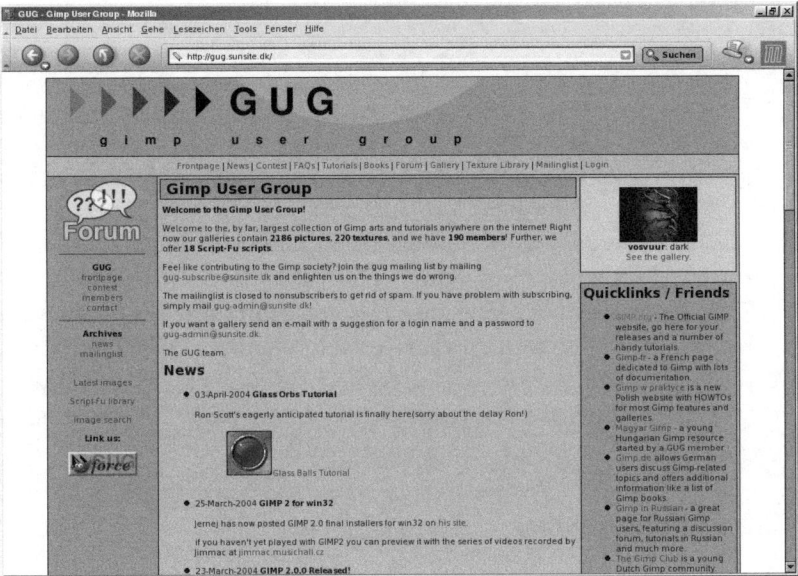

Abbildung 5.8
Schnelle Hilfe und
nützliche Tutorials
findet man auf
www.gug.sunsite.dk.

Usenet-Gruppen   Angeregte Diskussionen zum Thema GIMP finden
Sie auch im Usenet, wo GIMP sogar mit einer eigenen Newsgroup
vertreten ist: `comp.graphics.apps.gimp`. Auch in diesem elektronischen
schwarzen Brett können Sie Fragen stellen und etwaige Probleme mit
GIMP ansprechen.

Abbildung 5.9
Diskussionen rund um
das Thema GIMP
finden auch im Usenet
statt.

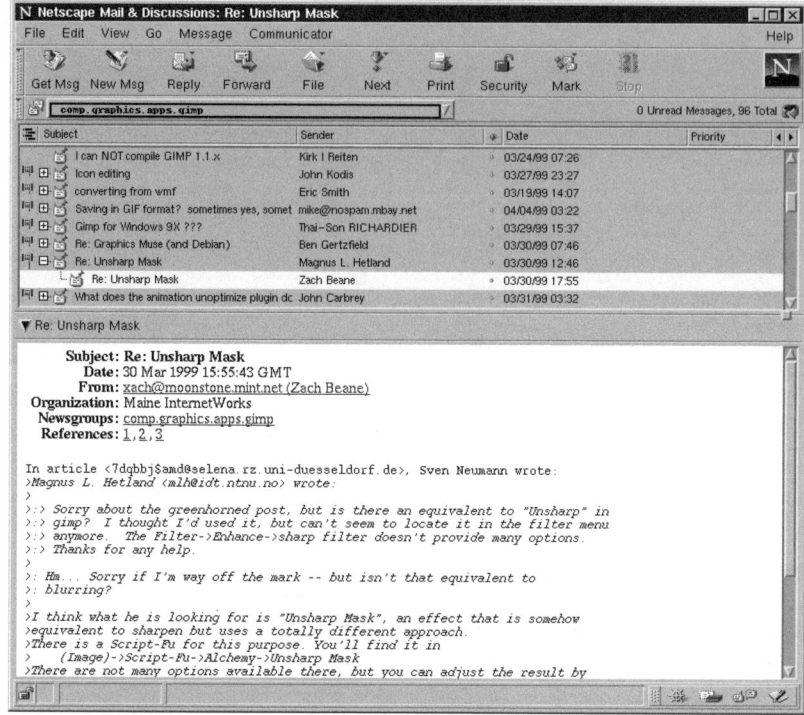

Eine deutschsprachige Newsgroup zum Thema GIMP gibt es bislang noch nicht. Allerdings gibt es eine Newsgroup, die sich mit unter Linux laufenden Anwendungsprogrammen beschäftigt, nämlich de.comp.os.linux.apps. Hier findet man ab und zu auch Diskussionen zum Thema GIMP. Von Interesse ist weiterhin die Newsgroup de.comp.graphik. Hier werden zwar zumeist kommerzielle Programme wie FreeHand, Photoshop u.a. diskutiert, allerdings ist des Öfteren auch der ein oder andere interessante Hinweis oder Tipp zu finden, der sich in GIMP anwenden oder umsetzen lässt.

5.2.2 Mailinglisten

Wie zu vielen Themen im Internet gibt es selbstverständlich auch zum Thema GIMP Mailinglisten, auf denen Fragen rund um dieses Thema diskutiert werden. Im Unterschied zu der oben genannten Newsgroup im Netz reicht es, für die Benutzung von Mailinglisten über einen E-Mail-Zugang zu verfügen.

Mailinglisten gleichen einem Zeitschriften-Abonnement: Wenn Sie sich für eine der unten genannten Listen interessieren, abonnieren Sie diese einfach. Wenn Sie dann feststellen, dass die Themen, die auf einer von Ihnen abonnierten Liste nicht so interessant sind, oder Sie einfach nicht wollen, dass die Postings an diese Liste Ihre Mailbox überfluten, so bestellen Sie die Liste einfach wieder ab. Tabelle 5.1 nennt die Listen, die sich mit verschiedenen Aspekten von GIMP beschäftigen und die alle auf dem Mailserver `lists.xcf.berkeley.edu` betrieben werden.

Name der Liste	Diskutierte Inhalte
`gimp-user`	Hier finden Sie viele allgemeine Hinweise und Tipps zur GIMP-Nutzung, Hinweise auf interessante Effekte usw.
`gimp-developer`	Eine Liste für die GIMP-Entwickler. Hier finden Sie Verweise auf GIMP-Quelltext, auf Patches zu bestimmten Programmteilen. Darüber hinaus diskutieren die GIMP-Entwickler hier verschiedene Entwicklungsaspekte wie z.B. Funktionalitäten des Programms und seiner Teile, Ergonomie der Oberfläche usw.
`gimp-announce`	Hier werden die meisten neuen Plugins, Programmteile und Features angekündigt
`gimpwin-users`	Ankündigungen, Diskussion allgemeiner Benutzerfragen rund um das Thema GIMP für Win32
`gimpwin-dev`	Diskussionen von Themen, die relevant sind für Entwickler, die sich mit der Win32-Version von GIMP beschäftigen

Tabelle 5.1
Übersicht der auf lists.xcf.berkeley.edu betriebenen Mailing-Listen zum Thema GIMP

Um Mails `http://lists.xcf.berkeley.edu/mailman/listinfo` informieren und über ein Web-Formular anmelden. Wollen Sie hingegen eine Nachricht an alle Abonnenten einer Liste schicken, so sollten Sie diese an folgende Adresse schicken: `LISTE@lists.xcf.berkeley.edu`

An der Quelle: Entwickler im IRC Die bislang genannten Web-Ankerpunkte versprechen alle nicht eine so große Interaktivität wie der Internet Relay Chat (IRC), mit dessen Hilfe man sofort mit Gleichgesinnten in so genannten Kanälen ins Gespräch kommen kann.

Wenn Sie sich mithilfe eines IRC-Client-Programms auf dem Server `irc.gimp.org` angemeldet haben, müssen Sie sich, um an der Diskussion teilnehmen zu können, im Kanal #GIMP anmelden. Wen trifft man in den IRC-Kanälen, und was wird dort diskutiert? Tatsächlich befindet man sich in einem solchen Kanal direkt an der Quelle, denn oftmals sind hier GIMP-Entwickler anwesend.

Entsprechend nahe an der Entwicklung des Programms laufen auch viele der dort geführten Gespräche. Sehr oft hat man den Eindruck, dass einige der Entwickler parallel zur Diskussion GIMP weiterentwickeln, denn oft tauchen plötzlich Zeilen des Programmcodes im IRC-Fenster auf, versehen mit einem Kommentar oder einer Frage. Wer sich darüber hinaus für die GIMP-Entwicklung interessiert, findet Information und Hilfestellung auf der Seite: `http://developer.gimp.org`. Hier werden zahlreiche technische Aspekte des Programms erläutert und angesprochen, wie z.B. Informationen zur Plugin-Entwicklung, Hinweise auf Treffen der GIMP-Entwickler usw.

Teil II

GIMP benutzen

6   GIMP bedienen

In diesem Kapitel lernen Sie, wie Sie GIMP starten und wie Sie sich nach dem Start im Programm zurechtfinden. Sie erhalten einen Überblick, wo welche Befehle zu finden sind und welche Elemente des Benutzer-Interfaces die Arbeit mit dem Programm erleichtern.

6.1   Der Programmstart

Wie bereits im vorigen Kapitel beschrieben, legt GIMP beim allerersten Aufruf des Programms alle zum Programmstart notwendigen Dateien und Verzeichnisse in Ihrem Heimat-Verzeichnis an. Bei allen folgenden Aufrufen überspringt GIMP diesen Schritt.

Wo findet man das Programm? Standardmäßig dort, wo Sie auch andere Programme finden. Unter Windows beispielsweise wird während der Installation im Startmenü unter *Programme* eine Programmgruppe mit dem Namen *GIMP 2* angelegt. Wahlweise kann man das Symbol für den Programmstart auch auf dem Windows-Desktop ablegen oder in der Schnellstartleiste. Unter Mac OS X können Sie das ausgepackte Anwendungsbündel selbstverständlich im Finder ablegen (Abb. 6.1) und einen bequemen Link im Dock einrichten. Da GIMP Bestandteil aller Linux-Distributionen ist, findet man dort das Programm zumeist auch in den Menüs der Standard X Window Manager oder in den Startmenüs der beiden Linux Desktops KDE und GNOME (Abb. 6.2).

Den soeben genannten Ladevorgang können Sie überwachen, denn ein Copyright-Bild, welches Sie als allerersten GIMP-Bildschirm sehen (Abb. 6.3), informiert Sie, in welchen Dateien das Programm nach Voreinstellungen und Ressourcen sucht.

Nachdem GIMP alle Zusätze geladen hat, erscheint ein Dialog, der Ihnen kleine Hinweise und Tipps liefert, welche die Arbeit mit dem Programm erleichtern sollen. Hierbei werden Ihnen z.B. nützliche Hinweise zu Tastaturkürzeln gegeben, und Sie werden informiert, welchen Effekt die Benutzung eines Befehls mit gedrückter STRG-, ALT- oder UMSCHALT-Taste hat. Darüber hinaus erhalten Sie Informationen zu

Dateiformaten oder Hinweise, wie Sie Bildkanäle und Bildebenen optimal nutzen. Möchten Sie mehr als nur einen Tipp sehen, so können Sie mit den Schaltflächen VORHERIGER TIPP und NÄCHSTER TIPP weitere Hinweise einsehen und sich in der Tippliste vor- und zurückbewegen. SCHLIESSEN schließt das Tipp-Menü. Mit der Schaltfläche TIPPS BEIM NÄCHSTEN START ANZEIGEN steuern Sie, ob diese Box bei jedem Programmstart geöffnet werden soll oder nicht.

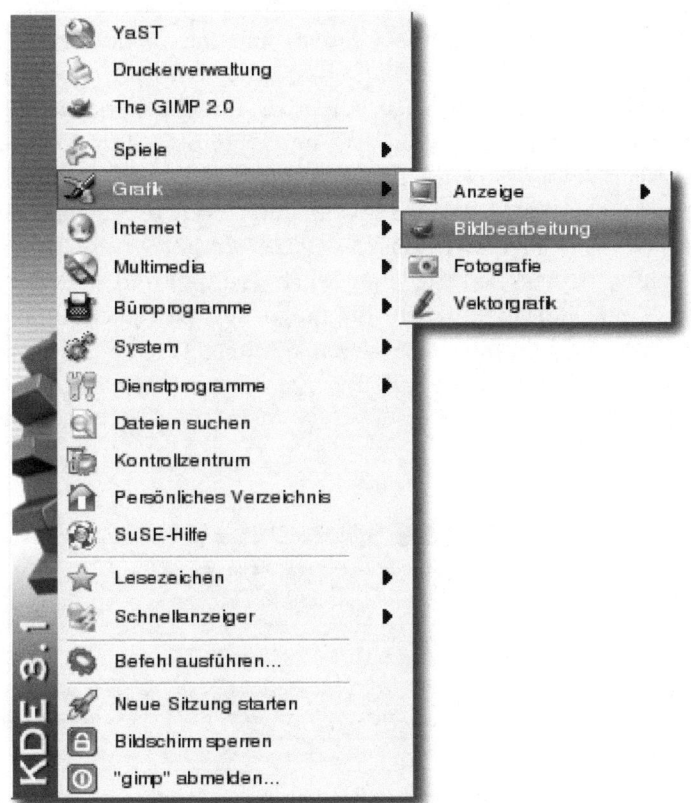

Abbildung 6.2
GIMP gehört zum
Installationsumfang
fast jeder
Linux-Distribution. Sie
finden das Programm
in den Startmenüs der
Desktop-Umgebungen,
hier KDE 3.1 unter Suse
9.0

Abbildung 6.3
Der Start-Bildschirm
baut sich beim
GIMP-Start auf und
informiert im unteren
Teil, in welchen
Dateien das Programm
nach Voreinstellungen
und Ressourcen sucht.

GIMP-Tipps ergänzen

Haben Sie selbst den einen oder anderen nützlichen Trick herausgefunden und möchten diesen anderen Benutzern mitteilen? Nichts ist einfacher als das! Die GIMP-Tippbox greift auf eine XML-Textdatei zu, die sich im systemweiten GIMP-Verzeichnis befindet (dies ist unter Linux das Verzeichnis `/usr/share/gimp/2.2/tips`, unter Windows `C:\\Programme\\GIMP-2.2\\share\\gimp\\2.2\\tips` sowie unter Mac OS X `Applications/Gimp.app/Contents/Ressources/share/Gimp/2.2/tips`). Diese Datei heißt `gimp-tips.xml`. Sie kann beliebig editiert und erweitert werden. Wenn Sie Tipps haben, die möglicherweise auch andere Benutzer des Programms interessieren könnten, geben Sie diese an die GIMP-Entwickler weiter (z.B. über die weiter oben genannten Mailinglisten).

Abbildung 6.4
Kleine Hinweise und nützliche Tipps gibt GIMP in dieser Box zum Programmstart.

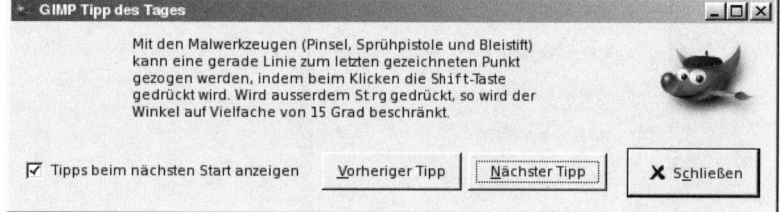

Zusätzlich wird ein weiteres Fenster geöffnet: die GIMP-Werkzeugpalette. Diese ist Ihr Dreh- und Angelpunkt für die Benutzung von GIMP, denn sie ist ein wichtiger Bestandteil der Arbeitsoberfläche von GIMP, deren Elemente im Folgenden vorgestellt werden.

6.2   GIMPs Arbeitsoberfläche

GIMP nutzt als Anwendung Ihren gesamten Desktop als Arbeitsfläche. Das bedeutet, dass das Programm nicht ausschließlich in einem einzigen Fenster abläuft, sondern modular in mehreren Fenstern, welche entweder Grafiken und Bilder oder weitere Dialogboxen und Menüs zur Bedienung des Programms enthalten.

Angesichts dessen mag Ihnen der Start einer kleinen Werkzeugpalette kümmerlich erscheinen. Diese ist jedoch Ihr »Cockpit« zu GIMP. Von ihr aus lassen sich Bilddateien öffnen, Markier- und Zeichenwerkzeuge zur Bildbearbeitung auswählen, weitere Dialogboxen öffnen usw.

Abb. 6.5 zeigt Ihnen einen X Window Desktop mit verschiedenen Elementen von GIMPs Arbeitsoberfläche:

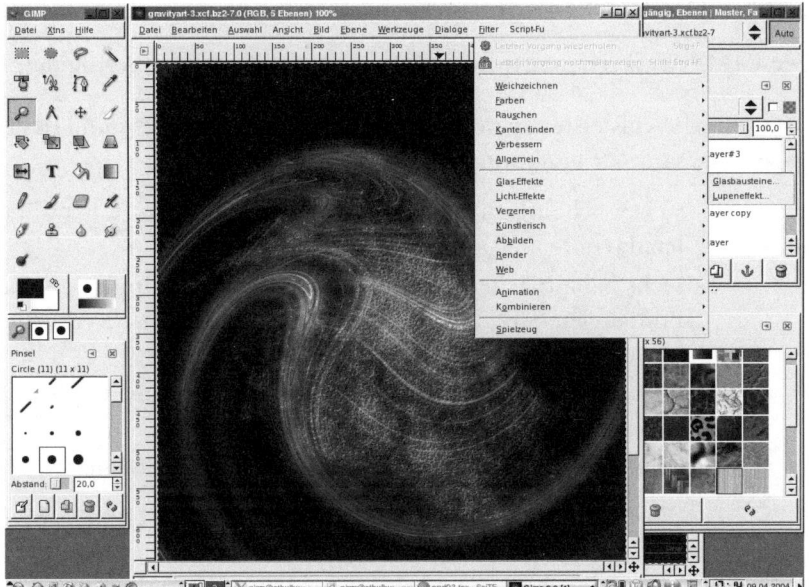

Abbildung 6.5
Ein X Window Desktop mit typischen Elementen von GIMPs Arbeitsoberfläche

❏ Mehrere, gleichzeitig geöffnete *Bildfenster*.

❏ Die Werkzeugpalette mit der Auswahl von *Werkzeugspitzen* im unteren Bereich, dem so genannten Dock.

❏ Die Ebenen-Dialogbox zur Arbeit mit Bildebenen, Kanälen und Pfaden.

❏ Zu guter Letzt: das *Bildmenü*. Dieses Menü ist sichtbar, da es Bestandteil eines jeden Bildfensters ist. Zusätzlich finden Sie alle Befehle des Bildmenüs, wenn Sie in einem Bildfenster die rechte Maustaste betätigen. Das Bildmenü enthält eine Vielzahl von Befehlen und ist zusammen mit der Werkzeugpalette Ihr wichtigstes Instrument, wenn Sie mit GIMP Bilder und Grafiken bearbeiten.

6.2.1 Die Werkzeugpalette

Die GIMP-Werkzeugpalette stellt Ihnen das Folgende zur Verfügung:

❑ eine Befehlsleiste mit den Befehlsmenüs DATEI, XTNS und HILFE,
❑ insgesamt 29 Funktionsschaltflächen, nämlich:

    – sieben Schaltflächen zur Auswahl von Bilddateien bzw. Teilen davon,
    – sechs Schaltflächen zur Bearbeitung und Manipulation von Bilddateien oder Teilen davon (z.B. zum Zoomen, Verschieben etc.),
    – sieben Schaltflächen, die Zeichenwerkzeuge zur Verfügung stellen,
    – neun weitere Schaltflächen mit diversen Funktionen,

❑ einen Farbauswähler zur Auswahl der Vorder- und Hintergrundfarbe,
❑ eine Auswahlfläche mit direktem Zugriff auf die Dialogboxen zur Auswahl von Werkzeugspitzen, Füllmustern und Verläufen.

Abbildung 6.6
Die GIMP-Werkzeugpalette, »Cockpit« des Programms

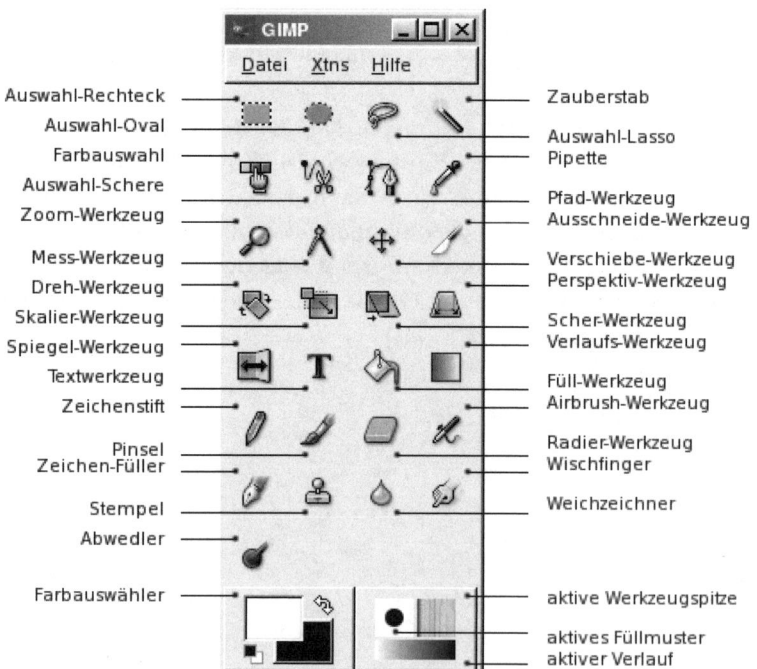

Das Datei-Befehlsmenü In dieser Leiste verbergen sich die Befehle in einem Pull-down-Menü, das Sie in der üblichen Art und Weise öffnen können, indem Sie mit der linken Maustaste auf den entsprechenden Begriff klicken. Im Untermenü DATEI erzielen Sie mit insgesamt sieben Befehlen die folgenden Ergebnisse:

NEU	Erzeugt eine neue Bilddatei.
ÖFFNEN	Öffnet eine bereits vorhandene Datei.
ZULETZT GEÖFFNET	Zeigt eine Übersicht der zuletzt geöffneten Bilddateien an, aus der dann eine gewählt werden kann.
HOLEN	Startet GIMPs eingebundene Funktion zum Erstellen von Screenshots und bietet Zugriff (sofern installiert) auf einen Scanner.
EINSTELLUNGEN	Hier können Sie Voreinstellungen des Programms festlegen.
DIALOGE	Bietet Zugang zu weiteren Dialogboxen des Programms.
BEENDEN	Beendet GIMP und schließt alle Fenster des Programms.

An dieser Stelle wundert es Sie vielleicht, warum in einer Befehlsleiste, die sich DATEI nennt, grundlegende Dateibefehle nicht zu finden sind, z.B. zum Speichern von Bilddateien oder zum Druck derselben (wie dies bei vielen anderen Programmen der Fall ist, insbesondere unter Microsoft Windows)?

Wie bereits erwähnt, können Sie in GIMP mehrere Bildfenster gleichzeitig öffnen und parallel mit allen geöffneten Bilddateien arbeiten. In einem Grafik-Programm, das die Arbeit mit mehreren gleichzeitig geöffneten (Bild-)Fenstern zulässt, kann logischerweise immer nur ein Fenster den Fokus des Programms haben (d.h. angeklickt und aktiv sein). Folglich hat es wenig Sinn, Befehle zur Bearbeitung der Dateien, die in diesen Fenstern dargestellt werden, in einem (anderen) Hauptfenster zu haben. Alle Befehle, die sich auf Bilddateien beziehen, finden Sie daher in den jeweiligen Bildfenstern; dort im weiter unten beschriebenen Bildmenü.

Screenshots mit GIMP erstellen

1 Rufen Sie im Menü Datei den Befehl Holen → Screen Shot auf. Dies öffnet die in Abb. 6.7 gezeigte Dialogbox.

2 Ein beliebiges Fenster lässt sich einfangen, wenn die Schaltfläche Einzelnes Fenster aktiv ist.

3 Mittels Fenster auswählen nach … steuern Sie, wie viel Zeit verstreichen soll, bevor das Programm in Aktion tritt.

4 Den gesamten X Desktop fangen Sie mit aktiver Schaltfläche Ganzer Bildschirm ein. Wenn Sie ein wenig Zeit benötigen, z.B., um bestimmte Dialoge oder Boxen zu öffnen, können Sie im unteren Drehfeld der Dialogbox eine Verzögerung um mehrere Sekunden einstellen.

Abbildung 6.7
Mit dieser Dialogbox lassen sich aus GIMP heraus Screenshots von Fenstern oder dem Desktop erstellen.

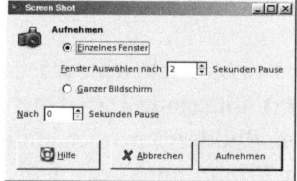

Das Xtns-Befehlsmenü In diesem Menü finden sich Befehle für den Zugriff auf fortgeschrittenere Funktionen von GIMP, z.B. der Moduldatenbank, den Plugins des Programms usw. Darüber hinaus gibt es hier zur schnellen Ausführung von Effekten eine Menge fertiger Skripte, im Einzelnen:

MODULE VERWALTEN	Erlaubt einen Überblick über die zur Laufzeit des Programms geladenen Programmbibliotheken.
DB-BROWSER	Öffnet eine Übersicht über die gesamte GIMP-Funktionsdatenbank. Mit Suchfunktion.
EINHEITEN-EDITOR	Informiert über die im Programm genutzten Längeneinheiten (Bezeichnung, Abkürzung etc.) Bestehende Definitionen können bearbeitet werden und auch neue Einheiten lassen sich schnell anlegen.
PLUGIN DETAILS	Suche nach Plugins sowie Detailinformationen zu Plugins, inklusive Baumansicht.
SCRIPT-FU	Zugriff auf verschiedene Kategorien vorprogrammierter Effekte.

Script-Fu Hiermit gelangen Sie zum SCRIPT-FU-Interface von GIMP. Sie erreichen von diesem Menü aus eine SCRIPT-FU-Testkonsole, den SCRIPT-FU-Server sowie viele bereits programmierte Effekte zur Erstellung von Text-Logos, Texturen usw. Einige dieser Effekte sowie Script-Fu im Allgemeinen werden in Kap. 29 genauer beschrieben.

Das Hilfe-Befehlsmenü Hier verbirgt sich GIMPs Hilfesystem. Die Befehle dieses Menüs sind in Kap. 5.1.2 genauer beschrieben.

Die Befehlsschaltflächen Die GIMP-Befehlsschaltflächen erlauben es, bestimmte Funktionen des Programms, etwa zur Auswahl eines Bildbereiches, zur Bearbeitung des Bildes oder auch die GIMP-Zeichenwerkzeuge einfach und schnell durch einen Mausklick zu erreichen. Welche Werkzeuge sich hinter welcher Schaltfläche verbergen, sehen Sie übrigens, wenn Sie mit der Maus über eine dieser Schaltflächen fahren. So wie Sie dies von anderen Anwendungen her gewohnt sind, öffnet sich beim kurzen Verweilen auf einer Schaltfläche (ohne eine Maustaste zu drücken) eine Schnellhilfe, welche die zu der Schaltfläche gehörende Funktion nennt.

Abbildung 6.8
*Ein Doppelklick auf die
Schaltflächen der
Werkzeugpalette öffnet
die Optionsboxen zu
den dazugehörigen
Werkzeugen.*

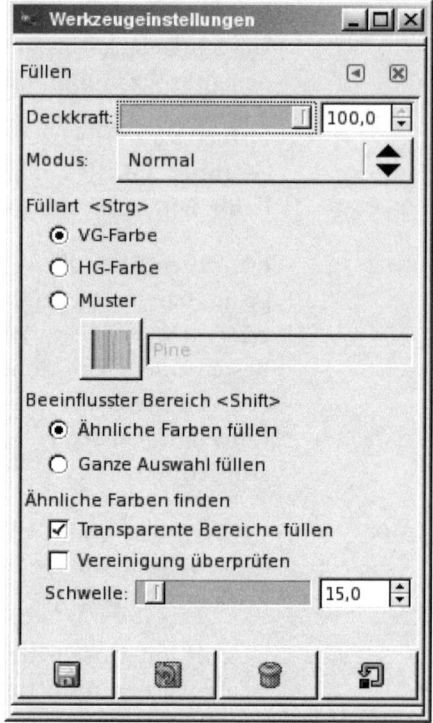

Der Doppelklick mit der linken Maustaste fördert für alle Schaltflächen eine Optionsbox zu Tage. Die Optionsbox beispielsweise für das Füll-Werkzeug, den »Farbeimer«, ist in Abb. 6.8 abbgebildet. Die Werkzeuge, die man in der Werkzeugpalette auswählen kann, werden im Detail an anderer Stelle besprochen: die Auswahlwerkzeuge in Kap. 8, die Zeichenwerkzeuge in Kap. 9 und die Bearbeitungsfunktionen in Kap. 10.

Farbauswähler und Zubehörauswahl Neben den Befehlsschaltflächen enthält die Werkzeugpalette GIMPs Farbauswähler sowie ein Feld, von dem aus Sie verschiedene Auswahlboxen direkt öffnen können. Diese Auswahlboxen sind nicht hier erklärt, sondern an den zugehörigen Stellen im Buch. Die Werkzeugspitzenauswahl wird in Kap. 9.1 erklärt, der Farbauswähler in Kap. 11.1, die Arbeit mit Füllmustern in Kap. 9.7 und der Verlaufseditor in Kap. 9.10.

6.2.2 GIMPs Dialogfenster

Zahlreiche Einstellmöglichkeiten finden Sie, separat von der Werkzeugleiste und den unten beschriebenen Bildfenstern, in verschiedenen Dialogfenstern, die Sie alle aus der Werkzeugleiste heraus öffnen können. Sie sind dort unter DATEI → DIALOGE zu finden. Wenn man parallel mit verschiedenen dieser Dialogfenster arbeitet – und oftmals benötigt man den gleichzeitigen Zugriff auf drei oder vier Dialogfenster – nervt das dauernde Öffnen und Schließen dieser Fenster schnell. Lässt man andererseits diese Fenster offen, ist der Desktop schnell mit einer Vielzahl von Fenstern übersät, und man verliert den Überblick.

Dialogfenster zu Reitern kombinieren   Ein sehr nützliches Element der GIMP-Arbeitsoberfläche ist die Möglichkeit, Dialogfenster zu einem Fenster zusammenzufassen. Dies lässt sich schnell und einfach über Schaltflächen der Dialogfenster oder – einfacher noch – per Drag-and-drop auf dem Desktop erreichen. Jedes Dialogfenster verfügt im oberen Bereich über zwei Schaltflächen, einen kleinen Pfeil, der nach rechts zeigt, sowie ein kleines Kreuz (Abb. 6.9).

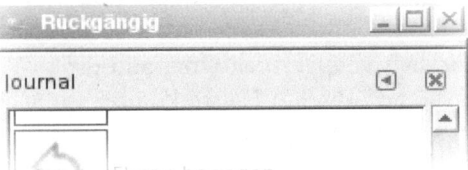

Abbildung 6.9
Jedes Dialogfenster lässt sich mit diesen Schaltflächen schließen (Kreuz) bzw. um weitere Fenster erweitern (Pfeil).

Ein Klick auf den Pfeil öffnet ein Menü, in dem Sie Unterelemente der Dialogfenster, die so genannten Reiter verwalten können. Wählen Sie hier REITER HINZUFÜGEN aus, öffnet sich ein weiteres Menü, in dem alle verfügbaren GIMP-Dialogfenster aufgelistet sind. Wählen Sie einen der Einträge in dieser Auswahl aus, wird die Dialogbox genau um dieses Menü erweitert, und die Box als Ganzes erhält eine Ansicht mit den Symbolen der jeweils zusammengefassten Dialogfenster, die nun in Form von Karteireitern ausgewählt werden können. Abb. 6.10 zeigt die so erstellte Kombination der einzelnen Dialogfenster EBENEN, KANÄLE und PFADE, also der klassischen »Ebenendialogbox« der älteren GIMP-Versionen.

Dialogfenster per Drag-and-drop kombinieren   Die oben beschriebene Zusammenstellung verschiedener Dialogfenster zu Reitern können Sie vollkommen individuell, ganz nach Ihren Bedürfnissen, vornehmen. Dabei brauchen Sie übrigens nicht jedesmal auf die gerade vorgestellten Schaltflächen zurückzugreifen. Wollen Sie aus einer Kombination von Dialogfenstern ein bestimmtes Element in eine andere Zusammenstellung integrieren, so geht es auch schneller. Jedes der Fens-

Abbildung 6.10
Drei Dialogfenster,
zusammengefasst zur
»Ebenendialogbox«

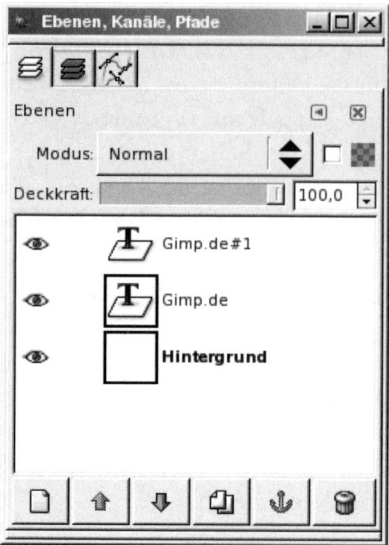

ter lässt sich nämlich bequem per Drag-and-drop (Verschieben-und-Fallenlassen) in die gewünschte Fensterkombination bringen, wie das folgende So-geht's-Tutorial zeigt.

Dialogfenster per Drag-and-drop kombinieren

1 Wählen Sie einfach in der einen Dialogzusammenstellung den entsprechenden Reiter aus und klicken mit der linken Maustaste auf den jeweiligen Namen des Reiters.

2 Lassen Sie nun die Maustaste nicht los, sondern verschieben – bei gedrückter linker Maustaste – in die gewünschte Dialogzusammenstellung, die auch das gerade erfasste Dialogfenster aufnehmen soll.

Dialogfenster per Drag-and-drop kombinieren, Fortsetzung

Sie werden feststellen, dass der Mauszeiger sich verändert hat und das Symbol der angefassten Dialogbox als Anhang trägt. Lassen Sie am Ziel (d.h. in der aufnehmenden Dialogzusammenstellung) einfach den Reiter fallen, d.h. lediglich die linke Maustaste los.

Im Resultat haben Sie nun die ausgewählte Reiterkarte von der einen Box in die andere verschoben.

Dialogfenster an die Werkzeugleiste andocken   Sollen die Dialoge darüber hinaus nicht als separate Fenster auf dem Desktop erscheinen und wollen Sie dennoch auf die in diesen Fenstern zu erreichende Funktionalität zugreifen, so können Sie eine pfiffige und neue Funktionalität der GIMP-Version 2 verwenden: den Dockbereich der Werkzeugleiste (Abb. 6.11). Diesen finden Sie unterhalb der Farbauswahl. In der Tat ist bereits beim ersten Start des Programms dieser Bereich mit Dialogboxen gefüllt. Auch hier können Sie Dialogfenster »fallen lassen«. Sollte übrigens mal gar kein Dialogfenster in diesem Bereich aktiv sein, so ist die Leiste unterhalb der Farbauswahl aktiv für eine Aufnahme von Dialogen. Wenn Sie mit dem Fenster an der Maus über diese Leiste fahren, zeigt diese ihre Aufnahmebereitschaft durch ein kurzes »Aufleuchten« an.

Abbildung 6.11
In allen langfristig offenen Dialogen, so z.B. unterhalb des Farbauswählers in der Werkzeugleiste, lassen sich Dialogfenster »andocken«.

6.2.3 GIMPs Bildfenster

Generelles Aussehen und Verhalten Das Aussehen und Verhalten der GIMP-Fenster auf Ihrem Desktop hängt einzig davon ab, welchen Window-Manager Sie verwenden. Dies betrifft den Rahmen der Fenster, welche Befehle sich in der Fensterleiste verbergen, wie Sie Fenster auf dem Desktop bewegen usw. Beliebte Window-Manager sind der weiter oben erwähnte *WindowMaker* sowie der schrille *Enlightenment*, mit dem man beispielsweise Rahmen und Symbolleisten nahezu jeder Form und Farbe verwenden kann.

Abbildung 6.12
Aussehen und Verhalten der GIMP-Fenster werden vom Window-Manager bestimmt, dieser Screenshot zeigt als Beispiel ein GIMP-Bildfenster unter KDE.

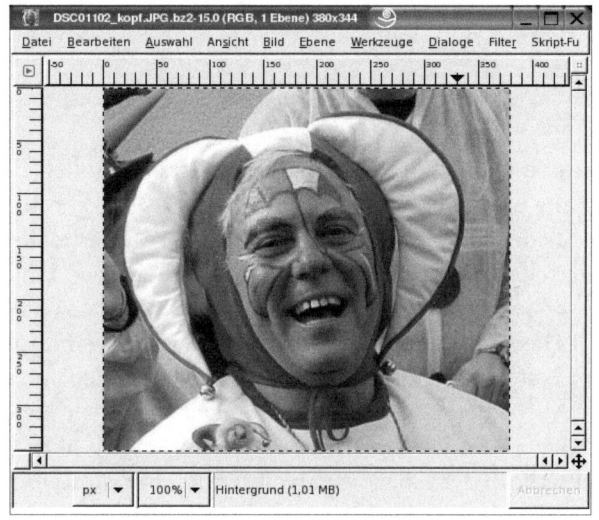

Wenn Sie einen anderen Manager benutzen, sehen Ihre Dialogboxen und Bildfenster vermutlich etwas anders aus als die in diesem Buch gezeigten Screenshots. Benutzen Sie beispielsweise unter X Window eine grafische Oberfläche wie KDE, so sehen Ihre GIMP-Bildfenster vielleicht so aus wie in Abb. 6.12. Unter Windows ist das Aussehen der Bildfenster abhängig von Ihren Schema-Einstellungen, die Sie in der Eigenschaften-Anzeige unter *Darstellung* ausgewählt haben. Unter Mac OS X haben die Bildfenster das übliche Aussehen der Aqua-Oberfläche.

Die gerade genannten Unterschiede beziehen sich übrigens lediglich auf das generelle Aussehen und die Standard-Fensterfunktionalität der jeweiligen Betriebssysteme. Alle im Folgenden erläuterten GIMP-spezifischen Elemente der Fenster funktionieren auf allen drei Plattformen gleich.

In der Titelleiste eines GIMP-Bildfensters (Abb. 6.13) – ihr Aussehen hängt ebenso vom Window-Manager ab – befindet sich z.B. der

Abbildung 6.13
Das Aussehen der Titelzeile ist abhängig vom verwendeten Window-Manager.

komplette Name der Bilddatei, eine (sitzungsabhängige) Versionsnummer sowie die Art des Bildes (ob RGB-, Graustufen- oder indiziertes Bild). Welche Informationen dort angezeigt werden, können Sie selbst bestimmen. In den Voreinstellungen (Kap. 4.3) legen Sie in der Registerkarte BILDFENSTER fest, ob z.B. lediglich der Dateiname angezeigt werden soll (% *f*) oder der gesamte Pfad (% *F*).

Weitere Elemente des Bildfensters

Vollkommen unabhängig vom Window-Manager besitzen die GIMP-Bildfenster weitere Elemente, welche Ihnen die tägliche Arbeit mit dem Programm erleichtern sollen. Da bei der Bearbeitung von Grafiken oftmals genaues Augenmaß und Sorgfalt bei der Bedienung der Maus angesagt ist, sollten Sie lernen, diese Hilfen zu nutzen, denn sie geben wichtige Hilfestellung.

Zeilenlineale Die in Abb. 6.14 gezeigten Zeilenlineale geben Ihnen als Erstes eine Vorstellung über die Größe der geladenen Bilddatei. Sowohl in X- als auch in Y-Richtung zeigt je ein Lineal die Ausdehnung des Bildes in Bildpunkten. Je nach Größe des Bildes verwendet das Programm zwei unterschiedliche Skalen.

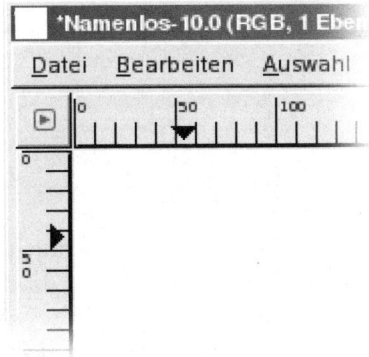

Abbildung 6.14
Die Lineale des GIMP-Bildfensters informieren über die Größe eines Fensters und erlauben eine genaue Positionierung des Mauszeigers.

Die Maßeinheit der Zeilenlineale sind entweder Bildpunkte (sofern Sie in den Einstellungen für BILDFENSTER »Punkt-für-Punkt« eingegeben haben) oder die Einheit, die Sie bei der Neuanlage eines Bildes angegeben haben. Zu Ihrer Orientierung sehen Sie, sofern Sie sich mit

dem Mauszeiger in einem Bildfenster befinden, auf den beiden Zeilenlinealen immer die Position des Zeigers in Form von zwei kleinen Drei-
cken. Bewegen Sie den Mauszeiger in einem Bild, so bewegen sich diese
Dreiecke horizontal bzw. vertikal auf den Zeilenlinealen.

Die Hilfslinien   Als zusätzliche Orientierungshilfe bietet GIMP Ihnen
horizontale und vertikale Hilfslinien, von denen Sie in einem Bild beliebig viele nutzen können. Sie erzeugen diese, indem Sie sich von den Bild-
linealen mit gedrückter linker Maustaste in das Bildfenster hineinbewe-
gen. Sobald Sie dies tun, wird automatisch das Verschiebe-Werkzeug
aktiv und Sie können weitere Linien ins Bildfenster ziehen oder bestehende verschieben.

Abbildung 6.15
Diese Hilfslinien ziehen
Sie vom horizontalen
bzw. vertikalen
Zeilenlineal in das
Bildfenster hinein.

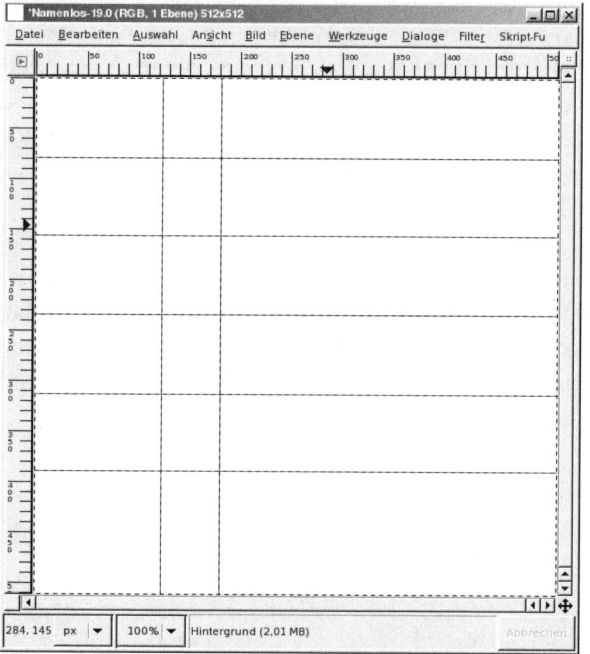

Wollen Sie Anzahl oder Position der Hilfslinien zu einem späteren
Zeitpunkt verändern, so wählen Sie zuallererst in der Werkzeugpalette das Verschiebe-Werkzeug aus. Sobald Sie dieses aktiviert haben und
im Bildfenster mit dem Mauszeiger über eine der Hilfslinien fahren,
können Sie diese aufnehmen und verschieben. Der übliche Mauszeiger
dieses Werkzeuges, ein Kreuz, verwandelt sich, sobald Sie auf einer der
Hilfslinien sind, in eine kleine Hand. Auch an den Farben der Hilfslinien können Sie einen unterschiedlichen Bearbeitungsstatus erkennen:
GIMP zeichnet die jeweils aktive Hilfslinie *rot*, inaktive Hilfslinien sind
blau gezeichnet, und sobald Sie eine der Linien aufgenommen haben

und bewegen, wird sie vom Programm farblich invertiert gezeichnet (d.h. schwarz bei weißem Hintergrund und umgekehrt).

Punktgenaues Ausrichten einer Auswahl

Die Hilfslinien erweisen sich auch als besonders hilfreich, wenn Sie bestimmte Bereiche Ihres Bildes punktgenau markieren möchten. Aktivieren Sie nämlich im Bildmenü den Punkt ANSICHT → MAGNETISCHE HILFSLINIEN, so können Sie jede Auswahl an zuvor gesetzten Hilfslinien verankern. Probieren Sie es aus: Die Auswahl »rastet« spürbar ein.

Abbildung 6.16
Möchten Sie innerhalb eines Bildes ausgewählte Bereiche oder Objekte, wie hier den Text, positionsgenau ausrichten, erweisen sich die Hilfslinien als nützliches Werkzeug.

Bildlaufleisten Welche Größe eine Bilddatei in einem GIMP-Bildfenster einnimmt, hängt von zwei Dingen ab: einerseits natürlich von der Größe der Datei selbst, andererseits aber auch vom eingestellten Zoom-Faktor, der an anderer Stelle genauer besprochen wird. Entweder füllt diese Darstellung einer Datei das Bildfenster genau aus, oder sie ist kleiner als das Bildfenster oder größer.

Im letztgenannten Fall werden kleine Anfasser in den Bildlaufleisten (siehe Abb. 6.17) aktiv, die Ihnen die Navigation im Bildfenster ermöglichen. Klickt man auf diese Anfasser und lässt die linke Maustaste gedrückt, so kann man jeden Bereich des Bildes ansteuern.

Sofern die Darstellung das Bildfenster ausfüllt oder das Bildfenster gar größer ist als die Darstellung, füllen die Anfasser die Bildlaufleiste aus; sie sind also folglich inaktiv (was logisch ist). Für den Fall üb-

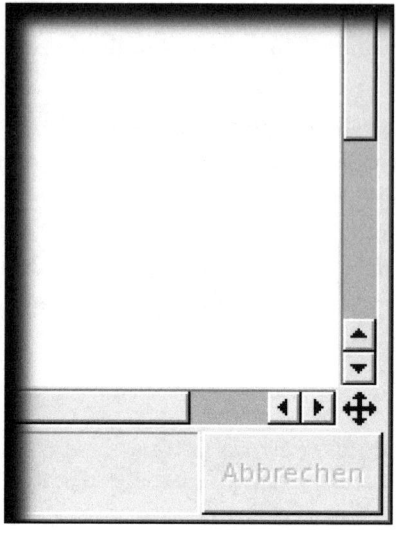

rigens, dass das Bildfenster größer als die Bilddarstellung ist, weil Sie einen anderen Zoomfaktor gewählt haben, können Sie die Bildfenstergröße schnell anpassen, indem Sie im Bildmenü den Befehl ANSICHT → FENSTER ANPASSEN ausführen. Diesen Befehl können Sie auch von der Tastatur aus aufrufen, mit der Kombination STRG+E.

Die Statusanzeige GIMP bietet eine Statuszeile am unteren Ende eines Bildfensters (Abb. 6.18). Dieser Statuszeile können Sie recht nützliche Informationen entnehmen. Befinden Sie sich mit der Maus in einem Bildfenster, können Sie dort jederzeit die Cursor-Position (in Bildpunkten, bezogen auf den Bildursprung in der linken, oberen Ecke) ablesen. Richtig praktisch wird es, wenn Sie mit dem Auswahl-Rechteck oder dem Auswahl-Oval einen Bereich Ihres Bildes auswählen wollen. Dann sehen Sie während des Auswahlvorganges die Größe des bereits ausgewählten Bereiches und können damit (bild)punktgenaue Markierungen realisieren.

Zusätzlich greifen viele Plugins auf die Statuszeile zu, denn dort befindet sich ein Fortschrittsbalken, der nach Start eines Plugins aktiv wird. Zum einen zeigt er Ihnen, welches Plugin gerade läuft, wie weit fortgeschritten dieses mit seinen Berechnungen ist, und zusätzlich haben Sie mit der Schaltfläche ABBRECHEN noch die Möglichkeit, das Plugin abzubrechen.

Bildnavigation In der unten rechten Ecke eines Bildfensters finden Sie oberhalb der Schaltfläche ABBRECHEN ein kleines Kreuz, hinter dem sich eine Navigationshilfe verbirgt. Während Sie auf das Kreuz klicken,

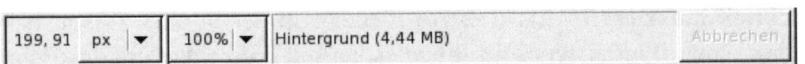

(a) Im Normalmodus ermöglicht die Statusanzeige eine genaue Positionierung des Mauszeigers und zeigt darüber hinaus den Namen der aktiven Bildebene sowie die Größe der Bilddatei an.

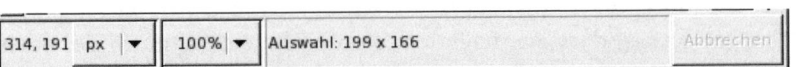

(b) Wenn Sie im Bildfenster mit dem Auswahl-Rechteck oder dem Auswahl-Oval auswählen, so zeigt GIMP die Größe der Auswahl in der Statusanzeige an.

(c) Führen Sie eine umfassendere Operation auf einem Bild aus, hier beispielsweise der künstlerische Filter Kubistische Umwandlung, informiert GIMP mit einem Fortschrittsbalken in der Statusanzeige über den Fortgang der Berechnung. Hier können Sie auch die Operation abbrechen, indem Sie die Schaltfläche Abbrechen betätigen.

Abbildung 6.18
Die GIMP-Statusanzeige informiert je nach Modus über verschiedene Dinge.

öffnet sich eine verkleinerte Gesamtansicht des Bildfensters. Betrachten Sie ein Bild in starker Vergrößerung, so können Sie nun innerhalb dieser Ansicht navigieren und hier mit dem Mauszeiger eine beliebige Stelle anfahren, an die auch das Bildfenster sofort positioniert wird. Die Größe des im Bildfenster angezeigten Bildausschnittes umschließt als kleiner Rahmen den Mauszeiger in dieser Ansicht. Abb. 6.19 zeigt Ihnen ein Beispiel mit geöffneter Bildnavigation. Sofern Ihre Maus über eine dritte Taste oder ein Scroll-Rad verfügt, können Sie auch diese für die Navigation im Bild verwenden.

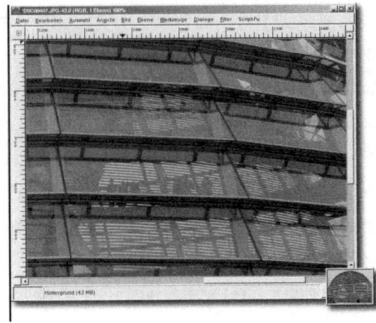

Abbildung 6.19
Das Navigationsfenster in der rechten unteren Ecke eines Bildfensters ist eine wichtige Hilfe, wenn man Bilder vergrößert betrachtet.

Neben der Navigationsansicht im Bildfenster verfügt GIMP über ein separates Navigationsfenster, das im folgenden Kap. 6.3 vorgestellt wird.

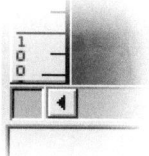

Schnell maskieren Als weiteres Element in der unteren linken Ecke eines jeden Bildfensters sind Ihnen sicherlich die beiden quadratischen Schaltflächen aufgefallen, von denen die rechte eine rote Umrandung hat. Hierbei handelt es sich um eine Funktion, mit der Sie schnell aus einem markierten Bereich eine Maske erstellen. Was es mit Masken auf sich hat und wofür man diese verwendet, erfahren Sie in Kap. 12.7. Hier sei gesagt, dass Sie, nachdem Sie den Bereich eines Bildes ausgewählt haben, lediglich die rot umrandete Schaltfläche drücken müssen. GIMP maskiert dann alles außerhalb der Auswahl. Dies erkennen Sie daran, dass dieser Bereich im Bild rot-transparent dargestellt wird. Zum zweiten speichert GIMP die Auswahl ab, als Kanal mit dem Namen »Quickmask« (Weiteres zum Abspeichern von Auswahlen erfahren Sie in Kap. 8.8). Hiervon können Sie sich in der Registerkarte KANÄLE der Ebenen-Dialogbox überzeugen. Abb. 6.20 zeigt, wie dies in einem Bild aussieht. In der Vergrößerung sehen Sie die jeweilige Stellung der beiden Schalter des Bildfensters.

Abbildung 6.20
Mit der Funktion Schnellmaskieren im unteren Teil jedes Bildfensters lassen sich Bildauswahlen fix in Masken umwandeln.

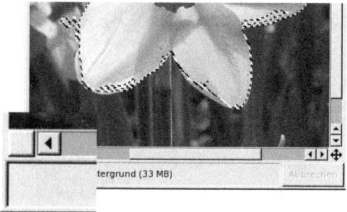

(a) Markierung aktiv   (b) Bildmaske aktiv

6.3 Bildansichten

Weitere Möglichkeiten, die Ansicht einer Datei in einem Bildfenster zu beeinflussen, finden Sie im weiter unten genauer besprochenen Bildmenü. GIMP hält im Menü ANSICHT als Erstes verschiedene Befehle zum Vergrößern bzw. Verkleinern der Bildansicht bereit. Mit HINEINZOOMEN vergrößern Sie die Ansicht, mit HERAUSZOOMEN verkleinern Sie diese. Auf einer Tastatur liegen diese Funktionen auf der + und --Taste. Sollen beide Funktionen nebeneinander liegen, empfiehlt es sich, den Befehl HINEINZOOMEN auf die .-Taste zu legen.

Zusätzlich lassen sich mit ZOOM einige Vergrößerungsstufen direkt anwählen, von der maximalen Vergrößerung 256:1 bis zur kleinsten Darstellung 1:256. Wenn Sie die darunter liegende Schaltfläche PUNKT FÜR PUNKT deaktivieren, beziehen sich die Größenangaben im Bildfenster übrigens nicht mehr auf die Bildpixel, sondern auf das Bild als

Ganzes. Dies erkennen Sie z.B. an den veränderten Größenangaben der Lineale.

Zwei wirklich hilfreiche Fenster werden in Abb. 6.21 gezeigt: ein Informationsfenster sowie ein kleines separates Navigationsfenster, das die Navigation im Bildfenster erleichtert. Im Informationsfenster, das Sie mit ANSICHT → INFO-FENSTER öffnen, finden Sie in der Registerkarte ALLGEMEIN nützliche Informationen zur Bilddatei, wie z.B. die Bildgröße, sowohl in Bildpunkten als auch in natürlichen Einheiten, oder die Bildart.

Tastatur:
Umschalt-Strg+I

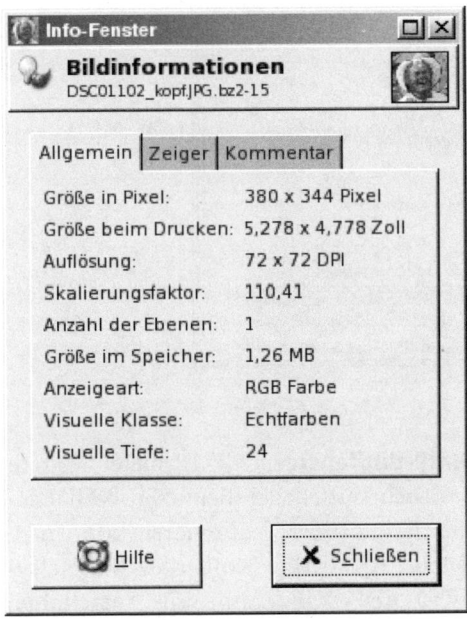

Abbildung 6.21
Unter Ansicht →
Info-Fenster *finden Sie*
drei Reiter, die für die
Arbeit mit Bildern recht
hilfreich sind, der Reiter
Allgemein, der Reiter
Zeiger sowie der Reiter
Kommentar. Ein
separates
Navigationsfenster
öffnet sich unter
Ansicht → Navigation.

(a) Infofenster   (b) Navigationsfenster

Das Navigationsfenster, das Sie mit ANSICHT → NAVIGATIONS-FENSTER öffnen, zeigt Ihnen eine Miniaturansicht des geöffneten Bildfensters. Mit den Lupensymbolen steuern Sie den Vergrößerungsfaktor des Bildfensters. Hierzu können Sie auch den Schieber unterhalb der Lupensymbole benutzen. Ein kleiner Rahmen im Navigationsfenster zeigt Ihnen den im Bildfenster dargestellten Ausschnitt. Dieser Rahmen lässt sich mit der Maus verschieben, sodass Sie hiermit zu jedem Teilausschnitt des Bildes navigieren können.

Tastatur:
Umschalt-Strg+N

Bearbeitungsschritte verändern Wie anderswo schon gesagt, lässt sich jeder Bearbeitungsschritt, den Sie vollzogen haben, mit dem Befehl BEARBEITEN → RÜCKGÄNGIG bzw. mit der Tastenkombination STRG+Z rückgängig machen bzw. wiederholen mit BEARBEITEN

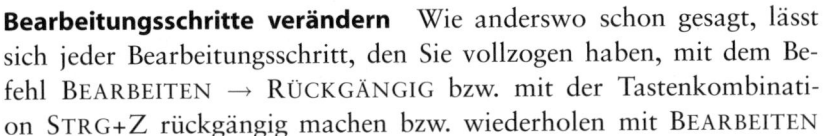

→ WIEDERHOLEN (bzw. STRG+Y). Eine Übersicht über die gemachten Bearbeitungsschritte erhalten Sie, wenn Sie mittels BEARBEITEN → JOURNAL die in Abb. 6.22 gezeigte Ansicht aufrufen. Neben einer Liste mit Miniaturansichten der geöffneten und bearbeiteten Datei finden Sie zwei Schaltflächen RÜCKGÄNGIG und WIEDERHOLEN, welche denselben Effekt haben wie die oben genannten Befehle.

Abbildung 6.22
In diesem Fenster finden Sie alle Schritte einer Bildbearbeitung einzeln aufgeführt.

Nützliche Elemente der GIMP-Bildfenster   GIMP bietet weitere Befehle, mit welchen Sie die Ansichtshilfen der Benutzeroberfläche und Elemente der Bildfenster einschalten oder deaktivieren können. Diese Befehle finden Sie alle im Menü ANSICHT. Wollen Sie beispielsweise, während eine Auswahl aktiv ist, die »Wanderameisen« ausschalten (etwa um die Auswahl im Bild besser positionieren zu können), können Sie dies mit dem Befehl AUSWAHL ANZEIGEN. Besonders praktisch ist der Befehl NEUE ANSICHT, mit dem Sie eine weitere Ansicht des Bildfensters öffnen, sowie der Befehle FENSTER ANPASSEN, mit dem beim Vergrößern oder Verkleinern einer Bildansicht das Bildfenster stets auf die Größe des Bildes angepasst wird. Alle Befehle sowie die dazugehörigen Tastaturkürzel finden Sie in der folgenden Tabelle.

Befehle	Tastatur	aktiviert...
Auswahl anzeigen	Strg+T	Auswahlumrandung und Ebenenrahmen
Lineale anzeigen	Umschalt+ Strg+R	Zeilenlineale
Statusleiste anzeigen	Umschalt+ Strg+S	Statuszeile
Hilfslinien anzeigen	Umschalt+ Strg+T	Hilfslinien
Magnetische Hilfslinien		»Magnetische« Hilfslinien
Neue Ansicht		Weitere Ansicht des Bildfensters
Fenster anpassen	Strg+ E	Größenanpassung des Bildfensters

6.4 Das Bildmenü

Wie bereits mehrfach erwähnt, ist das entscheidende Instrument zur Steuerung von GIMP das Bildmenü. Dieses Menü erreichen Sie in jedem von GIMPs Bildfenstern direkt, oder – sofern es deaktiviert ist – indem Sie im Bildfenster die rechte Maustaste betätigen. Daraufhin öffnet sich eine Auswahlbox, in der die zehn Menüs DATEI, BEARBEITEN, AUSWAHL, ANSICHT, BILD, EBENEN, WERKZEUGE, DIALOGE, FILTER und SCRIPT-FU zu finden sind.

Sie brauchen mit dem Mauszeiger lediglich auf eines dieser Menüs zu fahren, um die Darstellung der jeweiligen Befehle und Einträge zu öffnen. Dies können weitere Untermenüs sein, die Sie an dem nach rechts zeigenden Pfeil erkennen, oder Befehle, die dort ohne Pfeil aufgeführt sind (bei einigen Befehlen ist zusätzlich das Tastaturkürzel, mit dem man den entsprechenden Befehl alternativ aufrufen kann, mit angegeben.

Das Bildmenü bleibt so lange offen und aktiv, bis Sie einen Befehl ausgewählt haben, dies geschieht durch Mausklick sowohl mit der linken als auch der rechten Maustaste – oder es mit einem Klick außerhalb explizit schließen.

6.5 Tastaturkürzel

Alle Befehle des Bildmenüs, aber auch die Schaltflächen der Werkzeugpalette lassen sich über Kurzbefehle auf der Tastatur aufrufen. Für nahezu alle Befehle im Bildmenü existiert schon eine Tastenbelegung, die
(zumeist) im entsprechenden Menü hinter dem Befehl nachzulesen ist.
Wollen Sie darüber hinaus weitere Befehle mit einem Kürzel versehen
oder eine bestehende Bindung aufheben, so müssen Sie lediglich das
entsprechende Menü mit einem Mausklick öffnen und mit dem Mauszeiger markieren. Wenn Sie nun gleichzeitig die gewünschte Tastenkombination drücken, wird diese automatisch mit dem gerade geöffneten
Befehl verknüpft. Allerdings muss hierzu in den Einstellungen im Reiter BENUTZEROBERFLÄCHE die Option DYNAMISCHE TASTENKÜR-
ZEL aktiviert werden. Im gleichen Reiter lassen sich über die Schaltfläche TASTATURKÜRZEL KONFIGURIEREN alle Einstellungen der Tastatur bequem bearbeiten.

7 Dateien in GIMP bearbeiten

In diesem Kapitel erfahren Sie, wie Sie neue Bilder in GIMP anlegen und bestehende Bilder öffnen. Zuerst werden jedoch die wichtigsten der von GIMP unterstützten Grafikformate vorgestellt (einige weitere Formate finden Sie an anderen Stellen im Buch erläutert, die meisten hiervon im Anhang in Kap. C). GIMP kann viele Formate lesen und die meisten auch speichern. Für Ihre tägliche Arbeit bedeutet dies, dass Sie (zumeist) kein weiteres Konvertierungsprogramm benötigen werden.

7.1 Unterstützte Dateiformate

Bevor wir die Formate im Einzelnen vorstellen und diskutieren, finden Sie hier eine Übersicht der von GIMP unterstützten Formate. Diese Unterstützung realisiert das Programm übrigens über Plugins, sodass es nicht unwahrscheinlich ist, dass mit der Zeit immer mehr Grafikformate von diesem Programm gelesen und erzeugt werden können. Wenn Sie ein bestimmtes Grafikformat in dieser Übersicht nicht finden, schauen Sie des Öfteren auf http://www.gimp.de nach, hier werden neue Plugins, auch solche zur Unterstützung weiterer Grafikformate, vorgestellt und als Download zur Verfügung gestellt werden. Die folgenden Tabelle gibt eine Übersicht, welche Formate im Einzelnen unterstützt werden.

Dateiformat	Lesen	Schreiben	Anmerkung
BMP	•	•	Bitmap-Format
Bzip	•	•	Komprimiertes Datenformat
Cel	•	•	
FaxG3	•		
FITS	•	•	Standardformat für astronomische Daten

Tabelle 7.1
Von GIMP unterstützte Dateiformate

Tabelle 7.1 (Forts.)

Dateiformat	Lesen	Schreiben	Anmerkung
FLI/FLC		•	
Gbr	•	•	GIMP Brush Format, Nur Graustufe
Gicon	•	•	Nur Graustufe
Gif	•	•	Format mit indizierter Farbtabelle
Gzip	•	•	Komprimiertes Format
Header		•	
Hrz	•	•	
Jpeg	•	•	
Mpeg	•		
Pat	•	•	GIMP-Füllmusterformat
Pcx	•	•	
Pix	•	•	
Png	•	•	
Pnm	•	•	
Psd	•	•	Photoshop-Format
PostScript/EPS	•	•	
Sgi	•	•	
Snp	•		
SunRas	•	•	
Targa	•	•	
Tiff	•	•	
Xcf	•	•	GIMPs eigenes Format
Xwd	•	•	
Xpm	•	•	
URL	•	•	

7.1.1 GIMPs eigenes XCF-Format

Auch GIMP besitzt als Grafikprogramm ein Format, das die Eigenheiten der Software besonders unterstützt. Hierbei handelt es sich um das so genannte XCF-Format (der Name geht auf die *Extended Computing Facility* in Berkeley zurück, an der Peter Mattis und Spencer Kimball seinerzeit mit der Programmierung von GIMP begannen). Das XCF-Format ist das einzige Format, in dem alle GIMP-spezifischen Informationen abspeichert werden. Hierzu gehören Bildebenen, Farbkanäle, Masken usw. Wenn Sie diese Informationen erhalten wollen, müssen Sie Ihr Bild im XCF-Format abspeichern, anderenfalls gehen sie verloren.

Die Speicherfunktion von GIMP überprüft, ob die Eigenschaften des zu speichernden Bildes vom gewünschten Format unterstützt werden. Ist dies nicht der Fall, wird eine Warnung mit der entsprechenden Export-Empfehlung gegeben. Eine solche Warnung zeigt Abb. 7.1. Neben dem Abbruch mit der Schaltfläche ABBRECHEN und dem Übergehen der Meldung mit IGNORIEREN erlaubt Ihnen die Schaltfläche EXPORTIEREN, die gegebene Empfehlung vor der Speicherung auszuführen. Die Option IGNORIEREN sollten Sie nur klicken, wenn Sie genau wissen, was Sie tun. Insbesondere sollte Ihnen klar sein, welches Ergebnis dann abgespeichert wird.

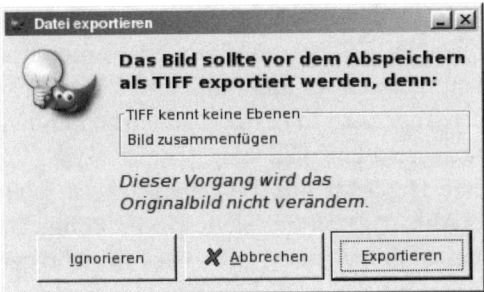

Abbildung 7.1
Diese Box öffnet sich, wenn Sie versuchen, ein Bild mit verschiedenen Ebenen im TIFF-Format abzuspeichern.

Datei mit mehreren Bildebenen speichern

Wenn Sie ein Bild mit mehreren Ebenen z.B. als TIF- oder JPEG-Datei abspeichern möchten, bietet Ihnen die Exportfunktion die Möglichkeit, diese verschiedenen Ebenen zu einer zu verschmelzen. Den entsprechenden Befehl finden Sie im Bildmenü BILD → BILD ZUSAMMENFÜGEN. GIMP warnt Sie hierüber in der in Abb. 7.1 gezeigten Dialogbox. Wenn Sie diesen Hinweis ignorieren, wird nur die jeweils aktive Ebene gespeichert. Weiteres zum Thema Bildebenen erfahren Sie in Kap. 12.

Ein Nachteil des XCF-Formates ist es, dass die Bilddateien recht groß werden können, insbesondere wenn ein Bild viele Bildebenen enthält. Sollte Ihnen irgendwann einmal der Plattenplatz zu knapp werden, können Sie Ihre XCF-Dateien auch mit Programmen wie *gzip* oder *bzip* komprimieren. Dies geht auch direkt beim Speichern eines Bildes, indem Sie als Endung einfach *.xcf.gz* angeben. GIMP kann mit diesen Verfahren komprimierte Bilder selbstverständlich auch lesen.

7.1.2 Häufig verwendete Standard-Formate

BMP Dieses Format ist das originäre Format der Grafikanwendung *Paint*, die Bestandteil von Microsoft Windows ist. Das BMP-Format unterstützt Farbtiefen bis zu 24 Bit sowie eine (verlustfreie) Kompression. Diese Kompression ist allerdings nicht sonderlich effizient, mit anderen Formaten erhalten Sie bessere (d.h. kompaktere) Ergebnisse.

GIF Das Graphics Interchange Format stammt ursprünglich von Compuserve und benutzt einen von der Firma Unisys patentierten Komprimierungsalgorithmus. Aus diesem Grunde und wegen der dadurch nicht ganz klaren Rechtslage gibt es im Internet einige Sites (insbesondere »Open Source«-Websites), auf denen keine GIF-Grafiken verwendet werden. Und aus genau demselben Grund kam es zur Entwicklung des freien PNG-Formates, das weiter unten beschrieben wird. Beim GIF-Format handelt es sich um ein 8-Bit-Format, d.h., GIF-Grafiken bestehen aus bis zu maximal 256 Farben, mit einer indizierten (d.h. genau festgelegten) Farbpalette.

Wenn Sie eine Datei als GIF-Bild abspeichern wollen, öffnet sich eine Dialogbox (Abb. 7.2), in der Sie festlegen können, ob das Bild im Interlaced-Format abgespeichert wird. Dies erlaubt den stufenweisen Aufbau eines Bildes auf einer Webseite, wie Sie es sicherlich häufiger schon gesehen haben. Ebenso lässt sich ein Bildkommentar, etwa zum Inhalt des Bilds, oder ein Copyright-Vermerk anbringen.

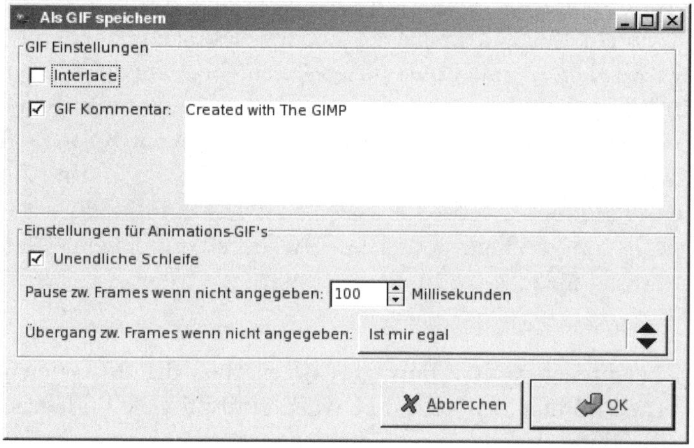

Abbildung 7.2
Mit diesen Optionen lässt sich ein Bild im GIF-Format speichern.

Kommentarfeld maßschneidern

Wenn Sie hier den Text »Made with GIMP« (im Feld GIF KOM-
MENTAR der Dialogbox in Abb. 7.2) standardmäßig durch einen
anderen Text ersetzen möchten (beispielsweise durch Ihren Namen), so müssen Sie dies lediglich in den Einstellungen im Bereich
NEUES BILD eingeben. Dasselbe gilt auch für die Dialogboxen anderer Grafikformate, die ebenso ein Kommentarfeld besitzen.

Beachten Sie bitte: GIMP legt standardmäßig ein Bild im RGB-
Modus an (siehe Kap. 13.1). Wenn Sie ein solches Bild ins GIF-Format
speichern wollen, müssen zuvor die Farben auf eine Palette reduziert
werden. GIMP informiert Sie hierüber mit der in Abb. 7.3 gezeigten
Warnung. Betätigen Sie hier die Schaltfläche EXPORTIEREN, nimmt das
Programm eine Standardreduktion der Farben vor. Welche Steuerungs-
möglichkeiten Sie noch haben, erfahren Sie ebenso in Kap. 13.1.

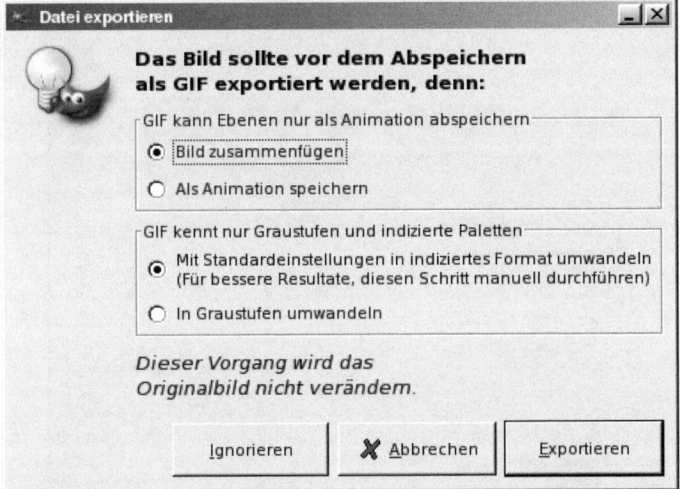

Abbildung 7.3
*Wenn Sie eine
RGB-Datei im
GIF-Format speichern
wollen, öffnet sich
diese Warnung.*

Das GIF-Format unterstützt Transparenz. Allerdings kann GIF lediglich speichern, ob ein Bildpunkt durchsichtig oder undurchsichtig
ist (1-Bit-Transparenz), das Speichern von halbdurchsichtigen Bildin-
formationen ist nicht möglich. Mehrere verschiedene Bilder lassen sich
als »Frames« in eine einzige GIF-Datei speichern. Dies sind die im Web
sehr beliebten »animated GIFs«. Das GIF-Format eignet sich besonders
gut für »künstliche« Bilder, d.h. für Zeichnungen, Strichgrafiken, Car-
toons usw., und weniger gut für Fotografien.

JPEG Dieses Format unterstützt Bilder jeglicher Farbtiefen. JPEG verwendet ein effektiv arbeitendes Kompressionsverfahren, das allerdings mit Verlusten behaftet ist. Bei der Speicherung geht folglich Information verloren. Wie viel, legen Sie als Benutzer selbst fest. Dies hängt von den Einstellungen ab, die Sie in der Optionsbox (Abb. 7.4) auswählen. Hier geben Sie im Feld QUALITÄT ein, wie klein oder wie groß die resultierende Datei sein soll, und damit auch, wie stark der Informationsverlust sein soll.

Je kleiner der ausgewählte Wert, desto stärker wird das Bild komprimiert, desto geringer ist aber auch seine Qualität. Darüber hinaus erlaubt GIMP, JPEG-Bilder »progressiv« abzuspeichern. Ein mit der Option PROGRESSIV abgespeichertes Bild baut sich auf einer Webseite sukzessive auf. Der vom JPEG-Format verwendete Kompressionsalgorithmus verursacht im komprimierten Bild des Öfteren scharfe Kanten. Dies lässt sich unterbinden, wenn in der Optionsbox eine Weichzeichnungsoption (GLÄTTUNG) aktiviert wird. Diese lässt mögliche Kanten weicher erscheinen. Mit den weiteren Optionen (z.B. ZWISCHENSCHRITTE oder DCT METHODE) steuern Sie den Kompressionsalgorithmus.

Abbildung 7.4
Dies sind die Speicheroptionen, wenn ein Bild im JPEG-Format abgespeichert wird.

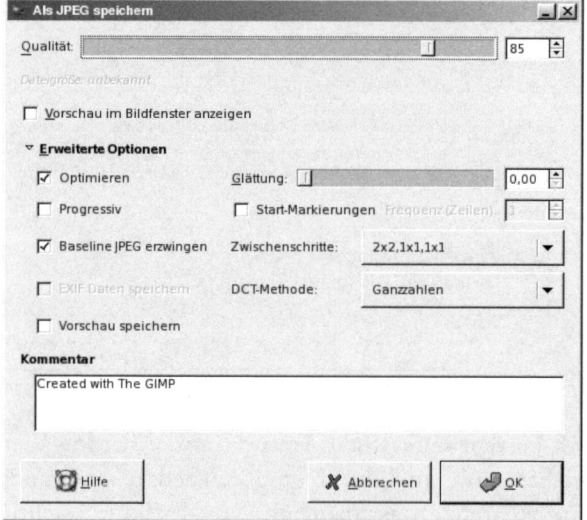

JPEG ist ein optimales Speicherformat, wenn Sie qualitativ hochwertige Vorlagen, z.B. eingescannte Fotografien, im Internet verwenden möchten. Weniger gut hingegen sehen die Resultate aus, wenn Sie Zeichnungen und Illustrationen in diesem Format abspeichern. Abb. 7.5 zeigt Ihnen ein Bild, das mit jeweils unterschiedlichen Qualitätseinstellungen im JPEG-Format abgespeichert wurde.

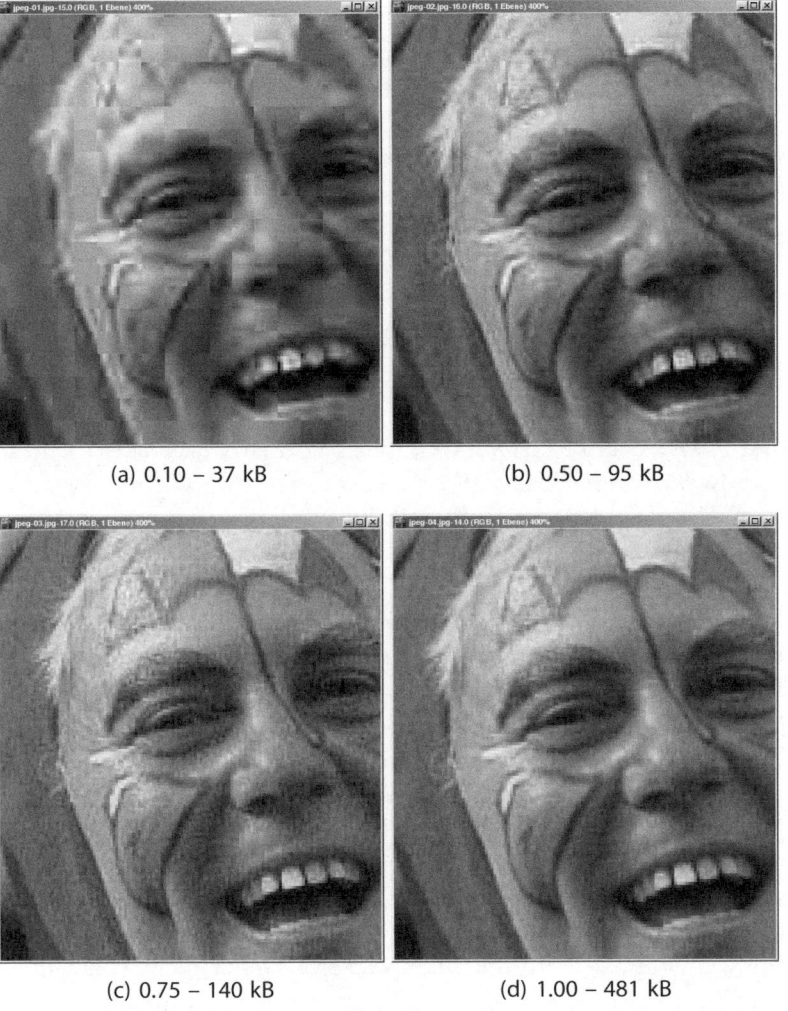

(a) 0.10 – 37 kB   (b) 0.50 – 95 kB

(c) 0.75 – 140 kB   (d) 1.00 – 481 kB

Abbildung 7.5
Hier sehen Sie ein Graustufenbild, das mit unterschiedlicher Qualität im JPEG-Format abgespeichert wurde. Die Qualitätswerte und die resultierenden Dateigrößen in kB sind jeweils unter den Bildern angegeben.

TIFF Das Tagged Image File Format ist eines der Standard-Druckformate, auf jeden Fall aber eines der am weitesten verbreiteten Formate, das von einer Vielzahl von Anwendungen unterstützt wird. Im TIFF-Format lassen sich Bilder unterschiedlicher Farbtiefen, mit und ohne Kompression, abspeichern. Hierbei werden Farbtiefen bis zu 24 Bit unterstützt. Die von diesem Format unterstützte Kompresssion nach dem LZW-Verfahren (*Lempel-Ziv-Welch*) verändert keinen einzigen Bildpunkt Ihrer Datei, ist also verlustlos. Dies ist übrigens der oben genannte von Unisys patentierte Algorithmus, weswegen auch der Einsatz einer Kompression hier mit ähnlichen rechtlichen Problemen behaftet ist.

Abbildung 7.6
*Dies sind die
Speicheroptionen,
wenn ein Bild im
TIFF-Format
abgespeichert wird.*

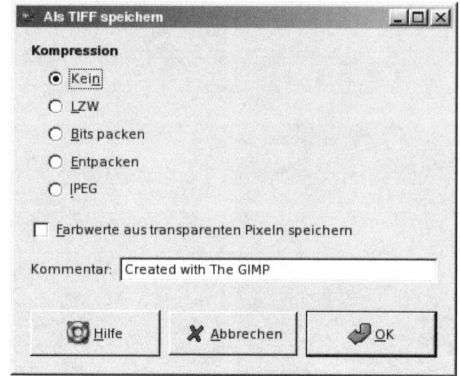

PNG Das Portable Network Graphics Format wurde entwickelt, um irgendwann einmal das GIF-Format zu ersetzen. Wichtigster Grund hierfür ist, dass der im GIF-Format verwendete Kompressionsalgorithmus von der Firma Unisys patentiert ist und damit nicht frei verwendet werden kann.

PNG unterstützt sämtliche Farbtiefen und verwendet ein verlustfreies Kompressionsverfahren. Mittlerweile unterstützen die neueren Versionen aller Browser dieses Format, sodass es im Web benutzt werden kann.

In der Options-Box, die sich öffnet, wenn man ein Bild in diesem Format abspeichern möchte, lässt sich die Kompressionsrate KOMPRESSIONSGRAD einstellen sowie die Entscheidung, ob man die Datei mit aktiviertem Interlace-Modus abspeichern möchte. Letzteres bewirkt im Web ein stufenweises Laden des Bildes, das Sie sicherlich schon häufiger auf Websites bemerkt haben. Stellen Sie die Kompressionsrate auf den Wert »0«, so wird die abgespeicherte Grafik nicht komprimiert, beim Wert von »9« wird sie hingegen maximal komprimiert.

Abbildung 7.7
*Dies sind die
Speicheroptionen,
wenn ein Bild im
PNG-Format
abgespeichert wird.*

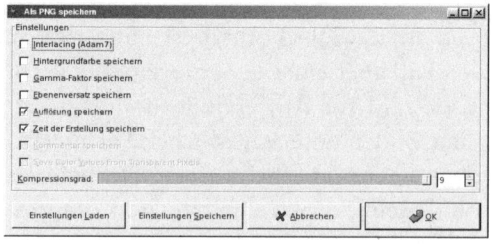

PSD Auch die Bilder im originären Datenformat von Adobe Photoshop können in GIMP weiterverarbeitet werden, wobei einzelne Bild-Ebenen und die dazugehörigen Informationen erhalten bleiben.

PostScript und EPS Das PostScript wurde von der Firma Adobe entwickelt. Hierbei handelt es sich um ein Seitenbeschreibungsformat, das speziell für Drucker und andere Ausgabegeräte entwickelt wurde. Da nicht nur einzelne Bilder, sondern auch mehrseitige Dokumente in diesem Format abgespeichert werden, kann eine PostScript-Datei durchaus mehrere Seiten haben. Deshalb und auch aufgrund der Tatsache, dass die Bildqualität des PostScript-Dokumentes vom Seitenformat abhängt, öffnet sich, sobald Sie ein Bild in diesem Format laden oder auch abspeichern möchten, eine Dialogbox, die Sie in Abb. 7.8 und Abb. 7.9 sehen.

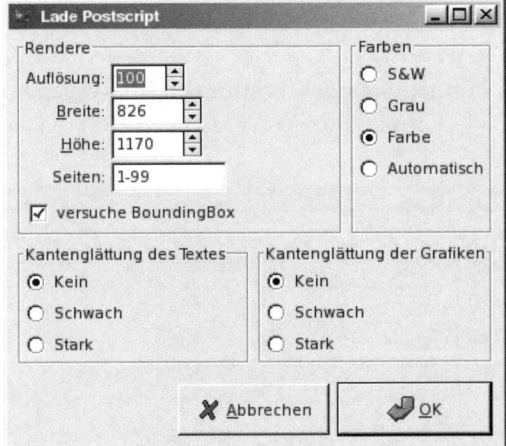

Abbildung 7.8
Schon beim Öffnen einer PostScript-Datei erscheint eine Dialogbox (die meisten anderen Formate werden automatisch geöffnet).

Die Dialogbox, die Sie beim Ladevorgang einer PostScript-Datei sehen, zeigt Ihnen Standardwerte, die man für einen optimalen Ausdruck am besten beibehält. Sobald Sie entweder die Auflösung (AUFLÖSUNG oder die Papiergröße (BREITE und HÖHE) ändern, müssen Sie den jeweils anderen Wert auch anpassen. Eine höhere Auflösung bedingt eine geringere Papiergröße und umgekehrt. Wenn Sie die Auflösung anpassen, ohne die Papiergröße zu verändern, so wird entweder nur ein Teilausschnitt der Datei angezeigt oder die Bildgröße automatisch angepasst.

GIMP öffnet bei einem mehrseitigen PostScript-Dokument für jede der Seiten ein separates Fenster. Im Eingabefeld SEITEN können Sie vorgeben, ob eine einzelne Seite oder ein Bereich von Seiten und welcher Seitenbereich eines Dokumentes geöffnet werden sollen.

Zusätzlich lässt sich noch bestimmen, in welchem Farbmodus (FARBEN) die PostScript-Datei geöffnet werden soll (als Schwarz-Weiß-Bild, Graustufenbild oder Farbbild) und wie die Kantenglättung-Anpassung des Textes und der Grafiken durchgeführt werden soll. Letzteres hängt davon ab, ob Sie nur einen kurzen Blick in das Dokument werfen wollen, dann werden Sie vermutlich KEIN auswählen. Bei einer weiteren Verarbeitung des Bildes werden Sie eher STARK auswählen.

Wie oben erwähnt, ist PostScript eine Sprache zur Beschreibung einer Seite, und so wundert es wenig, dass Sie beim Druck einer Datei in diesem Format als Erstes die Bildgröße festlegen, wobei es sich hier im Wesentlichen um die Größe des Papiers handelt, auf dem ausgedruckt wird. Als Größeneinheit können Sie Zoll (ZOLL) bzw. Millimeter (MILLIMETER) auswählen. Die voreingestellte Größe von 28.7 × 20.0 cm entspricht dem amerikanischen Letter-Format. Die beiden Offset-Werte definieren den Rand des Blattes. Wollen Sie sichergehen, dass bei einer Größenveränderung das Seitenverhältnis beibehalten wird, so müssen Sie darauf achten, dass die Box SEITENVERHÄLTNIS BEIBEHALTEN gesetzt ist.

Zusätzlich können Sie noch bestimmen, um welchen Winkel (in °) die zu speichernde Grafik gedreht werden soll (ROTATION).

Abbildung 7.9
Dies sind die Speicheroptionen, wenn ein Bild im PostScript-Format abgespeichert wird

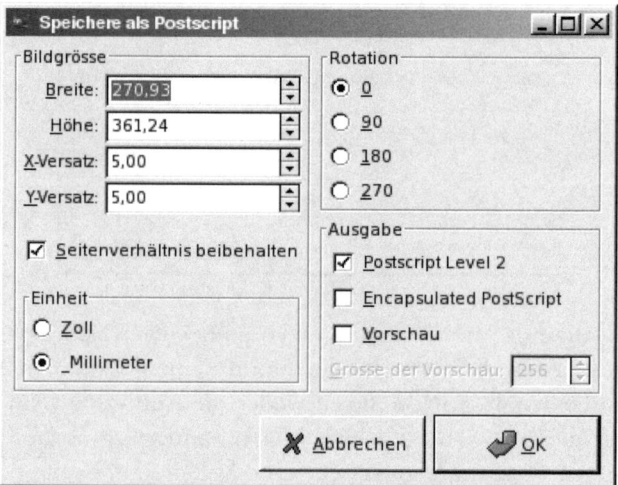

Mit der Ausdruck-Option ENCAPSULATED POSTSCRIPT erzeugen Sie ein PostScript-Format, das zumeist verwendet wird, wenn es darum geht, Grafiken anderswo, beispielsweise in einem Satzprogramm, einzubinden. Mit der VORSCHAU-Option erreichen Sie, dass eine Voransicht mit abgespeichert wird, da einige Satz- und DTP-Programme auf eine solche zurückgreifen, um eine Bildvoransicht inklusive der eingebundenen Grafiken zu erzeugen.

Laden und speichern von PostScript-Bildern

Beachten Sie bitte: Da PostScript ein Vektorformat ist, werden Bilder in diesem Format von GIMP in ein Pixelformat umgewandelt. Aufgrund dieser Umrechnung gehen beim Laden und Wieder-Abspeichern (unter gleichem Namen) der Daten immer Informationen verloren.

7.1.3 Komprimiertes Abspeichern von Bildern

Sie haben im vorigen Kapitel bereits erfahren, dass einige Grafikformate Kompressionsverfahren zur Verfügung stellen, mit deren Hilfe Sie Bilder abspeichern können, ohne viel Plattenplatz zu verschwenden. Wollen Sie zusätzlichen Platz auf Ihrer Festplatte sparen oder ist Ihr Bildarchiv einfach zu groß geworden, so können Sie die Bilddateien mit Standardprogrammen komprimieren.

gzip GIMP erkennt z.B. auch Bilder, die mit dem GNU-Zip Programm *gzip* komprimiert sind. Hierzu müssen diese lediglich in der Form <Dateiname>.<Dateiendung>.gz, also z.B. screenshot.tif.gz abgespeichert sein.

bzip2 Einen etwas besseren Komprimierungsalgorithmus als *gzip* stellt das Programm *bzip* zur Verfügung. Auch Bilder, die in diesem Format abgespeichert sind, kann GIMP lesen. Vollkommen analog zum oben Gesagten müssen diese Dateien folgendermaßen benannt sein: <Dateiname>.<Dateiendung>.bz

GIMP kann mit *gzip* und *gzip* erzeugte Dateien nicht nur lesen, sondern in diese Formate auch abspeichern. Beide eignen sich damit ganz besonders für große Bilder mit mehreren Bildebenen, die Sie im XCF-Format abgespeichert haben.

7.2 Eine neue Bilddatei anlegen

Um eine neue Bilddatei anzulegen, wählen Sie in der GIMP-Werkzeugpalette den Menüpunkt DATEI → NEU. Wenn Sie lieber mit der Tastatur arbeiten, können Sie auch das Kürzel STRG+N verwenden. In der Dialogbox, die GIMP daraufhin öffnet (Abb. 7.10), haben Sie die Möglichkeit, die Bildgröße festzulegen, die Bildauflösung, die Art des Bildes (ob farbig oder Graustufe) sowie die Farbe des Bildhintergrundes.

Die gewünschte Bildgröße legen Sie im oberen Teil der Dialogbox direkt in Bildpunkten (PIXEL) fest. Zusätzlich lässt sich die Bildgröße

Abbildung 7.10
Mit dieser Dialogbox
legen Sie die
Parameter eines neuen
Bildes fest (Größe,
Auflösung, Bildart und
Hintergrundfarbe)

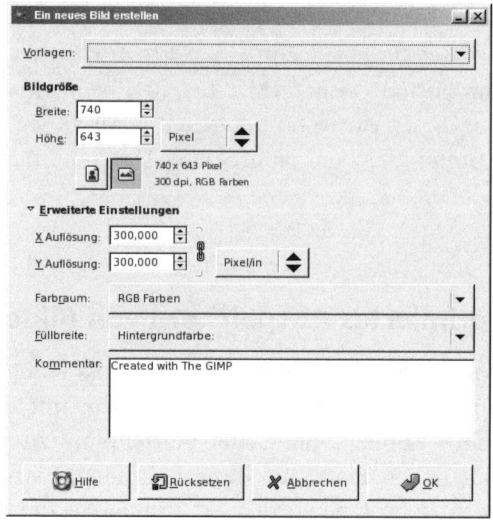

direkt im mittleren Teil der Box angeben, dies in verschiedenen Einheiten, z.B. in Zoll (ZOLL) oder Millimetern (MM). Die Größe des Bildes ist nicht nur von der Bildhöhe und -breite in Bildpunkten abhängig, sondern selbstverständlich auch von der Bildauflösung, die Sie im Bereich AUFLÖSUNG vorgeben. Standardmäßig vorgegeben ist eine Bildauflösung von 72 Bildpunkten je Zoll. Diese Einstellung entspricht der Auflösung der meisten Bildschirme und ist damit für den Einsatz im Web ausreichend. Bereiten Sie hingegen Bilder für den Druck vor, können Sie hier eine höhere Auflösung eingeben. Näheres hierzu erfahren Sie in Kap. 7.6.

Im mittleren Teil der Dialogbox entscheiden Sie sich für eine Bildart. Mit der Option RGB legt GIMP ein farbiges Bild an (RGB steht für die drei Farben Rot, Grün und Blau. Näheres zu den in GIMP verwendeten Farbmodellen erfahren Sie in Abschnitt 13.1). Wählen Sie stattdessen GRAUSTUFEN, so starten Sie mit einem schwarz-weißen Graufstufenbild.

Als Letztes schließlich legen Sie im unteren Bereich (FÜLLART) der Dialogbox die Farbe des Bildhintergrundes fest. Hier haben Sie einerseits die Möglichkeit, sich an der Farbauswahl zu orientieren – diese befindet sich im unteren Teil der im Abschnitt 6.2.1 beschriebenen Werkzeugpalette, denn die beiden Felder VORDERGRUND und HINTERGRUND verwenden jeweils die dort eingestellten Farben. Darüber hinaus können Sie einen weißen Hintergrund wählen (WEISS) oder einen transparenten (TRANSPARENT).

Grafiken, die im Internet eingesetzt werden, speichert man des Öfteren mit transparentem Hintergrund ab, und zwar im GIF-Format, das

weiter oben vorgestellt wurde. Woran erkennen Sie, ob eine Bilddatei transparent ist? Für die Darstellung einer solchen Datei verwendet
GIMP eine Standard-Darstellung: Der Hintergrund einer transparenten
Bilddatei ist im Bildfenster als schwarz-graues Schachbrettmuster zu sehen.

7.3 Bilddateien öffnen

Die Bilddateien, die auf einem Dateisystem gespeichert sind, öffnen Sie
in GIMP, indem Sie in der Befehlsleiste des Programms DATEI → ÖFF-
NEN aufrufen oder wahlweise die Tasten STRG+O betätigen.

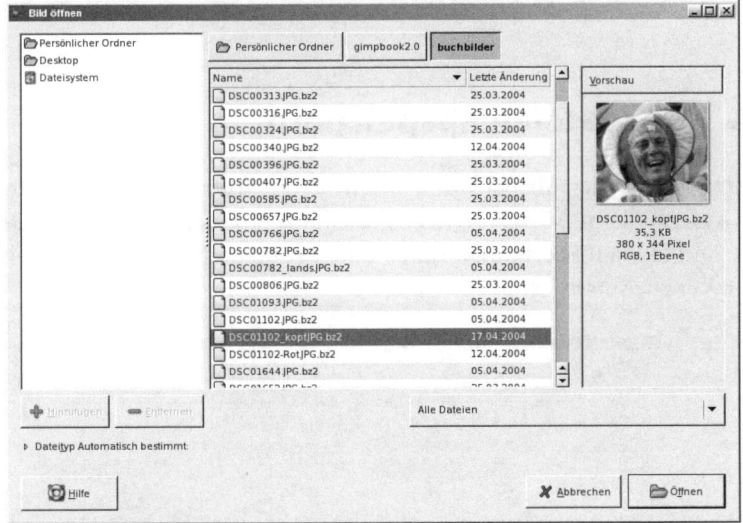

Abbildung 7.11
*Dialogbox zum Öffnen
von Dateien*

GIMP öffnet daraufhin die in Abb. 7.11 dargestellte Dialogbox
BILD ÖFFNEN. Der Aufbau dieser Dialogbox ist nahezu identisch mit
der weiter unten beschriebenen Box BILD SPEICHERN, mit deren Hilfe
Sie Bilder abspeichern.

Im Feld DATEITYP BESTIMMEN bestimmen Sie, welches Grafikformat die zu öffnende Datei hat. In der Stellung AUTOMATISCH versucht
GIMP herauszufinden, welches Format die zu öffnende Datei hat. In
den meisten Fällen klappt dies. Scheitert es einmal oder hat GIMP andere Probleme, eine Datei zu öffnen, können Sie immer noch in diesem
Auswahlfeld ein bestimmtes Dateiformat (z.B. GIF oder JPEG) vorwählen. Der Bereich VORSCHAU zeigt Ihnen eine kleine Voransicht der in
der Liste (vor)ausgewählten Datei. Sollte noch keine Voransicht existie-
ren, so können Sie diese erzeugen lassen, indem Sie einfach auf Wilber
(den Sie anstelle einer Voransicht sehen) klicken. GIMP erzeugt dar-

aufhin eine kleinere Version der Bilddatei, die dann in einem Unterverzeichnis `.thumbnails` des jeweiligen Verzeichnisses abgelegt wird.

Schnellauswahl via Namensergänzung

GIMP unterstützt einen Mechanismus, den Sie als Benutzer verschiedener Shell-Programme vermutlich schon kennen: Im Auswahlfeld (das ist das Menü AUSWAHL, das Sie sowohl in der Dialogbox BILD ÖFFNEN als auch in der Dialogbox BILD SPEICHERN finden) brauchen Sie nicht den gesamten Dateinamen einzugeben. Es reicht, wenn Sie seinen Anfang eingeben und danach die TAB-Taste betätigen. GIMP vervollständigt den Namen dann ganz oder um den Teil des Namens, der eindeutig festgelegt ist.

7.4   Bilddateien abspeichern

Wollen Sie Dateien abspeichern, so öffnet der Aufruf des Befehls DATEI → SAVE AS die in Abb. 7.12 gezeigte Dialogbox. Die Auswahlen ORDNER und DATEIEN erlauben Ihnen eine bequeme Navigation innerhalb Ihrer Verzeichnisse.

Abbildung 7.12
Dialogbox zum
Abspeichern von
Dateien

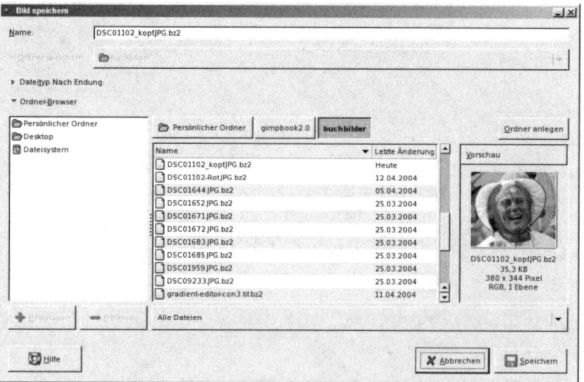

7.5   Bilddateien per E-Mail verschicken

Ist es Ihnen lästig, wenn Sie zur Versendung eines Bildes, das Sie mit GIMP erstellt haben, per E-Mail jedes Mal Ihr Mail-Programm starten müssen, nur um das Bild dann per E-Mail-Attachment verschicken zu können? Kein Problem, GIMP bietet Ihnen die Möglichkeit, das Bild direkt aus dem Programm heraus zu verschicken. Hierzu müssen Sie lediglich im Bildmenü den Befehl DATEI → VERSCHICKEN aufrufen. GIMP öffnet dann eine Dialogbox (Abb. 7.13), in der Sie die Parameter, die zur Versendung einer E-Mail nötig sind, eingeben können.

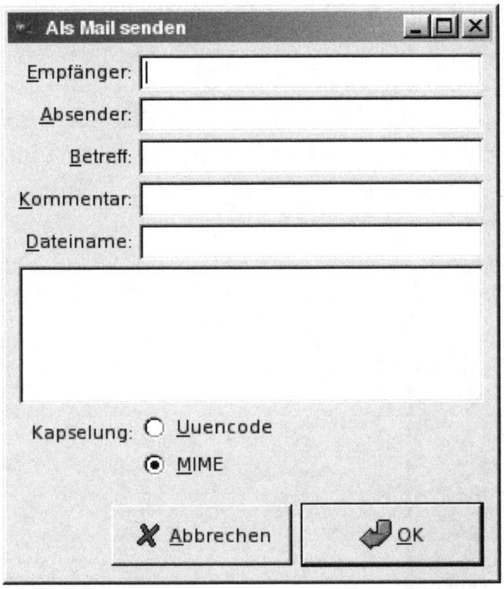

Abbildung 7.13
In diese Dialogbox geben Sie die Informationen ein, die notwendig sind, ein Bild per E-Mail zu versenden

Im Feld EMPFÄNGER: geben Sie die E-Mail-Adresse des Empfängers ein und im Feld ABSENDER: die des Absenders. Das Feld BETREFF: nimmt den Betreff Ihrer E-Mail auf, in KOMMENTAR: können Sie einen Kommentar eingeben und in DATEINAME: schließlich den Dateinamen des Bildes, das Sie verschicken möchten.

Der E-Mail-Standard des Internets legt fest, dass sich über diesen Weg ausschließlich Text-Daten im ASCII-Format verschicken lassen. Wenn Sie binäre Daten als Anhang mit verschicken, werden diese zuvor ins ASCII-Format umgewandelt (diese Aufgabe übernimmt in der Regel Ihr E-Mail-Programm). Auch bei Bilddateien handelt es sich aber um binäre Daten. Folglich müssen auch diese vor einer Versendung in ASCII-Text umgewandelt werden. Damit GIMP diese Umwandlung vornehmen kann, müssen Sie zuerst angeben, welches der beiden Standardformate für die Versendung verwendet werden soll: das *uudecode*-Format oder das *MIME*-Format. Letzteres wird mittlerweile von nahezu allen Mailprogrammen verstanden. Die Auswahl des Formates bestimmen Sie im unteren Teil der in Abb. 7.13 gezeigten Dialogbox.

7.6 Mit GIMP drucken

Auch den Befehl zum Drucken einer Bilddatei finden Sie im Bildmenü, es ist der Befehl DATEI → DRUCKEN. Wenn Sie diesen Befehl aufgerufen haben, erscheint die in Abb. 7.14 gezeigte Dialogbox.

Wie ein Drucker generell unter Linux in Betrieb genommen wird, ist nicht Thema dieses Buches. Aus diesem Grunde werden Sie hier auch nichts finden zu den Themen Schnittstellen, dem Spooling-Betrieb, Druckerwarteschlangen oder Druckfilter, die unter Linux zum Einsatz kommen. Als Lektüre empfehle ich die Manual-Seiten zu den Kommandos *lpr*, *lpq*, *lprm*, *lpc* und *lpd*.

Abbildung 7.14
Die GIMP-Dialogbox
zur Steuerung der
Druckfunktion.

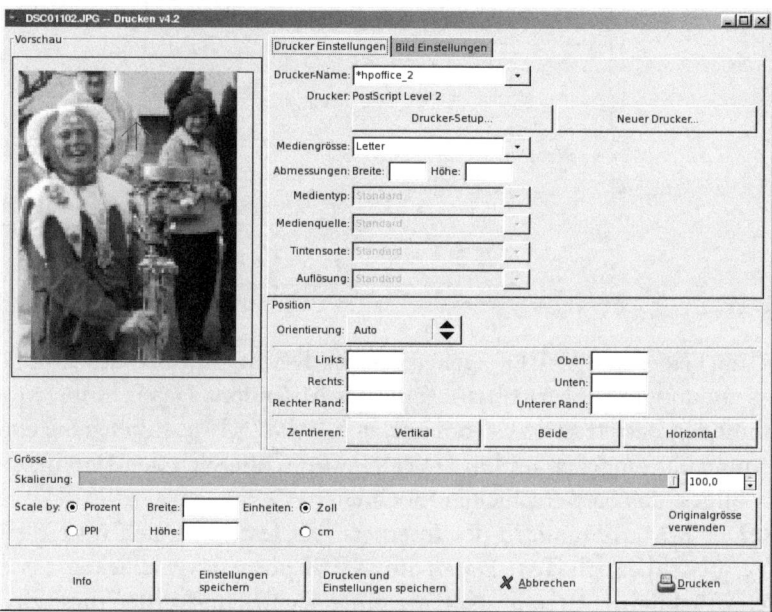

Im linken Bereich der Dialogbox zeigt der Bereich VORSCHAU die Position des Bildes auf dem Blatt. Sie verändern diese, indem Sie die schwarze Bildfläche mit der Maus an eine andere Position ziehen, das Bild mit der Schaltfläche ZENTRIEREN auf dem Blatt zentrieren oder die Bildränder in den Eingabefeldern LINKS, RECHTS, OBEN oder UNTEN einstellen.

Ausdruck einer Datei mit mehreren Bildebenen

Beachten Sie, dass GIMP bei einem Bild, das aus mehreren Bildebenen besteht, nur die jeweils aktuell ausgewählte Bildebene druckt. Wenn Sie sicherstellen wollen, dass das gesamte Bild gedruckt wird, müssen Sie zuerst alle Ebenen des Bildes zu einer zusammenfügen. Den entsprechenden Befehl erreichen Sie im Bildmenü BILD→BILD ZUSAMMENFÜGEN.

Im Bereich DRUCKER-SETUP der Dialogbox wählen Sie mithilfe der Schaltfläche DRUCKER als Erstes einen Drucker aus. Wenn Sie auf diese Schaltfläche drücken, öffnet sich ein Drop-down-Auswahlfeld. In diesem sehen Sie eine Liste der in Ihrem System vorhandenen Drucker (so wie sie beispielsweise in der Datei /etc/printcap eingetragen sind). Sie können auch direkt in eine Datei drucken, etwa, wenn Sie einen Ausdruck später vornehmen wollen oder wenn Sie die Datei anderswo und nicht an Ihrem Arbeitsplatz ausdrucken möchten.

Format des Druckmediums   Das Papierformat ist auswählbar mit der Schaltfläche MEDIENGRÖSSE, wobei GIMP verschiedene Papierformate anbietet. Neben dem amerikanischen Letter-Format werden auch die (europäischen) Formate A4 und A3 angeboten. Je nach eingestelltem Drucker (siehe unten) können Sie in MEDIENTYP die Art des verwendeten Papiers vorwählen (bei einem HP DeskJet haben Sie beispielsweise die Wahl zwischen normalem Papier, »glossy paper« oder einer Overhead-Folie). Besitzt Ihr Drucker verschiedene Schubladen (wie beispielsweise einige Laserdrucker von Hewlett-Packard) so können Sie in MEDIENQUELLE auswählen, welche Papierschublade für den Ausdruck verwendet werden soll.

Papierausrichtung   In ORIENTIERUNG legen Sie fest, welche Ausrichtung das Blatt Papier hat, wenn es von GIMP bedruckt wird. Mit der Auswahl AUTO wählt GIMP, ausgehend vom den Maßen des Bildes, die optimale Ausrichtung. Wenn Sie eine Ausrichtung vorgeben möchten, so wählen Sie mit HOCHFORMAT eine im Hochformat, während QUERFORMAT das Seitenquerformat auswählt. Je nachdem, ob Sie einen Farb- oder Schwarz-Weiß-Drucker besitzen, können Sie im Bereich AUSGABETYP der Box auswählen, ob der Ausdruck schwarz-weiß (SCHWARZ-WEISS) oder farbig (FARBE) sein soll.

Druckauflösung   Im unteren Bereich GRÖSSE der Dialogbox schließlich legen Sie noch fest, wie groß GIMP ein Bild ausdrucken soll und welche Helligkeit Sie beim Ausdruck wünschen. Die Auswahl im Feld

SKALIERUNG bestimmt die Größe, mit der GIMP ein Bild ausdruckt. Sie haben die Möglichkeit, diese prozentual anzugeben (PROZENT) oder in Bildpunkten pro Zoll (Pixel pro Inch bzw. *ppi*). Je größer der letztgenannte Wert, desto kleiner wird der Bild-Ausdruck, aber desto größer ist seine Auflösung. Möchten Sie ein kleines Bild ausdrucken und wählen einen Skalierungsfaktor, der die ganze Seite bedeckt, so wird der Ausdruck möglicherweise nicht befriedigend aussehen, da die Auflösung sehr gering ist. Welchen Wert Sie auswählen, hängt vom Drucker ab. Eine Daumenregel besagt, dass ein Bild der Größe von 300×400 Bildpunkten auf einer A4-Seite und einem 300-dpi-Drucker vernünftig aussieht, wenn man eine Skalierung von 30% wählt.

Wenn Sie bei der Anlage eines Bildes bereits wissen, welche Druckauflösung Sie benötigen, lässt sich diese schon bei Ausführen des Befehls DATEI → NEU in der entsprechenden Dialogbox festlegen. Bereiten Sie Grafiken und Bilder für den professionellen Ausdruck vor, sollten Sie berücksichtigen, dass dort als Einheit nicht das Ihnen vermutlich geläufige *dpi* (*dots per inch*) verwendet wird, sondern die Einheit *lpi* (*lines per inch*), die sich auf die Rasterung eines Druckes bezieht. Ungefähr gilt: Sie sollten Bilder mit einer *dpi*-Anzahl anlegen, die ungefähr das Doppelte von der *lpi*-Anzahl des verwendeten Druckgerätes ist. Druckt ein Gerät z.B. mit 150 *lpi*, dann sollte ein Bild mit $2 \times 150 = 300$ *dpi* angelegt werden. Ein ca. 10 cm breites Bild (4 Zoll) hat dann eine Pixelgröße von 4×300, also 1200 Bildpunkte. Mit der Schaltfläche ORIGINALGRÖESSE VERWENDEN wird das Bild mit der gerade eingestellten Auflösung (zumeist 72 *dpi*) auf das Blatt gebracht.

Bildhelligkeit Mit der Schaltfläche AUSGABE EINSTELLEN starten Sie eine weitere Dialogbox, mit der sich die Farbparameter des Drucks verändern lassen. Die dort eingestellte Helligkeit liegt bei 100. Die Erfahrung zeigt, dass dies ein brauchbarer Wert für die meisten Laser- und s/w-Tintenstrahldrucker ist. Für Farbtintenstrahldrucker sollte dieser Wert etwas höher eingestellt werden. Weitere Felder gestatten es Ihnen, z.B. den Kontrast und andere Farbparameter zu variieren.

Drucker-Setup Im Auswahlfeld DRUCKER können Sie auf die in Ihrem System installierten Drucker bzw. Druckerschlangen zugreifen. Zusätzlich haben Sie die Möglichkeit, direkt in eine Datei (Auswahl DATEI) auszudrucken. Von Letzterem werden Sie vermutlich Gebrauch machen, wenn Sie den Ausdruck nicht sofort vornehmen wollen, sondern zu einem späteren Zeitpunkt. Oder wenn Sie die Datei nicht an dem Platz ausdrucken wollen, an dem Sie GIMP benutzen, sondern auf einem anderen Rechner.

Wenn Sie ein bestimmtes Drucker-Modell auswählen wollen, so gehen Sie auf das Auswahlfeld DRUCKER-SETUP, welches die in Abb. 7.15 gezeigte Dialogbox öffnet.

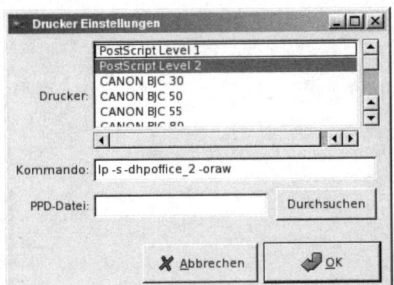

Abbildung 7.15
GIMPs Drucksetup

GIMP unterstützt eine Vielzahl von Druckern, die sich alle im Feld DRUCKER der Dialogbox auswählen lassen. Neben PostScript-Druckern werden viele Drucker direkt vom Programm unterstützt.

7.7 Drucken unter Win32 und Mac OS X

Das Drucken mit den GIMP-Versionen für Windows und Mac OS X funktioniert recht einfach: Der Aufruf des Druck-Befehls aus dem Bildfenster heraus greift auf die unter Windows bzw. unter Mac OS X installierten Drucker zu und öffnet eine Standard-Dialogbox, die Sie sicherlich kennen, wenn Sie von anderen Windows- oder Mac-OS-X-Anwendungen heraus gedruckt haben. Abb. 7.16 zeigt Ihnen, wie dies unter Windows 2000 aussieht, Abb. 7.17, wie es unter Mac OS X aussieht.

Abbildung 7.16
*Drucken unter
Windows 2000: GIMP
greift auf die unter
Windows installierten
Drucker zu*

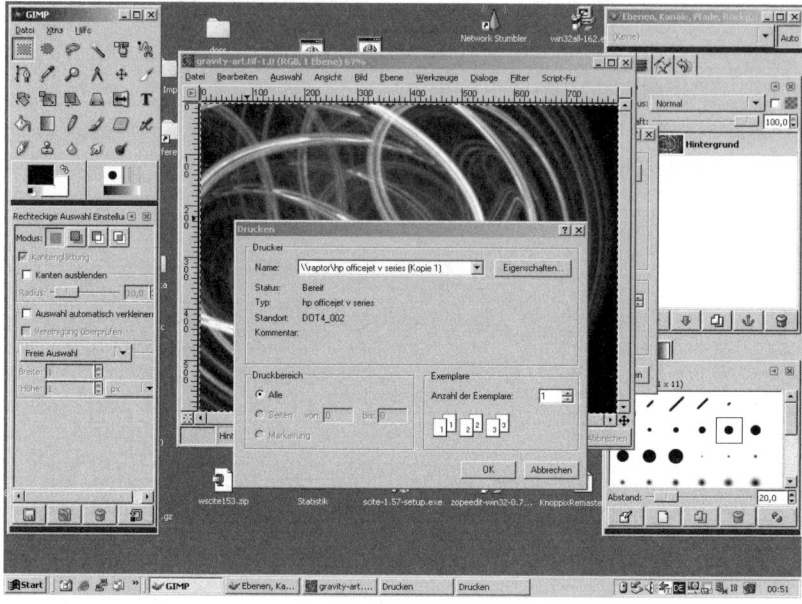

Teil III

Bildbearbeitung mit GIMP

8 Auswahlwerkzeuge

Die meisten der bislang vorgestellten GIMP-Funktionen, mit deren Hilfe Sie beispielsweise Grafiken abspeichern, öffnen oder drucken, beziehen sich auf Bilddateien als Ganzes. Selbstverständlich möchten Sie als Benutzer einer anspruchsvollen Grafiksoftware bestimmte Funktionen, die das Programm zur Verfügung stellt, nicht immer nur auf die gesamte Bilddatei anwenden, sondern nur auf bestimmte Teile derselben.

Damit GIMP weiß, auf welchen Teil eines Bildes Sie eine bestimmte Funktion anwenden wollen, müssen Sie diesen Teil zuerst auswählen. GIMP bietet Ihnen verschiedene Werkzeuge, die es Ihnen erlauben, auf komfortable und flexible Weise bestimmte Bereiche eines Bildes zu markieren. Diese Auswahlwerkzeuge finden Sie alle im oberen Teil der Werkzeugpalette (Abb. 8.1).

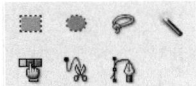

Abbildung 8.1
GIMPs
Auswahlwerkzeuge in
der Werkzeugpalette

Die sechs Werkzeuge sind im Einzelnen: Die *rechteckige Auswahl*, die *elliptische Auswahl*, das *Lasso*, der *Zauberstab*, das *Pfad-Werkzeug* sowie die *Schere*. Im Folgenden erfahren Sie, wie Sie mithilfe dieser Werkzeuge Bereiche auswählen und welche Optionen die einzelnen Werkzeuge besitzen. Zusätzlich lernen Sie, wie Sie mit weiteren Optionen, welche sich im Kontextmenü verbergen, die Bildauswahlmöglichkeiten von GIMP auf professionelle Art und Weise nutzen.

8.1 Allgemeines zur Auswahl

Sobald Sie eines der oben genannten Werkzeuge in der Werkzeugpalette aktiviert haben und sich in ein Bildfenster bewegen, verwandelt sich der Mauszeiger in ein kleines weißes Kreuz. Sehen Sie folglich innerhalb eines Bild dieses Kreuz, so wissen Sie, dass eines der Auswahlwerkzeuge aktiv ist. Im Unterschied dazu verwandelt sich der Mauszeiger beim Gebrauch eines Zeichenwerkzeuges in einen kleinen Bleistift (siehe auch Kapitel 9).

Auswählen mit Maus, Strg- und Umschalt-Taste   Sie werden weiter unten erfahren, dass bei manchen Werkzeugen ein einfacher Klick mit der linken Maustaste ausreicht, um Bereiche zu markieren. Andere Werkzeuge wiederum erfordern, dass während des gesamten Auswahlvorgangs die linke Maustaste gedrückt bleibt.

Richtig professionell lassen sich GIMPs Auswahlwerkzeuge einsetzen, wenn Sie gelernt haben, die STRG- und UMSCHALT-Taste in Kombination mit der linken Maustaste zu nutzen. Die grundsätzliche Funktion beider Tasten ist es, die Größe eines bereits ausgewählten Bereiches zu verändern. Aber Vorsicht: Bei manchen Werkzeugen kommt diesen Tasten eine weitere Bedeutung zu, sodass man darauf achten muss, in welcher Reihenfolge man die linke Maustaste und die UMSCHALT- bzw. STRG-Taste drückt.

Als GIMP-Anfänger haben Sie hiermit möglicherweise Probleme. Um Ihnen den Einstieg zu erleichtern, ist im Folgenden bei jedem der Auswahlwerkzeuge die jeweils spezielle Bedeutung der beiden genannten Tasten erläutert. Ansonsten gilt auch hier: Übung macht den Meister. Mit der Zeit gewöhnt man sich an die Bewegungsabläufe und an die Reihenfolge, in der die Tasten in Kombination mit der Maus zu bedienen sind.

Haben Sie einmal einen Bereich ausgewählt, so erkennen Sie diesen an einer gestrichelten Linie, deren Striche nicht statisch sind, sondern mehr oder weniger schnell den ausgewählten Bereich umlaufen. Diese Striche nennt man scherzhaft auch »marschierende Ameisen«. Falls Ihnen die Bewegung der Striche zu schnell oder zu langsam erscheint, können Sie in Abschnitt 4.3 nachlesen, wie Sie die »Marschiergeschwindigkeit« verändern.

Auswahloptionen   Bevor Sie im Folgenden die verschiedenen Auswahlwerkzeuge in Aktion erleben, beschäftigen wir uns kurz mit ihren allgemeinen Optionen. Wenn Sie in der Werkzeugpalette mit der linken Maustaste auf ein Werkzeugsymbol doppelklicken, öffnet GIMP eine Dialogbox mit den dazugehörigen Werkzeugoptionen (Abb. 8.2 zeigt als Beispiel die Optionsbox für die elliptische Auswahl).

Die dazugehörige Optionsbox zeigt Abb. 8.2. Ebenso öffnen Sie die jeweilige Optionsbox, wenn Sie mit dem in der Werkzeugpalette markierten Werkzeug in der Befehlsleiste den Befehl DATEI → DIALOGE → WERKZEUGEINSTELLUNGEN aufrufen bzw. die Tastenkombination UMSCHALT+STRG+T betätigen.

Im Folgenden sind die allgemeinen Werkzeugoptionen beschrieben:

Kanten ausblenden   Normalerweise verlaufen die mit allen Werkzeugen gemachten Auswahlen präzise entlang der gestrichelten Linie, den

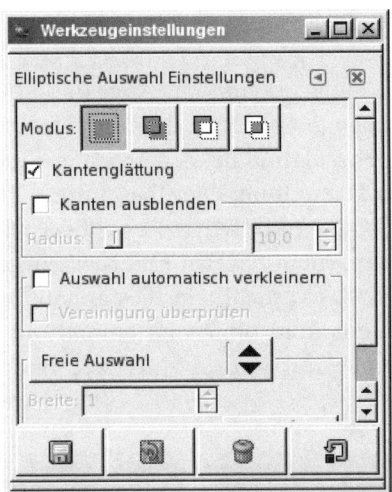

Abbildung 8.2
*Die Optionen der
elliptischen Auswahl*

»marschierenden Ameisen«. Möchten Sie die Umrisse einer Auswahl weicher und glatter gestalten, so sollten Sie die Option KANTEN AUSBLENDEN aktivieren. Mit der Option RADIUS können Sie den Radius dieses Auswahlumrisses festlegen. Je weiter Sie den Schieber dieser Option nach rechts bewegen, je größer also der Radius wird, desto runder und glatter werden die Eckbereiche der Auswahl. In Abb. 8.3 sehen Sie, welchen Effekt es hat, wenn Sie eine rechteckige Auswahl in ein neu angelegtes Bild kopieren – einmal ohne Option KANTEN AUSBLENDEN und einmal mit ihr ausgewählt.

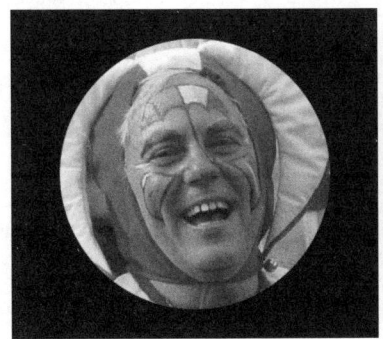 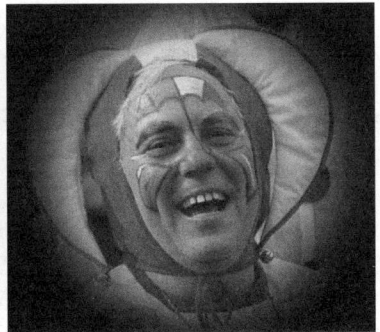

Abbildung 8.3
*Kopie eines
Bildbereiches, einmal
mit gesetzter* Kanten
ausblenden-*Option
kopiert und einmal
ohne diese Option*

ohne KANTEN AUSBLENDEN   mit KANTEN AUSBLENDEN

Kantenglättung   Mit Ausnahme der rechteckigen Auswahl verfügen alle Auswahlwerkzeuge über die Option KANTENGLÄTTUNG. Wenn Sie diese Option nicht gesetzt haben, so erscheinen manche Auswahlen unsauber und »pixelig«. Das liegt daran, dass bei allen Kurven, die nicht exakt horizontal oder vertikal verlaufen, der Kurvenverlauf durch einen mehr oder weniger großen Versatz der Pixel dargestellt wird. Ist dieser Versatz groß genug, erkennt das Auge dies als feingezackte Linie. Sie werden später sehen (Kap. 11.2), dass dies manchmal beim Umgang mit GIMPs Text-Werkzeug und bei der Arbeit mit Schriften auftritt und zu einer unsauberen Darstellung derselben führt.

Mit der Option KANTENGLÄTTUNG sieht der Übergang glatter und weniger »pixelig« aus – man hat den Eindruck eines geraden, stufenlosen Übergangs. Abb. 8.4 verdeutlicht dies anhand einer (stark vergrößerten) Auswahl, die einmal ohne und einmal mit der Option KANTENGLÄTTUNG ausgewählt und in eine leere Bilddatei hineinkopiert wurde.

Abbildung 8.4
Kopie eines
Bildbereiches, einmal
mit gesetzter
Kantenglättung-
Option kopiert und
einmal ohne diese
Option

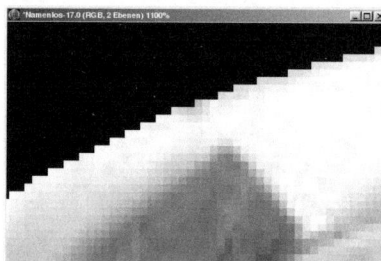 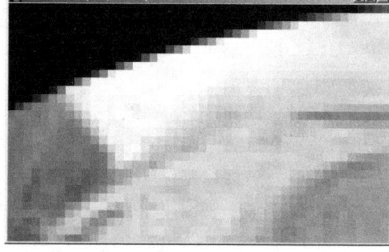

ohne KANTENGLÄTTUNG   mit KANTENGLÄTTUNG

Beachten Sie, dass die berechneten Zwischenfarben sich stets auf die jeweilige Hintergrundfarbe beziehen und dass die gesetzten Bildpunkte erhalten bleiben, wenn Sie die Hintergrundfarbe (z.B. in einer Webgrafik) transparent setzen.

8.2   Rechteckige Auswahl und Elliptische Auswahl

Tastatur: R

Wie der Name schon sagt, wählen Sie mit diesen beiden Werkzeugen rechteckige bzw. ovale Bereiche in einem Bildfenster aus. Hierzu bewegen Sie den Mauszeiger auf den Punkt des Bildes, an dem Sie Ihre Auswahl starten wollen. Hier drücken Sie dann die linke Maustaste und bewegen den Mauszeiger bei gedrückter linker Maustaste zum gewünschten Endpunkt. Solange Sie nun die linke Maustaste gedrückt lassen, können Sie die Größe Ihrer Auswahl verändern.

Tastatur: E

Strg- und Umschalt-Taste   Wie oben schon erwähnt, können Sie durch gleichzeitiges Verwenden der UMSCHALT- und der STRG-Taste die Größe der Auswahl verändern. Genauer gesagt *vergrößern* Sie die

Auswahl, indem Sie die UMSCHALT-Taste drücken und *danach* einen weiteren Bereich auswählen. Sie *verkleinern* die Auswahl, indem Sie die STRG-Taste drücken und wiederum *danach* den Bereich auswählen, um den Sie die aktuelle Markierung verkleinern wollen. Haben Sie hingegen einen Bereich markiert und wählen nun bei *gleichzeitig* gedrückter UMSCHALT- und STRG-Taste aus, so wählt GIMP die Schnittmenge der mit den Werkzeugen ausgewählten Bereiche aus.

Zusätzlich können Sie bei diesen beiden Auswahlwerkzeugen die UMSCHALT- und die STRG-Taste dazu benutzen, einen Bereich zentriert auszuwählen bzw. eine Vorzugsform auszuwählen. Dazu müssen Sie die obige Reihenfolge der Ausführung allerdings umkehren. Das heißt, Sie betätigen an der Stelle im Bild, an der Sie Ihre Auswahl beginnen, zuerst die linke Maustaste und sodann die UMSCHALT-Taste. Vergrößern Sie nun die Auswahl bei gedrückter linker Maustaste, so stellen Sie fest, dass im Falle der rechteckigen Auswahl ein Quadrat ausgewählt wird, im Falle der elliptischen Auswahl ein Kreis. Analog legen Sie bei zuerst gedrückter linker Maustaste und nachfolgender Betätigung der STRG-Taste den Startpunkt als genauen Mittelpunkt der Auswahl fest.

8.3   Das Lasso

Möchten Sie einen Bereich des Bildes völlig frei auswählen, können Sie das Freihand-Lasso hierfür benutzen. Insbesondere, wenn Sie unregelmäßige Konturen und Formen auswählen möchten, ist das Lasso unverzichtbar.

Sie beginnen die Freihand-Auswahl, indem Sie nach Auswahl des Lassos in der Werkzeugpalette den Mauszeiger an den gewünschten Startpunkt ins Bild bringen. Dort drücken Sie die linke Maustaste und folgen der auszuwählenden Kontur, wobei Sie die linke Maustaste gedrückt lassen. Sobald Sie die Maustaste loslassen, beenden Sie den Auswahlprozess. Befinden Sie sich dann am Ausgangspunkt der Markierung, haben Sie hierdurch selbst eine Auswahlregion festgelegt. Ist dies nicht der Fall, vervollständigt GIMP die Auswahl, indem es vom Endpunkt Ihrer Auswahl zum Startpunkt eine gerade Linie zieht.

Tastatur: F

Strg- und Umschalt-Taste   Insbesondere bei der Freihand-Auswahl erweist sich die kombinierte Verwendung von Maustaste und diesen beiden Tasten als besonders nützlich. Sie haben nämlich die Möglichkeit, mithilfe des Lassos eine Freihand-Auswahl erst grob vorzunehmen und dann in einem weiteren Korrekturgang die Auswahl mit der UMSCHALT- und der STRG-Taste zu korrigieren, indem Sie unter Verwendung der UMSCHALT-Taste die Auswahl um versehentlich ausgesparte

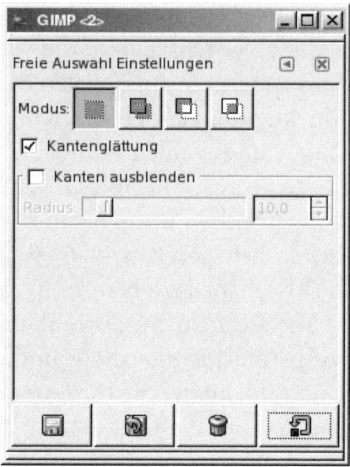

Randbereiche ergänzen bzw. mit der STRG-Taste unnötig Ausgewähltes wieder entfernen. Die Abb. 8.6 zeigt Ihnen ein Beispiel.

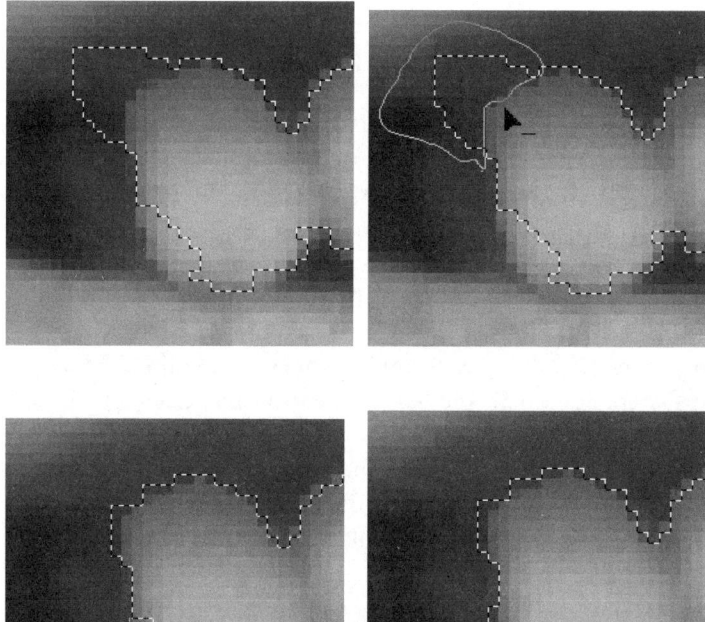

8.4 Der Zauberstab

Mithilfe des Zauberstabs können Sie benachbarte Gebiete eines Bildes mit gleicher oder ähnlicher Farbe auswählen. Um eine Auswahl mit dem Zauberstab zu starten, müssen Sie lediglich mit dem Mauszeiger an den gewünschten Startpunkt im Bild fahren und mit der linken Maustaste auf diesen klicken.

An dieser Stelle überprüft GIMP dann ausgehend vom Pixel dieses Punktes die jeweils benachbarten Pixel, ob diese die gleiche oder – anhand eines Richtwertes – eine ähnliche Farbe besitzen. Ist dies der Fall, wird die Auswahl um diesen Punkt erweitert. Diesen Vorgang wiederholt GIMP so lange, bis innerhalb des durch den Richtwert bestimmten Farbbereich alle Pixel ausgewählt sind.

Tastatur: Z

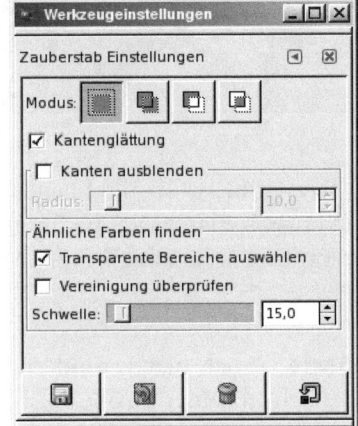

Abbildung 8.7
Die Optionen des
Zauberstabs

Der Zauberstab ist ein Auswahlwerkzeug, das sich gerade bei Anfängern großer Beliebtheit erfreut (nicht nur bei GIMP, sondern auch das äquivalente Werkzeug in Adobes Photoshop), gestattet er doch eine schnelle und relative Auswahl (farb)zusammenhängender Bereiche. Allerdings werden Sie bei der Benutzung dieses Werkzeuges bald feststellen, dass es eigentlich nur in einem Bildbereich sinnvoll ist, in welchem nicht sehr viele Farben vorkommen. Sobald die Situation komplexer ist, kommen recht eigenwillige Auswahlen zustande. Dies erkennen Sie auch recht gut an der mit dem Zauberstab gemachten Auswahl in Abb. 8.8.

Optionen   Zusätzlich zu den weiter oben erwähnten allgemeinen Optionen hat der Zauberstab eine VEREINIGUNG ÜBERPRÜFEN-Option. Dies betrifft Bilder, deren Inhalt in mehreren Ebenen verteilt ist. Mit der VEREINIGUNG ÜBERPRÜFEN-Option wird der Zauberstab bei der

Abbildung 8.8
Die Auswahl des Zauberstabes

Auswahl angewiesen, so zu tun, als ob alle Ebenen in einer zusammenfallen. Bei gedrückter Maustaste lässt sich die Empfindlichkeit des Zauberstabes übrigens interaktiv durch Schieben der Maus nach links oder rechts verändern.

Strg- und Umschalt-Taste   Auch hier verändern beide Tasten wieder einen ausgewählten Bereich in seiner Größe. Insbesondere bei unvollständigen Farbauswahlen lässt sich ein größerer farbzusammenhängender Bereich leicht bei gedrückter UMSCHALT-Taste zusammen auswählen. Besser allerdings funktioniert im selben Kontext die Farbauswahl im Ergänzungsmodus (siehe weiter unten).

8.5   Auswahl mit dem Pfad-Werkzeug

Das Pfad-Werkzeug arbeitet anders als die bislang beschriebenen Auswahlwerkzeuge. Seine Bedienung ist komplexer und erfordert ein wenig Überlegung und Vorbereitung. Dafür können Sie eine mit diesem Werkzeug gemachte Auswahl auf das Genaueste an eine komplexe Kontur anpassen. Mit etwas Übung sollte es Ihnen gelingen, umfassende Bildauswahlen mithilfe von Pfaden zu bewerkstelligen.

Was sind Pfade?   Die bislang besprochenen Auswahlen umschließen, nachdem Sie die Markierungsaktion beendet haben, ein markiertes Gebiet als Ganzes. Pfade hingegen setzen sich zunächst zusammen aus kleinen Segmenten, so genannten Bezierelementen (weswegen im Zusammenhang mit dem Pfad-Werkzeug öfters auch von Bezierkurven die Rede ist).

Arbeiten mit Pfaden Wie benutzen Sie Pfade in GIMP? Pfade lassen sich in ein Bild mit dem Pfad-Werkzeug einfügen, das Sie in der Werkzeugpalette finden, sein Symbol sehen Sie hier rechts in der Randspalte. Zusätzlich benötigen Sie die in Abb. 8.9 gezeigte Registerkarte PFADE. Sie rufen die Registerkarte im Bildmenü mit dem Befehl DIALOGE →KANÄLE auf.

Tastatur: B

Abbildung 8.9
In der Registerkarte mit der Bezeichnung Pfade *können Sie die angelegten Pfade verwalten.*

   Wie benutzen Sie nun das Pfad-Werkzeug? Generell ist zu beachten, dass dieses Werkzeug unterschiedlich benutzt werden kann: Im *Design-Modus* erzeugen Sie Pfade, im *Edit-Modus* bearbeiten Sie diese und im *Bewegen-Modus* lassen sich angelegte Pfade im Bildfenster bewegen.

Pfade anlegen Nachdem Sie das Pfad-Werkzeug in der Werkzeugpalette angewählt haben, klicken Sie mit der linken Maustaste an die Stelle des Bildfensters, an der Sie Ihre Pfadauswahl beginnen möchten. Hiermit haben Sie den ersten Punkt des Pfades bestimmt. Dies erkennen Sie daran, dass GIMP an dieser Stelle eine Markierung mit einem kleinen Kreis gesetzt hat.

   Diese Markierung legt einen Ankerpunkt für diesen Teil des Pfades fest. Sie können weitere Pfadsegmente anhängen, indem Sie durch

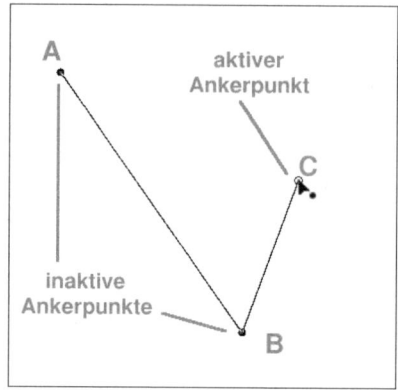

Klicken mit der linken Maustaste weitere Ankerpunkte bestimmen. Abb. 8.10 zeigt einen Pfad, der sich aus drei Ankerpunkten A, B und C zusammensetzt. Der jeweils letzte Ankerpunkt wird von GIMP durch einen *transparenten* Kreis dargestellt. Pfadsegmente verbinden diesen mit den zuvor gesetzten Punkten, die durch kleine *schwarze* Punkte dargestellt werden.

Einfache Pfadmanipulation Schon während der Pfaderstellung lassen sich bereits gesetzte Ankerpunkte bearbeiten. So können Sie Pfadsegmente durch gleichzeitiges Betätigen der ALT-Taste und einem Ziehen mit der Maus (positioniert auf den zuletzt gesetzten Punkt) als Ganzes verschieben (Abb. 8.11). Wollen Sie einen einzelnen Ankerpunkt bewegen, klicken Sie einfach auf diesen drauf und bewegen ihn mit gedrückter linker Maustaste an die gewünschte Position.

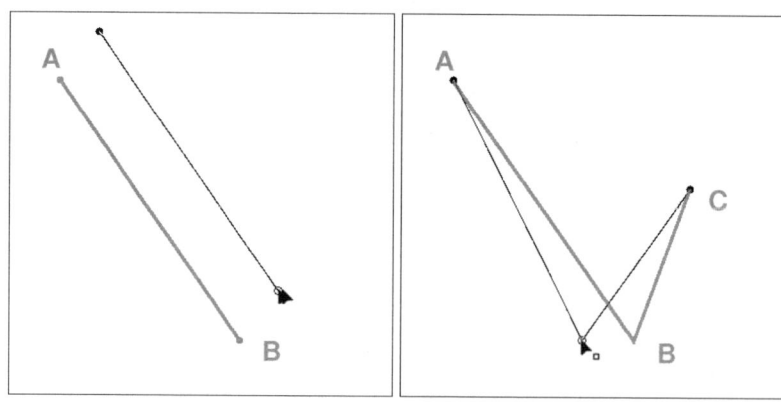

Gesamten Pfad verschieben   Ankerpunkt verschieben

Wollen Sie hingegen einen einzelnen Ankerpunkt verschieben, so klicken Sie diesen einfach. Auch hier lässt sich der Punkt dann durch Ziehen mit der Maus verschieben (rechtes Bild in Abb. 8.11). Setzen Sie so lange neue Ankerpunkte, bis Sie den zu markierenden Bereich mit Ankerpunkten umschlossen haben. Wollen Sie ein Pfadsegment abschließen und ein weiteres anlegen, so drücken Sie vor dem erneuten Klick die UMSCHALT-Taste. Ein so beendeter Pfad lässt sich jederzeit fortsetzen, indem Sie einfach einen der Endpunkte anklicken. Wollen Sie einen Pfad schließen, so klicken Sie mit gedrückter STRG-Taste auf den zuerst gesetzten Punkt.

Pfad in Auswahl verwandeln Sobald Sie einen Pfad geschlossen, den letzten Punkt also an die Startposition gesetzt haben, können Sie den Pfad in eine normale Auswahl verwandeln. Hierzu betätigen Sie in der Karte PFADE die Schaltfläche AUSWAHL AUS PFAD (Abb. 8.12). Dass der Pfad sich in eine normale Auswahl verwandelt hat, erkennen Sie daran, dass GIMP nach einer kurzen Verzögerung den Pfad neu zeichnet und zusätzlich mit den Ihnen bereits bekannten »wandernden Ameisen« umschließt.

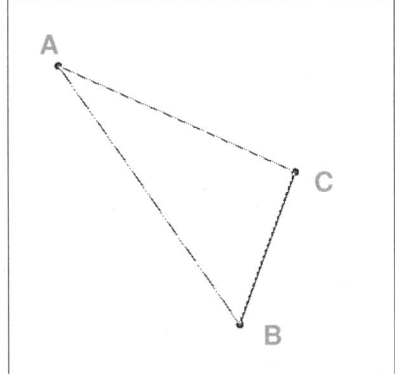

Abbildung 8.12
Sie schließen einen Pfad, indem Sie bei gedrückter Strg-*Taste erneut auf den Startpunkt klicken. Mit der Schaltfläche* Auswahl aus Pfad *der Karte* Pfade *verwandelt man den Pfad in eine normale Auswahl.*

Ankerpunkt-Management mit der Ebenen-Dialogbox Beschäftigen wir uns nun mit der bereits in Abb. 8.9 gezeigten Registerkarte PFADE der Ebenen-Dialogbox. Dazu richten wir unseren Blick als Erstes in die Mitte der Registerkarte. Hier sehen Sie kleine Voransichten der in einer Bilddatei angelegten Pfade. Selbstverständlich lassen sich in einem Bild mehrere verschiedene Pfade anlegen. Jeder Pfad der Liste lässt sich mit Mausklick anwählen und so im Bild aktivieren. Der aktive Pfad ist in der Registerkarte der Ebenen-Dialogbox *blau* unterlegt.

Pfadpunkte bearbeiten Im *Bearbeiten*-Modus lässt sich nun ein bestehender Pfad bearbeiten. Dies betrifft sowohl einzelne Pfadsegmente als auch gesetzte Ankerpunkte. Wollen Sie beispielsweise einen weiteren Ankerpunkt hinzufügen, so müssen Sie lediglich mit gedrückter STRG-Taste an die gewünschte Pfadposition klicken. Sie erkennen diesen Modus auch daran, dass Ihr Mauszeiger ein zusätzliches kleines +-Zeichen bekommt. Wollen Sie hingegen einen Ankerpunkt entfernen, so müssen Sie die UMSCHALT- und die STRG-Taste gleichzeitig drücken.

Abbildung 8.13
Jeder Pfad lässt sich
um weitere Punkte
ergänzen.

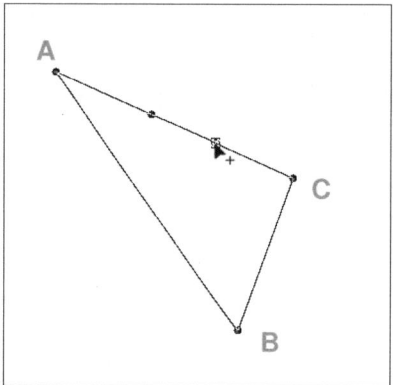

Abbildung 8.14
Jeder Ankerpunkt eines
Pfades lässt sich
löschen.

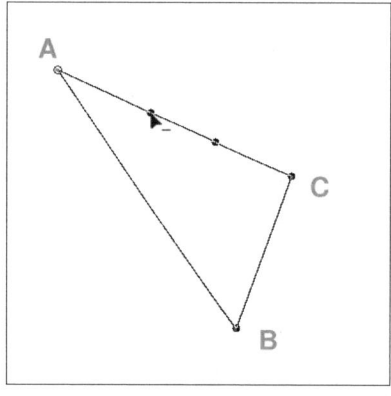
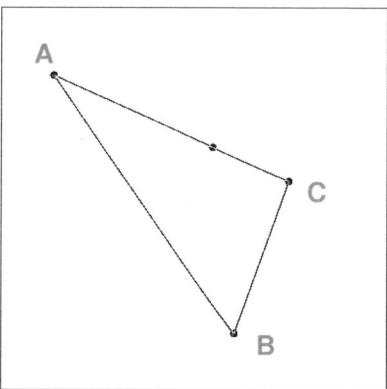

Ankerpunkt wird gelöscht   Ankerpunkt ist entfernt

Wie Sie in den beiden genannten Abbildungen sehen, verändert sich jeweils der Mauszeiger, sodass Sie stets im Blick haben, in welchem Bearbeitungsmodus Sie sich befinden.

Bearbeitung von Ankerpunkten Das Ergebnis Ihrer bisherigen Nutzung des Pfad-Werkzeuges ist eine Aneinanderreihung mehrerer gerader Pfadsegmente. Um diese Segmente vernünftig an ein auszuwählendes

Objekt anzupassen, müssen Sie Krümmung und möglicherweise auch Position der Pfadsegmente verändern. Dies können Sie bereits bei der Erstellung des Pfades tun, indem Sie direkt nach Setzen eines Ankerpunktes die (linke) Maustaste gedrückt lassen und aus dem Punkt herausziehen.

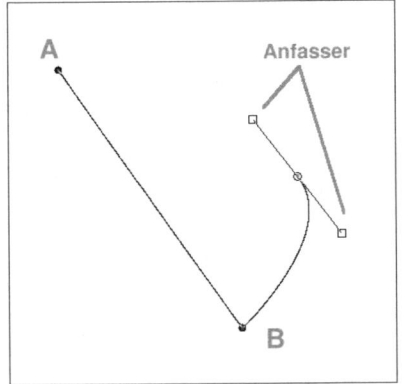

Abbildung 8.15
Bei gedrückter Alt-Taste lässt sich ein Pfad beliebig im Bild verschieben.

Bei weiterhin gedrückter Maustaste lässt sich nun die Krümmung des jeweiligen Pfadsegmentes variieren. Dies sieht man daran, dass aus dem Ankerpunkt zwei Linien wachsen (Abb. 8.15). Je weiter man sich mit gedrückter Maustaste vom Ausgangspunkt entfernt, desto länger werden die Linien und das Pfadsegment wird längs der Anfasserlinie gekrümmt (Abb. 8.16). Je nach Drehwinkel der Anfasserlinie wird das Segment in Richtung der Drehung gezogen, auch hiermit verändern Sie das Aussehen des Segmentes.

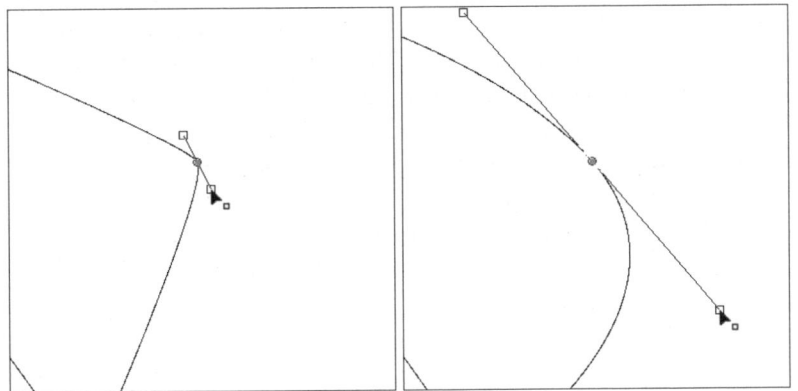

Abbildung 8.16
Die Krümmung des Pfadsegmentes ist abhängig von der Länge der Anfasser.

Wenn Sie zusätzlich die STRG-Taste drücken, lässt sich jeder Anfasser separat bewegen und verändern. Dies beeinflusst dann jeweils nur die eine Seite des Pfadsegmentes. Sind die Anfasser aktiv, lässt sich jeder

Anfasser mit der Maus bewegen. Auf diesen Anfassern verändert sich übrigens der Mauszeiger, Sie sehen an dieser Stelle eine kleine Hand mit ausgestrecktem Zeigefinger. Wollen Sie die Krümmung eines bereits gesetzten Pfadsegmentes verändern, so klicken Sie mit gedrückter STRG-Taste auf das Segment. Sofort danach werden die Anfasser sichtbar und können verändert werden.

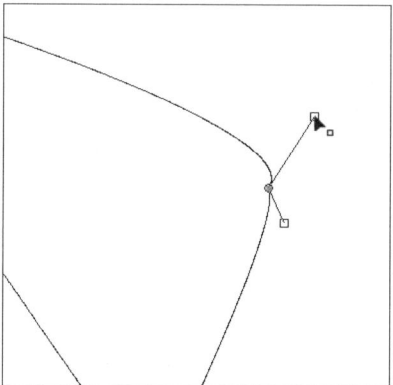

Abbildung 8.17
Bei gedrückter Strg-Taste lässt sich jeder Anfasser separat bewegen und vergrößern oder verkleinern.

Pfadmanagement mit der Ebenen-Dialogbox   Wenn Sie viele Pfade in einer Bilddatei angelegt haben und diese bearbeiten möchten, finden Sie im unteren Teil der Registerkarte PFADE verschiedene Schaltflächen zu einer Befehlsleiste zusammengefasst. Die einzelnen Befehle sind in der folgenden Tabelle beschrieben.

Neben der Neuanlage eines Pfades oder dem Kopieren eines bestehenden Pfades können Sie bequem Pfade in Auswahlen umwandeln oder – umgekehrt – eine mit einem anderen Werkzeug getroffene Auswahl zu einem Pfad machen. Sehr nützlich ist es, entlang eines Pfades mit der aktuell eingestellten Werkzeugspitze zu zeichnen. In Abb. 8.18 sehen Sie das Resultat dieser Operation. Zu guter Letzt können Sie jeden erstellten Pfad durch Klick auf das Papierkorb-Symbol löschen.

Wenn Sie in der Registerkarte PFADE der Ebenen-Dialogbox die rechte Maustaste betätigen, öffnet sich ein Kontextmenü (Abb. 8.19), das im oberen Teil genau die gerade besprochenen Befehle enthält, die Sie mithilfe der Schaltflächen aufrufen können. Die weiteren Befehle in diesem Menü erweisen sich als nützlich, wenn es darum geht, Pfadinformationen zwischen unterschiedlichen Bilddateien auszutauschen. Das einfache Kopieren und Wiedereinfügen zwischen verschiedenen geöffneten Dateien geschieht einfach durch Ausführen des Kopierbefehls im Ausgangsbild (PFAD KOPIEREN bzw. STRG+C) und einem Ausführen des Einfügen-Befehls (PFAD EINFÜGEN bzw. STRG+V) im Ziel-

Tabelle 8.1
Die einzelnen Befehle
und Tastaturkürzel der
Registerkarte Pfade *der*
Ebenen-Dialogbox

Schaltfläche	Tastatur	Befehl
	Strg+N	Neuen Pfad anlegen
	Strg+N	Pfad nach oben verschieben
	Strg+N	Pfad nach unten verschieben
	Strg+U	Bestehenden Pfad kopieren
	Strg+S	Pfad in eine Auswahl verwandeln
	Strg+P	Auswahl in einen Pfad verwandeln
	Strg+T	Entlang des Pfades mit der aktuellen Werkzeugspitze zeichnen
	Strg+X	Pfad löschen

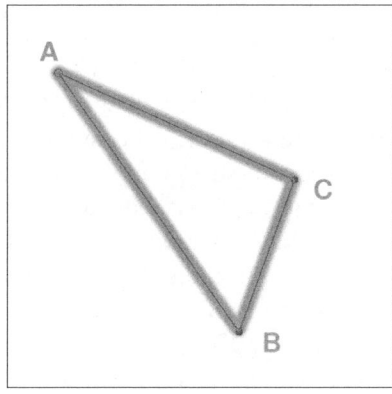

Abbildung 8.18
Mit der aktuell
eingestellten
Werkzeugspitze lässt
sich entlang eines
Pfades zeichnen.

bild. Achten Sie darauf, die Tastaturkombinationen stets in der Ebenen-Dialogbox auszuführen (weil im Bildfenster mit diesen Befehlen Bilder bzw. Bildteile kopiert werden).

Abbildung 8.19
Mit dem
Pfad-Kontextmenü
lassen sich bequem die
in einem Bild
angelegten Pfade
verwalten.

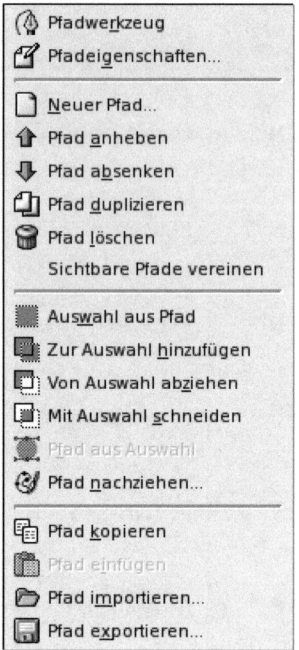

Abbildung 8.19
Mit dem
Pfad-Kontextmenü
lassen sich bequem die
in einem Bild
angelegten Pfade
verwalten.

8.6   Die »intelligente Schere«

Dieses Auswahlwerkzeug arbeitet ähnlich dem weiter oben beschriebenen Freihand-Lasso. Auch hier führen Sie Ihre Auswahl durch, indem Sie bei gedrückter linker Maustaste mit dem Cursor die auszuwählende Region nachziehen. Mit dem Scheren-Werkzeug brauchen Sie allerdings nicht so genau zu arbeiten, denn es gibt einen wichtigen Unterschied zum Freihand-Lasso.

Sobald Sie die Auswahl beendet haben (indem Sie die linke Maustaste loslassen), korrigiert und verbessert GIMP diese von Ihnen getroffene Auswahl. Es passt diese an und versucht bestmöglich zu »erraten«, welchen Bereich Sie wohl auswählen wollten. Das Programm untersucht hierzu die um die Auswahlkurve liegenden Bildpunkte und versucht damit, Konturen im Bild, die Ihre Auswahl begrenzen (könnten), zu ermitteln. An diese Konturen wird dann die Auswahl angepasst, an manchen Stellen erweitert, an anderen wiederum verkleinert.

Tastatur: I

Je schärfer eine ausgewählte Kontur ist, desto besser funktioniert das Scheren-Werkzeug. Wird dieses unscharf und ungenau, so entspricht die von Ihnen vorgenommene Auswahl und die Anpassung des Werkzeuges möglicherweise gar nicht dem, was Sie eigentlich auswählen wollten, wie z.B. in Abb. 8.20. Hier wurde das Scheren-Werkzeug entlang der roten Fläche gezogen, aufgrund des verschwom-

Abbildung 8.20
Ein mit dem
Scheren-Werkzeug
markierter Bereich

menen Übergangsbereiches folgt die von GIMP vorgenommene Korrektur nicht der gewünschten Auswahl.

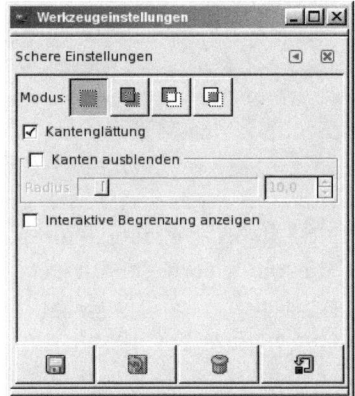

Abbildung 8.21
Die Optionsbox des
Scheren-Werkzeuges

Mit einem schnellen Klick lässt sich die Scherenauswahl in eine ganz normale Auswahl verwandeln (Abb. 8.22) und damit in der weiter oben beschriebenen, sehr flexiblen Weise anpassen.

Die in Abb. 8.21 gezeigte Dialogbox bietet Ihnen die Schaltflächen KANTENGLÄTTUNG, KANTEN AUSBLENDEN und RADIUS, die genau dieselbe Funktionalität haben wie bei den anderen Auswahlwerkzeugen.

Die mit dem Scheren-Werkzeug gemachte Markierung ist im eigentlichen Sinne übrigens noch keine Auswahl. Das erkennen Sie z.B. daran, dass die Markierungslinie durchgezogen ist und die Auswahl nicht umläuft. Erst ein erneuter Klick mit der linken Maustaste ins Bild verwandelt diese Markierung in eine Auswahl und Sie sehen nunmehr die von den anderen Auswahlwerkzeugen bekannten »Wanderameisen«. Die-

Abbildung 8.22
*Ein mit dem
Scheren-Werkzeug
markierter Bereich lässt
sich durch Mausklick
sofort in eine Auswahl
verwandeln.*

Abbildung 8.22
*Ein mit dem
Scheren-Werkzeug
markierter Bereich lässt
sich durch Mausklick
sofort in eine Auswahl
verwandeln.*

sen Effekt macht sich der folgende Tipp zunutze, der Sie dieses Auswahlwerkzeug optimiert einsetzen lässt.

TIPP

> **Markierung mit einem Konturfilter optimieren**
>
> Da die Markierung des Scheren-Werkzeuges sich erst nach einem weiteren Mausklick in eine Auswahl verwandelt, lässt sich ohne weiteres eine Operation *vor* der Markierung *danach* wieder rückgängig machen. Benutzen Sie z.B. einen der GIMP-Konturfilter, wie er im Bildmenü FILTER → KANTEN FINDEN → KANTE angeboten wird. Mit diesem Filter heben Sie zuerst die Konturen des Bildes stärker hervor. Sodann markieren Sie mit dem Scheren-Werkzeug den auszuwählenden Bereich. Die durch den Filter hervorgehobenen Konturen erleichtern diesen Vorgang stark. Danach machen Sie die Filterung rückgängig (z.B. durch die Tastenkombination STRG+Z) und verwandeln durch einen Mausklick die Markierung in eine Auswahl.

8.7 Auswahl nach Farbe

Ein weiteres sehr nützliches Werkzeug zur Realisierung komplexerer Auswahlen verbirgt sich im Bildmenü von GIMP. Dort finden Sie ein Untermenü mit dem Titel AUSWAHL, in welchem eine Reihe von Optionen zur Bildauswahl verborgen sind, die im Einzelnen weiter unten besprochen werden. Hier interessiert uns besonders der letzte Punkt dieses Untermenüs NACH FARBE.

Abbildung 8.23
Eine Auswahl, die sich leicht mit einem Klick mit der Farbauswahl realisieren lässt

Eine so gewonnene Auswahl sehen Sie in Abb. 8.23. Beachten Sie, dass hier nun nicht (wie etwa beim Zauberstab) ein zusammenhängender Bereich ausgewählt wird, sondern alle Bereiche im Bild, welche die Farbe (im Rahmen der eingestellten SCHWELLE) des angeklickten Bildpunktes haben.

8.8 Auswahloptionen im Bildmenü

Weiteres Nützliches zum Thema Auswahl verbirgt sich im Bildmenü unter dem Punkt: AUSWAHL. Hier finden Sie als Erstes den Befehl AUSWAHL → INVERTIEREN. Dieser Befehl kehrt eine Bildauswahl um, d.h., alles außer dem (zuvor) Markierten ist dann für eine Markierung aktiv. Mit AUSWAHL → ALLES wählen Sie ein gesamtes Bild bzw. die gesamte Bildebene aus (bei einem Bild, das aus mehr als einer Ebene besteht). Zu diesem Befehl sollten Sie sich das Tastaturkürzel STRG+A merken. AUSWAHL → NICHTS hat genau den umgekehrten Effekt. Er deaktiviert eine getroffene Auswahl.

Mit AUSWAHL → SCHWEBEND verwandeln Sie eine normale Auswahl in eine so genannte schwebende Auswahl. Der Befehl AUSWAHL → AUSBLENDEN umgibt eine Auswahl mit einer weichen Umrandung, deren Breite Sie in einem Dialogfenster eingeben können. Mit AUSWAHL → SCHÄRFEN entfernen Sie diese Umrandung wieder. Recht hilfreich sind die Befehle AUSWAHL → VERKLEINERN und AUSWAHL → VERGRÖSSERN, mit deren Hilfe Sie eine Auswahl um eine vorgegebene Breite von Bildpunkten verkleinern bzw. vergrößern. Mit AUSWAHL → RAND umranden Sie eine Auswahl. Abb. 8.24 zeigt Ihnen anhand einer Beispielauswahl, welchen Effekt die soeben vorgestellten Befehle haben.

Abbildung 8.24
Mit den verschiedenen
Optionen, die im
Bildmenü zur
Verfügung stehen, lässt
sich die Umrandung
einer Auswahl
verändern.

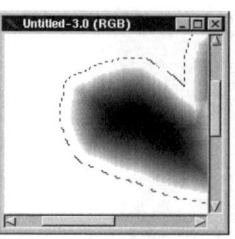
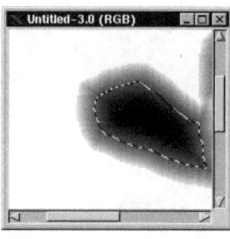
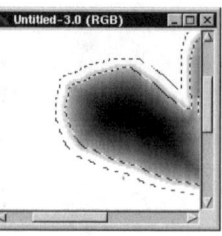

| Auswahl vergrößern: | Auswahl verkleinern: | Auswahl umranden: |
| Vergrößern | Verkleinern | Rand |

Auswahlen speichern Ein weiterer wichtiger Befehl, der an der einen oder anderen Stelle in diesem Buch Verwendung findet, ist AUSWAHL → IN KANAL SPEICHERN. Mit diesem Befehl speichern Sie eine Auswahl als Kanal (Genaueres hierzu finden Sie in Kap. 14.3) und können dadurch zu jedem späteren Zeitpunkt einer Sitzung wieder darauf zugreifen. Beachten Sie: Eine gespeicherte Auswahl bleibt als Information erhalten, wenn Sie ein Bild im GIMP-eigenen XCF-Format abspeichern. Ebenso erzeugt AUSWAHL → PFAD AUS AUSWAHL aus einer Auswahl einen Pfad, den Sie in der oben beschriebenen Art und Weise weiterbearbeiten können.

8.9 GIMPs Zwischenablage verwenden

Ausgewählte Bildbereiche lassen sich über eine Zwischenablage bequem verschieben oder kopieren. Im Menü BEARBEITEN verbergen sich die Befehle, mit denen Sie Inhalte innerhalb eines Bildes oder auch zwischen verschiedenen geöffneten Bilddateien austauschen können. Hierbei kann es sich um das gesamte Bild handeln oder aber auch um Teile des Bildes, die Sie zuvor mit GIMPs Auswahlwerkzeugen markiert haben.

Ausschneiden und Kopieren Bereiche eines Bildes lassen sich aus der Datei entfernen, indem Sie den Befehl BEARBEITEN → AUSSCHNEIDEN aufrufen bzw. die Tastenkombination STRG+X betätigen. Wollen Sie einen Bereich hingegen kopieren, so führen Sie BEARBEITEN → KOPIEREN bzw. STRG+C aus.

Wollen Sie einen herausgeschnittenen oder kopierten Bereich einfügen, stellt GIMP Ihnen verschiedene Möglichkeiten zur Verfügung: Der Befehl BEARBEITEN → EINFÜGEN bzw. STRG+V fügt den Bereich zentriert in das Bild ein. Mit BEARBEITEN → IN AUSWAHL EINFÜGEN lässt sich ein ausgeschnittener oder kopierter Bereich in eine Auswahl einfügen. Besonders praktisch ist BEARBEITEN → ALS NEUES BILD EINFÜGEN, denn hier erzeugt GIMP ein neues Bildfenster, in das die Zwischenablage hineinkopiert wird.

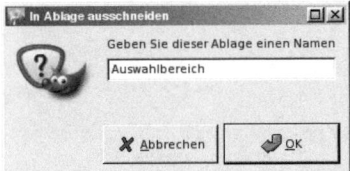

Abbildung 8.25
In dieser Dialogbox benennen Sie einen ausgeschnittenen Bildteil.

Ablage benennen   Wollen Sie auf die Zwischenablage später erneut zugreifen bzw. verschiedene Bereiche abspeichern, so finden Sie im Menü BEARBEITEN → ABLAGE drei Befehle, mit denen Sie einem ausgeschnittenen bzw. einem kopierten Bereich einen Namen zuweisen können. Dies sind die Befehle BEARBEITEN → ABLAGE → IN ABLAGE AUSSCHNEIDEN und BEARBEITEN → ABLAGE → IN ABLAGE KOPIEREN. In beiden Fällen öffnet sich eine Dialogbox, in der Sie den Namen des ausgeschnittenen bzw. kopierten Bereiches festlegen (Abb. 8.25).

Abbildung 8.26
Ein einmal benannter Bereich der Zwischenablage lässt sich über diese Dialogbox wieder in ein Bild einfügen.

Ein so benannter Bereich lässt sich zu einem späteren Zeitpunkt jederzeit wieder in ein Bild mit dem Befehl BEARBEITEN → ABLAGE → AUS ABLAGE EINFÜGEN einfügen. In der Dialogbox, die sich daraufhin öffnet (Abb. 8.26), finden Sie die verschiedenen weiter oben bereits beschriebenen Einfügemöglichkeiten.

9 Zeichenwerkzeuge

Neben den im vorigen Kapitel vorgestellten Markierungswerkzeugen bietet Ihnen GIMPs Werkzeugpalette weitere Hilfsmittel für die Bearbeitung von Grafikdateien. In den folgenden Kapiteln finden Sie die Zeichen- und Bearbeitungswerkzeuge von GIMP beschrieben sowie wichtige Hilfswerkzeuge, die Ihnen die Arbeit mit dem Programm erleichtern.

Wenn Sie einen Bleistift zum Zeichnen verwenden oder einen Pinsel zum Malen, so sind Aussehen und Form Ihrer Striche und Linien davon abhängig, welches Werkzeug Sie benutzt haben. Ein harter Bleistift malt anders als ein weicher, der Pinselstrich eines Borstenpinsels sieht anders aus als der eines Haarpinsels.

Analog hierzu verwenden die im Folgenden vorgestellten Zeichenwerkzeuge Zeichenstift, Pinsel und Airbrush-Werkzeug sowie die später vorgestellten Werkzeuge *Radiergummi* und *Weichzeichner* unterschiedliche Werkzeugspitzen, mit denen Sie, je nach verwendeter Spitze, verschiedene Ergebnisse erzielen.

9.1 GIMPs Werkzeugspitzen benutzen

Nachdem Sie GIMP frisch installiert haben, wird nach jedem weiteren Start des Programms als Standard eine kreisrunde Werkzeugspitze mit einem Radius von 19 Bildpunkten verwendet.

Sicherlich möchten Sie nach dem Start von GIMP nicht immer nur die Standard-Werkzeugspitze benutzen, sondern auch andere Spitzen. Um die Werkzeugspitze zu wechseln, müssen Sie lediglich die Werkzeugspitzen-Auswahlbox (PINSELAUSWAHL) aufrufen. Der entsprechende Befehl verbirgt sich in der Befehlsleiste von GIMPs Werkzeugpalette. Führen Sie dazu aus: DATEI → DIALOGE → PINSEL. Die Box öffnet sich auch, wenn Sie die Tastenkombination STRG+UMSCHALT+B oder im Bildmenü den Befehl DIALOGE → PINSEL aufrufen. Zu guter Letzt gibt es auch in der Werkzeugpalette ein Werkzeugspitzen-Symbol, mit dem Sie diese Box öffnen können.

Abbildung 9.1
*Mit dieser Box wählen
Sie die unter GIMP
verfügbaren
Werkzeugspitzen aus.*

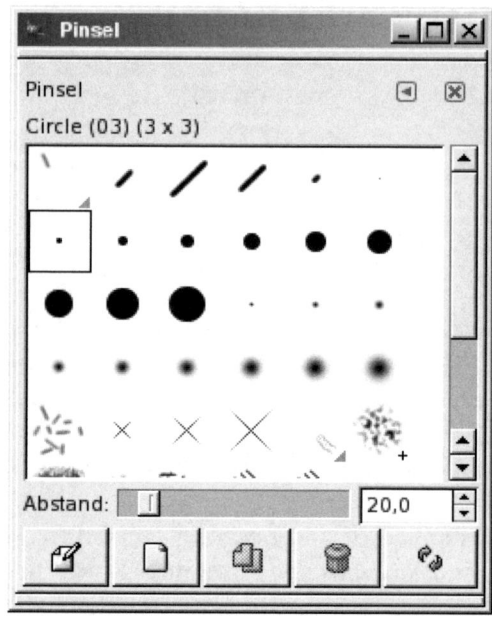

Abb. 9.1 zeigt die Box, die sich daraufhin öffnet. Auf der linken Seite dieser Box befindet sich das Auswahlfenster, in dem alle GIMP zur Verfügung stehenden Werkzeugspitzen angezeigt werden. Die jeweils aktive Spitze ist von einem Rahmen umgeben. Wenn Sie eine andere Spitze auswählen wollen, so reicht ein Mausklick auf diese im Auswahlfenster, damit sie von GIMPs Zeichenwerkzeugen genutzt werden kann.

Die Auswahlbox zeigt Ihnen eine Voransicht aller Werkzeugspitzen. Kleinere Spitzen werden ohne Skalierung angezeigt, während größere Spitzen verkleinert dargestellt werden. Diese erkennen Sie an einem kleinen schwarzen Kreuz in der rechten unteren Ecke. Wenn Sie mit der Maus auf diese Spitzen tippen und die linke Maustaste einen Moment gedrückt lassen, werden diese in voller Größe dargestellt.

GIMP verfügt übrigens auch über Werkzeugspitzen, die während des Malvorgangs ihr Aussehen verändern. Diese Werkzeugspitzen erkennen Sie an einem kleinen roten Dreieck in der rechten unteren Ecke. Klicken Sie auf diese Spitzen und halten Sie die linke Maustaste gedrückt: Die Variation der Spitze wird in einer kleinen Animation dargestellt.

Sobald eine Werkzeugspitze ausgewählt ist, wird sie von den Zeichenwerkzeugen Zeichenstift, Pinsel und Airbrush sowie vom Radiergummi und vom Weichzeichner verwendet. Der Name der Spitze erscheint in der Auswahlbox oben auf der rechten Seite.

Werkzeugspitzen-Parameter Die Werkzeugspitzen lassen sich mit dem Parameter ABSTAND nutzen, den Sie in der Auswahlbox (Abb. 9.1) unter der Auwahl sehen. Dieser legt fest, mit welchem Abstand die Zeichenwerkzeuge die jeweils aktive Spitze in einem Bild auftragen sollen.

Werkzeugspitzen abspeichern Werkzeugspitzen werden im GBR-Format (GIMP Brush Format) abgespeichert. Wenn Sie eine Datei mit dieser Dateiendung unter DATEI → SPEICHERN UNTER abspeichern, öffnet sich die in Abb. 9.2 gezeigte Dialogbox.

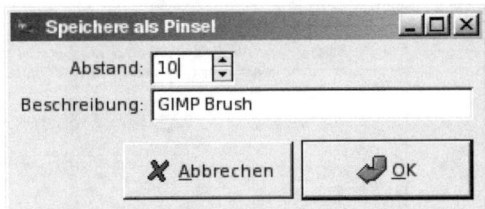

Abbildung 9.2
Dies sind die Speicheroptionen, mit denen ein Bild als GIMP-Werkzeugspitze abgespeichert werden kann.

Im Feld ABSTAND geben Sie an, in welchem Abstand (Angabe in Prozent der Werkzeugspitzengröße) die Werkzeugspitze bei der Benutzung gesetzt werden soll, das Feld BESCHREIBUNG nimmt den Namen auf, den die Werkzeugspitze im zugehörigen Dialogfeld haben wird.

9.2 Der Zeichenstift

Wenn Sie punktgenau arbeiten möchten, wenn Sie in (zweifarbigen) Zeichnungen etwas einfügen wollen oder wenn Sie z.B. gerade und schnörkellose Linien zeichnen möchten, so ist der Zeichenstift das Werkzeug Ihrer Wahl. Der Zeichenstift arbeitet ohne jegliches Antialiasing und bietet auch sonst keine weiteren Optionen. Dies hat zur Folge, dass die mit diesem Werkzeug gezeichneten Punkte, Linien und Objekte hart und ohne jeden Übergang in ein Bild eingefügt werden. Eine weitere Konsequenz ist es übrigens, dass die weichen Übergänge einiger Werkzeugspitzen (z.B. der Spitzen *Confetti* oder *Galaxy*), vom Zeichenstift nicht genutzt werden. Für das Einfügen gerader Linien ist der folgende Tipp besonders hilfreich:

Tastatur: Umschalt+P

Gerade Linien ziehen

Wenn Sie mit einem Zeichenwerkzeug eine gerade Linie ziehen wollen, so müssen Sie das Werkzeug zusammen mit der UMSCHALT-Taste benutzen. Dies lässt Sie eine Linie von Ihrem Startpunkt zur jeweils aktuellen Cursor-Position ziehen. Das klappt mit allen Zeichenwerkzeugen, z.B. mit Pinsel, Zeichenstift oder dem Airbrush-Werkzeug.

Abbildung 9.3
Die Optionsbox des
Zeichenstifts

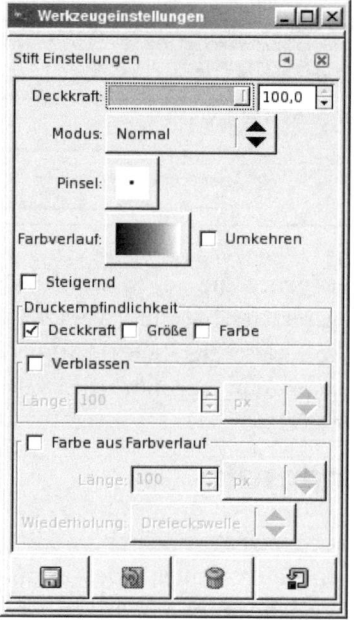

9.3 Der Pinsel

Tastatur: P

Anders als der oben beschriebene Zeichenstift besitzt GIMPs Pinsel sehr wohl eine Antialiasing-Funktion. Mit dem Pinsel lassen sich folglich weiche Übergänge realisieren. Der Pinsel nutzt die Übergänge der zur Verfügung stehenden »weichen« Werkzeugspitzen (das sind in der Auswahlbox alle Spitzen mit dem Wort *fuzzy* im Namen) und verfügt über einige attraktive Optionen, die in der in Abb. 9.4 gezeigten Box zu finden sind. Diese öffnet sich, wenn Sie mit der Maus doppelt auf das Pinselsymbol in der Werkzeugpalette klicken.

Mit der Option VERBLASSEN wird bei Benutzung des Pinsels eine gemalte Linie zum Ende hin immer transparenter und schwächer (ganz

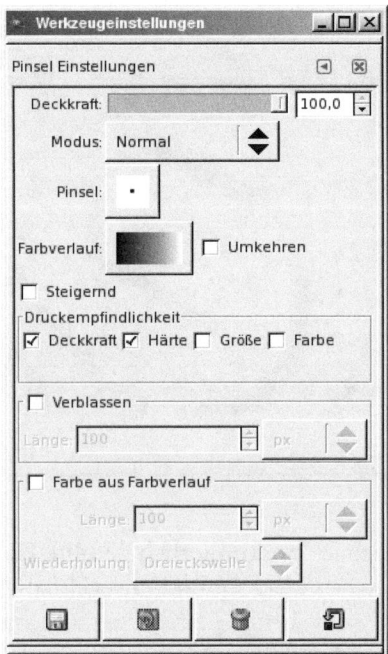

so, als würde Ihnen die Farbe ausgehen). Der Parameter STEIGERND beeinflusst das Verhalten des Werkzeuges, wenn Sie Pinselstriche übereinander malen und in der Werkzeugspitzen-Auswahlbox eine geringe Deckkraft eingestellt ist.

Sobald Sie in der Optionsbox die Schaltfläche FARBE AUS FARBVERLAUF aktiviert haben, können Sie einen der drei möglichen Pinselwiederholungen (KEINE, SÄGEZAHNWELLE und DREIECKSWELLE) auswählen. Abb. 9.5 zeigt das Resultat dieser Verlaufsoption des Pinsel-Werkzeuges, das Ihnen weitere reizvolle Verwendungsmöglichkeiten dieses Werkzeuges erlaubt.

9.4   Das Airbrush-Werkzeug

GIMPs Airbrush arbeitet genauso wie das klassische Sprühwerkzeug. Mit seiner Hilfe füllen Sie Bildbereiche mit feinen, diffusen Strukturen und haben volle Kontrolle über Deckkraft und Übergänge derselben. Im Unterschied zum Zeichenstift und zum Pinsel malen Sie mit dem Airbrush durch mehrfaches Überstreichen. In der in Abb. 9.6 gezeigten Optionsbox des Airbrush-Werkzeuges lassen sich zwei Parameter einstellen: Mit RATE bestimmen Sie die Abfolge, mit der das Werkzeug die Farbe »aufträgt«. Ein niedriger Wert für RATE erzeugt beim langsamen

Tastatur: A

Abbildung 9.5
*Das Pinsel-Werkzeug
lässt sich mit dem
Parameter* Farbverlauf
*auch mit einem Verlauf
kombinieren.*

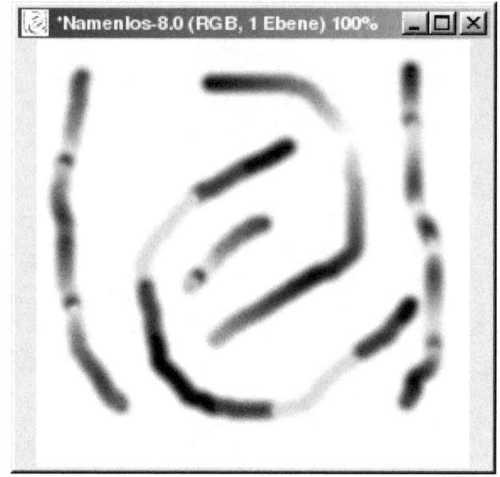

Benutzen des Werkzeuges kontinuierlich gefüllte Flächen, während ein größerer Wert die Farben klecksig und unregelmäßig aufträgt.

Abbildung 9.6
*Die Optionsbox des
Airbrush-Werkzeuges*

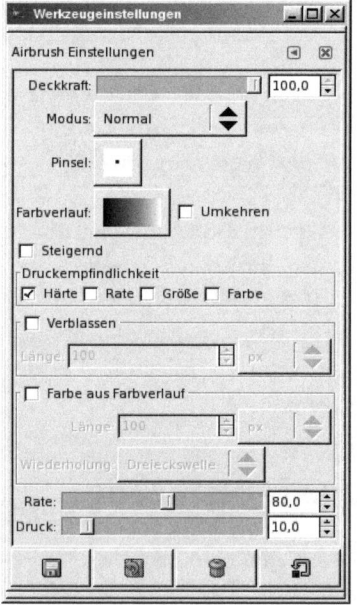

Der Parameter DRUCK bestimmt die Farbdichte dieses Werkzeuges. Ein größerer Wert erzeugt satte Striche, während Sie bei einem kleineren Wert eine Fläche mehrfach überstreichen müssen, um die gleiche Deckkraft zu erhalten.

9.5 Der Tintenfüller

Mit dem Tintenfüller haben die GIMP-Entwickler die Palette der zur
Verfügung stehenden Werkzeuge um ein besonders nützliches Arbeits-
mittel ergänzt, das es Ihnen als Benutzer erlaubt, Aussehen und Form
der verwendeten Zeichenspitze individuell festzulegen, unabhängig von
GIMPs Werkzeugspitzen. Aus diesem Grunde ist auch die in Abb. 9.7
gezeigte Dialogbox dieses Werkzeuges umfassender als die der anderen
Zeichenwerkzeuge.

Tastatur: K

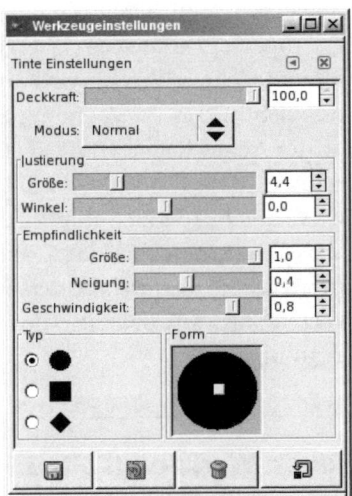

Abbildung 9.7
*Die Optionsbox zum
Tintenfüller, in der sich
Form und
Zeichenverhalten
dieses Werkzeuges
festlegen lassen*

Richten Sie Ihre Aufmerksamkeit zuerst in den unteren Teil dieser
Dialogbox. Dort bestimmen Sie mit dem Parameter TYP als Erstes die
grundsätzliche Form der Zeichenspitze. Hier haben Sie die Auswahl
zwischen einer runden, einer viereckigen sowie einer rautenförmigen
Spitze.

Im rechts daneben liegenden Bereich FORM finden Sie eine Voransicht der Werkzeugspitze sowie zusätzlich einen Anfasser (dies ist das
kleine, graue Viereck). Entfernung vom Mittelpunkt der Voransicht sowie Position dieses Anfassers bestimmen das Aussehen der Werkzeugspitze. Wenn Sie den Anfasser mit gedrückter linker Maustaste zum
Rand des Voransichtsfensters verschieben, verändern Sie die Form der
Werkzeugspitze: Je weiter Sie den Anfasser nach außen verschieben,
desto flacher wird der Kreis, das Rechteck bzw. die Raute, je nachdem, welche der drei Grundformen Sie vorgewählt haben. Die Position
des Anfassers bestimmt die Neigung der abgeflachten Werkzeugspitze.
Ein wesentlicher Grund für die Einführung dieses Werkzeuges war eine
bessere Unterstützung der Funktionen, welche digitale Zeichenbretter,

die so genannten Grafiktabletts, zur Verfügung stellen. Mit den übrigen Parametern der Optionsbox im Bereich Empfindlichkeit GRÖSSE, NEIGUNG und GESCHWINDIGKEIT können Sie diese Funktionen ansteuern und benutzen (s.a. Kap. 33).

9.6   Eigene Werkzeugspitzen anlegen

Zusätzlich zu den zum Umfang der Installation gehörenden Werkzeugspitzen bietet GIMP Ihnen verschiedene Möglichkeiten, eigene Werkzeugspitzen anzulegen. Im unteren Teil der Werkzeugspitzen-Auswahlbox (PINSEL, Abb. 9.1) finden Sie hierzu mehrere Schaltflächen (der jeweilige hier angegebene Befehl wird als Tooltipp angezeigt, wenn Sie mit der Maus einen kurzen Moment auf der jeweiligen Schaltfläche verharren). Mit der Schaltfläche BEARBEITEN können Sie eine bestehende Werkzeugspitze verändern und Ihren Wünschen anpassen. Diese Schaltfläche lässt sich jederzeit ausführen. Allerdings sind die Befehle der nachfolgenden Dialogbox nur dann aktiv, wenn die ausgewählte Werkzeugspitze in Ihrem Benutzerverzeichnis abgespeichert ist oder in ein anderes Verzeichnis, auf das Sie Schreibzugriff haben. Anderenfalls sind diese grau unterlegt.

Anlegen einer neuen Werkzeugspitze

1   Ein Klick auf die Schaltfläche Neu der Werkzeugspitzen-Auswahlbox erzeugt eine neue Spitze, die in der Übersicht auf der linken Seite dieser Box erscheint.

2   Sobald Sie die neu angelegte Werkzeugspitze mit der Maus auswählen, wird die Schaltfläche Bearbeiten aktiv.

3   Ein Klick auf diese Schaltfläche startet den in Abb. 9.8 gezeigten Werkzeugspitzen-Editor.

Mit den in diesem Editor angegebenen Parametern realisieren Sie ohne Probleme Ihre eigenen Werkzeugspitzen. Mit dem Parameter RADIUS bestimmen Sie die Größe der neuen Werkzeugspitze, während der Parameter HÄRTE angibt, wie weich bzw. wie hart die Werkzeugspitze in die Umgebung übergeht, das heißt, ob die Werkzeugspitze einen

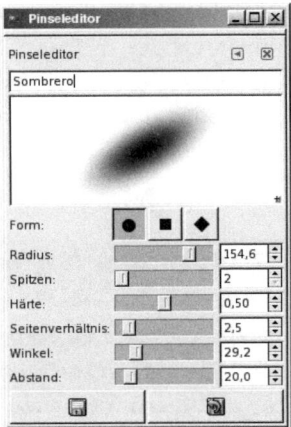

Abbildung 9.8
*Der Werkzeug-
spitzen-Editor hilft
Ihnen bei der
Bearbeitung neuer
Werkzeugspitzen.*

scharf abgegrenzten Rand hat oder einen Übergangsbereich besitzt. Mit
SEITENVERHÄLTNIS legen Sie fest, wie rund bzw. wie abgeflacht die
Werkzeugspitze ist. Je größer der Wert, desto mehr wird die Spitze vom
Kreis über eine Ellipse zu einer flachen Linie. Sofern die von Ihnen de-
finierte Spitze abgeflacht ist, können Sie mit dem Parameter WINKEL
den Neigungswinkel der flachen Spitze bestimmen.

Werkzeugspitzen beliebiger Form Mit dem im vorigen Abschnitt beschriebenen Werkzeugspitzen-Editor lassen sich simple Werkzeugspitzen erzeugen. Zusätzlich kann eine Werkzeugspitze eine beliebige Form
besitzen. Jeder Schriftzug, ein Logo, ein Füllmuster, alles lässt sich als
GIMP-Werkzeugspitze verwenden.

Wenn Sie eine Grafik oder einen Teil davon als GIMP-Werkzeugspitze verwenden möchten, müssen Sie diese lediglich in GIMPs Werk-
zeugspitzenformat in Ihr individuelles GIMP-Werkzeugspitzenverzeich-
nis (gewöhnlich ist dies $HOME/.gimp-2.2/brushes) abspeichern. Wie dies
geht und was Sie beachten müssen, erfahren Sie in Kap. 7.1.1. Noch
schneller geht's, wenn Sie das im folgenden Tipp vorgestellte *Script-Fu*
verwenden.

Auswahl in eine Werkzeugspitze verwandeln

Sie möchten ein Bild oder einen Teil davon direkt in eine Werkzeugspitze verwandeln? Nichts leichter als das, markieren Sie einfach diesen Bereich und wählen Sie das *Script-Fu*-Skript, das GIMP
Ihnen hierzu zur Verfügung stellt und das Sie im Menü SCRIPT-FU
→ SELECTION → TO BRUSH finden.

Besonders nützlich sind individuelle Werkzeugspitzen auch dann, wenn es Dinge gibt, die Sie immer wieder in Ihre Grafiken einbringen, ein Schriftzug, ein Logo, Ihre Unterschrift oder Ähnliches. Wenn Sie sich das mühsame Neu-Anlegen oder das Nachladen ersparen wollen, legen Sie doch einfach eine Werkzeugspitze hiervon an, wie im folgenden Tipp beschrieben.

Copyright oder Unterschrift als Werkzeugspitze anlegen

Sie möchten Ihre Bilder mit einer kleinen Signatur versehen, so wie alle großen Künstler :-) oder diese durch einen Copyright-Vermerk schützen. Ersparen Sie sich die Arbeit, dies immer und immer wieder manuell einzugeben, und legen Sie hierzu eine Werkzeugspitze an: Unterschrift (falls Sie diese nicht digital vorliegen haben, tut es auch Ihr Name, formatiert in der Schrift mistral) oder Copyright-Text markieren und das *Script-Fu*-Skript SCRIPT-FU → SELECTION → TO BRUSH auswählen.

Möglicherweise standen Sie auch schon einmal vor der Situation, ein Bild mit einem ungewöhlichen Rahmen zu versehen? Auch hier helfen Ihnen die GIMP-Werkzeugspitzen, wie der folgende »So geht's«-Vorschlag zeigt. In diesem Tutorial werden Ebenenmasken verwendet. Sollten Ihnen diese Anweisungen zur Erläuterung nicht ausreichen, empfehle ich einen Blick in das Kap. 12.7, in dem diese Masken ausführlich vorgestellt werden.

Unregelmäßige Bildränder

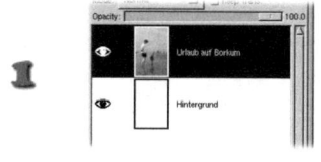

Legen Sie zu einem bestehenden Bild eine weitere Bildebene als Hintergrundebene in Weiß an. Falls sich die eigentliche Bildebene nicht oberhalb des weißen Hintergrundes positionieren lässt, müssen Sie in dieser zuerst einen Alphakanal anlegen (Ebene → Transparenz → Alphakanal hinzufügen).

Unregelmäßige Bildränder, Fortsetzung

Ergänzen Sie Ihr Bild um eine schwarze Hintergrundmaske (Ebene → Maske → Ebenenmaske hinzufügen). Zum Bearbeiten dieser Maske klicken Sie bei gedrückter Alt-Taste auf die Maskenvoransicht in der Ebenen-Dialogbox. Die Maske erscheint dann im Bildfenster und kann bearbeitet werden.

Zeichnen Sie nun in Weiß den Bereich des Bildes, der sichtbar bleiben soll. Zu einem schnellen Ergebnis kommen Sie, wenn Sie den inneren Bereich mit dem Markierungsrechteck markieren und dann mit dem Füll-Werkzeug weiß ausfüllen. Sodann verzieren Sie den Rand der gefüllten Fläche, indem Sie mit einer Werkzeugspitze (besonders gut eignen sich die *Galaxy*- und die *Sand Dunes*-Werkzeugspitzen) den Rand verändern.

Das Ergebnis Ihrer »Randverschönerung« können Sie sich anschauen, indem Sie die Wirkung der Maske im Bild betrachten und bei gedrückter Alt-Taste erneut auf die Maskenvoransicht klicken. Wenn Sie mit dem Ergebnis zufrieden sind, so wenden Sie die Maske auf das Bild an, indem Sie in der Ebenen-Dialogbox Ebene → Maske → Ebenenmaske anwenden anklicken. Perfekt wird das Ganze, wenn Sie mit Ebene → Transparenz → Auswahl aus Alphakanal das ausgerissene Bild markieren und mit Script-Fu → Shadow → Drop-Shadow einen Schatten hinzufügen.

Abb. 9.9 zeigt Ihnen das Ergebnis des obigen »So geht's«. Probieren Sie ruhig mal die ungewöhnlichen Werkzeugspitzen aus, die GIMP Ihnen zur Verfügung stellt, und erzeugen Sie damit besonders augenfällige Bildrahmen.

Vollkommen analog zum obigen Tutorial können Sie eine Maske anstatt mit einer Werkzeugspitze auch direkt mit einem von GIMPs Verzerrungsfiltern bearbeiten. Diese Filter sind genauer in Kap. 21 erklärt. Sie finden diese im Menü FILTER → VERZERREN.

Abb. 9.10 zeigt Ihnen die Ergebnisse, wenn Sie z.B. den beliebten IWARP-, den VERSCHIEBUNG-, den WELLEN- sowie den ZACKEN-Filter wie oben beschrieben anwenden.

Abbildung 9.10
Weitere unregelmäßig geformte Ränder erhalten Sie, wenn Sie, anstatt verschiedene Werkzeugspitzen zu verwenden, die in Kap. 21 beschriebenen Verzerrungsfilter auf die Bildmaske benutzen.

9.7 Das Füll-Werkzeug

Das Füll-Werkzeug, den »Farbeimer«, finden Sie in der Werkzeugpalette zwischen dem Verlaufs-Werkzeug und der Pipette. Wie bei den anderen Elementen der Werkzeugpalette öffnet auch hier ein Doppelklick mit der linken Maustaste bzw. der Befehl DATEI → DIALOGE

Tastatur: Umschalt+B

→ WERKZEUGOPTIONEN in der Menüleiste oder der Befehl DIALOGE → WERKZEUGOPTIONEN im Bildmenü die dazugehörige Dialogbox mit den Werkzeugoptionen.

Mit dem Füll-Werkzeug haben Sie die Möglichkeit, ein Bild oder eine Bildebene als Ganzes mit einer Füllfarbe oder einem Füllmuster zu füllen oder auch nur ausgewählte Teilbereiche hiervon.

Das Werkzeug funktioniert in allen Bildvarianten, die GIMP unterstützt, egal ob es sich hierbei um ein indiziertes Bild, ein RGB- oder ein Graustufenbild handelt.

Um das Füll-Werkzeug in Aktion zu sehen, wählen Sie es in der Werkzeugpalette aus, bewegen den Mauszeiger in eines der geöffneten Bildfenster und klicken mit der linken Maustaste in den zu füllenden Bereich, dies kann die gesamte aktive Bildebene sein oder eine zuvor von Ihnen getroffene Auswahl. Abhängig von der Einstellung in der weiter unten vorgestellten Optionsbox füllt sich diese Fläche dann mit einer Farbe oder einem Füllmuster. Im Farbfüll-Modus verwendet das Füll-Werkzeug die Vordergrund- bzw. Hintergrundfarbe, die im GIMP-Farbauswähler in der Werkzeugpalette eingestellt ist.

Optionen des Füll-Werkzeuges   Die Abb. 9.11 zeigt die Optionsbox des Füll-Werkzeuges. Hier wählen Sie den Füllmodus dieses Werkzeuges. Wie oben bereits erwähnt, lassen sich als »Füllmaterial« einerseits die im Farbauswähler eingestellten Farben verwenden (VG-FARBE bzw. HG-FARBE) oder ein Füllmuster (MUSTER).

GIMP benutzt im zuletzt genannten Modus das jeweils aktive Füllmuster. Wenn Sie sehen möchten, welches dies ist, oder wenn Sie ein anderes Muster auswählen möchten, können Sie sich die zur Verfügung stehenden Muster in einer Auswahlbox aufrufen, deren Gebrauch weiter unten beschrieben wird.

GIMPs Füll-Werkzeug orientiert sich beim Ausfüllen übrigens (ähnlich dem Zauberstab beim Auswählen) an den Farben des zu füllenden Bereiches sowie an den Farben seiner Umgebung. Mit dem Parameter SCHWELLE legen Sie die »Farbempfindlichkeit« des Füll-Werkzeuges fest. Je kleiner dieser Wert ist, desto empfindlicher arbeitet das Werkzeug, und desto kleiner ist auch der ausgefüllte Bereich. In der empfindlichsten Einstellung füllt das Werkzeug damit nur Flächen ein und derselben Farbe.

Wenn Sie einen größeren SCHWELLE-Wert einstellen, darf der Farbunterschied auch größer sein und damit wird auch die Füllfläche größer. Beim Maximalwert von 255 schließlich wird die gesamte zur Verfügung stehende Fläche (d.h. aktive Bildebene bzw. aktive Auswahl) gefüllt.

Der Parameter VEREINIGUNG ÜBERPRÜFEN ist wichtig, wenn Ihre Bilddatei aus mehreren Ebenen besteht. Ist dieser Parameter nicht ak-

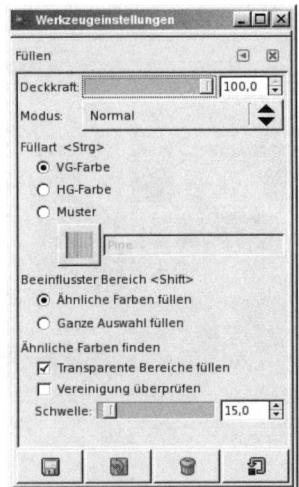

Abbildung 9.11
*Hier legen Sie die
Optionen des
Füll-Werkzeuges fest
und haben Zugriff auf
die vielfältigen
Möglichkeiten dieses
Werkzeuges.*

tiviert, so füllt das Füll-Werkzeug nur die jeweils aktive Ebene, ist er aktiv, so wird der Bereich so gefüllt, als wären alle Ebenen des Bildes zu einer vereint.

Mit Füllmustern arbeiten Wenn Sie das Füll-Werkzeug im Füllmuster-Modus betreiben, steht Ihnen eine große Auswahl an Mustern zur Verfügung. Einen Überblick verschafft die Füllmusterauswahlbox (Abb. 9.12), die Sie im Bildmenü mit DIALOGE → MUSTER aufrufen oder auch direkt aus der Werkzeugpalette durch Klick auf das gerade aktive Füllmuster. Sie wählen in der Auswahlbox ein Muster durch Mausklick aus. In der Kopfzeile der Box erscheint dann der Name des Musters sowie Breite und Höhe der zugrunde liegenden Datei.

Füllmuster speichern Füllmuster werden im PAT-Format gespeichert. Wenn Sie dies tun und DATEI → SPEICHERN UNTER aufrufen, öffnet sich eine Dialogbox (Abb. 9.13), in der Sie einen Namen für die von Ihnen definierte Textur eingeben können. Hierbei handelt es sich übrigens um den Namen, der in der Dialogbox zu den Texturen erscheint.

9.8 Das Retuschier-Werkzeug

Sie haben sich schon des Öfteren über Defekte und Fehler geärgert, die Sie nach einem Scan-Vorgang in Ihren Bilddateien festgestellt haben?

Tastatur: C

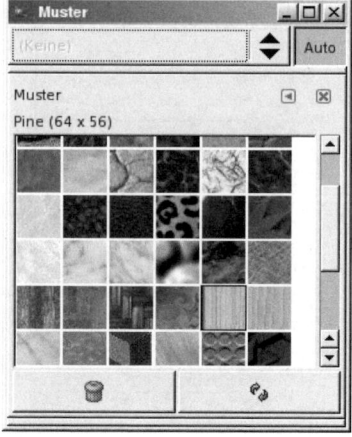

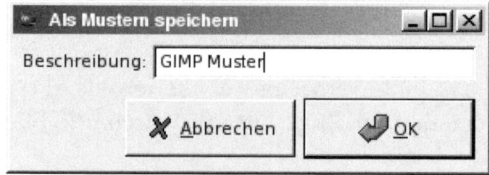

Sie haben auf dem Speicher einige Fotografien aus Ihrer Jugend gefunden, an denen dummerweise der Zahn der Zeit oder der Zahn Ihres Zwergkaninchens genagt hat? Sie möchten einen Schulkameraden, der Ihnen seinerzeit die Liebe Ihres Lebens ausspannte, aus einem Klassenbild entfernen?

Wenn Ihre Antwort auf mindestens eine dieser Fragen *Ja* lautet, werden Sie das GIMP-Retuschier-Werkzeug lieben und schätzen lernen. Mit seiner Hilfe gelingt es, Defekte und Scan-Artefakte aus Bildern zu entfernen sowie die auf Fotografien wiedergegebene Wirklichkeit eigenen Vorstellungen anzupassen. Wollte man solche Arbeiten mit einem der anderen GIMP-Zeichenwerkzeuge durchführen, so wäre dies extrem mühselig. Bei einer Retusche geht es nämlich darum, kleinste Farbabweichungen zu erkennen und diese mühevoll mit dem Zeichenpinsel in das zu retuschierende Gebiet zu übertragen.

Der große Vorteil des GIMP-Retuschier-Werkzeuges ist es, dass Sie einen Bildbereich als Quelle vorgeben können. Dieser wird dann im Zielbereich reproduziert. Hiermit übertragen Sie alle Unregelmäßigkeiten, Farbwechsel usw. in den Zielbereich, sodass der mit dem Retuschier-Werkzeug übermalte Bereich genauso natürlich erscheint, wie der als Quelle vorgewählte Bereich des Bildes.

Damit eignet sich das Retuschier-Werkzeug auch hervorragend, wenn Sie bestimmte Bereiche eines Bildes kopieren möchten – an eine andere Stelle desselben Bildes oder in ein weiteres Bild, welches Sie in einem zweiten Bildfenster geöffnet haben. Darüber hinaus können Sie beliebige Bereiche eines Bildes mit einem Muster füllen.

So funktioniert das Retuschier-Werkzeug Sie finden das Symbol des Retuschier-Werkzeugs, einen Stempel, in der Werkzeugpalette zwischen dem Airbrush-Werkzeug und dem Wisch-Werkzeug. Um mit dem Retuschier-Werkzeug zu arbeiten, müssen Sie mit der linken Maustaste einmal auf dieses Symbol klicken.

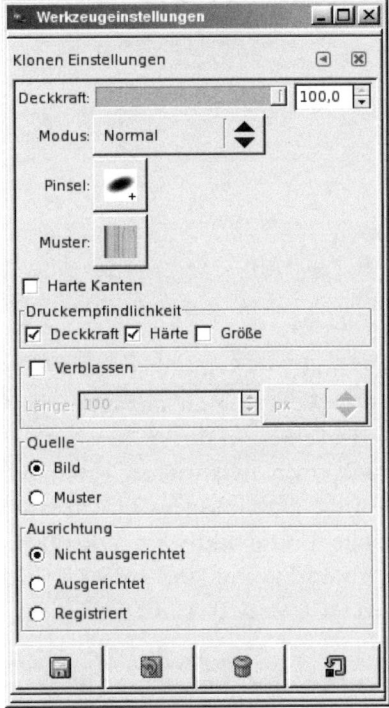

Abbildung 9.14
Diese Optionen bietet das GIMP-Retuschier-Werkzeug.

Möchten Sie nun einen Bereich des Bildes retuschieren, so müssen Sie zunächst den Quellbereich festlegen. Hierzu gehen Sie mit dem Mauszeiger an die gewünschte Quellposition. Hier drücken Sie zuerst die STRG-Taste und wählen dann bei gedrückter Taste durch Klick mit der linken Maustaste den Quellbereich aus. Wenn Sie übrigens die Maustaste einen Moment gedrückt lassen, erkennen Sie an der Position des Mauszeigers ein kleines Kreuz, das Ihnen anzeigt, dass GIMP diese Position als Quellposition gespeichert hat.

Bewegen Sie die Maus in den Bereich des Bildes, den Sie retuschieren möchten, und »überstreichen« diesen mit gedrückter linker

Maustaste. Wie von Zauberhand »übermalt« das GIMP-Retuschier-Werkzeug diesen Bereich mit den Inhalten des Quellbereiches.

Zur Kontrolle zeigt Ihnen GIMP zusätzlich zum Mauszeiger (dieser verwandelt sich bei aktivem Retuschier-Werkzeug in einen Zeichenstift) an der Quellposition ein kleines Kreuz.

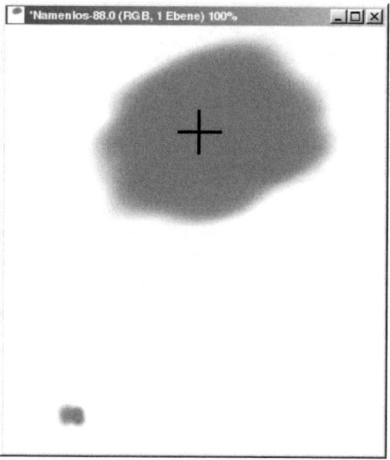

Wie auch bei den anderen Symbolen der Werkzeugpalette fördert ein Doppelklick auf das Werkzeug die dazugehörige Optionsbox zu Tage, die Sie in Abb. 9.14 sehen. In dieser können Sie im Bereich QUELLE festlegen, ob – wie oben beschrieben – ein Bildteil zur Retusche (BILD) oder ob hierzu die aktiv ausgewählte Textur verwendet werden soll (MUSTER). Welche Textur aktiv ist, erkennen Sie in der Textur-Auswahlbox. Diese rufen Sie auf, indem Sie in der Befehlsleiste den Befehl DATEI → DIALOGE → MUSTER auswählen.

Wiederholtes Anwenden des Retuschier-Werkzeuges Der untere Bereich AUSRICHTUNG hat Einfluss auf das Verhalten des Retuschier-Werkzeuges bei aufeinander folgenden Retuschieraktionen (d.h. Stoppen einer Aktion durch Loslassen der Maustaste und erneutes Ausführen durch Klick mit der linken Maustaste).

Die Ausrichtung-Option des Retuschier-Werkzeugs

1
Ist die Ausrichtung-Option *gesetzt* (Ausgerichtet), so wird der Start-punkt eines einmal festgelegten Quellbereiches absolut gesetzt. Dies bedeutet, dass ein wiederholter Neu-Ansatz des Werkzeuges sich am einmal bestimmten Startpunkt orientiert und sich hiermit der Bereich eines Bildes auch bei mehrfachem Absetzen des Werk-zeuges identisch kopieren lässt.

2
Anders hingegen, wenn die Option Ausrichtung *nicht gesetzt* (Nicht ausgerichtet) ist. Hier verwendet das Retuschier-Werkzeug bei ei-nem erneuten Ansatz als Startpunkt stets den Endpunkt der zuvor durchgeführten Aktion. Mit diesem Modus lassen sich Bereiche ei-nes Bildes schnell und unkompliziert mehrfach duplizieren.

3
Ist die Option Ausrichtung auf den Wert Registriert gesetzt, so ist sowohl die Quell- als auch die Zielkoordinate fixiert. Besonders nützlich ist diese Option, wenn das Retuschier-Werkzeug zwischen zwei verschiedenen Ebenen verwendet wird.

Abb. 9.16 erläutert an einem Beispiel, welches Verhalten das Retuschier-Werkzeug zeigt, sowohl bei aktiver als auch bei inaktiver AUSRICHTUNG-Option.

Abbildung 9.16
Die Wirkung der
Ausrichtung-*Option*
des GIMP-Retuschier-
Werkzeuges

Das einsame Paar am Strand von Borkum...

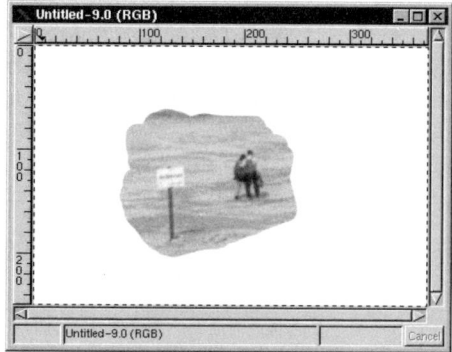

...lässt sich bei gesetzter
AUSRICHTUNG-Option exakt kopieren,

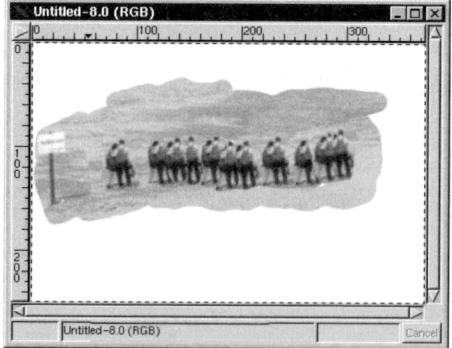

...wohingegen die deaktivierte
AUSRICHTUNG-Option eine mehrfache
Kopie erlaubt und damit einen
»Volksauflauf« ermöglicht.

Bildelemente wegretuschieren

Hier sehen Sie den Schwimmer, den wir aus der Fotografie mithilfe des GIMP-Retuschier-Werkzeuges entfernen möchten. Das Retuschier-Werkzeug verwendet die aktuell eingestellte Zeichenspitze. Um optimale und weiche Übergänge zu erhalten, wählen Sie am besten eine Spitze mit weichem Rand aus (das sind die mit einem Fuzzy im Namen).

Ein optimales Ergebnis erhalten Sie, wenn Sie das Objekt von verschiedenen Seiten her wegretuschieren. Das heißt, Sie »laden« das Retuschier-Werkzeug durch Betätigen der Strg-Taste mit Bildinformation jeweils links, rechts sowie oberhalb und unterhalb des Objektes, das Sie wegretuschieren wollen. Mit dieser Ladung überstreichen Sie die zu ersetzende(n) Fläche(n).

Nach vielen Pinselstrichen schließlich ist es geschafft, die »unerwünschte« Person ist aus dem Foto entfernt.

Wie hervorragend sich das Retuschier-Werkzeug für eine Veränderung von Bildern ganz nach Ihren Wünschen eignet, zeigt das vorangegangene »So geht's«-Tutorial, in dem ein unerwünschtes Bildelement, in diesem Fall eine Person, durch viele wiederholte Anwendungen des Werkzeuges aus dem Bild gelöscht wird. Wenn Sie eine solche Korrektur vornehmen wollen, empfiehlt es sich, viele kleine Korrekturaktionen auszuführen. Um einen glaubwürdigen Übergang zu erreichen, sollten Sie die Quellbereiche des Retuschier-Werkzeuges möglichst nahe am zu korrigierenden Bereich auswählen. Im Falle des zu löschenden Schwimmers im Tutorial wechseln einige Dutzend Korrekturstriche des Werkzeuges sich ab mit ebenso vielen Quell-Strichen, wobei ich je nach auszulöschender Position die Quelle rechts oder links bzw. oberhalb und unterhalb des Schwimmers ausgewählt habe.

9.9 Der Weichzeichner

Wenn Sie ein Bild weichzeichnen wollen, können Sie einen der in Kap. 20 vorgestellten Weichzeichnungsfilter verwenden (z.B. einen der Gauss'schen Weichzeichner wie FILTER → WEICHZEICHNEN → GAUSSSCHER WEICHZEICHNER (IIR)). Selbstverständlich können Sie diese Filter auch auf einen kleineren Bildbereich, den Sie zuvor ausgewählt haben, anwenden. Wollen Sie hingegen den Weichzeichnungsvorgang mehr kontrollieren und interaktiv nutzen oder haben Sie nur wenige kleine Retuschen zu machen, so können Sie das Weichzeichnungswerkzeug von GIMP verwenden.

Tastatur: V

GIMPs Weichzeichner verwendet die aktuelle Werkzeugspitze und verschmiert die Bildpunkte einer Region in der Größe dieser Spitze. Für grobe Retuschier-Aktionen wählen Sie folglich eine große Werkzeugspitze, während Sie für minimale Korrekturen mit einer kleineren Spitze besser bedient sind.

Abbildung 9.17
Die Optionsbox des
Weichzeichners. Hier
legen Sie fest, ob Sie
mit diesem Werkzeug
weichzeichnen oder
scharfzeichnen wollen.

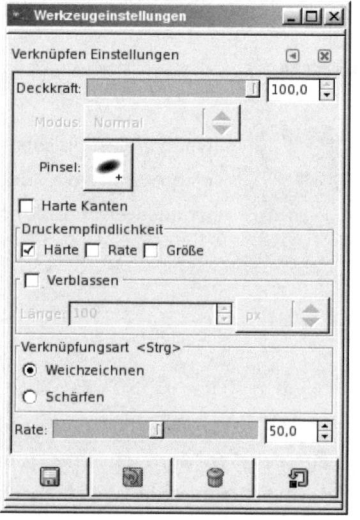

In der Optionsbox des Weichzeichners (Abb. 9.17) haben Sie mit dem Parameter RATE die Möglichkeit, den Effekt dieses Werkzeuges zu verstärken, indem Sie diesen Wert erhöhen. Das Werkzeug besitzt zwei Modi der Benutzung, neben seiner Funktion zum Weichzeichnen (WEICHZEICHNEN) ist hiermit auch der gegenteilige Vorgang möglich: das Schärfen eines Bildbereiches (SCHÄRFEN). Wenn Sie einen bestimmten Bildbereich schärfer darstellen wollen, sind Sie allerdings mit dem entsprechenden Filter, den Sie in FILTER → VERBESSERN → SCHÄRFEN (siehe Kap. 27) finden, besser bedient.

9.10 Das Verlaufs-Werkzeug

Das GIMP-Verlaufs-Werkzeug gestattet es Ihnen, ein Bild bzw. den ausgewählten Bereich eines Bildes mit einem Farbverlauf zu füllen. In einem solchen Verlauf geht eine bestimmte Farbe in eine andere über. GIMPs Verlaufs-Werkzeug arbeitet dabei so, dass dieser Übergang nach und nach geschieht, d.h., die zwischen der Start- und der Endfarbe liegenden Farben werden so abgestimmt, dass der Übergang kontinuierlich und weich gezeichnet wird.

Tastatur: L

Abbildung 9.18
Lineare Verläufe unterschiedlicher Länge. Je länger bei gedrückter linker Maustaste mit dem Verlaufs-Werkzeug gezogen wird, desto weicher wird der Farbverlauf.

Verläufe in einem Bild füllen Wie benutzt man das Verlaufs-Werkzeug? Hierzu wählt man lediglich das ensprechende Symbol in der Werkzeugpalette aus. Im Bildfenster setzt man den Mauszeiger an den gewünschten Startpunkt des Verlaufes, drückt die linke Maustaste und zieht die Maus bei gedrückter Taste in die Richtung, in die GIMP den Verlauf zeichnen soll, und lässt am gewünschten Endpunkt die

Maustaste los. Hierbei gilt, je kürzer die Distanz zwischen Anfangspunkt und Endpunkt (an der Sie die Maustaste loslassen) ist, desto
schärfer wird der Farbverlauf, je länger diese Distanz ist, desto weicher
wird der Übergang (Abb. 9.18).

Abbildung 9.19
*Lineare Verläufe in
unterschiedliche
Richtungen*

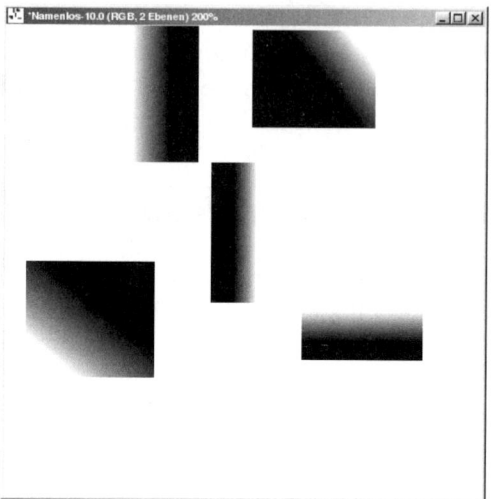

Bei aktiviertem Verlaufs-Werkzeug verwandelt der Mauszeiger sich
im Bildfenster in ein Kreuz. Die Länge des bei gedrückter linker
Maustaste von Ihnen festgelegten Verlaufes zeigt GIMP als Linie an.
Dem Verlauf können Sie im Bildfenster beliebige Richtungen geben.
Abb. 9.19 zeigt lineare Verläufe, welche horizontal, vertikal oder auch
diagonal angelegt wurden.

Abbildung 9.20
*Die Optionsbox des
Verlaufs-Werkzeuges*

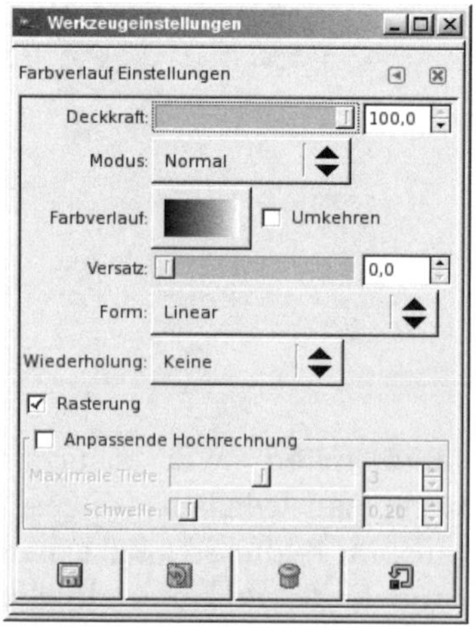

Wie bei allen Symbolen der Werkzeugpalette öffnet ein Doppelklick auf das Verlaufssymbol eine Optionsbox zum Verlaufs-Werkzeug (Abb. 9.20) bzw. aktualisiert diese, sofern die Optionsbox geöffnet ist. In dieser lässt sich die Transparenz eines Verlaufes festlegen: Je geringer der eingestellte DECKKRAFT-Wert ist, desto transparenter wird der Verlauf.

Mit der Option VERSATZ können Sie festlegen, wie kontinuierlich oder wie abrupt ein Farbübergang verläuft. Der eingestellte VERSATZ-Wert bestimmt, an welchem Punkt genau der Übergang zwischen der eingestellten Vordergrund- und der Hintergrundfarbe stattfindet. VER-SATZ funktioniert nicht bei der Verlaufsart FORMANGEPASST (s.u.), aber bei allen anderen Verlaufsarten. Wählen Sie beispielsweise einen bi-linearen Verlauf, so werden Sie bei einem großen VERSATZ-Wert (z.B. 80) feststellen, dass an den Rändern eines Verlaufes ein nahezu stufenloser Übergang zur Hintergrundfarbe erfolgt, während dieser bei niedrigem Wert (z.B. 5) kontinuierlich übergeht.

Im Feld MODUS lässt sich einer der GIMP-Zeichenmodi auswählen, die in Kap. 12.5 ausführlicher erläutert werden. Alle dort beschriebenen Modi lassen sich mit dem Verlaufs-Werkzeug anwenden. Zusätzlich können Sie, wie beim Füll-Werkzeug, den Modus HINTER benutzen. In FARBVERLAUF legen Sie die Art des Farbverlaufes fest. Hier können Sie zwischen den folgenden Möglichkeiten auswählen:

❏ VG NACH HG (RGB) ist ein Verlauf zwischen der in der GIMP-Farbauswahl eingestellten Vordergrundfarbe (VG) und der Hintergrundfarbe (HG).

❏ VG NACH HG (HSV), dies bezieht sich auf das (auf einem Farbkreis basierende) HSV-Modell (siehe Kap. 13.1). Wenn Sie in der Farbauswahl zwei verschiedene Farben, z. B. Rot (#FF0000) und Blau (#0000FF) ausgewählt haben, wird bei dieser Verlaufsoption der Verlauf entlang des HSV-Farbkreises gehen, d.h. Sie erhalten einen Farbübergang *Rot-Gelb-Grün-Blau*.

❏ VG NACH TRANSPARENT verwendet lediglich eine Farbe und variiert im Verlauf deren Alpha-Wert (der die Transparenz eines Bildpunktes festlegt). Darüber hinaus lassen sich alle in GIMP verfügbaren Farbverläufe auswählen. Dies sind solche, die zum Installationsumfang gehören oder auch die selbst definierten, die Sie mithilfe des Editors, der in Kap. 9.12 beschrieben wird, erstellt haben.

Wenn Sie GIMP installieren, werden eine ganze Reihe interessanter und farbenreicher Verläufe in das GIMP-share-Verzeichnis kopiert, die Sie bequem über die Verlaufs-Dialogbox FARBVERLÄUFE anschauen und auswählen können.

Sie erreichen diese, indem Sie in der Befehlsleiste den Befehl DATEI → DIALOGE → FARBVERLÄUFE aufrufen oder im Bildmenü den Befehl DIALOGE → FARBVERLÄUFE. Die Dialogbox zeigt Ihnen Abb. 9.21, sie beinhaltet eine Übersicht mit zwei Informationen: Sie sehen in der Liste kleine Vorschau-Grafiken der bereits definierten Verläufe und daneben deren Bezeichnung.

Den jeweils aktive Verlauf erkennen Sie daran, dass die entsprechende Zeile angewählt, das heißt dunkelblau unterlegt ist. Ein anderer Verlauf lässt sich ganz einfach auswählen, indem Sie diesen in dieser Dialogbox mit einem Klick mit der linken Maustaste markieren.

Versuchen Sie z.B. die Verläufe RADIAL_EYEBALL_BLUE oder RADIAL_EYEBALL_GREEN und wählen als Verlaufsform KREISFÖRMIG – und schon erhalten Sie farbenfrohe Augäpfel, mit denen sich wunderbar jedes vulkanische Kochbuch illustrieren lässt ;-)

Abbildung 9.21
Diese Dialogbox
verschafft einen
Überblick sowohl über
die zum
Installationsumfang
von GIMP gehörenden
Verläufe als auch
solche, die man als
Benutzer selbst
angelegt hat.

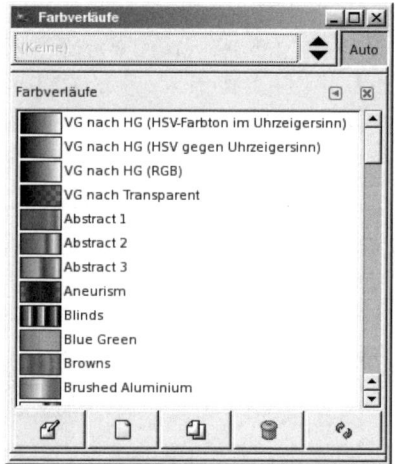

Wenn Sie GIMP starten, ist als Standard-Verlauf übrigens `German_flag_smooth` eingestellt. Wählen Sie während Ihrer Arbeit mit dem Verlaufs-Werkzeug einen anderen Verlauf aus, so wird dieser zusammen mit den Daten Ihrer GIMP-Sitzung abgespeichert und steht beim nächsten Aufruf des Programms zur Verfügung.

9.11   Verlaufsformen in GIMP

Die unterschiedlichen Verlaufsformen legen Sie im Feld FARBVERLAUF fest. GIMP bietet Ihnen insgesamt neun Verlaufsformen an, die Sie in

Abb. 9.22 und Abb. 9.24 sehen. Der Pfeil in dieser Abbildung gibt übrigens sowohl die Richtung an, in der die Maus gezogen wurde, als auch
die Zieh-Länge. Beides zeigt Ihnen, wie die unterschiedlichen Formen
des Verlaufs-Werkzeuges arbeiten. Im Einzelnen finden Sie die Formen:

❏ LINEAR, ein einfacher Verlauf von einer Farbe in die andere (bzw.
   von einer Farbe in die nächste, sofern der Verlauf aus verschiedenen Farben besteht), mit »einseitigem« Übergang (im Unterschied
   zum BI-LINEAREN Verlauf.

❏ BI-LINEAR, auch ein linearer Verlauf, der aber einen Übergang zu
   beiden Seiten (d.h. zum Anfangs- und Endpunkt) besitzt.

❏ RADIAL erzeugt einen kreisförmigen Verlauf.

❏ QUADRATISCH füllt das Bild mit einem quadratischen Übergang.

❏ KONISCH (SYMMETRISCH) und KONISCH (ASYMMETRISCH)
   zeichnen einen Verlauf, der dem Betrachter den Eindruck eines
   dreidimensionalen Kegels gibt, der von oben betrachtet wird.

❏ Im Unterschied zu den zuvor genannten Verlaufsformen sind
   alle drei FORMANGEPASST-Formen nicht abhängig von Länge, Position oder Ausrichtung der Mausbewegung. Mit allen drei gelingt es Ihnen, dem gefüllten Bereich ein vorste-
   hendes, erhabenes räumliches Aussehen zu geben. Experimentieren Sie mit den verschiedenen Formen! FORMANGEPASST
   (SPHÄRISCH) ergibt ein flacheres Profil als die beiden anderen Verläufe (FORMANGEPASST(WINKLIG) und FORMANGE-
   PASST(DIMPLED)).

❏ Mit SPIRALE (RECHTSDREHEND) bzw. SPIRALE (LINKSDRE-
   HEND) schließlich legen Sie einen spiralförmigen Verlauf fest, einmal im Uhrzeigersinn und einmal entgegen diesem.

Selbstverständlich lassen sich Verläufe nicht nur auf ein Bild oder eine
Bildebene als Ganzes anwenden, sondern funktionieren genau so auf
einem ausgewählten Bereich. In Abb. 9.23 sehen Sie einige Verläufe des
GIMP-Verlaufs-Werkzeuges auf ein Objekt, in diesem Beispiel der in
den Abb. 9.22 und 9.24 verwendete Pfeil. Besonders pfiffige Effekte
erzielt man, wenn man Verläufe auf Texte anwendet, wie in Abb. 9.26.

Professionelle Effekte erreicht man auch, wenn man Verläufe mit
Bildmasken kombiniert, wie dies genauer in Kap. 12.7 beschrieben ist.
Das geschickte Anwenden eines Verlaufes auf eine Maske, wie dies z.B.
in Abb. 9.27 gezeigt ist, gestattet es Ihnen, Bilder kontinuierlich zum
Rand hin auszublenden – ein Effekt, den man häufig benutzt, wenn
man mehrere Bilder zu einer Collage zusammensetzt.

Abbildung 9.22
Die unterschiedlichen
Verläufe, die sich mit
dem GIMP-Verlaufs-
werkzeug realisieren
lassen (der Pfeil gibt
jeweils die Richtung
an, in die der Verlauf
angewendet wird)

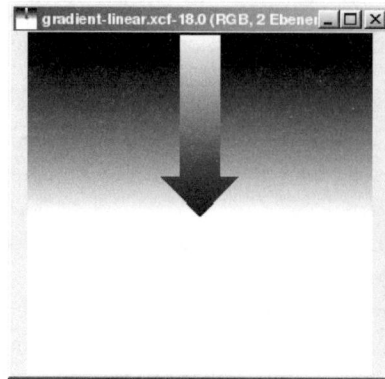

Linear

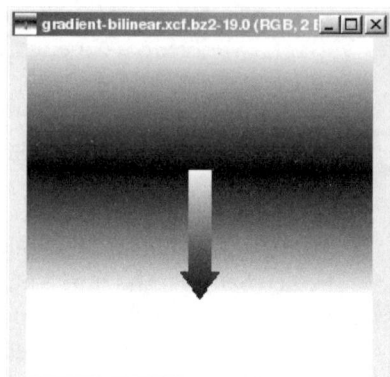

Bi-Linear

Radial

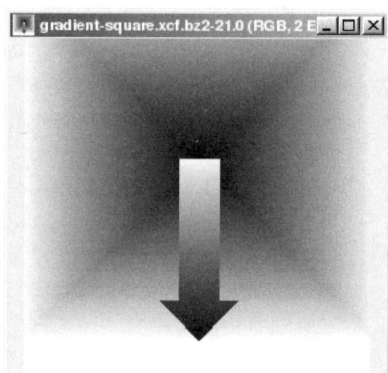

Square

Abbildung 9.23
Verläufe lassen sich auf
beliebige Auswahlen,
d.h. auch auf beliebige
Objekte, anwenden.

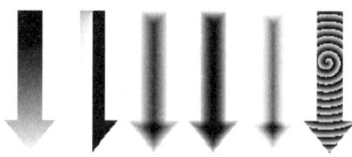

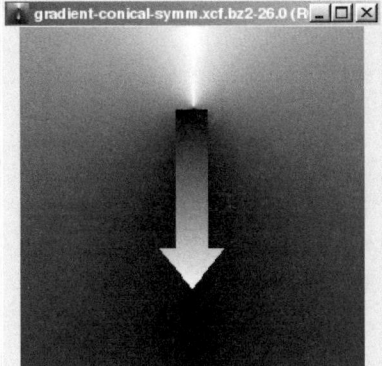

Konisch-Symmetrisch

Konisch-Asymmetrisch

Abbildung 9.24
Die unterschiedlichen
Verläufe, die sich mit
dem GIMP-Verlaufs-
werkzeug realisieren
lassen (der Pfeil gibt
jeweils die Richtung
an, in die der Verlauf
angewendet wird)

Shapeburst-Angular

Shapeburst-Spherical

Shapeburst-Dimple

Spiral-Clockwise

Abbildung 9.25
Die unterschiedlichen
Verläufe, die sich mit
dem GIMP-Verlaufs-
werkzeug realisieren
lassen (der Pfeil gibt
jeweils die Richtung
an, in die der Verlauf
angewendet wird)

Bildmaske mit radialem Verlauf   Maskierte Bilddatei

9.12 Verläufe selbst festlegen

Wie oben schon erwähnt, öffnen Sie den Verlaufseditor, indem Sie in der Dialogbox FARBVERLÄUFE das Symbol BEARBEITEN betätigen. Dies startet das Hauptfenster des Editors, das Sie in Abb. 9.28 sehen.

Im oberen Teil des Editors finden Sie im Bereich FARBVERLÄUFE eine Auflistung der bereits vorhandenen Verläufe, aus der Sie, wie bereits in der Verlaufs-Dialogbox, mittels Doppelklick mit der linken Maustaste auswählen können. Wenn Sie dies tun, wird der ausgewählte Verlauf in einem separatem Fenster in einer Großansicht dargestellt.

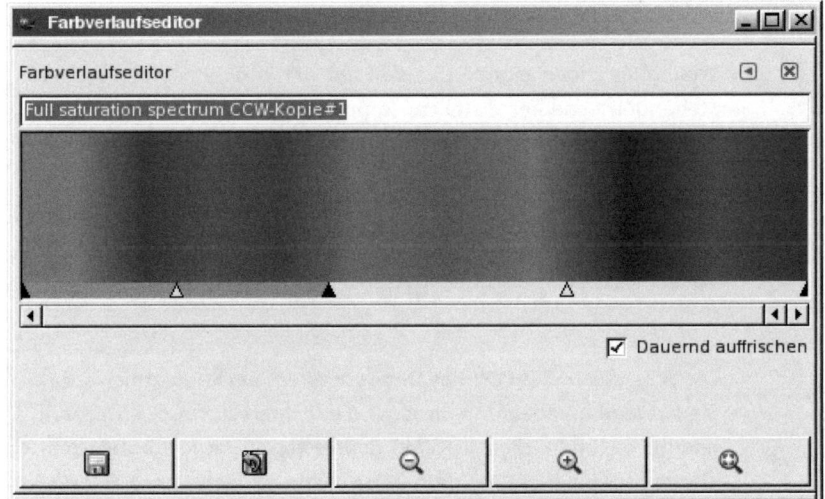

Abbildung 9.28
Das Hauptfenster des Verlaufseditors

Bevor die Darstellungs- und Editiermöglichkeiten eines Verlaufes bzw. seiner Teile, der so genannten Verlaufssegmente, vorgestellt werden, werfen wir einen kurzen Blick auf die Schaltflächen im unteren Bereich des Editors: Diese gestatten es einen neuen Verlauf anzulegen bzw. einen bestehenden an die eigenen Bedürfnisse anzupassen. Mit den vier Schaltflächen BEARBEITEN, NEU, DUPLIZIEREN sowie LÖSCHEN haben Sie die im Übersichtsfenster angezeigten Verläufe im Griff.

Verläufe anlegen

1 Mit Neu legen Sie einen neuen Verlauf an. Sobald Sie auf diese Schaltfläche gedrückt haben, öffnet sich eine kleine Dialogbox, in der Sie den Namen des neu anzulegenden Verlaufes festlegen können. GIMP startet hier mit einem linearen Verlauf von Schwarz nach Weiß, den Sie beliebig wie weiter unten beschrieben anpassen können.

2 Wollen Sie einen eigenen Verlauf auf der Basis eines bereits bestehenden Verlaufes erstellen, so müssen Sie hierzu lediglich den gewünschten Verlauf auswählen und den Befehl Duplizieren betätigen. Hierauf öffnet GIMP eine Box, in der Sie einen Namen für Ihre Kopie des Verlaufes vorgeben können, wobei das Programm Ihnen standardmäßig Verlaufsname copy anbietet. Auch dieser kopierte Verlauf lässt sich beliebig anpassen.

3 Die Schaltfläche Als POV-Ray Datei speichern (im Kontextmenü, das Sie auf jedem Verlauf mit Klick auf die rechte Maustaste erreichen) erlaubt es Ihnen, die mit GIMP definierten Verläufe so abzuspeichern, dass Sie diese mit dem freien Werkzeug *Persistence of Vision* weiterverarbeiten können.

Mit SPEICHERN speichern Sie zuvor festgelegte Änderungen, der Doppelklick auf einen Verlauf lässt Sie jeden Verlauf umbenennen und mit AUFFRISCHEN aktualisieren Sie die Verlaufsansicht.

Verlaufsnavigation Die gesamte Anpassung und Bearbeitung eines Verlaufes erfolgt in der unteren Ansicht des Editors. Für den gesamten Verlauf führt GIMP eine horizontale Koordinate, die an der ganz linken Seite den Wert 0 hat und an deren Ende auf der rechten Seite den Wert 1. Der Verlaufseditor besitzt übrigens auch eine Statuszeile, die immer dann aktiv ist, wenn Sie sich mit dem Mauszeiger in diesem unteren Teil des Editors befinden. Hier können Sie dann die Koordinate der aktuellen Cursorposition und darüber hinaus den Farbwert der eingestellten Farbe an dieser Position (sowohl als RGB- als auch als HSV-Wert) sowie die Transparenz (DECKKRAFT) ablesen.

Ein Verlauf kann sehr einfach aufgebaut sein, d.h. aus lediglich einer Start- und einer Endfarbe oder aber auch aus vielen verschiedenen Einzelverläufen bestehen. Damit Sie den Überblick nicht verlieren und diese Einzelverläufe bearbeitbar bleiben, setzt sich jeder Verlauf in GIMP aus einem oder mehreren Verlaufs-**Segmenten** zusammen.

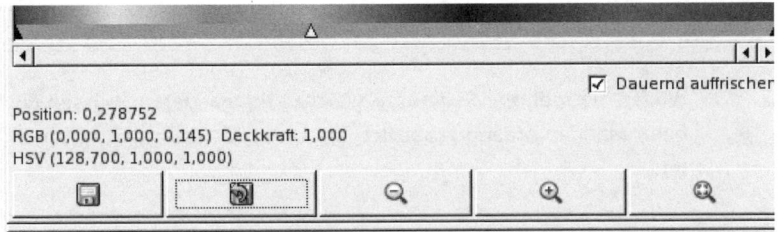

Abbildung 9.29
Der Verlaufseditor informiert in seiner Fußleiste genau über die jeweilige Position des Mauszeigers im Verlauf.

Um die Arbeit mit einzelnen Verlaufssegmenten zu erleichtern, bietet GIMP eine schmale Segment-Navigationsleiste. Diese befindet sich unterhalb der Segmentansicht und oberhalb der Statusleiste des Verlaufseditors. Wie auch der gesamte Verlauf besitzt jedes Verlaufssegment einen Start- und einen Endpunkt sowie – anders als dieser – einen zusätzlichen Segment-Mittelpunkt. Alle drei, Start-, Mittel- und Endpunkt eines Segmentes, sind in der gerade genannten Segment-Navigation erkennbar: Start- und Endpunkt eines jeden Segmentes durch kleine *schwarze* Dreiecke und der Mittelpunkt durch ein kleines *weißes* Dreieck.

Bei einem Verlauf, der sich aus vielen verschiedenen Einzel-Verläufen zusammensetzt, kann man vor lauter eng aneinander liegenden Dreiecken schnell die Übersicht verlieren. Damit dies nicht passiert, sollten Sie die Zoom-Funktion des Verlaufseditors nutzen. Mit deren Hilfe können Sie sich einen Verlauf bzw. seine Segmente in mehreren Vergrößerungsstufen anschauen. Hierzu müssen Sie lediglich auf die Schaltfläche HINEINZOOMEN drücken. Eine verkleinerte Ansicht erhalten Sie durch Betätigen der HERAUSZOOMEN-Schaltfläche, während ALLES ANZEIGEN Sie immer wieder zurück zur Gesamt-Ansicht des Verlaufes bringt.

Segmente verschieben Wie nutzen Sie die oben genannte Segment-Navigation und deren Positionsdreiecke? Als Erstes können Sie ein Segment oder eines seiner Punkte innerhalb eines Verlaufes verschieben, ein Segment vergrößern oder verkleinern. Um diese Operationen durchführen zu können, müssen Sie zuerst ein oder mehrere Segmente markieren.

Segmente markieren

1 Ein einzelnes Segment markieren Sie ganz einfach, indem Sie auf dieses Segment in der Segment-Navigationsleiste klicken.

2 Wollen Sie mehrere Segmente gleichzeitig markieren, müssen Sie beim Markiervorgang zusätzlich die Umschalt-Taste gedrückt halten.

3 Ein oder mehrere markierte Segmente sind in der Segment-Navigation grau unterlegt. Sie verkleinern eine Segment-Auswahl übrigens, indem Sie auf das Nachbarsegment klicken, das neben dem Segment liegt, das Sie aus der Auswahl nehmen möchten.

Markierte Segmente lassen sich nun innerhalb eines Verlaufes so verschieben, dass sich bei den benachbarten Segementen lediglich der Endpunkt (bei Verschiebung in Richtung des Verlaufs-Startpunktes) bzw. der Anfangspunkt (bei Verschiebung in Richtung des Verlaufs-Endpunktes) verschiebt. Eine solche Verschiebung erreichen Sie, wenn Sie markierte Segmente lediglich bei gedrückter linker Maustaste verschieben.

Wollen Sie zusätzlich eine Stauchung der benachbarten Segmente erreichen (d.h., auch der Mittelpunkt des Nachbarsegmentes verschiebt sich), so müssen Sie zusätzlich die UMSCHALT-Taste bei dieser Verschiebe-Aktion drücken (MOVE AND COMPRESS).

Die oben genannten Verschiebe-Operationen beziehen sich nur auf ein Segment als Ganzes. Selbstverständlich können Sie auch die Punkte eines Segmentes verschieben. Hierzu müssen Sie das zum entsprechenden Punkt gehörende Dreieck anfassen (d.h., mit dem Mauszeiger an die Position des Dreiecks fahren und sodann dieses bei gedrückter linker Maustaste verschieben). Mit diesem Vorgang lassen sich sowohl Start-, Mittel- als auch Endpunkt eines Verlaufssegments verschieben.

Verlaufsbearbeitung Wenn Sie nun innerhalb eines Verlaufes oder eines Verlaufssegments Farben verändern wollen, müssen Sie hierzu in der Verlaufsansicht oder auch in der Segment-Navigation auf die rechte Maustaste klicken. Das Auswahlmenü, das sich dann öffnet, zeigt die Abb. 9.30. Diese Box ist zur besseren Übersicht in mehrere Bereiche unterteilt. Als Erstes finden Sie dort zwei identische Bereiche, mit deren Hilfe Sie die Farbe des Startpunktes bzw. des Endpunktes verändern können. Im darunter liegenden Bereich können Sie auswählen, welche Funktion GIMP für den Verlauf des markierten Segmentes verwenden soll, sowie das zugehörige Farbmodell. Im unteren Teil dieses Menüs schließlich finden Sie weitere Funktionen zur Bearbeitung und Verwaltung von Verlaufssegmenten.

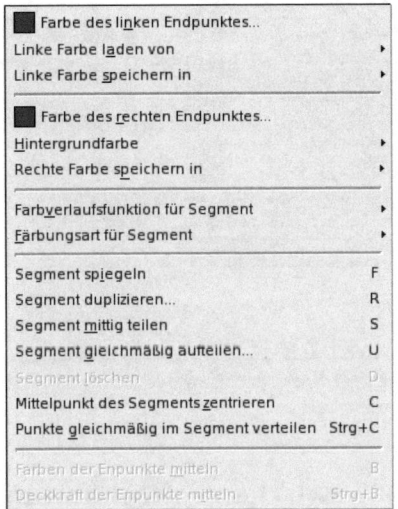

Abbildung 9.30
Dieses Fenster des Verlaufseditors öffnet sich, wenn man im Bereich der Farbverläufe auf die rechte Maustaste drückt.

Eine gänzlich individuelle Auswahl der Farbe eines Start- oder Endpunktes ermöglicht der Farbauswahldialog (Abb. 9.30), der sich öffnet, wenn Sie im Menü lediglich auf das Feld FARBE DES LINKEN ENDPUNKTES gehen (bzw. FARBE DES RECHTEN ENDPUNKTES für die Farbe eines Segment-Endpunktes). Hier haben Sie die Möglichkeit, die Farbe im Kreis durch Mausklick oder aber mittels Schieber oder Eingabefelder auf der rechten Seite dieser Dialogbox auszuwählen, sowohl nach dem HSV-Modell als auch nach dem RGB-Modell.

Betrachten wir zuerst den oberen Bereich dieses Auswahlmenüs, mit dessen Hilfe man für ein Segment die Farbe des Start-Punktes festlegen kann. Haben Sie eines oder mehrere Segmente markiert, so sehen Sie in diesem Teil des Menüs die Startfarbe des Segmentes (LINKEN ENDPUNKT) bzw., bei mehreren markierten Segmenten, die Startfarbe des Segmentes auf der ganz linken Seite. Möchten Sie nun die Farbe ändern, so müssen Sie auf …LADEN VON gehen, worauf sich ein Auswahlmenü öffnet, das Sie in Abb. 9.32 sehen.

Die dort angebotenen Optionen zur Festlegung der Farbe kommen dem üblichen Gebrauch entgegen.

Abbildung 9.31
Die Farbe für den End-
und Startpunkt eines
Segmentes lässt sich
individuell mit den
GIMP-Farbwählern
auswählen.

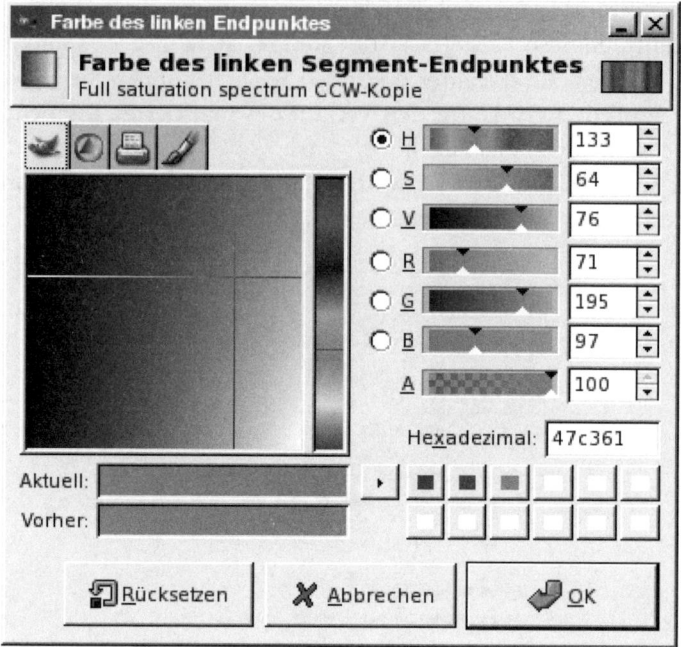

Farbübergang zwischen Nachbarsegmenten festlegen

1 Fließenden Farbübergang: Wählen Sie Rechtem Endpunkt des linken Nachbars. Hier wird die Farbe des rechten Endpunktes des *linken* Nachbarsegmentes verwendet. Dadurch hat der Endpunkt des links gelegenen Segmentes die gleiche Farbe wie der Startpunkt des Nachbarsegmentes.

2 Symmetrischer Farbabschluss zu beiden Seiten: Wählen Sie Rechter Endpunkt. Dann verwendet GIMP die gleiche Farbe für jeweils den Anfang und das Ende des Segmentes.

3 Die Auswahl Vordergrundfarbe gestattet Ihnen den Zugriff auf die Farbauswahl in der GIMP-Werkzeugpalette. Dies ist nützlich, wenn Sie mithilfe des Farbwählers aus einem Bild eine Farbe aufgenommen haben und diese in einem Verlauf verwenden wollen.

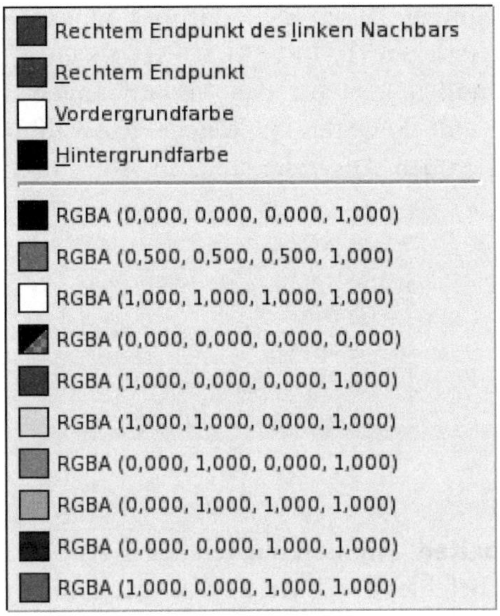

Abbildung 9.32
Diese Farben werden zur Aufnahme angeboten, wenn man sowohl den linken Rand als auch den rechten Rand eines Verlaufssegmentes neu einfärben möchte.

Verlauf individuell zusammenstellen Möchten Sie für einen neu zu erstellenden Verlauf Farben auswählen, die Sie sich individuell zusammengestellt haben, können Sie dies im unteren Teil des in Abb. 9.32 gezeigten Menüs tun. Hier sehen Sie eine Auswahl von insgesamt zehn Farben mitsamt ihren RGB-Farben und der Transparenz. Sie haben die Möglichkeit, diesen Bereich an Ihre Bedürfnisse anzupassen, indem Sie im Auswahlmenü (Abb. 9.30) den Befehl LINKE/RECHTE FARBE SPEICHERN IN auswählen, um den Startpunkt des aktiven Segmentes in ein Feld dieser Box abzuspeichern.

Das zuletzt Genannte ist besonders nützlich, wenn Sie für einen neuen Verlauf Farben aus bereits vorhandenen Verläufen zusammenstellen möchten. Wenn Sie im ausgewählten Verlaufssegment anstatt der Farbe eines Startpunktes deren Endpunkt anpassen wollen, wählen Sie anstatt des soeben Beschriebenen die Auswahl FARBE DES RECHTEN ENDPUNKTES. Die Farbauswahlmöglichkeiten sind vollkommen analog zum gerade Geschilderten. Der einzige Unterschied ist, dass für den kontinuierlichen Verlauf zwischen zwei Segmenten hier selbstverständlich die Farbe des Startpunktes des rechten Nachbarsegmentes angeboten wird und für den symmetrischen Verlauf der Startpunkt des Segmentes.

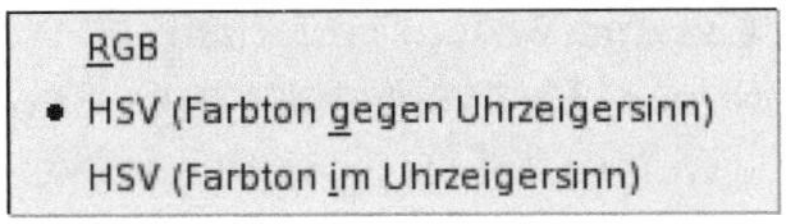

Abbildung 9.33
Für jedes Verlaufssegment kann man einen Verlaufstyp auswählen.

Für jedes Segment lassen sich darüber hinaus individuelle Verlaufsfunktionen festlegen (FARBVERLAUFSFUNKTION FÜR SEGMENT) sowie das Farbmodell, das für den Verlauf angewandt werden soll (FÄRBUNGSART FÜR SEGMENT). Welche Auswahlmöglichkeiten Sie haben, sehen Sie in den Auswahlmenüs in Abb. 9.33 und Abb. 9.34.

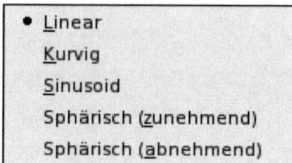

Abbildung 9.34
Auch die Verlaufsfunktion eines Segmentes lässt sich verändern.

Segmente bearbeiten Im unteren Teil der in Abb. 9.30 gezeigten Box finden Sie einige Befehle, die Ihnen den Umgang mit einzelnen Segmenten eines Verlaufes erleichtern (Abb. 9.35).

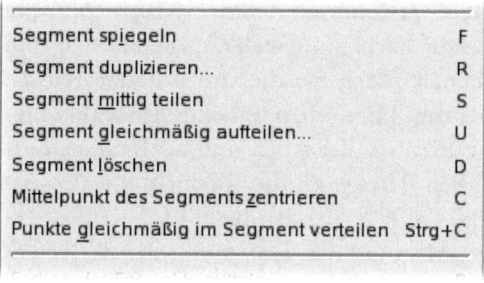

Abbildung 9.35
Mit diesen Funktionen des Verlaufseditors bekommen Sie die Segmente eines Verlaufes in den Griff.

Möchten Sie beispielsweise ein Segment oder einen gesamten Verlauf in weitere (Unter-)Segmente teilen, so haben Sie hier die Wahl, ein Segment, das Sie in der Segmentansicht wie oben beschrieben markiert haben, in seiner Mitte zu teilen (SEGMENT MITTIG TEILEN). Darüber hinaus können Sie es auch in gleich große Untersegmente aufteilen (SEGMENT GLEICHMÄSSIG AUFTEILEN). In diesem Falle müssen Sie dann zusätzlich angeben, in wie viele Untersegmente GIMP das Segment aufteilen soll (Abb. 9.36).

Sollten Sie einmal mit dem Farbverlauf eines Segmentes nicht zufrieden sein oder wollen Sie einen komplexen Gesamt-Farbverlauf vereinfachen, so lässt sich ein markiertes Segment über den Befehl SEGMENT LÖSCHEN aus dem Gesamt-Verlauf entfernen.

Die beiden Optionen MITTELPUNKT DES SEGMENTS ZENTRIEREN sowie PUNKTE GLEICHMÄSSIG IM SEGMENT VERTEILEN beziehen sich auf die Position der Anfasser, die sich – wie wir oben gesehen

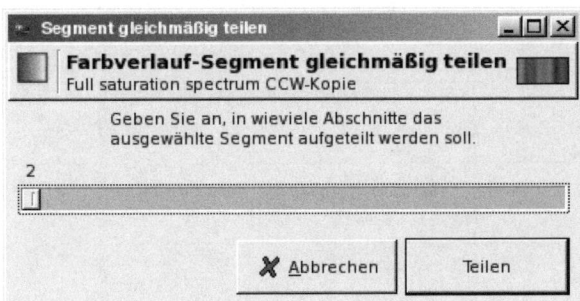

Abbildung 9.36
Wollen Sie das
Segment eines
Verlaufes in gleiche
Teile aufteilen, so legen
Sie in dieser Box die
Anzahl der Teile fest.

haben – beliebig verschieben lassen. Mit der zuerst genannten Option setzen Sie den Anfasser des Segment-Mittelpunktes immer wieder auf die (geometrische) Segment-Mitte zurück, wohingegen die zweite Option besonders sinnvoll ist, wenn Sie mehrere Segmente gleichzeitig bearbeiten und jeweils sowohl Mittel- als auch End- und Startpunkte der Einzelsegmente verschoben haben. PUNKTE GLEICHMÄSSIG IM SEGMENT VERTEILEN macht wieder klaren Tisch und verteilt alle Anfasser gleichmäßig im ausgewählten Bereich.

9.13 Der Abwedler

Dieses Werkzeug simuliert die Dunkelkammer-Tricks der Fotografen. Mit ihm lassen sich Bereiche einer Bilddatei aufhellen oder abdunkeln. Dies hängt davon ab, welche Option Sie im Bereich TYP der Dialogbox dieses Werkzeuges (Abb. 9.37) ausgewählt haben. Mit NACHBELICHTEN arbeitet es als Nachbelichter, der einzelne Bildpunkte *nachdunkelt*, mit ABWEDELN arbeitet es genau umgekehrt, hier *hellt* es Bildpunkte auf.

Tastatur: Umschalt+D

Mit dem Parameter BELICHTUNG legen Sie die Stärke des jeweiligen Effektes fest. Je größer dieser Wert, desto kräftiger hellt das Werkzeug auf bzw. dunkelt es ab. Im Bereich MODUS bestimmen Sie, auf welche (Helligkeits-)Bereiche eines Bildes der Abwedler/Nachbelichter wirken soll.

9.14 Der Wischfinger

Mit dem Wischfinger lassen sich Bereiche eines Bildes verschmieren. Dies ist in Zeichnungen und Illustrationen besonders dann von Nutzen, wenn Sie beispielsweise mit dem Zeichenpinsel bestimmte Konturen vorgezeichnet haben und diese dann »natürlicher« aussehen lassen wollen.

Tastatur: Umschalt+S

Abbildung 9.37
In der Optionsbox des
Abwedlers legen Sie
den
Bearbeitungsmodus
des Werkzeuges fest
und auf welche
Farbbereiche es wirken
soll

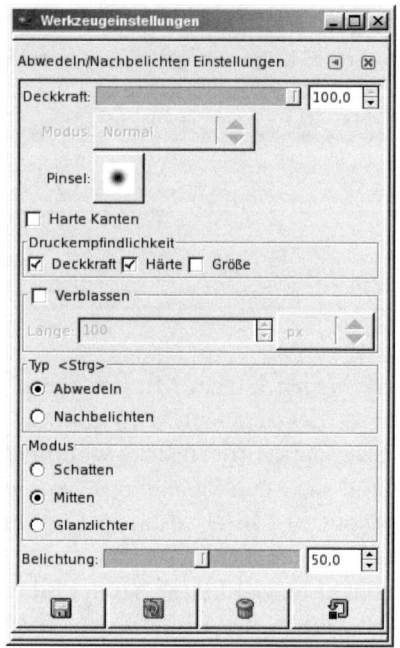

Abbildung 9.38
In der Optionsbox des
Wischfingers
bestimmen Sie, mit
welcher Stärke das
Werkzeug arbeitet.

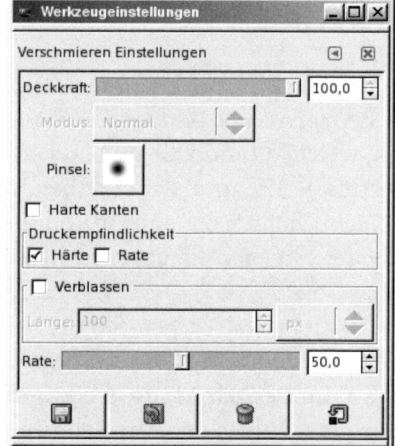

In der Dialogbox zu diesem Werkzeug (Abb. 9.38) bestimmen Sie mit dem Parameter RATE, wie stark der mit dem Wischfinger überstrichene Bereich verschmiert werden soll.

9.15   Der Radiergummi

Mithilfe des Radiergummis können Sie Bereiche Ihres Bildes löschen
bzw. neutralisieren. Auch der Radiergummi verwendet als Werkzeugspitze die in der Box PINSELAUSWAHL aktuell ausgewählte Spitze. Welche dies ist, erfahren Sie, indem Sie die zuletzt genannte Box über den
Befehl DATEI → DIALOGE → PINSEL aufrufen. Wie der Radiergummi
Ihre Bilder korrigiert, hängt davon ab, ob das bearbeitete Bild bzw. die
Bildebene einen Alphakanal besitzt. Falls ein solcher nicht vorhanden
ist, so verwendet der Radiergummi für die Korrekturen, die Sie aus-
führen möchten, die im Farbauswähler eingestellte *Hintergrundfarbe.*
Ist ein Alphakanal vorhanden, so setzt der Radiergummi die gelöschten
Bildpunkte transparent. Wenn Sie dieses Verhalten wünschen, können
Sie ein Bild jederzeit um einen Alphakanal ergänzen.

Tastatur: Umschalt+E

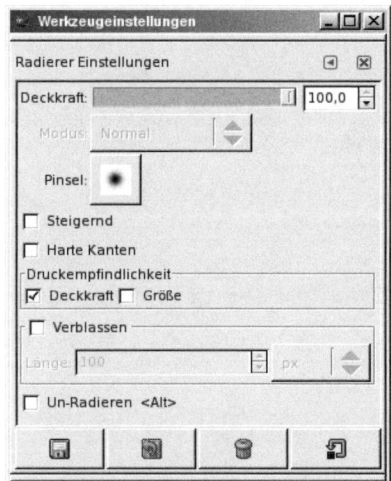

Abbildung 9.39
*Die Optionsbox von
GIMPs
Radier-Werkzeug*

Die Benutzung des Radiergummis funktioniert analog zum oben
erwähnten Bleistift: Sie wählen ihn in der Werkzeugpalette aus und
verwenden ihn im Bildfenster genauso wie den Bleistift. Das Drücken
der linken Maustaste aktiviert den Radiergummi, löscht also den über-
strichenen Bereich (bzw. übermalt diesen mit der eingestellten Hintergrundfarbe). Betätigen Sie die Maustaste zusammen mit der UM-
SCHALT-Taste, so löschen Sie eine ganze Zeile (nämlich vom zuletzt
gelöschten Punkt bis zur aktuellen Position des Mauszeigers).

10 Bearbeitungswerkzeuge

In diesem Kapitel lernen Sie zunächst Bearbeitungswerkzeuge zum Spiegeln, Ausschneiden und Verschieben von Bildern kennen. Außerdem werden Ihnen das Lupen-Werkzeug vorgestellt sowie die Transformations-Werkzeuge, mit denen Sie Bilder drehen, skalieren, scheren und perspektivisch verändern können.

10.1 Das Spiegel-Werkzeug

Mit diesem Werkzeug lässt sich ein Bild, eine Bildebene oder eine Auswahl schnell an einer Achse spiegeln. In der Optionsbox zu diesem Werkzeug wählen Sie aus, ob GIMP an der horizontalen (HORIZONTAL) oder vertikalen (VERTIKAL) Achse spiegeln soll. Welche dieser Optionen aktiv ist, erkennen Sie übrigens in einem Bildfenster am Mauszeiger: Sie sehen einen Doppelpfeil, der je nach vorgewählter Option nach oben und unten bzw. nach links und rechts zeigt.

Tastatur: Umschalt+F

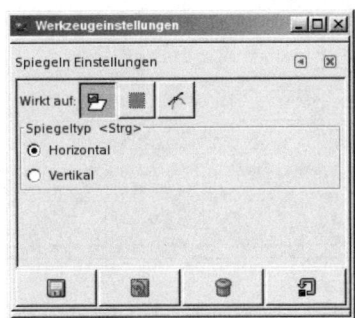

Abbildung 10.1
Wählen Sie hier aus, an welcher Achse das Spiegel-Werkzeug spiegeln soll.

10.2 Das Ausschneide-Werkzeug

Das Ausschneide-Werkzeug erlaubt es Ihnen, ein Bild im Handumdrehen auf eine kleinere Größe zuzuschneiden.

Selbstverständlich können Sie dies auch mit den Auswahlwerkzeugen und den Bildbearbeitungsfunktionen von GIMP bewerkstelli-

Tastatur: Umschalt+C

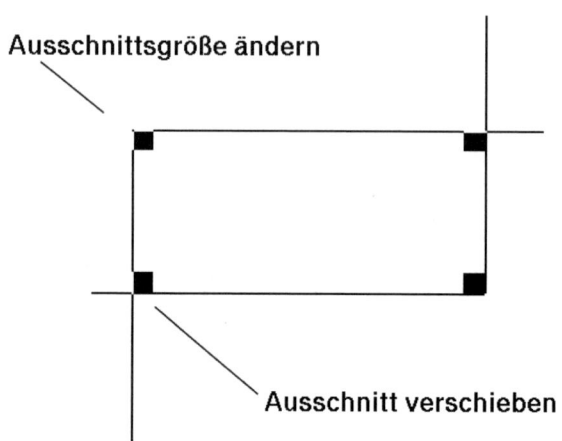

gen. Das Ausschneide-Werkzeug allerdings fasst mehrere Befehle zusammen: die Markierung eines Bereiches, die Ausführung des Befehles AUSSCHNEIDEN sowie das Erzeugen einer neuen Grafikdatei und das Speichern des ausgeschnittenen Bereiches mit dem Befehl EINFÜGEN.

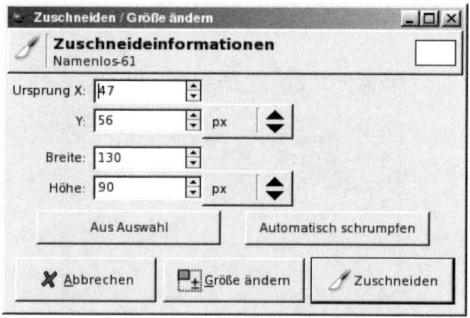

Sobald Sie mit aktiviertem Ausschneide-Werkzeug innerhalb eines Bildes die linke Maustaste betätigen, passieren zwei Dinge: In Ihrem Bild erscheint ein Fadenkreuz, dessen Mitte den Startpunkt des auszuschneidenden Gebietes markiert.

In der Optionsbox des Ausschneide-Werkzeuges legen Sie als Erstes fest, welches Schneideverhalten in einem Bild mit mehreren Bildebenen das Werkzeug zeigen soll: Ist der Parameter NUR DIE AKTIVE EBENE aktiviert, so wird nur in der aktiven Bildebene geschnitten, während sonst unterschiedliche Bildebenen ignoriert werden und damit stets das gesamte Bild geschnitten wird. Mit der Option VERGRÖSSERN ZULASSEN darf das Ergebnis auch größer sein als das Quellbild (im Falle einer Größenänderung). Im Bereich WERKZEUG-MODUS schließlich legen Sie den Grundmodus des Werkzeuges fest: ob dieses Bildausschnitte erzeugen (ZUSCHNEIDEN) oder Bildausschnitte in der Größe ändern soll (GRÖSSE ÄNDERN).

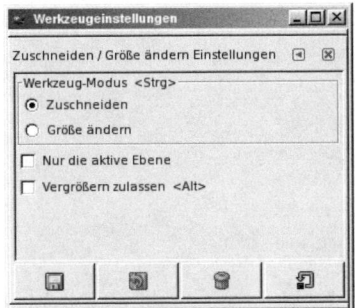

Abbildung 10.4
Die Optionsbox des Ausschneide-Werkzeuges. In dieser legen Sie u.a. den Schneidemodus des Werkzeuges fest.

Zusätzlich geht die in Abb. 10.3 gezeigte Dialogbox auf. Sie starten eine Ausschneideaktion nun, indem Sie am Startpunkt die linke Maustaste drücken und bei gedrückter Taste einen Bereich aufziehen. Das Kreuz verwandelt sich dadurch in eine Auswahl, die aus den Überlappungen zweier Rechtecke entsteht. Diese Auswahl zeigt Abb. 10.5. Sie besitzt vier Anfasser (das sind in diesem Falle die vier kleinen schwarz gefüllten Quadrate in den Ecken der Auswahl). Mit den Anfassern *links oben* und *rechts unten* vergrößern bzw. verkleinern Sie die auszuschneidende Fläche, während die Anfasser *links unten* und *rechts oben* zum Verschieben der auszuschneidenden Fläche verwendet werden können.

10.3   Weitere Ausschneidefunktionen

Über das Ausschneide-Werkzeug der Werkzeugpalette hinaus finden Sie weitere dieser Werkzeuge im Bildmenü und zwar unter: BILD → TRANSFORMATIONEN → AUTOMATISCH ZUSCHNEIDEN sowie BILD → TRANSFORMATIONEN → GUILLOTINE. Diese Schneidewerkzeuge funktionieren beide automatisch und versuchen anhand eines kontrastreichen Unterschiedes oder eines Farbunterschiedes auszumachen, an welchen Stellen Sie im zu beschneidenden Bild die Schere ansetzen können. Damit eignen sich beide, um etwa einen Bildrahmen zu entfernen oder um geschriebenen Text auf eine optimale Größe zusammenzuschneiden.

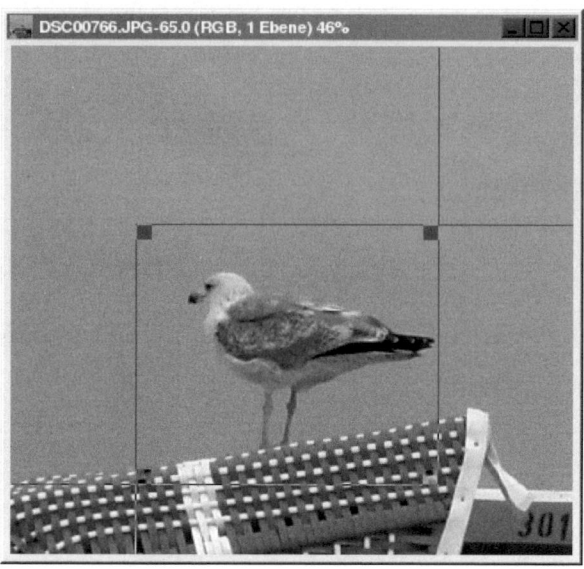

Oftmals bietet man auf einer Website größere Grafiken nicht in einem Stück an, sondern zerlegt diese und füllt die einzelnen Bildteile in Tabellenzellen. Dies optimiert das Ladeverhalten und hilft dem Besucher einer Site, die Struktur derselben schneller zu erfassen, da Tabellen sofort geladen werden. Im folgenden Tipp lernen Sie, wie Sie das GUIL-LOTINE-Werkzeug nutzen können, um Bilder für eine solche Verwendung zu bearbeiten.

Bild für eine HTML-Tabelle vorbereiten

1  Eine Navigationsleiste mit mehreren Elementen ist in kleinere Grafiken aufzuteilen, die dann in die Zellen einer Tabelle geschrieben werden.

2 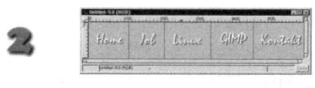 Das Guillotine-Werkzeug orientiert sich an Hilfslinien im Bild. Setzen Sie diese daher an die gewünschten Stellen im Bild. Wie man Hilfslinien benutzt, erfahren Sie in Kap. 6.2.3.

Bild für eine HTML-Tabelle vorbereiten, Fortsetzung

Wenn Sie nach Setzen der Hilfslinien das Werkzeug Guillotine anwenden (Bild → Transformationen → Guillotine), zerschneidet GIMP eine Grafik entlang der gesetzten Hilfslinien und erzeugt Ihnen separate Dateien, die Sie alle als Inhalt von Tabellenzellen einsetzen können.

10.4 Das Verschiebe-Werkzeug

Mit diesem Werkzeug verschieben Sie, wie der Name schon sagt, Objekte innerhalb eines GIMP-Bildfensters. Dabei kann es sich um Bildebenen handeln, um markierte Bereiche, aber auch z.B. Textebenen.

Tastatur: M

10.5 Das Lupen-Werkzeug

Mit dem Lupen-Werkzeug steuern Sie auf bequeme Art und Weise GIMPs Zoom-Funktion. Sobald Sie das Werkzeug ausgewählt haben und in einem Bildfenster mit der linken Maustaste klicken, wird das Bild um eine Zoomstufe vergrößert. Ein Klick mit gleichzeitig gedrückter UMSCHALT-Taste verkleinert die Bildansicht um eine Zoom-Stufe.

Tastatur: Umschalt+M

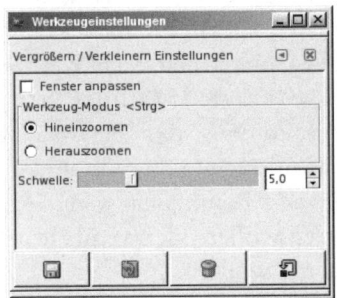

Abbildung 10.6
Die Optionsbox des Lupen-Werkzeuges bietet als Parameter die Einstellung Fenster anpassen *sowie den Wechsel zwischen Vergrößerung und Verkleinerung.*

Mit der Schaltfläche FENSTER ANPASSEN in der zum Lupen-Werkzeug gehörenden Dialogbox legen Sie fest, ob bei einer Anwendung des Werkzeuges die Fenstergröße angepasst werden soll. Sie können dies übrigens auch permanent einstellen, indem Sie im Befehlsmenü

die GIMP-Voreinstellungen aufrufen und dort in der Karte BILDFENS-
TER die Option FENSTERGRÖSSE BEIM VERGRÖSSERN UND VERKLEI-
NERN ANPASSEN aktivieren. Mit der Option HINEINZOOMEN vergrö-
ßert das Lupen-Werkzeug den angeklickten Bildbereich, mit HERAUS-
ZOOMEN verkleinert es diesen.

10.6 Die Transformationswerkzeuge

Tastatur: Umschalt+T

Die Transformations-Werkzeuge erlauben es Ihnen, ein Bild, eine Bildebene, Pfade bzw. eine Auswahl auf verschiedene Art und Weise zu verändern. Wenn Sie diese Werkzeuge benutzen, sollten Sie auf jeden Fall
auch deren Optionsboxen öffnen (z.B. Abb. 10.8).

Als Weiteres können Sie mit dem Parameter GLÄTTUNG auch ein
Antialiasing aktivieren, d.h., die Ränder des transformierten Bereiches
erscheinen weicher und glatter durch das Einfügen von Bildpunkten,
mit Farbwerten, die zwischen denen des Randes und seiner Umgebung
liegen. Wenn Sie den Parameter ERGEBNIS BESCHNEIDEN aktiviert haben, so werden die Ränder eines transformierten Bereiches gestutzt und
zwar so, dass diese in eine vorgegebene Auswahl hineinpassen.

Die Transformations-Werkzeuge bieten ein Hilfsgitter, das in dem
Bildfenster bei Nutzung des Werkzeuges die zu transformierende Fläche ausfüllt und die Transformation damit vorzeichnet. Dies erleichtert
die Orientierung und erlaubt es, Veränderungen punktgenau vorzunehmen. Mit dem Parameter ANZAHL DER GITTERLINIEN stellen Sie die
Liniendichte des Hilfsgitters ein. Wenn Sie ganz auf das Gitter verzich-
ten wollen, so können Sie die Option GITTER ANZEIGEN deaktivieren.
GIMP zeigt die Transformation dann lediglich anhand einer Umrandung an.

Im Bereich TRANSFORMATIONSRICHTUNG bestimmen Sie, wie die
Werkzeuge transformieren sollen. Sie haben die Wahl zwischen VOR-
WÄRTS(TRADITIONELL), hier arbeitet das Werkzeug genau, wie man es
erwartet, sowie RÜCKWÄRTS(KORRIGIEREND). In dieser Einstellung
gehen die Werkzeuge davon aus, dass bereits eine Transformation gemacht wurde, die der Benutzer nun vorgibt und die das Werkzeug dann
rückgängig macht (dies ist z.B. nützlich, wenn Sie perspektivische Bereiche eines Bildes entzerren wollen oder wenn Sie eine schief eingescannte
Vorlage gerade ausrichten wollen).

Genau definierte Drehungen mit der Maus durchführen

Wenn Sie mithilfe von GIMPs Dreh-Werkzeug Drehungen durchführen, brauchen Sie punktgenaue Drehungen nicht unbedingt in der Dialogbox einzugeben. Sie können auch mit der Maus arbeiten, denn wenn Sie gleichzeitig die STRG-Taste drücken, führt GIMP die Drehung in Schritten von 15° durch.

Die Funktionsweise des Werkzeuges ist für alle Transformationen gleich: Sobald Sie sich in ein Bildfenster bewegen, verwandelt sich der Mauszeiger in zwei halbrunde Pfeile (Rotation), in ein kleines Quadrat mit zwei diagonalen Pfeilen (Skalierung) oder in ein Fadenkreuz (sowohl bei Scherdrehung als auch bei perspektivischer Verzeichnung). Ein Klick mit der Maus öffnet dann eine Dialogbox, die je nach Transformation unterschiedliche Einstellmöglichkeiten bietet. Zusätzlich wird das oben genannte Hilfsgitter (Abb. 10.7) eingeblendet.

Abbildung 10.7
Für jede Transformation zeigt GIMP eine Voransicht, anhand derer man die Wirkungsweise der unterschiedlichen vom Programm angebotenen Transformationen sehen kann.

10.6.1 Bilder drehen

Mit diesem Transformations-Werkzeug lassen sich Bildinhalte um einen beliebigen Winkel drehen. In der zur Rotation gehörenden Steuerbox (Abb. 10.8) legen Sie im Feld WINKEL den Drehwinkel fest und in den Feldern ZENTRUM X und ZENTRUM Y den Mittelpunkt der Drehung. Beide Werte lassen sich auch mit dem Mauszeiger im Bild selbst verändern. Sobald Sie den Cursor ins Bild (bzw. in eine Auswahl) bewegen, können Sie an einer beliebigen Stelle die linke Maustaste drücken und den Rotationsvorgang starten. Eine Bewegung im Uhrzeigersinn vergrößert den Winkel bis zu einem Wert von 180°, eine Bewegung entgegen

dem Uhrzeigersinn verkleinert diesen bis zu einem Wert von -180°. Der
Mittelpunkt der Drehung wird durch eine auffällige kreisrunde Markierung gekennzeichnet. Wenn Sie mit dem Mauszeiger an diese Position
fahren, lässt sich dieser Punkt mit gedrückter linker Maustaste verschieben.

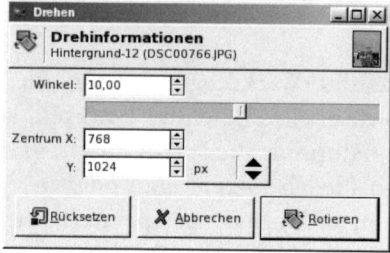

Abbildung 10.8
Die Steuerbox der Rotation

Wie oben bereits angedeutet, wird durch ein Hilfsgitter die Rotation vorgezeichnet. Das linke Bild in Abb. 10.9 zeigt diese Voransicht. Sie
haben jederzeit die Möglichkeit, die von Ihnen gewählten Rotationsparameter rückgängig zu machen, indem Sie in der Steuerbox (Abb. 10.8)
die Schaltfläche RÜCKSETZEN betätigen. GIMP führt eine Rotation erst
dann durch, wenn Sie in dieser Box die Schaltfläche ROTIEREN betätigen (auch danach haben Sie – wie bei allen GIMP-Aktionen – den
Arbeitsschritt via STRG+Z zu widerrufen).

Abbildung 10.9
*Mit dem Transforma-
tions-Werkzeug lassen
sich Drehungen in
beliebigen Winkeln
realisieren.*

Vor der Rotation   Nach der Rotation

10.6.2 Bilder skalieren

In ähnlicher Weise wie bei der oben beschriebenen Rotation lassen sich mit GIMPs Skalier-Werkzeug Bilddateien stufenlos skalieren. Die Steuerung dieses Vorgangs wird von der in Abb. 10.10 gezeigten Dialogbox geleistet.

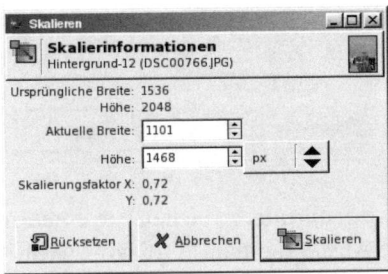

Abbildung 10.10
Die Steuerbox der Skalierung

Hier finden Sie als Erstes die aktuelle Bildgröße (URSPRÜNGLICHE BREITE bzw. URSPRÜNGLICHE HÖHE). In den Feldern AKTUELLE BREITE und AKTUELLE HÖHE geben Sie die gewünschte Bildbreite und -höhe ein. Auch dieser Vorgang lässt sich im Bild selbst mit dem Mauszeiger vollziehen. Die beiden Felder SKALIERUNGSFAKTOR X und SKALIERUNGSFAKTOR Y informieren Sie, welchem Skalenverhältnis ein in den oben genannten Feldern eingegebener Wert entspricht.

Ähnlich wie beim Rotationsvorgang informiert Sie auch bei der Skalierung eine Voransicht (Abb. 10.11) über die Auswirkung dieser Transformation.

Abbildung 10.11
Auch eine stufenlose Skalierung des Bildes ist mit dem Transformations-Werkzeug durchführbar

Vor der Skalierung

Nach der Skalierung

10.6.3 Bilder scheren

Die Scherung ist im Prinzip die Skalierung eines Bildes entlang nur einer Koordinate ohne die zweite Koordinate zu verändern. Als Resultat wird ein Bild entlang dieser Achse verzerrt.

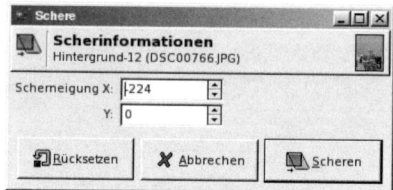

Mit dieser Transformation erreichen Sie einen interessanten Effekt und ungewöhnliche Ansichten eines Objektes (Abb. 10.13).

Vor der Scherdrehung   Nach der Scherdrehung

In der Steuerbox dieser Transformation lässt sich das Maß der Scherdrehung separat für die X- und für die Y-Koordinate einstellen. Auch in dieser Box haben Sie die Möglichkeit, eine Transformation rückgängig zu machen (Schaltfläche RÜCKSETZEN) bzw. diese auszuführen (SCHERE).

10.6.4 Bilder perspektivisch verändern

Zusätzlich zur oben beschriebenen Scherdrehung können Sie mit dem Perspektiv-Werkzeug von GIMP zu guter Letzt Bilder scheinbar perspektivisch verzeichnen. »Scheinbar« deswegen, weil diese Verzeichnung lediglich erlaubt, die Bildpunkte auf einen Fluchtpunkt hin auszurichten, allerdings keine Größenanpassung in Richtung auf diesen Fluchtpunkt erfolgt.

Abbildung 10.14
Die perspektivische Verzeichnung

Vor der Perspektivenänderung   Nach der Perspektivenänderung

Anders als die anderen Transformationen lässt sich die perspektivische Verzeichnung nicht von der Steuerbox einstellen, sondern lediglich direkt im Bild mit dem Mauszeiger. Die Steuerbox dieser Transformation (Abb. 10.15) zeigt eine 3 × 3-Matrix, anhand derer Sie die Verzerrung ablesen können. Im Startzustand sind alle Werte entlang einer Diagonalen von links oben nach rechts unten gleich 1 und alle anderen Werte gleich 0.

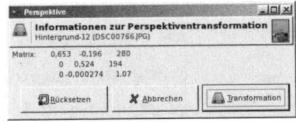

Abbildung 10.15
Die Steuerbox der perspektivischen Verschiebung

Das folgende »So geht's« zeigt Ihnen, wie Sie die Möglichkeiten (Perspektivische Verzeichnung, Scherdrehung und Rotation) der Transformations-Werkzeuge geschickt nutzen, um eine simple zweidimensionale Grafik, in diesem Fall das Cover des vorliegenden Buches, in ein (scheinbar) dreidimensionales Objekt verwandeln.

Plastische Objekte basteln

1

Unser Startpunkt ist die Titelgrafik des GIMP-Buches, die man als Ganzes markiert (Strg+A) und in eine neue (größere) Bilddatei hineinkopiert.

2

Bringen Sie als Erstes mithilfe des Perspektiv-Werkzeuges »etwas Perspektive« ins Bild, indem Sie die markierte Titelgrafik mit der Option Perspektive dieses Werkzeuges nach Ihren Wünschen verzerren. Erreichen Sie damit nicht das gewünschte Ergebnis, so hilft möglicherweise die zusätzliche Anwendung einer Scherdrehung (Option Scheren...).

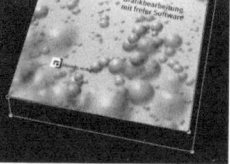

3

Als Nächstes rotieren Sie die Titelgrafik ebenso mithilfe des Rotations-Werkzeuges (z.B. um 10°). Danch »basteln« Sie mit dem Bezier-Werkzeug einen Rahmen für die Seiten des Buches. Nachdem Sie diesen Bezier-Rahmen geschlossen haben, können Sie die Perspektive jederzeit durch Verschieben der einzelnen Bezier-Punkte (Ziehen der Punkte mit der linken Maustaste) anpassen.

Plastische Objekte basteln, Fortsetzung

 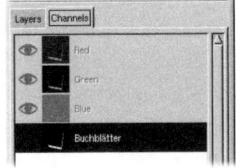

Wenn Sie mit der Bezierkurve zufrieden sind, verwandeln Sie diese durch Klick auf die entsprechende Schaltfläche in der Karte Pfade in eine Auswahl. Diese Auswahl speichern Sie in einem Kanal ab (Auswahl → In Kanal speichern).

Dann füllen Sie die Auswahl, entweder mit dem Füll-Werkzeug oder – damit das Ganze noch realistischer aussieht – mit einem Verlauf, der einen seitlichen Blick auf die Buchseiten vorgaukelt. Damit das Verlaufs-Werkzeug die Auswahl perspektivisch korrekt füllt, empfiehlt es sich, die Buchseiten kurz »zurückzurotieren«.

Markieren Sie zum Schluss den Buchtitel samt Seiten und fügen mittels Script-Fu → Shadow → Drop-Shadow einen Schatten ein.

11 Hilfsmittel

In diesem letzten Kapitel über die GIMP-Werkzeuge lernen Sie, wie Sie mit der Pipette Farben auswählen, wie Sie mit dem Text-Werkzeug Texte in ein Bild einfüegen können und wie Sie das Mess-Werkzeug benutzen, um Abstände und Winkel in einem Bild zu bestimmen.

11.1 Die Pipette

Sie möchten mit einem der Zeichenwerkzeuge, z.B. dem Airbrush-Werkzeug, in einer ganz bestimmten Farbe arbeiten, die in einem bereits bestehenden Bild vorgegeben ist? Machen Sie sich nicht die Mühe, den Farbton mit einem der üblichen Farbauswahlwerkzeuge oder aus einer Farbpalette genau zu treffen; verwenden Sie stattdessen die Pipette. Mit dieser können Sie schnell und einfach jeden Farbton eines bestehenden Bildes auswählen.

Tastatur: O

Wie bei den anderen Werkzeugen der Werkzeugpalette auch, aktivieren Sie die Pipette durch einen Klick mit der linken Maustaste auf das Symbol. Ein Doppelklick hierauf öffnet die Dialogbox des Werkzeuges (Abb. 11.1).

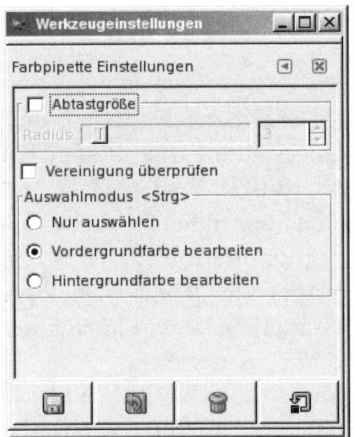

Abbildung 11.1
Die Optionsbox der Pipette

In einem Bild mit mehreren Bildebenen wählt die Pipette standardmäßig die Farbe der momentan aktiven Ebene aus. Dies ist unter Um-
ständen nicht der Farbton, den Sie gerne ausgewählt hätten (insbesondere, wenn eine bestimmte Farbe dadurch zustande kommt, dass verschiedene Ebenen mithilfe der in Kap. 12.5 beschriebenen Modi zu einem Bild kombiniert werden). Wenn Sie folglich Farben in einem Bild
mit mehreren Bildebenen auswählen wollen, bietet die Optionsbox mit
dem Parameter VEREINIGUNG ÜBERPRÜFEN die Möglichkeit, die Farbe so auszuwählen, als ob die verschiedenen Bildebenen zu einer Ge-
samtebene kombiniert wären.

Sobald Sie eine Farbe mit der Pipette ausgewählt haben, öffnet sich
die in Abb. 11.2 gezeigte Dialogbox, in der Sie die ausgewählte Farbe
neben der Angabe von Farbwerten und Transparenz für den angewählten Bildpunkt sehen.

Abbildung 11.2
*Wenn Sie mit der
Pipette eine Farbe
ausgewählt haben,
öffnet sich diese
Dialogbox, in der
Farbwerte und die
Transparenz des
jeweiligen Bildpunktes
angegeben sind.*

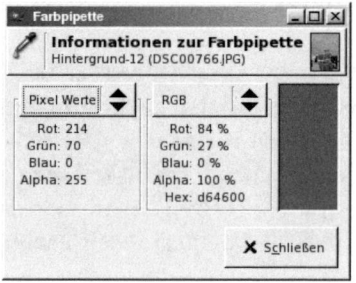

Wünschen Sie hingegen interaktive Farbinformationen, während
Sie mit der Pipette ein Bild durchwandern, so müssen Sie das Infor-
mationsfenster aufrufen (ANSICHT → INFO-FENSTER bzw.
STRG+UMSCHALT+I). Dort werden Ihnen Farb- und Transparenzwer-
te der jeweiligen Position des Mauszeigers in der Registerkarte ZEIGER
(Abb. 11.3) angezeigt.

Der Farbauswähler Die Pipette verändert die in GIMPs Farbauswähler (Abb. 11.4) eingestellte Farbe, dessen Funktion wir an dieser
Stelle kurz beschreiben. Mithilfe des GIMP-Farbauswählers im unteren
Teil der Werkzeugpalette können Sie die Farbe für den Bildvordergrund
und für den Bildhintergrund festlegen. Der Farbauswähler besteht aus
zwei großen, sich überlappenden Rechtecken, zwei kleineren, sich ebenfalls überlappenden Rechtecken in der linken unteren Ecke sowie einem
Doppel-Pfeil in der rechten oberen Ecke.

Im oberen der beiden Rechtecke (Abb. 11.4) wird die Vordergrundfarbe eingestellt, im unteren die Hintergrundfarbe. Die mit der Pipette
in einem Bild aufgenommene Farbe wandert in die Farbauswahl und

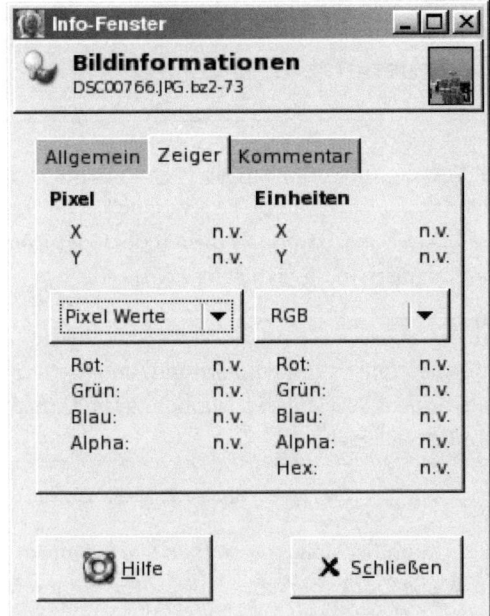

Abbildung 11.3
In der Registerkarte
Zeiger *des*
Informationsfensters
finden Sie Farbwerte
und die Transparenz
der jeweiligen Position,
an der Sie sich gerade
mit der Pipette oder
einem anderen
Werkzeug im Bild
befinden.

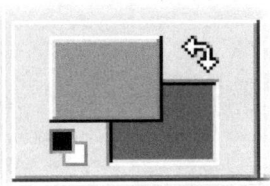

Abbildung 11.4
Der
GIMP-Farbauswähler

ermöglicht damit die genaue Bestimmung und Einstellung eines Farbtones, ohne dass Sie groß herumprobieren müssen. Auch die weiter oben vorgestellten Werkzeuge nutzen die im Farbauswähler eingestellten Farben. Hierzu gehören z.B. der *Zeichenstift*, der *Pinsel*, das *Füll-Werkzeug* und das *Airbrush-Werkzeug*, die alle die eingestellte Vordergrundfarbe verwenden.

Beim ersten Programmstart von GIMP sind als Vordergrundfarbe *Schwarz* (R:0, G:0, B:0; bzw. hexadezimal #000000) sowie als Hintergrundfarbe *Weiß* (R:255, G:255, B:255; bzw. Hex-Triplet #FFFFFF) aktiv. Wenn Sie während einer GIMP-Sitzung andere Farben eingestellt haben, werden diese mit den anderen Sitzungsdaten abgespeichert. Bei einem erneuten Programmstart werden dann stets die von Ihnen eingestellten Farben im Farbauswähler verwendet.

Farbauswähler benutzen

1 Sowohl Vordergrund- als auch Hintergrundfarbe lassen sich durch Klick mit der Maus aktivieren. Die jeweilige Fläche erscheint danach »eingedrückt«. Danach wandert die mit der Pipette aufgenommene Farbe automatisch in das aktivierte Feld.

2 Den schnellen Tausch von Vordergrund- und Hintergrundfarbe realisieren Sie durch Klick auf den Doppelpfeil im Farbauswähler (oder mit dem Tastenkürzel *x*).

3 Zurück zur Grundeinstellung kommen Sie, indem Sie auf das kleine schwarz-weiße Doppelrechteck links unten klicken (oder mit dem Tastenkürzel *d*).

Abbildung 11.5
Ein Klick auf die Farbauswahl in der GIMP-Befehlsleiste öffnet eine Dialogbox mit insgesamt vier Registerkarten GIMP, Dreieck, Druckfarben sowie Wasserfarbe. Jede Karte erlaubt es, die Vordergrund- und Hintergrundfarbe des Farbauswählers festzulegen.

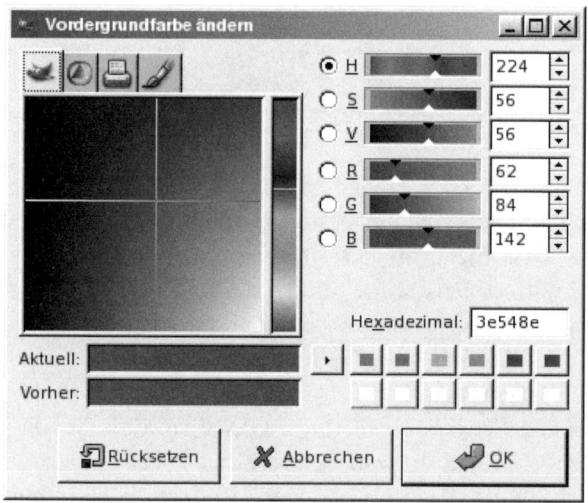

Ein erneuter Klick auf die aktivierte Vorder- oder Hintergrundfarbe öffnet die in Abb. 11.5 gezeigte Farbauswahlbox. Auf insgesamt vier Registerkarten haben Sie verschiedene Möglichkeiten, eine Farbe auszuwählen. Diese werden detaillierter in Kap. 13.1 besprochen, wenn die von GIMP unterstützten Farbmodelle vorgestellt werden.

11.2 Text-Werkzeug

Wenn Sie Texte in Ihre Bilder mit einbringen wollen, benötigen Sie das GIMP-Text-Werkzeug, das sich sehr einfach bedienen lässt.

So funktioniert das Text-Werkzeug Mit dem Text-Werkzeug lassen sich beliebige Texte in ein Bild oder eine Bildebene einfügen.

Sobald Sie das Text-Werkzeug in der Werkzeugpalette aktiviert haben und in ein Bildfenster klicken, öffnet sich die Dialogbox dieses Werkzeuges, die Sie in Abb. 11.6 sehen. Diese besitzt im oberen Bereich verschiedene Schaltflächen und im unteren Teil einen Eingabebereich, der Ihren Text aufnimmt. Wenn Sie hier reinklicken, können Sie nachfolgend einfach Text eintippen. Dieser erscheint übrigens gleichzeitig auch in der Bilddatei. Hierdurch haben Sie stets die Kontrolle über Aussehen und Position Ihrer Texte in der Bilddatei.

Der untere Bereich ist hierbei übrigens ein kleiner Texteditor, der z.B. Zeilenumbrüche korrekt im Bild berücksichtigt.

Tastatur: T

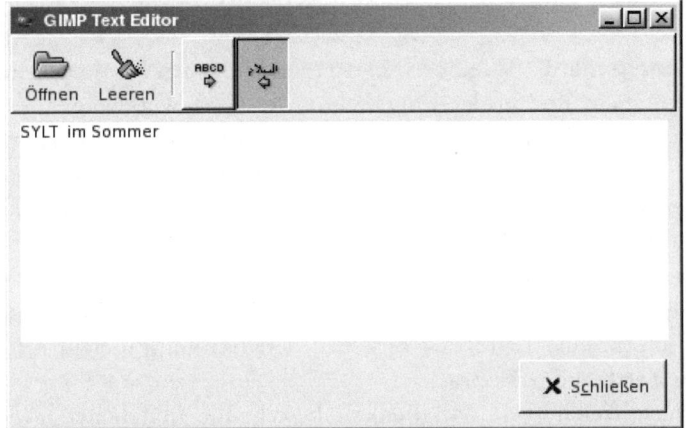

Abbildung 11.6
Die Eingabebox des
GIMP-Text-Werkzeuges

Die erste Schaltfläche der Eingabebox erlaubt es Ihnen, die Texte, die Sie in ein Bild integrieren möchten, aus einer Textdatei einzuladen. Sobald Sie auf das Ordnersymbol geklickt haben, öffnet sich eine Dateiauswahlliste (Abb. 11.6) und Sie können eine beliebige Datei im Textformat auswählen. Ein eingetippter Text kann mit den üblichen Tastatureingaben korrigiert und verändert werden. Wollen Sie alles Geschriebene oder Eingefügte auf einmal entfernen, tut dies genau die Schaltfläche LEEREN. Zwei weitere Schaltflächen erlauben es, die Schriftrichtung einzustellen, sodass man mit GIMP ohne Probleme nun auch hebräische oder arabische Texte eingeben kann.

Abbildung 11.7
Sobald Sie auf Öffnen
geklickt haben,
erscheint diese Box,
mithilfe derer Sie eine
Textdatei auswählen
und in die Textebene
übernehmen können.

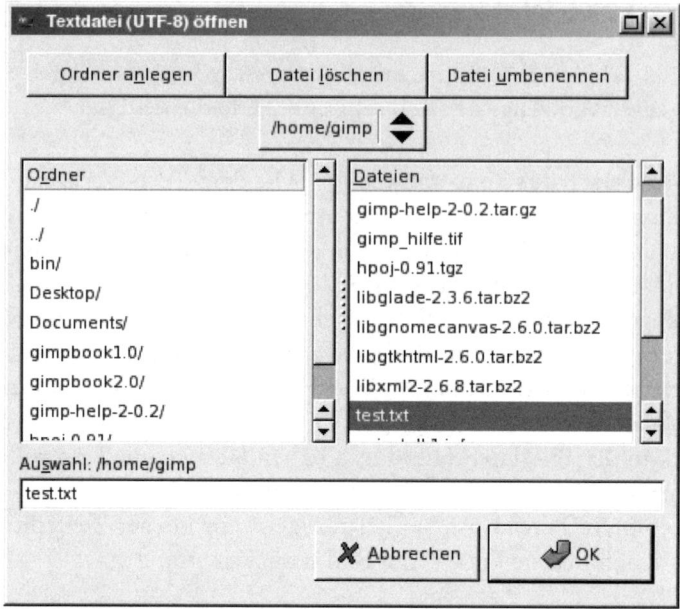

Textmanagement Wie oben schon erwähnt sehen Sie den eingegebenen Text nicht nur in der Eingabebox des Text-Werkzeuges, sondern auch sofort in der Bilddatei. Diesen Text legt GIMP übrigens in einer neuen, separaten Ebene ab. Hierbei handelt es sich um eine besondere Art von Ebene, was man in der Ebenendialogbox schon daran erkennen kann, das eine Textebene als Symbol nicht die übliche Ebenen-Mini-Ansicht zeigt. Textebenen erscheinen hier vielmehr als Ebenensymbol mit aufgesetztem Buchstaben T. Auch ein Name wird beim Anlegen automatisch für eine Textebene vergeben. GIMP nimmt hierfür die ersten dreißig Zeichen des Textes.

Sehr hilfreich ist die Möglichkeit, bestehende Textebenen und deren Inhalt zu jeden späteren Zeitpunkt noch bearbeiten zu können. Hierzu wählen Sie einfach das Text-Werkzeug in der Werkzeugpalette aus, klicken in der Ebenendialogbox auf die Textebene, um diese zu aktivieren, und klicken dann ins Bildfenster innerhalb des Textes. Die Eingabebox, die sich dann öffnet, zeigt den Textinhalt dieser Textebene. Wollen Sie hingegen neuen Text in einer separaten Ebene anlegen, so klicken Sie bei aktiviertem Text-Werkzeug einfach außerhalb des bereits Geschriebenen. Die sich öffnende Dialogbox sollte dann leer sein.

Weitere Einstellungen zum Text lassen sich in der Optionsbox des Werkzeuges vornehmen. Sobald Sie eine dieser Einstellungen verändern, wird dies vom Text im Bild übernommen. Mit SCHRIFT stellen Sie die Schriftart ein, mit GRÖSSE verändern Sie die Größe des Textes.

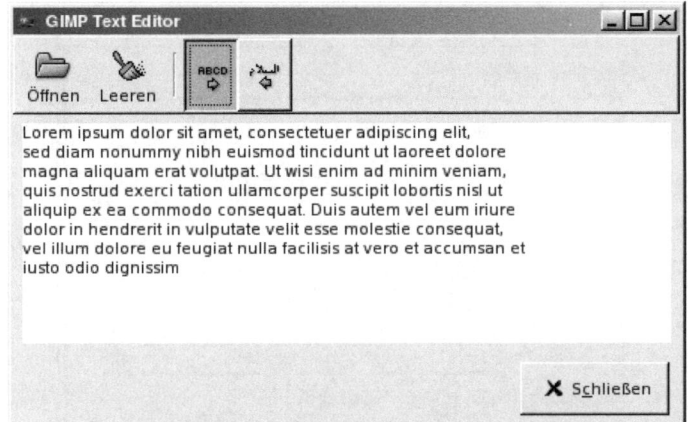

Abbildung 11.8
Das GIMP-Text-Werkzeug bietet nun direkt die Möglichkeit, mehrzeilige Texte in ein Bild zu integrieren.

Abbildung 11.9
Wenn Sie mit GIMPs Text-Werkzeug einen Text einfügen, erscheint dieser markiert im aktuellen Bild. Die Markierung bleibt so lange aktiv, bis Sie den Text verankert oder als neue Bildebene in das Bild eingefügt haben.

Im Auswahlfeld neben dieser Eingabe lassen sich verschiedene Einheiten für diese Größenangabe auswählen.

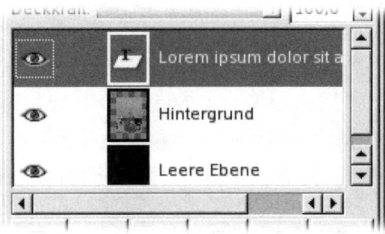

Abbildung 11.10
Die Ebenen-Dialogbox zeigt eingefügten Text als schwebende Auswahl (Schwebende Auswahl).

In den weiteren Auswahlboxen bestimmen Sie, ob die Kanten der Textbuchstaben geglättet werden sollen (KANTENGLÄTTUNG) und ob GIMP die Buchstabenabstände optimieren soll (HINTING) bzw. ob die Abstandsoptimierung automatisch berechnet werden soll (AUTO-HINTING ERZWINGEN).

Für den eingegebenen Text lassen sich weitere Dinge in der Optionsbox regeln: Tippen Sie auf die Schaltfläche FARBE, so öffnet sich die Standard-Farbauswahlbox. Darüber hinaus lässt sich der EINZUG

Abbildung 11.11
In der Optionsbox des Text-Werkzeuges lassen sich verschiedene Einstellungen für den eingefügten Text vornehmen.

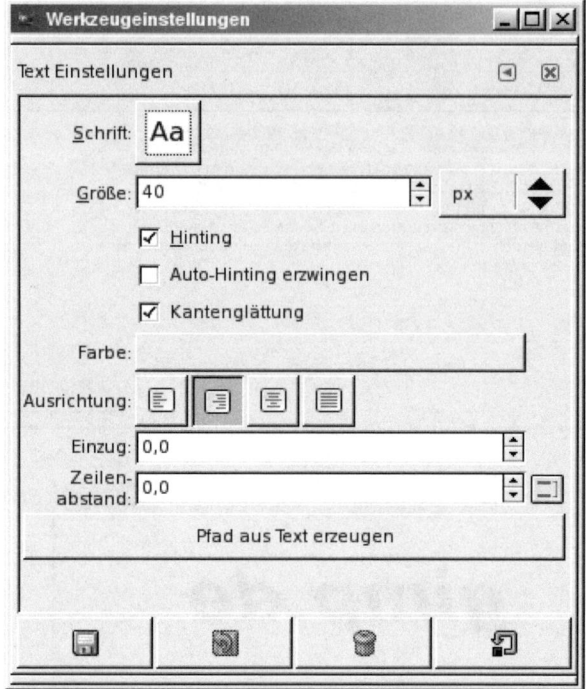

eines Textabsatzes, der ZEILENABSTAND sowie seine AUSRICHTUNG einstellen.

11.3   Das Mess-Werkzeug

Mithilfe des Mess-Werkzeuges lassen sich in einer Bilddatei recht einfach Abstände und Winkel bestimmen. Abb. 11.13 zeigt Ihnen ein Beispiel. Sie beginnen die Messung am Startpunkt und ziehen die Maus an den Zielpunkt. Der Abstand zwischen den beiden Positionen wird in Bildpunkten angegeben. Der Winkel bezieht sich auf die Horizontale.

Beide Angaben sind in der Statuszeile des Bildfensters ablesbar. Wünschen Sie die Angaben in einem separaten Fenster, so müssen Sie in der Optionsbox dieses Werkzeuges (Abb. 11.14) die Schaltfläche INFO-FENSTER VERWENDEN aktivieren.

Das Mess-Werkzeug kann auch beliebige Winkel messen, nämlich bei gleichzeitig gedrückter UMSCHALT-Taste. Besonders nützlich: Wenn Sie bei gedrückter STRG-Taste auf den Endpunkt Ihrer Messung klicken, wird eine horizontale Hilfslinie eingefügt, halten Sie stattdessen die ALT-Taste gedrückt, fügt GIMP eine vertikale Hilfslinie hinzu.

Abbildung 11.12
Die Schriftauswahl lässt sich aus der Optionsbox des Text-Werkzeuges in eine separate Dialogauswahl lösen.

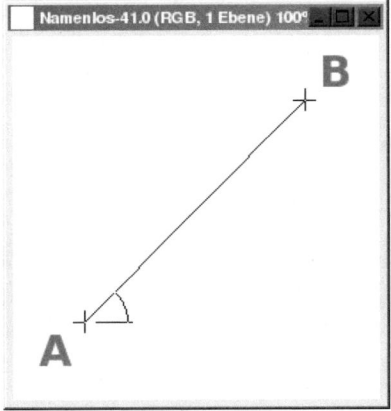

Abbildung 11.13
So zeigt das Mess-Werkzeug Entfernungen und Winkel in einem Bild an.

Abbildung 11.14
Die Optionsbox von
GIMPs Mess-Werkzeug

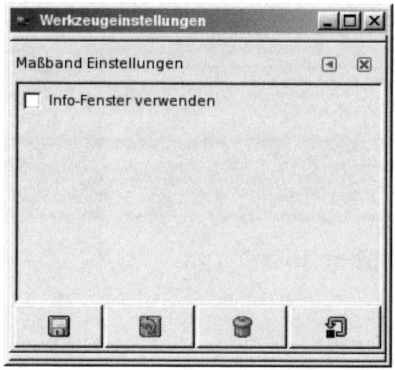

Abbildung 11.15
Die Informationsbox
des Mess-Werkzeugs
zeigt ebenso Abstände
und Winkel an.

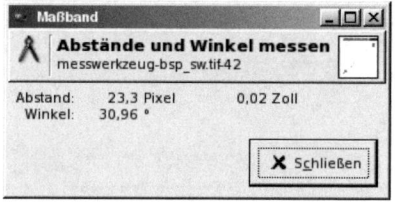

Teil IV

Anspruchsvolle
Bildbearbeitung mit GIMP

12 Arbeiten mit Ebenen und Masken

In den vorangegangenen Kapiteln haben Sie sich mit GIMP vertraut machen können und gelernt, mit seinen grundlegenden Werkzeugen und Hilfsmitteln zu arbeiten. Im Folgenden lernen Sie nun, mit Bildebenen und Ebenenmasken umzugehen. Zusammen mit Kanälen und Filtern, die später besprochen werden, sind dies Komponenten, die GIMP zu einem wirklich professionellen Bildbearbeitungsprogramm machen. Erst diese Werkzeuge machen Sie zum Power-User, denn erst der Gebrauch dieser Programmbestandteile ermöglicht die Umsetzung aufwendiger Bildeffekte.

12.1 Warum Bildebenen?

GIMP bietet Ihnen die Möglichkeit, verschiedene Bestandteile eines Bildes wie z.B. den Bildhintergrund, verschiedene Texte und Texteffekte (z.B. Schatten) in unterschiedlichen Bildebenen abzulegen. Erst die Kombination verschiedener Bildebenen erlaubt es beispielsweise, einzelne Bilder zu Collagen zusammenzufassen, Texte gekonnt in ein Bild zu integrieren oder unterschiedliche Objekte durch die Verwendung verschiedener Filter zu einem gelungenen grafischen Gesamteindruck zu verweben.

> **Text in verschiedenen Schriftarten bereithalten**
> Sie haben einen Text in Ihr Bild eingefügt und können sich nicht endgültig für eine Schriftart entscheiden? Macht nichts! Ein und derselbe Text lässt sich mithilfe von Bildebenen an genau der gleichen Position in einem Bild in verschiedenen Schriftarten bereithalten.

Aber nicht nur Aufwendiges wird erst durch die Verwendung von Bildebenen machbar. Auch die tägliche Handhabung von Bildern wird mithilfe dieses Werkzeuges wesentlich vereinfacht. Mit Bildebenen ist es z.B. ein Leichtes, verschiedene Varianten eines Bildes oder seiner Bestandteile in nur einer Datei zu halten (beispielsweise einen Text in verschiedenen Schriftarten, einen Bildhintergrund in unterschiedlichen Farben u.v.m.). Auch die schnelle Bearbeitung und Veränderung von Bildbestandteilen ist zu jedem Zeitpunkt möglich. Wenn Sie ein Bild im GIMP-eigenen XCF-Format abgespeichert haben, lassen sich einzelne Ebenen auch in einer späteren GIMP-Sitzung ersetzen oder bearbeiten. GIMP stellt Ihnen Hilfsmittel für die Arbeit mit Ebenen zur Verfügung, welche Ihnen in einem Bild mit vielen Ebenen die Orientierung erleichtern und eine einfache und intuitive Bearbeitung ermöglichen. Sie möchten eine Bilddatei bearbeiten, die mit Adobes Photoshop erstellt wurde und aus mehreren Bildebenen besteht? Auch dies ist möglich. Beim Öffnen der Datei werden diese Ebenen automatisch in GIMP-Bildebenen umgewandelt und können damit separat verändert werden.

12.2   Mit Bildebenen arbeiten

Wie stellt man sich ein Bild, das aus verschiedenen Ebenen zusammengesetzt ist, am besten vor? Betrachten Sie hierzu GIMPs Bildfenster als Rahmen, in welche die eigentlichen Inhalte, die eine Bilddatei ausmachen, einfach hineingespannt werden. Wenn Sie sich darüber hinaus noch vorstellen, dass diese Bildinhalte auf (teilweise durchsichtigen) Folien vorliegen, dann fällt es Ihnen sicherlich leicht, sich zu überlegen, dass erst der Gesamteindruck aller Folien das Bild ausmacht. Wie Sie weiter unten lernen werden, lässt sich für alle »Folien« die Deckkraft unterschiedlich festlegen. Darüber hinaus haben Sie die Wahl zwischen verschiedenen Kombinationsmöglichkeiten, von denen jede die Verknüpfung zweier »Folien« anders aussehen lässt.

Woran aber erkennen Sie, dass ein Bild sich aus verschiedenen Ebenen zusammensetzt? Im Bild selbst bzw. im Bildfenster ist dies nicht auf Anhieb zu sehen. Öffnen Sie hierzu die in Abb. 12.1 gezeigte Ebenen-Dialogbox.

Die Ebenen-Dialogbox   Die Box rufen Sie auf, indem Sie in der Befehlsleiste der GIMP-Werkzeugpalette den Befehl DATEI → DIALOGE → EBENEN oder im Bildmenü DIALOGE → EBENEN aufrufen. Über die Tastatur erreichen Sie diese Box mit der Tastenkombination STRG+L. Ihnen wird es irgendwann zu lästig, die Ebenen-Dialogbox immer per Hand zu öffnen? Erinnern Sie sich daran, dass in GIMP die Positionen einmal geöffneter Fenster abgespeichert werden (Kap. 4.3).

Elemente der Ebenen-Dialogbox   Die in Abb. 12.1 dargestellte Dialogbox zeigt die Registerkarte EBENEN. Diese Karte zeigt bei einem

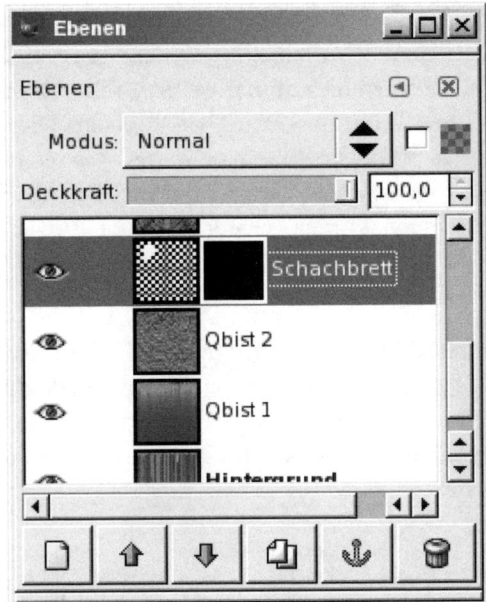

Abbildung 12.1
Erst mit der Ebenen-Dialogbox lässt sich ein Bild mit verschiedenen Bildebenen sinnvoll bearbeiten.

Bild, das aus mehreren Ebenen besteht, eine Listenansicht dieser Ebenen sowie eine horizontale Leiste mit Schaltflächen. Im oberen Teil der Box finden Sie als Schaltfläche ein kleines Kreuz, mit dem die Ebenen-Dialogbox sich wieder schließen lässt, sowie einen Pfeil, mit dem weitere Reiter zu dieser Ansicht hinzugefügt werden können.

Schnelle Ebenen-Navigation Wie finden Sie sich nun in einem Bild mit mehreren Bildebenen zurecht? Beachten Sie hier zuerst, dass in einem Bild stets eine Bildebene die aktive Ebene ist. Diese Bildebene ist in der Listenauswahl (s.u.) der Ebenen-Dialogbox *blau* unterlegt. Jede Ebene eines Bildes lässt sich aktivieren, indem Sie mit der Maus auf diese klicken. Wahlweise können Sie auch die Pfeil-Tasten benutzen, um sich in der Liste der Ebenen abwärts und aufwärts zu bewegen. Mit den Bild-aufwärts- und Bild-abwärts-Tasten kommen Sie schnell zur ersten bzw. zur letzten Ebene eines Bildes. Beachten Sie, dass alle Aktionen stets auf der aktiven Ebene ausgeführt werden.

Schnelldurchgang durch die verschiedenen Ebenen

Wollen Sie sich schnell durch alle Ebenen eines Bildes bewegen, so hilft Ihnen die Tastenkombination ALT+TAB weiter (beliebtes Tastaturkürzel aus Windows 95). Aber Vorsicht: Dies funktioniert nur, wenn Ihr X Window Manager dieses Kürzel nicht verwendet (*fvwm2*, *fvwm95* benutzen es z.B., um den Fensterfokus auf das nächste unter einem aktiven Fenster liegende Anwendungsfenster zu legen).

Ein neu angelegtes Bild besteht übrigens aus einer Hintergrundebene mit dem Namen HINTERGRUND. Genaueres zur Bedeutung dieser Ebene finden Sie weiter unten erklärt. Die Hintergrundebene in einer neuen Bilddatei ist die einzige Ebene des Bildes und damit automatisch auch seine aktive Ebene.

Abbildung 12.2
Die aktive Ebene erkennen Sie in der Ebenen-Dialogbox daran, dass sie blau unterlegt ist.

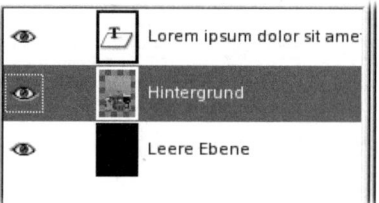

Betrachten wir den Inhalt der Registerkarte EBENEN ein wenig genauer: Im oberen Teil sehen Sie die Bereiche MODUS und DECKKRAFT. Der wichtigste Bereich dieser Karte ist eine Listenauswahl, die alle Ebenen eines Bildes in Form verkleinerter Vorschaubilder anzeigt. Wenn Ihnen die Größe der Vorschaubilder nicht gefällt, können Sie diese jederzeit in den GIMP-Voreinstellungen verändern, siehe hierzu Kap. 4.3. Sollten Sie anstelle der konkreten Vorschaubilder ein allgemeines Ebenensymbol sehen, ist in den Voreinstellungen im Bereich VORSCHAU-BILDER die Auswahl VORSCHAU VON EBENEN UND KANÄLEN deaktiviert. In dieser Einstellung werden dann in der Ebenen-Dialogbox anstelle der Voransichten lediglich Platzhalter dargestellt.

Links neben jedem Vorschaubild finden Sie ein Augensymbol. Dieses Symbol zeigt an, ob die entsprechende Ebene im Bild sichtbar ist oder nicht. Testen Sie dies, indem Sie in der Beispieldatei mit einem Mausklick auf das Augensymbol eine Ebene aus- bzw. einblenden. Besteht ein Bild aus vielen Ebenen und Sie wollen nur eine einzige Ebene sehen, so müssen Sie nicht umständlich alle anderen Ebenen ausblenden, sondern lediglich den folgenden Tipp beachten.

Mehrere Bildebenen auf einmal ausblenden

Wenn Sie mit gedrückter UMSCHALT-Taste auf eines der Augen-symbole in der Ebenenansicht klicken, so werden alle anderen Ebenen des Bildes außer der gerade angewählten ausgeblendet. Ein erneuter Mausklick mit gedrückter UMSCHALT-Taste blendet alle Ebenen wieder ein.

Ebenen benennen   Rechts neben dem Vorschaubild steht der Name der Ebene. Keine Bildebene bleibt übrigens namenlos, denn GIMP versieht neue Bildebenen stets mit einem (Standard-)Namen, abhängig von der Aktion, welche die Bildebene erzeugt hat. Die Ebenen heißen dann z.B. HINTERGRUND-KOPIE, EINGEFÜGTE EBENE, TEXTEBENE usw. Einen individuellen Namen legen Sie fest, indem Sie in der Ebenen-Dialogbox auf die Ebene, deren Namen Sie ändern möchten, mit der linken Maustaste doppelklicken. Wahlweise können Sie auch das Kontextmenü öffnen (rechte Maustaste auf der Ebene) und den Befehl EBENENEIGENSCHAFTEN aufrufen. In der Dialogbox, die sich daraufhin öffnet (Abb. 12.3), tragen Sie dann im Feld EBENENNAME den neuen Namen der Ebene ein.

Abbildung 12.3
Die Namen der Ebenen eines Bildes lassen sich in dieser Dialogbox individuell verändern.

12.3   Ebenen-Bearbeitung

Die Ebenen-Dialogbox hält verschiedene Hilfsmittel zur Bearbeitung von Bildebenen bereit. Dies sind einerseits sechs Schaltflächen im unteren Teil der hier besprochenen Registerkarte. Tab. 12.1 beschreibt die Funktion der Schaltflächen, mit deren Hilfe Sie ein Bild um neue Ebenen erweitern, die Ebenenreihenfolge verändern, eine Ebene kopieren oder eine Ebene aus dem Bild entfernen können. Eine weitere Schaltfläche zur Verankerung von Bildebenen ist wichtig bei der Arbeit mit schwebenden Auswahlen (siehe Kap. 12.4).

Alle diese Befehle finden Sie auch in einem Kontextmenü, das sich öffnet, wenn Sie sich mit dem Mauszeiger in die Listenauswahl bewegen

Tabelle 12.1

Die Befehlsschaltflächen und Tastaturkürzel der Ebenen-Dialogbox

Schaltfläche	Tastatur	Befehl
	Strg+N	Neue Bildebene anlegen
	Strg+F	Ebene nach oben schieben
	Strg+B	Ebene nach unten schieben
	Strg+C	Ebene duplizieren
	Strg+X	Ebene verankern
	Strg+H	Ebene löschen

und dort die rechte Maustaste drücken. Dieses Menü ist in Abb. 12.4 dargestellt.

Ebenen hinzufügen und entfernen Sie ergänzen ein Bild mit einer neuen Ebene, indem Sie auf die entsprechende Schaltfläche in der Ebenen-Dialogbox drücken oder im Kontextmenü den Befehl NEUE EBENE ausführen. Ist die Ebenen-Dialogbox Ihr aktives Fenster, erzeugt auch das Tastaturkürzel STRG+N eine neue Bildebene (ist der Fokus in einem Bildfenster, so wird stattdessen ein neues Bild angelegt). Wenn Sie stattdessen auf das Ebenensymbol klicken und gleichzeitig die UM-SCHALT-Taste drücken, öffnet GIMP die in Abb. 12.5 gezeigte Dialogbox, in der Sie die Eigenschaften der neu anzulegenden Ebene bestimmen. Dies sind der Name der Ebene (EBENENNAME), die Breite und Höhe (EBENENBREITE bzw. HÖHE) sowie der Hintergrund der Ebene.

Hier haben Sie – wie beim Anlegen eines neuen Bildes auch – die Wahl zwischen vier verschiedenen Optionen, um die Farbe des Hintergrunds festzulegen: weiß (WEISS), transparent (TRANSPARENT), die Hintergrundfarbe, die in der Farbauswahl voreingestellt ist (HINTERGRUND), oder die Vordergrundfarbe, die in der Farbauswahl voreingestellt ist (VORDERGRUND).

Wollen Sie das Bild um eine Ebene ergänzen, die auf einer bereits bestehenden Bildebene beruht, so lässt sich mit dem Befehl EBENE DU-

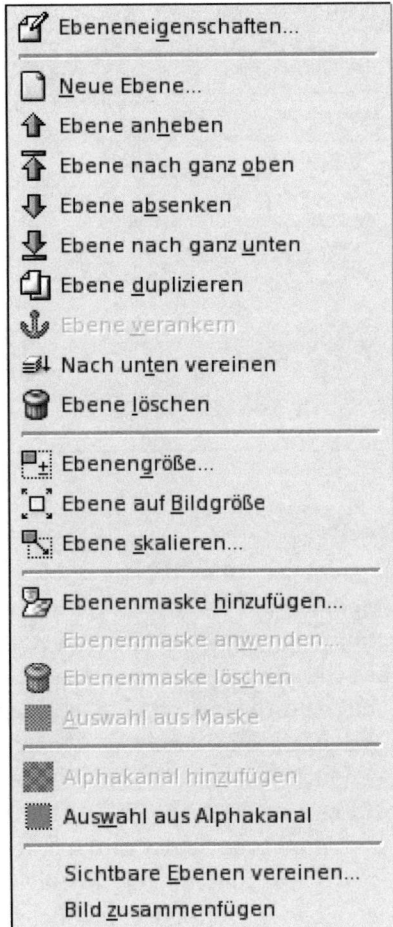

Abbildung 12.4
*Die rechte Maustaste
in der Ebenenansicht
lässt ein Kontextmenü
erscheinen, mit dessen
Hilfe Sie die
verschiedenen Ebenen
eines Bildes problemlos
verwalten können.*

PLIZIEREN (Tastaturkürzel STRG+C) des Kontextmenüs sowie der entsprechenden Schaltfläche eine Kopie der aktiven Bildebene anfertigen. Auch wenn Sie eine Bildebene entfernen wollen, finden Sie eine Schaltfläche in der Ebenen-Dialogbox sowie einen Befehl im Kontextmenü (EBENE LÖSCHEN, Tastaturkürzel STRG+X).

Ebenenreihenfolge verändern Wollen Sie die Reihenfolge der in einem Bild vorhandenen Ebenen ändern, so stehen Ihnen hierzu zwei Schaltflächen der Ebenen-Dialogbox zur Verfügung, mit deren Hilfe Sie eine Ebene in der Listenauswahl um jeweils eine Position anheben bzw. absenken können (drücken Sie gleichzeitig die UMSCHALT-Taste, so wird die Ebene an die erste bzw. an die letzte Position befördert). Eine besondere Bedeutung hat die Hintergrundebene (HINTERGRUND), das ist die unterste Ebene in einem neu angelegten Bild.

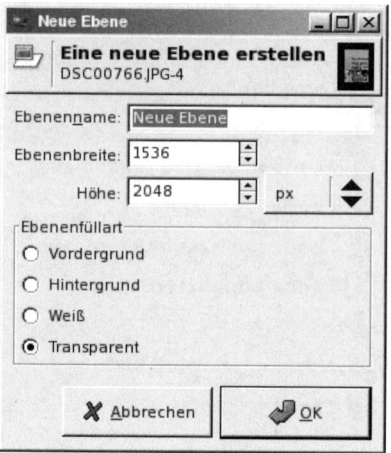

Abbildung 12.5
In dieser Box legen Sie
die Eigenschaften einer
neuen Bildebene fest.

Die Hintergrundebene

Die unterste Ebene (zumeist mit dem Namen HINTERGRUND) hat, sofern sie keinen Alphakanal besitzt – dies erkennt man am fett geschriebenen Ebenennamen –, eine besondere Bedeutung. Ihre Position lässt sich nicht verändern, d.h., man kann sie in der Listenauswahl nicht nach oben befördern, und eine andere Ebene lässt sich auch nicht tiefer setzen als diese unterste Ebene. Darüber hinaus lässt sich diese Ebene nicht transparent setzen und man kann keine Ebenenmaske hinzufügen (siehe Kap. 12.7). Um dies alles machen zu können, muss man die Ebene zuerst durch einen Alphakanal ergänzen. Einen solchen Kanal fügt man der Ebene hinzu, indem man im Kontextmenü der Ebenen-Dialogbox den Befehl ALPHAKANAL HINZUFÜGEN ausführt.

Besitzt die Hintergrundebene keinen Alphakanal, dann befördert der Versuch, eine Ebene in die unterste Position zu bringen, diese oberhalb der Hintergrundebene. Die eben besprochenen Verschiebeoperationen finden Sie auch im Kontextemenü. Im Einzelnen sind dies die Befehle EBENE ANHEBEN und EBENE ABSENKEN, um eine Ebene nach oben bzw. nach unten zu befördern, sowie EBENE NACH GANZ OBEN und EBENE NACH GANZ UNTEN für eine Verschiebung an die oberste bzw. unterste Position der Listenauswahl.

Drag and drop   Darüber hinaus unterstützt GIMP in der Ebenen-Dialogbox die Funktionalität, einzelne Ebenen mithilfe der Maus zu verschieben. Hierzu aktivieren Sie mit der Maus die zu verschiebende Ebene und betätigen auf dem Vorschaubild die linke Maustaste. Bei gedrückter Maustaste können Sie die Ebene an eine andere Position in der Listenauswahl verschieben oder sogar in eine andere (geöffnete) Bilddatei kopieren. Bei beiden Vorgängen verwandelt sich der Mauszeiger: Er zeigt einen kleinen Winkel an, der die »mitzunehmende« Ebene in der oberen Ecke umschließt. Beim Verschieben innerhalb eines Bildes wird die neue Position der zu verschiebenden Ebene mithilfe einer Linie in der Listenauswahl angezeigt. In ein anderes Bild lässt sich die Ebene kopieren, indem man die Maus mit dieser Ebene »im Schlepptau« in das entsprechende Bildfenster verschiebt.

Ebenengrößen verändern Im oben bereits besprochenen Kontextmenü der Ebenen-Dialogbox finden Sie zwei Befehle, mit deren Hilfe sich die Ausdehnung einer Bildebene ändern lässt. Zum einen ist dies der Befehl EBENE SKALIEREN (Tastaturkürzel STRG+S), mit dessen Hilfe Sie den Bildinhalt einer Ebene vergrößern oder verkleinern können. Wenn Sie den Befehl aufrufen, öffnet sich eine Dialogbox (Abb. 12.6). Diese zeigt im oberen Teil die Originalgröße der Bildebene (URSPRÜNGLICHE BREITE/HÖHE) sowie die Zielgröße nach einer Skalierung (NEUE BREITE/HÖHE). Die Einheit, in der beide Größen angezeigt werden, ist abhängig von der Einstellung des Auswahlfeldes rechts neben dem (Größen-)Eingabefeld. Als Standardeinheit sind dort Bildpunkte (PX) eingestellt, darüber hinaus sind andere Einheiten möglich, z.B. Inch (IN), Zentimeter (CM) usw. Die Anzeige der bisherigen und der neuen Ebenengröße wird jeweils an die eingestellte Einheit angepasst.

Im Bereich FAKTOR können Sie zusätzlich das Seitenverhältnis variieren. In der Standardeinstellung wird dieses bei einer Größenänderung erhalten. Betätigen Sie hingegen die umschließende Schaltfläche rechts neben den FAKTOR-Eingabefeldern, die wie eine kleine Schraubzwinge aussieht, so lassen sich Höhe und Breite der Bildebene individuell verändern, *ohne* dass die jeweils andere Einstellung angepasst wird. Die Größe lässt sich in allen vier Eingabefeldern der Box (NEUE BREITE/HÖHE, FAKTOR X/Y) verändern, wobei Sie zusätzlich die Drehschalter rechts neben diesen Feldern benutzen können.

Anders als der gerade beschriebene Befehl verändern Sie mit dem Befehl EBENENGRÖSSE (Tastaturkürzel STRG+R) die Größe der gesamten Ebene. Der Ebeneninhalt bleibt hiervon unberührt. Die zu diesem Befehl gehörende Dialogbox (Abb. 12.7) beinhaltet einen Bereich GRÖSSE, in dem Sie vollkommen analog zum oben Beschriebenen die Größen einstellen können. Zusätzlich finden Sie in dieser Box den Bereich VERSATZ. Hier legen Sie die Position des Ebeneninhalts relativ zur neuen Ebenengröße fest. In den Eingabefeldern X und Y lässt sich der Offset in X- bzw. Y-Richtung in Bildpunkten oder einer anderen in der

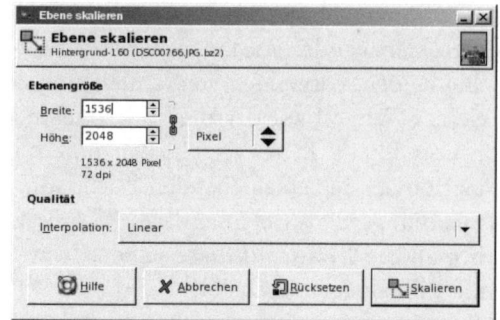

Einheitenbox (rechts neben den Eingabefeldern) vorgewählten Einheit einstellen. In einer Voransicht unterhalb der Eingabe bietet der Bereich VERSATZ eine Voransicht, in der die Größe des Eineninhaltes in der neuen Ebene als grauer Block angezeigt wird. Dieser lässt sich komfortabel mithilfe der Maus verschieben, sodass man hiermit auch grafisch die Position des Inhaltes festlegen kann.

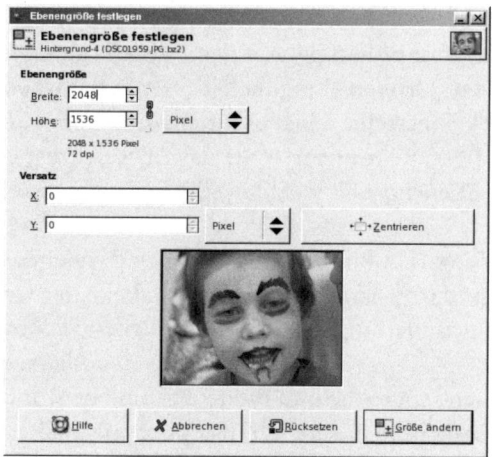

Der Befehl EBENE AUF BILDGRÖSSE schließlich passt die Höhe und Breite einer Bildebene so an, dass beides der Größe des Bildes entspricht.

Ebenen verschmelzen   Irgendwann bei der Arbeit mit Bildebenen gelangen Sie an den Punkt, an dem Sie einige oder alle Ebenen eines Bildes zu einer Ebene verschmelzen möchten. Dies ist immer dann der Fall, wenn Sie Inhalte verschiedener Ebenen zusammenfassen wollen, also z.B., wenn Sie zu einem Objekt einen Schlagschatten erzeugt haben und diesen mit dem Objekt verknüpfen möchten. Möglicherweise wollen Sie ein Bild in einem Format abspeichern, das keine Ebenen unterstützt. Für genau diese Zwecke stellt GIMP Ihnen verschiedene Befehle zur Verfügung, die Sie im Kontextmenü der Ebenen-Dialogbox finden (zum Teil auch im Bildmenü, in der Kategorie EBENEN.

Der Befehl SICHTBARE EBENEN VEREINEN erzeugt aus den sichtbaren Ebenen eines Bildes eine einzige Ebene. Wie oben bereits erwähnt, aktivieren bzw. deaktivieren Sie die Sichtbarkeit einer Ebene mithilfe des Augensymbols in der Ebenen-Dialogbox. Hierdurch haben Sie folglich die Möglichkeit, komfortabel und schnell zu bestimmen, welche Ebenen verschmolzen werden sollen und welche nicht.

Tastatur: Strg+M

Der Befehl NACH UNTEN VEREINEN nimmt die aktive Ebene sowie die jeweils nächste in der Listenauswahl der Ebenen-Dialogbox und verschmelzt diese. Wichtigster und radikalster Befehl dieses Bereiches ist BILD ZUSAMMENFÜGEN, denn dieser verknüpft sämtliche Ebenen eines Bildes zu einer einzigen und entfernt gleichzeitig den Alphakanal.

Tastatur Umschalt+ Strg+M

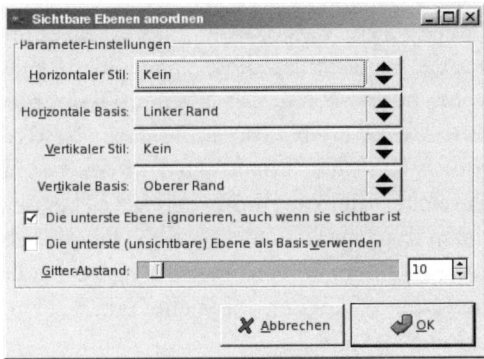

Abbildung 12.8
Mithilfe dieser Dialogbox lassen sich die sichtbaren Ebenen eines Bildes ausrichten.

Die weiteren Befehle des Kontextmenüs der Ebenen-Dialogbox betreffen Ebenenmasken sowie die Arbeit mit dem Alphakanal. Beides wird in Kap. 12.7 bzw. Kap. 12.6 besprochen.

12.4   Schwebende Auswahlen

Die Ergebnisse bestimmter, in sich abgeschlossener GIMP-Aktionen werden nicht sofort in eine Bildebene abgelegt, sondern erweitern eine Bilddatei zuerst um eine so genannte SCHWEBENDE AUSWAHL. Dies passiert z.B. immer dann, wenn Sie einen kopierten oder ausgeschnittenen Bildteil wieder in eine Datei einfügen.

Woran erkennt man eine schwebende Auswahl? Im Bild selbst erkennen Sie diese Auswahl an der umlaufenden Markierungslinie, den

»Wanderameisen«. In der Ebenen-Dialogbox erscheint ein besonderes Symbol, das Sie in Abb. 12.9 sehen.

Abbildung 12.9
*Eine schwebende
Auswahl erkennen Sie
an diesem Symbol in
der Ebenen-Dialogbox.*

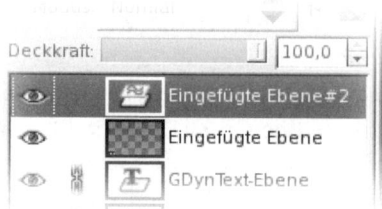

Schwebende Auswahlen könnte man auch temporäre Ebenen nennen. GIMP erwartet nämlich nach dem Einfügen einer solchen Auswahl, dass Sie festlegen, was mit der schwebenden Auswahl geschehen soll.

Schwebende Auswahlen verankern Das Programm bietet hierzu zwei Möglichkeiten: Sie können diese Auswahl in eine neue, separate Bildebene legen, indem Sie in der Ebenen-Dialogbox die Schaltfläche NEUE EBENE ANLEGEN betätigen (Tastatur STRG+N, mit aktiver Ebenen-Dialogbox). Die neue Ebene wird in der Größe der Bilddatei angelegt und Bereiche, die außerhalb der schwebenden Auswahl liegen, werden transparent gesetzt. Sie können die schwebende Auswahl auch in der aktiven Bildebene verankern. Hierzu betätigen Sie in der Ebenen-Dialogbox das Ankersymbol (siehe Tab. 12.1) oder führen die Tastenkombination STRG+H aus.

Mit schwebenden Auswahlen arbeiten Auch nachdem Sie eine schwebende Auswahl, wie oben beschrieben, in eine separate Ebene gelegt haben, lässt sich mit dem Inhalt weiterhin als Auswahl arbeiten. Hierzu müssen Sie lediglich die Bildebene, die den Inhalt der vormals schwebenden Auswahl aufgenommen hat, aktivieren und den transparenten Bereich dieser Bildebene in eine Auswahl verwandeln. Den dazugehörigen Befehl finden Sie sowohl im Kontextmenü der Ebenen-Dialogbox (AUSWAHL AUS ALPHAKANAL) als auch im Bildmenü (EBENE → AUSWAHL AUS ALPHAKANAL).

Auch der umgekehrte Weg ist möglich, die Umwandlung einer normalen Auswahl in eine schwebende. Hierzu müssen Sie lediglich den folgenden Tipp beachten. Dies verändert das Aussehen einer Auswahl im Bildfenster nicht, erzeugt jedoch ein entsprechendes Symbol in der Ebenen-Dialogbox.

Normale Auswahl in eine schwebende Auswahl verwandeln

Jeder mit einem GIMP-Auswahlwerkzeug ausgewählte Bereich lässt sich in eine schwebende Auswahl verwandeln. Hierzu müssen Sie lediglich im Bildmenü den Befehl AUSWAHL → SCHWEBEND aufrufen.

Das zuletzt Genannte ist besonders hilfreich, wenn es darum geht, bestimmte Bereiche eines Bildes zu separieren und diese gesondert in verschiedenen Ebenen vorzuhalten, beispielsweise, wenn Sie Bereiche einer Grafik für das World Wide Web als *Image Map* vorbereiten und in Einzelteile zerlegen.

12.5 Ebenen kombinieren

Wie oben angesprochen, lässt sich die Deckkraft jeder Ebene einer Bilddatei indiuell festlegen. Dies geschieht mit dem Schieber DECKKRAFT oberhalb der Listenauswahl in der Ebenen-Dialogbox. Der Wertebereich für die Deckkraft reicht von 0 (vollständig transparent) bis 100 (vollständige Deckkraft). Die Einstellung bezieht sich immer auf die zur Zeit aktive Ebene in Relation auf die darunter liegende Ebene.

Eine weitere und wichtige Programmeigenschaft von GIMP ist es, dass Sie mit dem Auswahlfeld MODUS der Ebenen-Dialogbox bestimmen können, wie zwei verschiedene Ebenen eines Bildes sich zu einem Eindruck zusammensetzen. Hierbei stehen Ihnen insgesamt 15 Kombinationsmöglichkeiten zur Verfügung. Diese werden im Folgenden anhand zweier zu kombinierender Beispielebenen, die in Abb. 12.10 gezeigt werden, vorgestellt.

Abbildung 12.10

Diese beiden Ausgangsbilder werden als untereinander liegende Ebenen in den folgenden Abbildungen mit verschiedenen Modi kombiniert.

Normal   In diesem Modus überdecken alle Bildpunkte einer Bildebene die Punkte der darunter liegenden Ebenen. Ein Überblend-Effekt kann lediglich mit dem oben beschriebenen DECKKRAFT-Parameter erreicht werden.

Vernichtend   Auch dieser Modus zeigt seine Wirkung lediglich, wenn die Deckkraft mithilfe des DECKKRAFT-Parameters variiert wird. Mit verringerter Deckkraft wird in diesem Modus die Anzahl der angezeigten Bildpunkte reduziert. Dadurch erhält die resultierende Kombination ein körniges Aussehen.

Multiplikation   In diesem Modus werden die Farbwerte der Bildpunkte in den beiden zu kombinierenden Bildebenen miteinander multipliziert. Das Resultat ist ein dunklerer Farbwert, weswegen die resultierende Kombination zweier Ebenen, die mit diesem Modus verknüpft werden, ein dunkleres Bild ergibt.

Bildschirm   Mit dieser Option kombiniert, erhalten Sie ein helleres Bild, da im Prinzip die Umkehrung der Farben zweier Bildpunkte miteinander kombiniert werden (weswegen dies im Prinzip eine Division ist).

Abbildung 12.11
Hier sind die beiden Ausgangsbilder im Multiplikation- *und im* Bildschirm-*Modus kombiniert.*

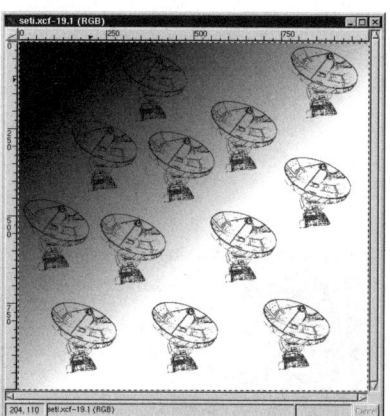 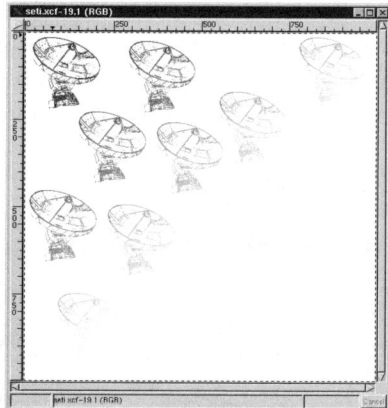

Multiplikation   Bildschirm

Überlagern   Diese Option kombiniert die beiden oben genannten Modi, abhängig von der Farbe der zuunterst liegenden Ebene. Weniger intensive Farben werden miteinander multipliziert, erscheinen im Ergebnis also dunkler, während intensive Farben dividiert werden, im Resultat also heller erscheinen.

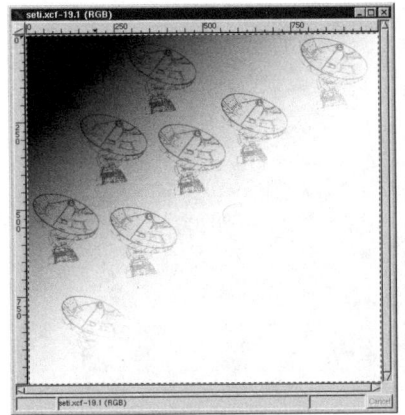 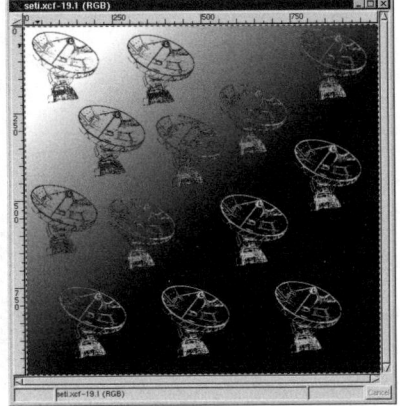

Überlagern   Unterschied

Abbildung 12.12
Hier sind die beiden
Ausgangsbilder im
Überlagern- *und im*
Unterschied-*Modus*
kombiniert.

Unterschied   In dieser Option werden die Farbwerte untereinander liegender Ebenen untersucht und die helleren Farbwerte der unteren Ebene, soweit sie in der oberen, aktiven Ebene vorkommen, von dieser abgezogen. Im Resultat ist im entsprechenden Bildpunkt dann diese Differenz zu sehen.

Addition   Dieser Modus addiert die Farbwerte untereinander liegender Ebenen und erzeugt damit ein kombiniertes Bild, das heller ist als die Ausgangsebenen.

Subtraktion   Dieser Modus zieht den Farbwert der aktiven Ebene vom kombinierten Farbwert der anderen Ebenen ab. In der Kombination erhält man ein dunkleres Bild.

Nur Abdunkeln   Analysiert die Farbwerte der zu kombinierenden Ebenen und zeigt den jeweils dunkleren Bildpunkt.

Nur Aufhellen   Analysiert die Farbwerte der zu kombinierenden Ebenen und zeigt den jeweils helleren Bildpunkt.

Farbton   Verwendet den Farbwinkel der aktiven Ebene und ersetzt den Farbwinkel der darunter liegenden Ebenen damit. Mit diesem Modus lassen sich die Farben eines Bildes beeinflussen, ohne die Helligkeit zu verändern.

Abbildung 12.13
Hier sind die beiden
Ausgangsbilder im
Addieren- *und im*
Subtraktion-*Modus*
kombiniert.

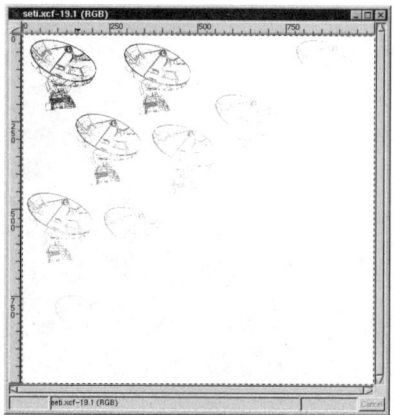
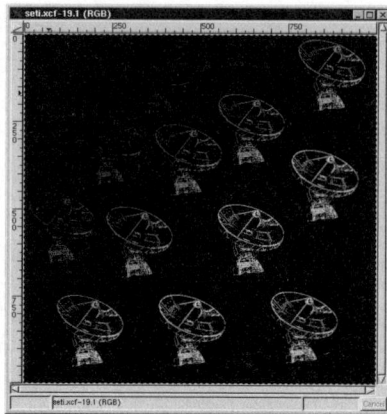

Addieren   Subtraktion

Abbildung 12.14
Hier sind die beiden
Ausgangsbilder im
Addieren- *und im*
Subtraktion-*Modus*
kombiniert.

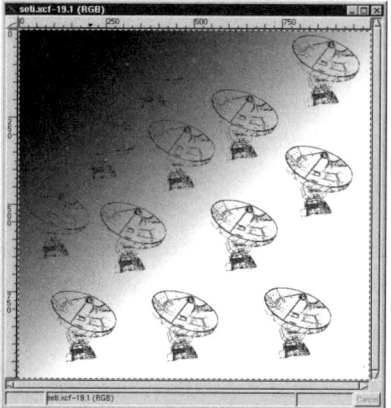
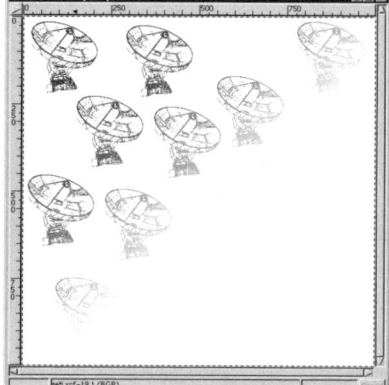

Nur Abdunkeln   Nur Aufhellen

Sättigung   Dieser Modus funktioniert ähnlich dem gerade genannten, mit dem einzigen Unterschied, dass die Sättigung anstelle des Farbwinkels verwendet wird. Im Resultat erscheinen die Farben eines Bildes leicht abgeschwächt.

Farbe   Dieser Modus verknüpft die beiden gerade genannten Modi. Sämtliche Farben eines Bildes mit Außnahme von Weiß und Schwarz erhalten sowohl den Farbwinkel als auch die Farbsättigung der Vordergrundebene.

Wert   Dieser Modus funktioniert im Prinzip wie der oben beschriebene Farbwinkelmodus (FARBTON) mit dem einzigen Unterschied, dass hier anstatt des Farbwinkels der Farbwert ersetzt wird.

Hinter Dieser Modus taucht in den Dialogboxen einiger Werkzeuge auf und erfüllt eigentlich nur dort seinen Zweck. In diesem Modus beeinflussen GIMPs Zeichenwerkzeuge nur die transparenten Bereiche einer Bildebene. Im Kontext der Ebenenkombination macht dieser Modus wenig Sinn.

Geschickt angewendet, erlauben es die Kombinationsmodi Objekte interessant zu gestalten. An verschiedenen Stellen in diesem Buch finden Sie Beispiele hierfür. Abb. 12.15 zeigt eine halbtransparente, dreidimensionale (Web-)Schaltfläche. Diese besteht aus einem simplen Rechteck, das mehrfach kopiert wurde und durch Verwendung der Kombinationsmodi das gewünschte Aussehen erlangte.

Abbildung 12.15
Hier sehen Sie eine halbtransparente Schaltfläche für eine Website, die ein wenig über der Seite zu schweben scheint.

Das folgende »So geht's«-Tutorial zeigt, wie Sie mithilfe geschickter Ebenenkombination einen Bildtext durch eine Box effektvoll in den Vordergrund rücken, ohne das Bild gänzlich zu überdecken.

Teiltransparente Textbox integrieren

1   Wählen Sie als Erstes mit der rechtecki-gen Auswahl den Bereich aus, in den Sie den Text hineinschreiben möchten. Ko-pieren Sie diesen Bereich und fügen ihn in das Bild ein.

2   Legen Sie den kopierten Bereich in eine neue Ebene und kombinieren Sie beide Ebenen mithilfe der Schaltfläche Modus der Ebenen-Dialogbox. Je nachdem, ob Sie als Mode Multiplizieren oder Divisi-on angegeben haben, erscheint die Box dunkler oder heller auf dem Bildhinter-grund.

3   Zuletzt erzeugen Sie mit dem dynami-schen Text-Werkzeug eine weitere Ebe-ne, die den Text der Box enthält.

12.6   Der Alphakanal

Bevor wir uns ausführlich mit Ebenenmasken beschäftigen, soll im Fol-genden noch einmal genau erklärt werden, was es mit dem Alphakanal auf sich hat. Dieser fand bislang schon des Öfteren Erwähnung und taucht auch im Folgenden immer wieder auf, insbesondere weil es für viele Filter erforderlich ist, dass ein Bild über einen solchen Kanal ver-fügt. Im Alphakanal einer Ebene wird die *Transparenz des Bildes* ge-speichert.

Abbildung 12.16
Hier sehen Sie als
Resultat des obigen
Tutorials über dem Bild
eine halbtransparente
Textbox.

Neben den Grundfarben (diese entsprechen in GIMP jeweils verschiedenen Farbkanälen, siehe Kap. 14) lässt sich in einem digitalen Bild für jeden Punkt diese Transparenz als weitere Eigenschaft festlegen und speichern. Die Transparenz bestimmt die Sichtbarkeit des Bildpunktes. Vollkommene Transparenz bedeutet, dass der Punkt unsichtbar ist, während das Gegenteil hiervon – volle Deckkraft – für vollständige Sichtbarkeit steht. Wenn eine Bilddatei aus mehreren Bildebenen besteht, führt GIMP für alle Ebenen einen separaten Alphakanal, außer für die zuunterst liegende Ebene (zumeist die mit mit der Bezeichnung HINTERGRUND). Für diese Ebene muss der Alphakanal separat angelegt werden.

Ob eine Bilddatei, die lediglich aus einer Hintergrundebene besteht, bereits über einen Alphakanal verfügt oder nicht, erkennen Sie daran, ob im Bildmenü der Befehl EBENE → ALPHAKANAL HINZUFÜGEN ausführbar ist oder nicht. Im zuletzt genannten Fall existiert bereits ein Alphakanal. Wenn dieser noch nicht vorhanden ist – dies können Sie sich vermutlich bereits denken –, so kann er mit dem soeben genannten Befehl eingefügt werden. Diesen Befehl finden Sie übrigens auch im Kontextmenü der Ebenen-Dialogbox unter <EBENENDIALOG> → ALPHAKANAL HINZUFÜGEN.

Was verändert sich, wenn Sie eine Bilddatei um einen Alphakanal ergänzt haben? Zuerst einmal die Bildart. Ein RGB-Bild wird zu einem RGBA-Bild, ein Graustufenbild wird von einem Gray-Bild zu einem GrayA-Bild und ein indiziertes Bild wird von einem Indexed-Bild zu einem IndexedA-Bild. Der Buchstabe »A« gibt jeweils an, dass das Bild über einen Alphakanal verfügt.

Neben dieser formalen Änderung hat die Existenz eines Alphakanals Auswirkung auf die Bearbeitung eines Bildes. Bestimmte Filter, die vor Anlegen dieses Kanales nicht ausführbar waren, stehen Ihnen nun zur Verfügung. Wenn Sie die Hintergrundebene eines Bildes mit einem Alphakanal versehen haben, lässt diese sich nun problemlos an eine andere Position in der Ebenenliste verschieben. Darüber hinaus können Sie Teile einer Bildebene nun transparent setzen, indem Sie einen Bereich des Bildes auswählen und diesen mit BEARBEITEN → AUSSCHNEIDEN ausschneiden oder indem Sie Bildbereiche mit dem in Kap. 9.15 vorgestellten Radier-Werkzeug entfernen. Last but not least lassen sich in einer Bildebene, die über einen Alphakanal verfügt, die im Folgenden vorgestellten Ebenenmasken anlegen.

12.7   Ebenenmasken

Mit den im vorigen Abschnitt genannten Methoden können Sie die Transparenz bestimmter Bereiche in einer Bildebene verändern. Hierdurch haben Sie aber lediglich einen groben Einfluss auf den Alphakanal der Ebene. Das Gleiche gilt für den DECKKRAFT-Schieber in der EBENEN-Karte der Ebenen-Dialogbox. Mit diesem bestimmen Sie die Transparenz der gesamten Bildebene, nicht aber von bestimmten Bereichen.

Um die Transparenz einzelner Bildpunkte ganz individuell zu verändern, wäre es nützlich, wenn man nicht den Alphakanal direkt bearbeiten müsste, sondern sich an einer Vorlage versuchen könnte. Genau ein solches Werkzeug stellt GIMP Ihnen mit den so genannten Ebenenmasken zur Verfügung. Eine solche Maske bildet im Prinzip eine Schablone für den Alphakanal. Sie können diese beliebig verändern und bearbeiten und sich jederzeit anschauen, welche Wirkung Sie auf die Bildebene haben, zu der Sie die Maske angelegt haben. Erst wenn alle Arbeiten hieran abgeschlossen sind, wird die Ebenenmaske auf die Ebene angewendet, genauer gesagt werden dann Maske und Alphakanal miteinander multipliziert.

Mit dem oben Gesagten ist es einleuchtend, dass, wenn Sie Ebenenmasken nutzen wollen, ein Bild bzw. eine Ebene bereits einen Alphakanal besitzen muss. Diesen können Sie jederzeit mit EBENE → ALPHAKANAL HINZUFÜGEN hinzufügen.

Ebenenmasken anlegen Die für die Arbeit mit Ebenenmasken notwendigen Befehle finden Sie im unteren Teil des in Abb. 12.4 gezeigten Kontextmenüs der Registerkarte EBENEN der Ebenen-Dialogbox.

Bildebenen um eine Maske ergänzen

1 Aktivieren Sie hierzu die Ebene, die Sie um eine Maske ergänzen wollen, in der Ebenen-Dialogbox.

2 Drücken Sie dann auf der aktivierten Ebene die rechte Maustaste und rufen im sich öffnenden Kontextmenü den Befehl Ebenenmaske hinzufügen auf.

3 Danach öffnet GIMP die in Abb. 12.17 gezeigte Dialogbox.

Die Ebenenmaske wird als (internes) Graufstufenbild angelegt, wobei vollständig weiße Bildpunkte vollständige Deckkraft bedeuten und schwarze Bildpunkte vollständige Transparenz; Zwischenwerte erzeugen eine Teiltransparenz. Für eine Bildebene bedeutet dies, dass weiße Bereiche in der Ebenenmaske volle Sichtbarkeit erhalten, schwarze Bereiche voll transparent dargestellt werden und graue Bereiche mehr oder weniger hindurchscheinen, je nach Grauwert.

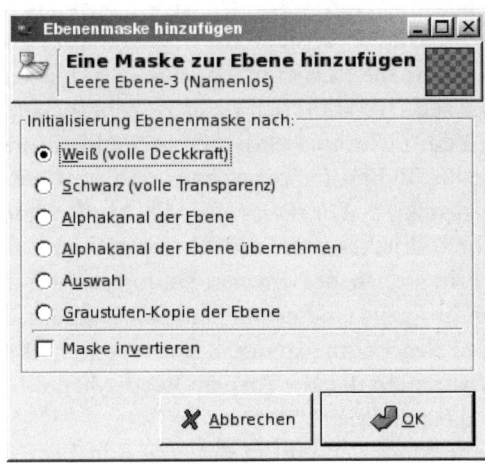

Abbildung 12.17
In dieser Dialogbox entscheiden Sie, in welcher Weise die Maske angelegt werden soll.

Für eine Ebenenmaske, die neu angelegt wird, bestimmen Sie in der oben gezeigten Dialogbox (Abb. 12.17), ob diese in Weiß (WEISS) oder in Schwarz (SCHWARZ) angelegt werden soll. Zusätzlich lässt sich auch der Alphakanal der Ebene als Ebenenmaske verwenden (ALPHAKANAL DER EBENE).

Sobald Sie eine Maske angelegt haben, wird diese in einer Voransicht in der Ansichtsliste dargestellt. GIMP fügt diese Maskenvoransicht rechts neben der bereits vorhandenen Ebenenvoransicht ein, Abb. 12.18 zeigt dies in einem Ausschnitt des Ebenendialogs. Mithilfe dieser Ansicht haben Sie stets im Blick, für welche Ebenen Sie bereits Ebenenmasken angelegt haben und wie diese aussehen. Speichern Sie ein Bild in GIMPs XCF-Format, werden diese Informationen mit abgespeichert, sodass Sie zu jedem späteren Zeitpunkt nach einem erneuten Aufruf bereits angelegte Masken bearbeiten können.

Abbildung 12.18
Eine Ebenenmaske wird in der Ebenen-Dialogbox neben der Ebenenvoransicht angezeigt.

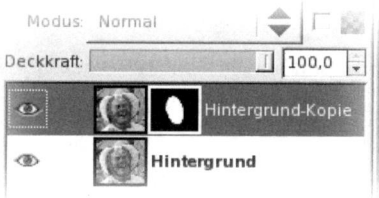

Maskenbearbeitung Eine Ebenenmaske kann wie jedes beliebige andere (Graustufen-)Bild in GIMP bearbeitet werden. Das heißt, Sie können verschiedene Zeichenwerkzeuge verwenden, beispielsweise den Zeichenpinsel, das Airbrush-Werkzeug usw., oder auch Filter auf die Maske anwenden. Die Voransicht im Ebenendialog gibt Ihnen einen groben Eindruck, wie die Ebenenmaske aussieht. Für eine Bearbeitung der Maske ist sie selbstverständlich nicht zu gebrauchen.

Dies ist auch gar nicht notwendig, denn die Ebenenmaske lässt sich in voller Größe im Bildfenster betrachten und bearbeiten. Sie müssen lediglich mit gedrückter ALT-Taste auf die Maskenvoransicht in der Ebenen-Dialogbox drücken, um die Maske für eine Bearbeitung ins Bildfenster zu bringen. In der Ebenen-Dialogbox erhält die Maskenvoransicht dann übrigens eine *grüne* Umrahmung, d.h. auch hieran erkennen Sie diesen Bearbeitungsmodus. Ein erneuter Mausklick mit gedrückter ALT-Taste stellt die alte Ansicht wieder her, d.h. im Bildfenster wird die Ebene dargestellt.

Bevor Sie eine Maske endgültig auf eine Bildebene anwenden (wie im nächsten Abschnitt beschrieben), können Sie sich jederzeit im Bild-

fenster anschauen, welche Auswirkung die Ergebnisse Ihrer Maskenbearbeitung auf die Bildebene haben. Wenn Sie mit gedrückter STRG-
Taste auf die Maskenvoransicht in der Ebenen-Dialogbox klicken, wird
die Maske (vorläufig) auf die Bildebene angewendet und Sie sehen im
Bildfenster die Resultate Ihrer Arbeit. Auch wenn Sie in diesem Betrach-
tungsmodus sind, erkennen Sie dies in der Ebenen-Dialogbox, denn die
Maskenvoransicht erhält eine *rote* Umrandung. Die Maske wird dann
nicht verwendet.

Eine Kombination der beiden oben vorgestellten Modi ist übrigens
auch möglich: Die Ebenenmaske lässt sich direkt im Bildfenster bearbeiten, ohne dass sie dort angezeigt wird. Das heißt, Ihre Aktionen wirken
auf die Maske, Sie sehen dann das Bild und die Wirkung der Maske direkt im Bildfenster. Für diesen Bearbeitungsmodus müssen Sie lediglich
darauf achten, dass nach Anlegen der Maske diese im Ebenendialog aktiviert wird. Ein Mausklick auf die Maskenvoransicht reicht aus. Wollen Sie dann die Bildebene bearbeiten, so muss diese in der gleichen Art
und Weise markiert werden. Ob die Bildebene oder die zugehörige Maske aktiv ist, erkennen Sie übrigens am weißen Rahmen um die jeweilige
Voransicht (Achtung allerdings bei weißen Ebenenmasken bzw. Bildebenen, hier ist die Umrandung nicht zu erkennen). Die Tabelle 12.2
fasst die verschiedenen Bearbeitungsmodi noch einmal zusammen.

Maske anwenden Wenn Sie mit Ihren Arbeiten an der Ebenenmaske fertig sind, muss diese noch endgültig auf die Ebene angewendet
werden, damit die in dieser Maske festgelegten Transparenzwerte auf
jeden Bildpunkt der Ebene übertragen werden. Hierzu führen Sie im
Kontextmenü der Ebenen-Dialogbox (Abb. 12.1 auf Seite 189) den Befehl EBENENMASKE ANWENDEN aus. Haben Sie es sich anders überlegt
und wollen die Maske nicht weiter verwenden, so sollten Sie im selben
Menü den Befehl EBENENMASKE VERWERFEN ausführen.

Anwendungsbeispiele für Masken Mit Ebenenmasken können Sie
die Transparenz einzelner Bildteile ganz gezielt festlegen. Damit sind
Ebenenmasken das geeignete Werkzeug, wenn es darum geht, verschiedene Bilder und Bildteile miteinander so zu kombinieren, dass ein Bildübergang nahtlos gelingt und damit natürlich aussieht. Um dies zu
erreichen, bieten sich mehrere Techniken an. Wollen Sie z.B. Bildteile gleichmäßig ineinander überblenden, sollten Sie die Ebenenmasken
mit einem Verlauf füllen. GIMPs Verlaufs-Werkzeug bietet verschiedene Verlaufformen an und je nach Anwendungszweck erzielen Sie beispielsweise mit einem linearen, einem radialen oder einem formgeben-
den Verlauf ein optimales Ergebnis.

Tabelle 12.2
Die verschiedenen
Bearbeitungsmodi von
GIMPs Ebenenmasken

Maus-Aktion...	...auf...	...ermöglicht...	...ist sichtbar im Bild-fenster	In der Ebenen-Dialogbox sehen Sie
Alt+Links-Klick	Masken-voransicht	Masken-bearbeitung	Maske	...die Masken-voransicht rot umrandet
Strg+Links-Klick	Masken-voransicht	Maskenresultat	Maske + Bild	...die Masken-voransicht grün umrandet
Links-Klick	Masken-voransicht	Masken-bearbeitung	Maske + Bild	...die Masken-voransicht weiß umrandet
Links-Klick	Ebenen-voransicht	Ebenen-bearbeitung	Maske + Bild	...die Ebenen-voransicht weiß umrandet

Abbildung 12.19
Mit einer
Ebenenmaske, deren
Ränder
weichgezeichnet
wurden, lassen sich
Objekte sanft in den
Hintergrund einbetten.

Möchten Sie ein Bild möglichst weich in den Hintergrund einbetten, sollten Sie das einzubindende Objekt markieren, aus der Markierung eine Ebenenmaske erzeugen und diese dann weichzeichnen. Das folgende »So geht's«-Tutorial zeigt Ihnen, wie Sie vorgehen müssen.

Einen weichgezeichneten Übergang erzeugen

Wählen Sie als Erstes den Bereich aus, den Sie weich in eine Umgebung einbetten möchten.

 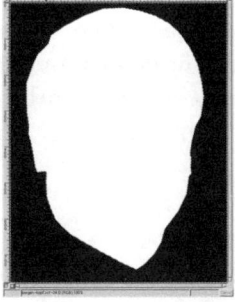

Erzeugen Sie dann eine schwarze Ebenenmaske und bringen Sie diese ins Bildfenster (Alt-Taste und Mausklick auf die Maskenvoransicht im Ebenendialog). Beachten Sie, dass die zuvor getroffene Auswahl auch in der Maske aktiv bleibt. Füllen Sie den ausgewählten Bereich weiß aus.

Zuletzt wenden Sie auf die Maske einen Gauss'schen Weichzeichnungsfilter an (Filter → Weichzeichnen → Gaußscher Weichzeichner (RLE)).

Selbstverständlich lassen sich die oben beschriebenen Methoden beliebig kombinieren – sowohl einen Verlauf als auch eine weichgezeichnete Objektmarkierung kann man in eine Ebenenmaske einbringen. Neben den oben erwähnten Weichzeichnungsfiltern lassen sich auf eine Ebenenmaske alle Filter anwenden (ausschließlich derer, die nur auf ein RGB-Bild wirken). Interessante Bildumrandungen erzeugen Sie beispielsweise mit GIMPs Verzerrungsfiltern. Dies ist auf Seite 130 erläutert und Abb. 9.10 zeigt dort einige besonders gelungene Bildumrahmungen.

Da sich darüber hinaus jeder beliebig ausgewählte Bereich in eine Maske kopieren lässt, sind den Bearbeitungsmöglichkeiten fast keine Grenzen gesetzt. Zusätzlich kann man GIMPs Zeichenwerkzeuge in Ebenenmasken verwenden. Dies ermöglicht, eine Maske maßzuschneidern und für jeden Bereich eines Bildes festzulegen, welche Sichtbarkeit er hat. Dies ist insbesondere dann notwendig, wenn Sie für eine Collage Bildteile ganz individuell einbinden möchten und z.B. ein auf die Bildmaske angewandter Verlauf nicht das gewünschte Transparenz-Resultat liefert. Besonders geeignet für eine solch individuelle Bearbeitung ist GIMPs Zeichenpinsel in Kombination mit einer der weichen Werkzeugspitzen – das sind solche, die in der Werkzeugspitzenauswahl in ihrem Namen die Bezeichnung FUZZY tragen. Wenn Sie eine von Ihnen erzeugte Werkzeugspitze verwenden wollen, sollten Sie im Werkzeugspitzen-Editor einen kleinen Wert für den Parameter HÄRTE verwenden. Ebenso gut für eine individuelle Maskenbearbeitung eignet sich das Airbrush-Werkzeug, das auch im folgenden »So geht's«-Tutorial Anwendung findet.

Abbildung 12.20
*Das resultierende Bild
des nächsten Tutorials
zeigt ein weich
eingebettetes Portrait
mit klaren
Gesichtszügen.*

Bildmontage mit Ebenenmasken

Starten Sie, indem Sie die zu kombinierenden Bilder mittels Kopieren (Strg+C) und Einfügen (Strg+V) in ein Bild zusammenfügen. Einzelne Bildbestandteile sollen in verschiedenen Ebenen gehalten werden.

Erzeugen Sie eine schwarze Ebenenmaske und bringen Sie diese ins Bildfenster (Alt-Taste und Mausklick auf die Maskenvoransicht im Ebenendialog). Wenden Sie mit GIMPs Verlaufs-Werkzeug auf die Maske einen Verlauf an. In diesem Beispiel wurde ein formgebender Verlauf (Formangepaßt (winklig)) benutzt.

Bildmontage mit Ebenenmasken, Fortsetzung

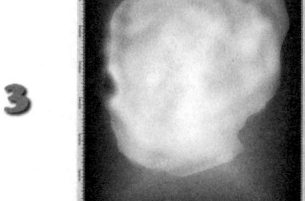

Das obige Resultat erzeugt zwar passable Übergänge zum Rand des eingefügten Portraits hin, die Gesichtskonturen sind allerdings zu unklar, da auch diese von der Maske zum Teil ausgeblendet werden. Aus diesem Grunde wird die Maske zusätzlich mit dem Airbrush-Werkzeug bearbeitet und der Bereich des Gesichtes vorsichtig mit weißer Farbe gefüllt, sodass diese Konturen stärker hervortreten.

Auch zur Aufwertung von Texteffekten lassen sich Ebenenmasken nutzen, wie das folgende Tutorial zeigt.

Wirkungsvoller Relief-Text

Starten Sie genau so wie auf Seite 420 beschrieben. Legen Sie zusätzlich ein weiteres Bild an (gleiche Größe, weißer Hintergrund). Kopieren Sie die Textebene aus dem Startbild in das neue Bild hinein. Dann markieren Sie den Text und färben diesen schwarz.

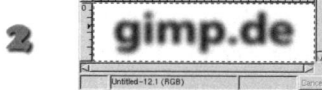

Verschmelzen Sie in diesem Bild alle Ebenen zu einer (Ebene → Bild zusammenfügen) und zeichnen Sie das Resultat mit einem Gauss'schen Weichzeichner (Filter → Weichzeichnen → Gaußscher Weichzeichner (RLE)) um 10 Bildpunkte weich. Wählen Sie das gesamte Bild (Strg+A) und kopieren Sie es in den Buffer (Strg+V).

Wirkungsvoller Relief-Text, Fortsetzung

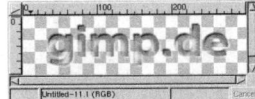

Ersetzen Sie im Ausgangsbild die graue Hintergrundebene durch eine transparente. Verschmelzen Sie Hintergrund-, Text- sowie die Schattenebenen in diesem Bild zu einer (Ebene → Sichtbare Ebenen vereinen). Ergänzen Sie das Resultat um eine Ebenen-Maske (<Ebenendialog> → Ebenenmaske hinzufügen), aktivieren Sie diese (Strg + Klick auf die Maskenvoransicht im Ebenendialog) und fügen Sie das aus dem zweiten Bild Kopierte in die Maske hinein.

Wenden Sie die Ebenenmaske an (<Ebenendialog> → Ebenenmaske hinzufügen). Füllen Sie eine weitere Ebene mit einem Verlauf Ihrer Wahl.

Sie ärgern sich über ein unterbelichtetes Bild? Kein Problem, nutzen Sie GIMP als digitale Dunkelkammer und belichten Sie mithilfe einer Ebenenmaske Ihre Bilder nach.

Abbildung 12.21
Mit dem Resultat des
obigen Tutorials sind
durch Auswahl
verschiedener
Hintergründe, Ebenen-
zusammensetzungen
und Verläufe eine
Vielzahl von Effekten
umsetzbar.

Bild mittels Ebenenmaske und -kombination nachbelichten

Kopieren Sie die Hintergrundebene des dunklen Bildes einmal.

Bild mittels Ebenenmaske und -kombination nachbelichten, Fortsetzung

2 Nehmen Sie die Farben aus der kopierten Ebene (Ebene → Farben → Sättigung entfernen). Danach zeichnen Sie die Ebene weich (Filter → Weichzeichnen → Gaußscher Weichzeichner (RLE)), sodass die Feinheiten im Bild verwischt werden.

3 Legen Sie in der weichgezeichneten Ebene eine Ebenenmaske an (<Ebenendialog> → Ebenenmaske hinzufügen), markieren Sie die gesamte Bildebene (Strg+A), kopieren Sie diese (Strg+V) und fügen Sie diese in die Ebenenmaske ein (Strg+V bei aktivierter Maske). Zuletzt kehren Sie in der Maske die Farben um (Ebene → Farbe → Invertieren).

4 Die maskierte Bildebene muss mit dem darunter liegenden Originalbild kombiniert werden. Eine optimale Aufhellung erhält man mit dem Bildschirm-Modus.

13 Bildverarbeitung und Farben

Um die in Kap. 14 und Kap. 15 beschriebenen Farbkanäle und GIMPs Möglichkeiten der Farbbearbeitung zu verstehen, müssen wir uns kurz damit auseinander setzen, wie GIMP bzw. allgemeiner, wie eine Bildverarbeitungssoftware die Farbinformation einer Bilddatei speichert und bearbeitet.

13.1 Farbmodelle

Um die Farben eines Bildes so wiederzugeben, dass sie den (physiologischen) Empfindungen unseres Sehsinns entsprechen, werden verschiedene Ansätze genutzt. Welcher Ansatz bzw. welches der unten vorgestellten Farbmodelle zum Einsatz kommt, hängt von verschiedenen Parametern ab. Beispielsweise davon, ob man das Bild auf einem Computerbildschirm wiedergeben möchte oder ob es gedruckt werden soll. Im Folgenden stellen wir die Farbmodelle vor, die in der digitalen Bildverarbeitung genutzt werden.

RGB Direkt beim Anlegen eines neuen Bildes machen Sie, wie in Kap. 7.2 besprochen, Bekanntschaft mit dem RGB-Modell, denn wenn Sie in GIMP ein farbiges Bild erzeugen, wird dies standardmäßig in diesem Format angelegt. Das RGB-Modell ist ein Modell für die optimale Darstellung von Farben auf einem Bildschirm. Jede in einem Bild dargestellte Farbe setzt sich zusammen aus den drei Farben Rot, Grün und Blau. In GIMP bemerken Sie dies unter anderem daran, dass ein RGB-Bild stets über drei Farbkanäle verfügt, deren Bearbeitung im folgenden Kap. 14 diskutiert werden wird.

Beim RGB-System handelt es sich um ein so genanntes additives Farbmodell. Das heißt, je mehr Farben Sie mischen, desto heller wird das Endergebnis. Werden alle drei Farben des Modelles mit ihrem Maximalwert zusammengefügt, erhalten Sie als Resultat die Farbe Weiß.

Das RGB-Modell wird von GIMP und seinen Plugins am besten unterstützt, weswegen Sie bei der Arbeit mit Bilddateien versuchen sollten, möglichst viele Arbeitsschritte der Bildbearbeitung in diesem Format durchzuführen. Zu Beginn der Arbeit müssen Sie hierzu ein Bild möglicherweise erst in dieses Format umwandeln. Dies geschieht mit dem Befehl BILD → MODUS → RGB, den Sie im Bildmenü finden. Ist das Ziel Ihrer Arbeit ein Bild in einem anderen Format (etwa im Graustufenformat oder mit einer indizierten Farbpalette, s.u.), so sollten Sie auch in diesem Falle möglichst viele Bearbeitungsschritte im RGB-Format durchführen und erst zum Schluss das Bild in ein anderes Format umwandeln.

CMYK   Anders als das soeben vorgestellte Modell ist das CMYK-Modell ein subtraktives Farbmodell. Je mehr Farben Sie in diesem Modell mischen, desto dunkler wird die resultierende Farbe. Das Zusammenfügen der Grundfarben Cyan, Magenta und Gelb (Yellow) ergibt folglich Schwarz bzw. ein schmutziges Braun. Der vierte Buchstabe in der Kurzbezeichnung des Modelles steht für key, hiermit ist die Grundfarbe gemeint, zumeist Schwarz.

Das CMYK-Modell kommt beim professionellen Ausdruck von Bilddateien zum Einsatz. Da die Farben des CMYK-Modells im Vierfarbdruck verwendet werden, bezeichnet man die Farben des Modelles oftmals auch als Prozessfarben.

GIMP unterstützt dieses Modell (noch) nicht. Allerdings können Sie auch in GIMP ein Bild nach diesen Farben separieren und damit im Prinzip Vorlagen für die Belichtung von Folien erstellen, die dann im Vierfarbdruck eingesetzt werden können. Wie eine solche Separation funktioniert, erfahren Sie in Kap. 14.

HSV   Beim HSV-Modell handelt es sich um ein Farbmodell, bei dem eine bestimmte Farbe durch die drei Größen Farbton (FARBTON), Farbsättigung (SÄTTIGUNG) und Farbwert (WERT) bestimmt wird. Die erste dieser Größen legt fest, wo genau im Spektrum die Farbe zu finden ist. Der Farbton ist ein Wert, der periodisch in einem Farbkreis liegt, sodass der Maximalwert dieser Skala gleichbedeutend ist mit dem Minimalwert. Die Farbsättigung legt im Prinzip die Farbreinheit und damit die Intensität der Farbe fest. Ein hoher Wert lässt hierbei die Farbe käftiger erscheinen, ein niedriger Farbsättigungswert eher schwach. Der Farbwert schließlich gibt an, wie hell die Farbe erscheint.

Indizierte Paletten   Die bislang beschriebenen Modelle lassen ein kontinuierliches Spektrum an Farben mit vielen, vielen Zwischenwerten zu. Im Unterschied hierzu verwenden indizierte Bilder eine Farbtabelle mit einer genau festgelegten Anzahl von Farben (zumeist 256).

Wie bereits in Kap. 7.1.1 beschrieben, können Bilder in bestimmte Grafikformate, z.B. in das GIF-Format, erst dann abgespeichert werden, wenn ihre Farben auf eine Farbpalette reduziert wurden. Wenn Sie die Farben eines Bildes auf eine solche Palette reduzieren wollen, so rufen Sie im Bildmenü den Befehl BILD → MODUS → INDIZIERT auf. Daraufhin öffnet sich die in Abb. 13.1 gezeigte Dialogbox, in der Sie festlegen, welche Palette GIMP verwenden soll.

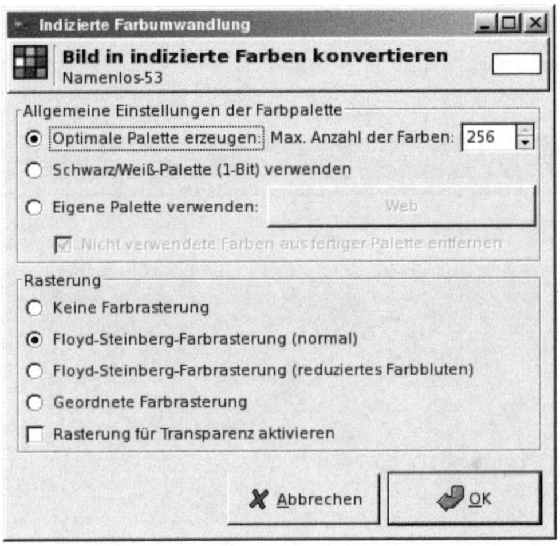

Abbildung 13.1
In dieser Dialogbox bestimmen Sie die Parameter, die GIMP benötigt, um die (kontinuierlichen) Farben eines Bildes auf eine Palette mit einer genau festgelegten Anzahl an Farben zu reduzieren.

Mithilfe der Parameter dieser Box bestimmen Sie, welche Palette bei der Farbreduktion verwendet werden soll. Mit OPTIMALE PALETTE ERZEUGEN analysiert GIMP die Farben eines Bildes und berechnet daraus eine Palette, welche den im Bild gefundenen Farben am nächsten kommt. Aus wie vielen Farben diese Palette bestehen soll, legen Sie mit dem Parameter MAX. ANZAHL DER FARBEN fest. Mit der Wahl EIGENE PALETTE VERWENDEN lässt sich eine Palette aus den bereits vorhandenen auswählen, beispielsweise die Palette WEB. Diese ist abgestimmt auf die Farben, welche die Web-Browser *Netscape* und *Internet Explorer* verwenden. Wählen Sie hingegen SCHWARZ/WEISS (1-BIT) Palette, erzeugt GIMP aus dem Bild eine simple Strichgrafik, die lediglich die Farben Schwarz und Weiß verwendet.

Was passiert bei der Reduktion der Farben auf eine indizierte Palette? Im Prinzip muss GIMP den gesamten Farbbereich eines Bildes nehmen und als Erstes – abhängig von der Anzahl der Palettenfarben – berechnen, welchen Umfang ein Farbsegment hat, welches später genau eine Farbe der Palette ausmacht. Als Nächstes müssen dann diese Segmente auf einzelne Farben reduziert werden. Bei der Berechnung dieser Farben verwendet GIMP ein Interpolationsverfahren, das man auch *dithering* nennt. Wie gut (oder auch wie schlecht) dies funktioniert, hängt von dem verwendeten Algorithmus ab. GIMP bietet Ihnen in der in Abb. 13.1 gezeigten Dialogbox verschiedene Optionen für das Dithering der Farben, z.B. zwei Varianten des so genannten Floyd-Steinberg-Algorithmus.

Mit Farbtabellen arbeiten   Sobald Sie eine Bilddatei in der oben beschriebenen Art und Weise indiziert haben, lässt sich die zugehörige Farbtabelle bearbeiten. Hierzu rufen Sie in der Befehlsleiste der GIMP-Werkzeugpalette mit DIALOGE → FARBTABELLE die in Abb. 13.2 gezeigte Dialogbox auf.

Abbildung 13.2
In dieser Dialogbox
bearbeiten Sie die
einzelnen Farben eines
indizierten Bildes

Im Feld FARBINDEX dieser Box können Sie nun bequem Farbe für Farbe anwählen, wobei Ihnen im Feld HEX-TRIPLET der entsprechende Hexadezimal-Code der Farbe angezeigt wird. Wählen Sie übrigens mit der Pipette in einem indizierten Bild einen Bildpunkt aus, so zeigt das Informationsfenster die Indexnummer der Farbe an. Diese lässt sich dann in der Dialogbox auswählen. Zur Bearbeitung wählen Sie unten die Schaltfläche FARBE BEARBEITEN. Diese ruft die weiter unten beschriebenen Farbauswahlfelder auf.

Wenn Sie eine neue Bilddatei direkt in ein indiziertes Bild umwandeln und mit einer bestimmten Palette arbeiten wollen, hilft Ihnen die in Abb. 13.3 gezeigte Dialogbox, mit deren Hilfe Sie aus bereits vorhandenen Paletten in der Registerkarte AUSWAHL eine auswählen können. Die Palette selbst und deren Farben lässt sich in der Dialogbox FARB-

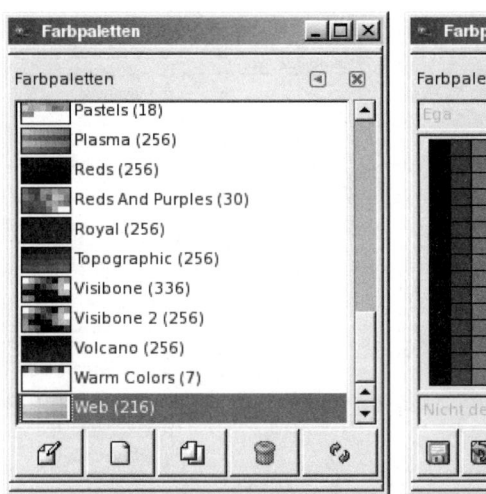 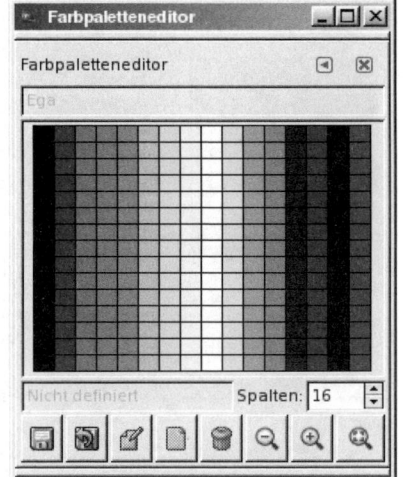

Farbpaletten-Auswahl   Farbpaletteneditor

Abbildung 13.3
In der Dialogbox
Farbpaletten *lassen*
sich Farbpaletten für
die Arbeit mit
indizierten Bildern
auswählen. Eine
ausgewählte Palette
bearbeiten Sie dann im
Farbpaletteneditor.

PALETTEN auswählen und, wenn Sie auf die Schaltfläche Bearbeiten klicken, in einer Ansicht FARBPALETTENEDITOR bearbeiten.

13.2 Farben in GIMP auswählen

Wie greifen Sie auf Farben zu und wählen diese aus? Beispielsweise mit dem in Kap. 11.1 vorgestellten Farbauswähler oder bei der Farbzusammenstellung in einem Verlauf (Kap. 9.10)? Wenn Sie im Farbauswähler auf die (aktivierte) Vordergrund- oder Hintergrundfarbe klicken, öffnet sich eine Farbauswahlbox mit insgesamt vier Registerkarten GIMP, DREIECK, DRUCKFARBEN und WASSERFARBE, die Sie alle in Abb. 13.4 abbgebildet sehen.

In der Registerkarte GIMP wählen Sie eine Farbe aus, indem Sie auf der rechten Seite der Karte die HSV- bzw. RGB-Werte eingeben. Falls Sie eine Farbvorgabe aus einer Webseite übernehmen, können Sie den hexadezimalen Wert der Farbe direkt in das Feld HEXADEZIMAL eingeben. Eine Farbauswahl mit der Maus realisieren Sie folgendermaßen: Sie wählen zunächst eine Farbe grob im vertikalen Farbbalken in der Mitte der Registerkarte aus (hiermit legen Sie den Farbton fest). Eine Feinabstimmung ist dann im großen quadratischen Feld möglich. Entlang der X-Achse wählen Sie den Farbwert, entlang der Y-Achse die Farbsättigung. Sobald Sie den Mauscursor in dieses Feld bewegen und dort hin- und herziehen, sehen Sie zu Ihrer Orientierung ein Fadenkreuz, das Ihnen die Positionierung erleichtert.

Abbildung 13.4
*Ein Klick auf die
Farbauswahl in der
GIMP-Befehlsleiste
öffnet eine Dialogbox
mit insgesamt vier
Registerkarten (siehe
Farbtafeln).*

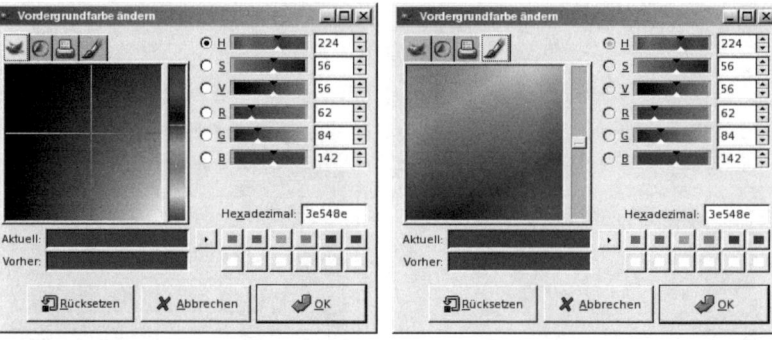

GIMP-Farbauswahl   »Wasserfarben«-Auswahl

Farbauswahl-Dreieck   CMYK-Farbauswahl

In der Registerkarte DREIECK ist der Farbton entlang eines Kreises angeordnet und Farbwert und -sättigung lassen sich innerhalb eines Dreieckes auswählen. In der Registerkarte CMYK-FARBAUSWAHL sind die Grundwerte des CMYK-Farbmodells durch Schieber auswählbar. Ähnlich wie in der Karte GIMP lassen sich auch hier die Farbwerte numerisch direkt in Eingabefelder rechts in dieser Box eingeben.

Die Registerkarte WASSERFARBE schließlich erlaubt es Ihnen, Farben so »anzurühren«, wie Sie es früher in der Schule mit einem Malkasten getan haben. Um sich die Funktion dieser Auswahl klar zu machen, sollten Sie mit einer hellen Farbe starten und beobachten, wie die Startfarbe sich mit der im Farbfeld dieser Registerkarte ausgewählten Farbe vermischt. Wie bei den klassischen Wasserfarben wird die resultierende Farbe immer dunkler, je mehr Sie beimischen.

Die Stärke der Mischung lässt sich mit dem Schieber rechts neben dem Farbfeld einstellen. Steht dieser Schieber weiter unten, so werden jeweils nur geringe Farbmengen aufgenommen. Je weiter Sie diesen Schieber nach oben stellen, desto großzügiger wird durch den Klick mit der Maus aufgenommen. Wenn Sie ein Grafiktablett verwenden, lässt sich mit diesem Druckparameter besonders gut arbeiten.

In der Registerkarte CMYK-FARBAUSWAHL sind die Grundwerte des CMYK-Farbmodells durch Schieber auswählbar. Ähnlich wie in der Karte GIMP lassen sich auch hier die Farbwerte numerisch direkt in Eingabefelder rechts in dieser Box eingeben.

14 Arbeiten mit Kanälen

Wie Sie im vorigen Kapitel gelernt haben, setzt sich die Bilddatei eines Bildverarbeitungsprogramms und so auch eine GIMP-Bilddatei aus den drei Farben Rot, Grün und Blau zusammen. Diese Farben werden in unterschiedlichen Farbkanälen abgespeichert. Jedes RGB-Bild in GIMP besitzt also immer einen Rotkanal, einen Grünkanal und einen Blaukanal. Sie werden im Folgenden lernen, wie man mit diesen Kanälen arbeitet, aber auch wie man sich die unterschiedliche Farbinformation zunutze machen kann, um bestimmte Effekte zu verwirklichen.

Zusätzlich zu den Farbkanälen (sowie möglicherweise einem weiteren Alphakanal) erlaubt GIMP es Ihnen, weitere Hilfskanäle anzulegen und mit diesen zu arbeiten. Für welchen Zweck Sie diese Hilfskanäle benötigen und was sich mit ihnen sonst noch so anfangen lässt, erfahren Sie ebenso auf den nächsten Seiten.

14.1 GIMPs Farbkanäle

Ähnlich wie bei den Bildebenen lässt sich auch der Kanalstatus nicht im Bild selbst bzw. im Bildfenster erkennen. Auch hierzu bietet GIMP Ihnen eine Registerbox, diese heißt KANÄLE (Abb. 14.1).

Kanal-Navigation Anstelle der Bildebenen zeigt die Registerkarte KANÄLE eine Listenauswahl der im Bild vorhandenen Kanäle. GIMP stellt auch diese als kleine Voransichten dar. Die Größe der Kanalvoransichten ist – wie auch schon bei den Ebenenvoransichten – abhängig von den GIMP-Voreinstellungen. Handelt es sich bei der Datei um ein Bild im RGB-Format, so sehen Sie in der Übersicht insgesamt drei Kanalvoransichten, jeweils eine für jeden der drei Kanäle Rot, Grün und Blau. Bei einem Graustufenbild und bei einem indizierten Bild sehen Sie lediglich eine Kanalvoransicht mit der Bezeichnung GRAU bzw. INDIZIERT.

Die Navigation funktioniert nahezu analog zu der im Kap. 12.2 ausgeführten Bedienung der Bildebenen. Was sehen Sie, nachdem Sie ein Bild öffnen, die Ebenen-Dialogbox aufrufen und dann in die Regis-

Abbildung 14.1
*In der Registerkarte
Kanäle finden Sie in
einer Listenansicht die
Farbkanäle eines Bildes
sowie weitere
Hilfskanäle.*

terkarte KANÄLE wechseln? Da das Bild sich aus den drei Farbkanälen zusammensetzt, sind alle drei Kanäle aktiv, was Sie daran erkennen, dass alle drei Kanäle blau unterlegt sind. Dies ist anders als bei den Bildebenen, denn dort gibt es ja immer nur eine aktive Ebene. Auch in dieser Ansichtsliste finden Sie vor den einzelnen Kanälen ein Augensymbol, mit dessen Hilfe Sie die Sichtbarkeit eines Kanales aus- bzw. einschalten. Auch der auf Seite 191 genannte Tipp hat in dieser Registerkarte Gültigkeit. Sobald Sie die Sichtbarkeit eines oder zweier Kanäle ausgeschaltet haben, sehen Sie im Bildfenster nur noch die Kombination der übrigen beiden Kanäle bzw. den Einzelkanal. Hierdurch ist es Ihnen möglich, sich einzelne Kanäle anzuschauen und zu erkennen, welchen Anteil diese am Gesamtbild haben.

Neben der Kanal-Sichtbarkeit, die Sie mit dem Augensymbol steuern, lassen sich durch einen Mausklick die Kanäle deaktivieren und wieder aktivieren. Dies gibt Ihnen die Möglichkeit, Befehle, Effekte und Filter nicht nur auf ein Bild als Ganzes anzuwenden, sondern lediglich auf einen oder zwei Kanäle. Was man besonders gut in welchem Kanal erkennt, erfahren Sie in den nächsten Abschnitten.

Der Rotkanal   In diesem Kanal sehen Sie die größten Kontraste in Ihrem Bild. Wenn es Sie interessiert, wo im Bild sich die hellsten und dunkelsten Bereiche befinden, sollten Sie in den Rotkanal schauen. Ein weiterer Vorteil betrifft Portraitaufnahmen, von denen Sie ein Schwarz-Weiß-Bild erstellen möchten. Neben dem weiter unten vorgestellten Befehl, mit dem sich die Farben aus einem RGB-Bild entfernen lassen, sollten Sie in Betracht ziehen, lediglich den Rotkanal des Portraits zu

verwenden, da Hautunreinheiten in diesem Kanal am hellsten wieder-
gegeben werden und sich dort am besten korrigieren lassen. Abb. 14.2
zeigt dies sehr schön an einem Beispiel.

Abbildung 14.2
*Hier sehen Sie ein Bild
sowie seinen Rotkanal
(verkleinert).*

Der Grünkanal Dieser Kanal hat die größte Detailschärfe. Wenn Sie
die in einem Folgekapitel vorgestellten Filter zur Schärfung bzw. zum
Weichzeichnen nicht auf das gesamte Bild, sondern nur auf den Grün-
kanal anwenden, erreichen Sie u.U. passablere Resultate. Bei einer un-
scharfen Maskierung, die lediglich auf diesen Kanal wirkt, erhält man
so möglicherweise ein natürlicheres Resultat. In Kap. 27.5 ist dies genauer erläutert und Abb. 27.13 auf Seite 377 zeigt Ihnen ein Beispiel.

Der Blaukanal Hat eines Ihrer Bilder eine mäßige bis miserable Qualität? Dann werfen Sie einen Blick in seinen Blaukanal, denn Bildfehler zeigen sich hier in besonderer Prägnanz. Dies können Überreste eines Scan-Vorganges sein, Störungen, verursacht in einer Digitalkamera
usw. Damit bietet sich der Blaukanal als der Bereich an, in dem diese
Störungen optimal beseitigt werden können.

Die Standardkanäle eines Bildes lassen sich nur in der oben beschriebenen Weise beeinflussen. Anders als bei den Ebenen kann man diese

nicht verschieben. Auch ein Umbenennen ist nicht möglich. Ihnen ist sicherlich aufgefallen, dass auch die Registerkarte KANÄLE, die wir zur Zeit besprechen, über Schaltflächen verfügt. Diese sind alle – bis auf eine – inaktiv, solange ein Bild lediglich über Standardkanäle verfügt. Ähnlich sieht es aus mit dem Kontextmenü, das Sie sehen, wenn Sie in der Registerkarte die rechte Maustaste betätigen.

Die einzig aktive Schaltfläche (und der einzig aktive Befehl des Kontextmenüs) NEUER KANAL hat folgende Aufgabe: das Anlegen eines neuen so genannten Hilfskanals. Dies besprechen wir im übernächsten Kapitel. Zuvor wollen wir uns jedoch damit beschäftigen, wie man in GIMP ein Bild in verschiedene Kanäle zerlegt.

14.2   Farbkanäle trennen und kombinieren

Sie können ein Bild in seine Farbkanäle zerlegen. Dies gelingt mit dem Bildmenü-Befehl FILTER → FARBEN → ZERLEGEN. Wenn Sie diesen Befehl aufgerufen haben, öffnet sich die in Abb. 14.3 gezeigte Box. Das Einzige, was Sie hier zu tun haben, ist, ein Farbmodell auszuwählen, nach welchem GIMP das Bild in seine Farbbestandteile zerlegen soll. Zur Auswahl stehen eine Zerlegung in die Kanäle des RGB-Modells, des HSV-Modells sowie in das CMYK-Modell (CMY bzw. CMYK). Darüber hinaus bietet sich über diesen Befehl eine schnelle und bequeme Möglichkeit, den Alphakanal eines Bildes zu separieren (ALPHA).

Abbildung 14.3
In dieser Dialogbox bestimmen Sie, in welche Einzelkanäle GIMP ein Bild zerlegen soll.

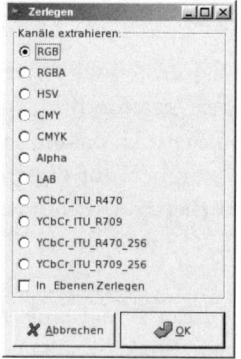

Nach dem Start des Separationsvorganges legt GIMP für jeden der Kanäle ein separates Bildfenster an. Hierbei handelt es sich um Bilddateien im Graustufenformat. Diese lassen sich separat bearbeiten wie jedes andere Bild auch, wobei Sie natürlich zu beachten haben, dass z.B. nicht alle Filter auf ein Graustufenbild anwendbar sind. Zur besseren Orientierung benennt GIMP die Kanalbilder eindeutig, wobei sich der

Name aus der Bezeichnung des Ursprungsbildes und der Farbbezeichnung zusammensetzt, Beispiele hierzu sehen Sie in den Kanalbildern der Abbildungen 14.4 und 14.5.

Rot   Grün   Blau

Abbildung 14.4
Wenn Sie ein Bild nach seinen RGB-Farbkanälen zerlegen, erzeugt GIMP für jeden Farbkanal ein separates Graustufenbild.

Möglicherweise möchten Sie nach einer Bearbeitung der einzelnen Kanäle diese wieder zu einem Bild zusammenfassen. Hierzu bietet in allen Kanalbildern das Bildmenü den Befehl FILTER → FARBEN → ZUSAMMENSETZEN an. In der Dialogbox, die sich daraufhin öffnet (Abb. 14.6), finden Sie im linken Teil den Bereich KANÄLE ZUSAMMENSETZEN, in welchem Sie durch Auswahl eines Modelles bestimmen, wie viele Kanäle miteinander kombiniert werden sollen. Im rechten Bereich KANAL-ZUWEISUNGEN der Dialogbox legen Sie dann fest, welche Bilddateien Sie zu einem Gesamtbild kombinieren möchten. Je nach Farbmodell links im Bereich KANÄLE ZUSAMMENSETZEN lassen sich drei oder vier Auswahlfelder füllen.

Cyan   Magenta   Yellow

Abbildung 14.5
Auch wenn Sie ein Bild in CMYK-Kanäle zerlegen, wird für jede der Farben ein separates Graustufenbild angelegt.

GIMP zeigt in den Auswahllisten übrigens nicht nur die originären Kanalrepräsentationen des Bildes, die Sie mittels ZERLEGEN erzeugt haben, sondern alle zur Laufzeit geöffneten Graustufendateien gleicher Größe. Hierüber haben Sie die Möglichkeit, Kanalkombinationen vollkommen verschiedener Bilder herzustellen.

Abbildung 14.6
In dieser Dialogbox wählen Sie aus den geöffneten Graustufenbildern die aus, die GIMP zu einem Bild kombinieren soll.

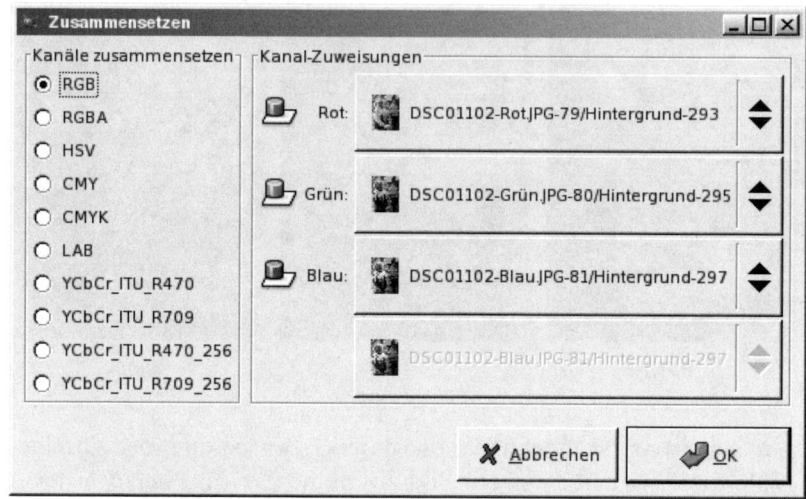

14.3   Hilfskanäle und Auswahlen

Neben den oben beschriebenen Standardkanälen, die immer vorhanden sind, wenn Sie in GIMP eine Bilddatei öffnen, lassen sich in einem Bild weitere Kanäle hinzufügen. Was hat es mit diesen Kanälen auf sich? Nun, Sie haben in Kap. 8 gelernt, mit GIMPs Auswahlwerkzeugen Bildbereiche zu markieren. Neben einfacheren quadratischen oder kreisförmigen Auswahlen haben Sie mit dem Lasso, dem Zauberstab oder dem Bezier-Füller auch komplexere Auswahlen realisiert. Dort hatten Sie schon mitbekommen, dass diese Auswahlen sich mit dem Befehl AUSWAHL → IN KANAL SPEICHERN abspeichern lassen und – sofern Sie das Bild im GIMP-eigenen XCF-Format abspeichern – eine Auswahl auch in einer späteren Sitzung zur Verfügung steht.

Sobald Sie eine Auswahl auf diese Weise gespeichert haben, legt GIMP einen weiteren Kanal an, der in der Registerkarte KANÄLE unterhalb der Standardkanäle eines Bildes auftaucht (Abb. 14.7).

Wenn Sie sich die Voransicht des neu angelegten Kanales genauer ansehen, stellen Sie fest, dass der Bereich innerhalb einer Markierung weiß dargestellt wird, der Bereich außerhalb einer Markierung schwarz, ähnlich wie bei den bereits besprochenen Ebenenmasken. Würden Sie einen Hilfskanal als Ebenenmaske anwenden, so würde er alles außerhalb einer Markierung ausblenden. So betrachtet, ist eine abgespeicher-

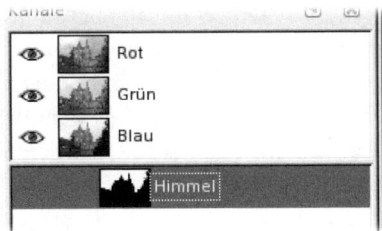

Abbildung 14.7
Wenn Sie eine Auswahl als Hilfskanal gespeichert haben, ist entweder jeweils dieser aktiv oder die Standardkanäle.

te Markierung nichts anderes als die Umrandung, die in einer Maske den sichtbaren Bereich eines Bildes von transparenten Bereichen trennt.

Hilfskanäle, Farbkanäle und Ebenen Beachten Sie: In der Ebenen-Dialogbox lassen sich jeweils nur die Standardkanäle oder weitere Hilfskanäle bearbeiten. Dies macht sich dadurch bemerkbar, dass im Bearbeitungsmodus die jeweils anderen Kanäle inaktiv sind und in der Registerkarte dann grau unterlegt ist. Dies sieht man auch deutlich in der Abb. 14.7.

Möchten Sie z.B. die Hilfskanäle bearbeiten, so lässt sich zwischen den beiden Modi durch Mausklick auf die Kanalvoransichten hin- und herwechseln. Wenn Sie in der Registerkarte KANÄLE weitere Kanäle angelegt und beispielsweise eine Auswahl aktiviert haben, sollten Sie, bevor Sie weiter an einem Bild arbeiten, den folgenden Tipp berücksichtigen.

Auswahl eines Hilfskanals deaktiviert die aktuelle Ebene

Wenn Sie in der Kanalansicht der Dialogbox KANÄLE eine als Kanal gespeicherte Ansicht mittels AUSWAHL AUS KANAL aktiviert haben, müssen Sie zur weiteren Bearbeitung der Bilddatei in der Ebenenansicht dieser Box die Ebene, in der Sie arbeiten möchten, erneut anwählen, da Mausaktionen im Kanalmenü Ebenenmarkierungen stets deaktivieren.

TIPP

Alle im Folgenden beschriebenen Befehle, die GIMP zu den Hilfskanälen anbietet, betreffen den Austausch und das Zusammenspiel dieser Kanäle mit ausgewählten Bereichen im Bild.

Hilfskanäle bearbeiten Sobald ein Bild einen oder mehrere Hilfskanäle enthält, sind die oben bereits erwähnten Schaltflächen der Registerkarte KANÄLE aktiv sowie alle Befehle des in Abb. 14.8 gezeigten Kontextmenüs, das sich öffnet, sobald Sie mit der rechten Maustaste auf einen der aktivierten Hilfskanäle klicken.

Die Befehle, welche mit den Schaltflächen angeboten werden und welche Sie im Kontextmenü angeboten bekommen, sind nahezu analog zu den Befehlen, die wir schon im Zusammenhang mit der Registerkarte EBENEN besprachen. Die Bedeutung der Schaltflächen entsprechen denen, die in Tab. 12.1 beschrieben sind. Mit den Schaltflächen lassen sich neue Kanäle anlegen, die Reihenfolge der Kanäle in der Ansichtsliste ändern oder Kanäle ändern. Zusätzlich zu den bereits bekannten Symbolen finden Sie hier das am Rand abgebildete Symbol. Hiermit lässt ein aktivierter Hilfskanal sich schnell in eine Auswahl zurückverwandeln. Betätigen Sie nur die Schaltfläche, so wird die im Kanal enthaltene Auswahl aktiv und ersetzt bereits vorhandene Auswahlen. Drücken Sie zusätzlich die UMSCHALT-Taste, so ergänzt diese eine bestehende Auswahl, mit gedrückter STRG-Taste wird sie von einer bestehenden Auswahl abgezogen. Sind beide Tasten gleichzeitig gedrückt, so wird die Schnittmenge der beiden Auswahlen aktiviert.

Abbildung 14.8
Das Kontextmenü der Registerkarte Kanäle *bietet Befehle für die Bearbeitung von Hilfskanälen.*

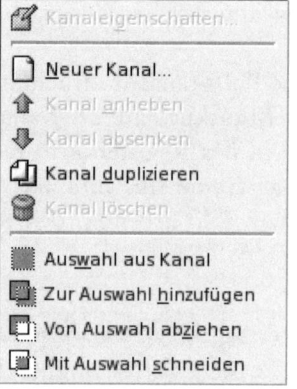

Genau die gleichen Befehle finden Sie im Kontextmenü dieser Registerkarte (Abb. 14.8). Im oberen Teil die Befehle zur Neuanlage, Kopieren bzw. zum Löschen eines Kanals (NEUER KANAL, KANAL DUPLIZIEREN bzw. KANAL LÖSCHEN), zur Kanalnavigation (KANAL ANHEBEN und KANAL ABSENKEN) sowie zur Auswahlaktivierung mit den oben beschriebenen Optionen, d.h. simples Ersetzen einer bestehenden Auswahl (AUSWAHL AUS KANAL), Hinzufügen (HINZUFÜGEN), Entfernen (ABZIEHEN) sowie Bilden einer Schnittmenge (SCHNEIDEN).

Hilfskanal anlegen   Nicht nur durch Abspeichern einer Auswahl ist es Ihnen möglich, einen Hilfskanal zu erzeugen. Einen Befehl, der genau dies macht, finden Sie als erste Schaltfläche der Registerkarte (KANÄLE) sowie auch im Kontextmenü dieser Karte (NEUER KANAL). Sobald Sie

diesen Befehl ausgeführt haben, öffnet sich die in Abb. 14.9 gezeigte
Dialogbox.

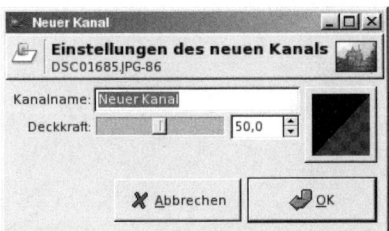

Abbildung 14.9
*Diese Dialogbox öffnet
sich, wenn Sie einen
neuen Kanal erzeugen.*

In dieser legen Sie den Namen des Kanals fest (KANAL-NAME) sowie seine DECKKRAFT. Anders übrigens als bei den Standardkanälen
lassen sich die Hilfskanäle – wie auch die Bildebenen – individuell benennen.

15 Farben managen mit GIMP

Im vorigen Kapitel haben Sie erfahren, wie ein farbiges Bild in GIMP
aufgebaut ist und wie Sie mithilfe der Farbkanäle die Farben eines Bildes bearbeiten können. Darüber hinaus bietet GIMP eine Reihe von
fortgeschrittenen Funktionen, die es Ihnen gestatten, auf vielfältige Weise die Farbinformation eines Bildes zu nutzen und zu verändern. Diese
Befehle, die im Folgenden vorgestellt werden, finden Sie alle im Menü
unter dem Eintrag EBENE → FARBE.

15.1 Schnelle Farbbearbeitung

Bildfarben ausgleichen Mit dem Befehl EBENE → FARBEN → AU-
TOMATISCH → ANGLEICHEN werden die Farben eines Bildes umver-
teilt. GIMP nimmt hierzu die hellsten und dunkelsten Werte des Bildes,
setzt diese auf die Farben Weiß bzw. Schwarz und die Zwischenfarben
auf eine neu berechnete Farbskala. Dieser Befehl kann recht nützlich
sein, wenn Sie dunkle Bilder aufhellen möchten oder in flauen Bildern
den Kontrast verstärken wollen. Ein wenig Vorsicht ist bei der Anwendung dieser Funktion angebracht, denn sie verzeichnet oftmals die Farben so stark, dass das resultierende Bild sehr unnatürlich aussieht.

Bildnegativ erstellen Mit dem Befehl EBENE → FARBEN → INVER-
TIEREN kehren Sie die Farben in Ihrem Bild um und erstellen so ein
Bildnegativ. GIMP berechnet die invertierten Farben aus der Differenz
des Wertes 255 und dem RGB-Wert der entsprechenden Farbe.

Farben aus einem Bild nehmen Diese Funktion wurde in diesem
Buch schon des Öfteren benutzt. Mit EBENE → FARBEN → SÄTTI-
GUNG ENTFERNEN ziehen Sie die Farben aus einem Bild, es wird hierdurch zu einem Schwarz-Weiß-Bild. Selbstverständlich erreichen Sie
dies auch, indem Sie ein RGB-Bild in ein Graustufenbild verwandeln
(mit BILD → MODUS → GRAUSTUFEN). Diesen Befehl wenden Sie allerdings nicht an, wenn Sie die Farben nur aus einem Teil des Bildes
herausnehmen wollen – wie im folgenden »So geht's«-Tutorial.

Bildbereiche mit Farbeffekten und Filtern hervorheben

1

Zuerst wählt man den Bereich, den man gerne hervorheben möchte, aus.

2

Handelt es sich hierbei um eine komplexere Auswahl, speichert man diese am besten via Auswahl → In Kanal speichern in einen separaten Kanal ab. Nur so lässt sich eine einmal gemachte Auswahl immer wieder aktivieren.

3

Einen interessanten Effekt erhält man, wenn man den hervorzuhebenden Bereich schwarz-weiß setzt, während man den Hintergrund farbig belässt. Dies erreicht man, indem man im Menü Ebene → Farben → Sättigung entfernen auswählt.

Bildbereiche mit Farbeffekten und Filtern hervorheben, Fortsetzung

Kehrt man die Auswahl via Auswahl → Invertieren um, so lässt sich stattdessen auch der Hintergrund »desaturieren«.

Farbbereich im RGB-Bild indizieren Der Befehl EBENE → FARBEN → POSTERISIEREN begrenzt die in einem RGB-Bild vorhandenen Farben auf eine genau festgelegte Anzahl. Wie Sie sich in Abb. 15.2 überzeugen können, erreichen Sie mit diesem Befehl interessante Effekte. Eine Fotografie wirkt hierdurch wesentlich »künstlicher« (bzw. gemalter und damit »künstlerischer«).

In der Dialogbox zu diesem Effekt legen Sie im Feld FARBANZAHL fest, wie viele Farbstufen im resultierenden Bild zugelassen werden sollen. Hierbei handelt es sich übrigens um die Anzahl von Graustufen in jedem Farbkanal des Bildes. Einen in dieser Box eingestellten Wert müssen Sie also dreimal mit sich selbst multiplizieren, um auf die Anzahl der Farben zu kommen, die der Befehl in einem Bild übrig lässt.

Bildhistogramm erstellen Wenn Sie sich über die Farbverteilung in einem Bild genauer informieren möchten, so können Sie ein Histogramm des Bildes mit der Funktion EBENE → FARBEN → HISTOGRAMM anzeigen lassen. Es öffnet sich dann die Dialogbox aus Abb. 15.3, die eine solche Ansicht zeigt, einerseits für den Farbwert des Bildes oder separat für jeden der Farbkanäle. Dies ist abhängig von der oberen Auswahlliste KANAL, in der Sie bestimmen, über welche Größe Sie informiert werden möchten.

In der Histogramm-Grafik wird Ihnen anhand einer Kurve gezeigt, wie die Intensität in Ihrem Bild verteilt ist. Hierzu wird die Anzahl der

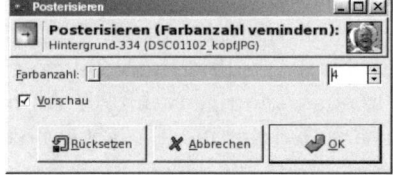

Bildpunkte gegen die Intensität aufgetragen. Von links nach rechts wird die Intensität immer größer und die Höhe der Kurve sagt aus, wie viele Bildpunkte bei einem bestimmten Intensitätswert im Bild vorkommen.

Zusätzlich sind in einer tabellarischen Übersicht unterhalb des Histogramms einige statistische Informationen des Bildes angegeben, wie z.B. der Farbmittelwert (DURCHSCHNITT), die Standardabweichung vom Mittelwert (STD.-ABWEICHUNG), die Gesamtzahl der Bildpunkte (PIXEL) usw.

Der Wert INTENSITÄTSBEREICH gibt an, auf welchen Bereich des Bildes sich diese statistischen Informationen beziehen. Wenn Sie die Dialogbox aufrufen, bezieht sich dies auf den gesamten Intensitätsbereich, weswegen dort der Wertebereich 0..255 abzulesen ist. Sie haben

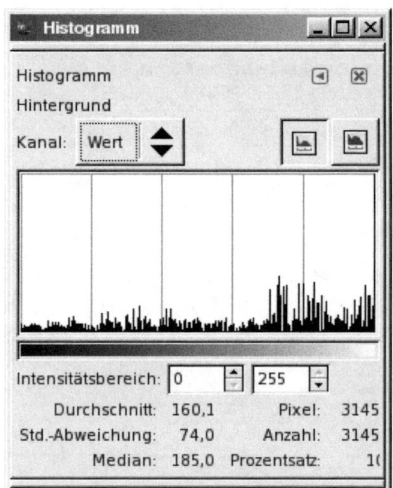

Abbildung 15.3
Die Histogramm-
Dialogbox zeigt die
Verteilung einer
Bilddatei in einem
Histogramm sowie
statistische
Informationen in einer
tabellarischen
Übersicht.

die Möglichkeit, mit der Maus für einen bestimmten Intensitätswert die statistischen Daten anzeigen zu lassen, indem Sie einfach in das Histogramm klicken. Der Wert ANZAHL gibt dann die Anzahl der Bildpunkte an, die im Bild diesem Intensitätswert entsprechen. Andererseits können Sie sich auch einen Verteilungsbereich in der HISTOGRAMM-Dialogbox anschauen. Hierzu überstreichen Sie im Histogramm einfach den gewünschten Bereich mit gedrückter linker Maustaste. Der jeweils ausgewählte Bereich, dessen Werte bei Berechnung der statistischen Größen im unteren Teil der Box berücksichtigt werden, ist im Histogramm dann invertiert dargestellt.

15.2 Farbe und Kontrast korrigieren

Farbabgleich Mit der FARBABGLEICH-Dialogbox (Abb. 15.4) lassen sich gezielt Farben sowohl des RGB-Modells als auch des CMY(K)-Modells in einem Bild verstärken. Hierzu finden Sie in dieser Dialogbox drei Schieberegler, welche einen Bereich von -100 bis 100 umfassen, wobei die Extreme jedes Schiebers die Farben der beiden Modelle sind.

In einem Bereich DIE FARBWERTE... oberhalb der Schieber tippen Sie die Werte auch direkt in Eingabefelder ein. Mithilfe weiterer Schaltflächen unten in der Dialogbox lassen die Farben sich für die dunklen (SCHATTEN), mittleren (MITTEN) und hellen (GLANZLICHTER) Bereiche eines Bildes verändern. Bei aktivierter Schaltfläche HELLIGKEIT ERHALTEN bleibt die Ausgangshelligkeit des Bildes erhalten.

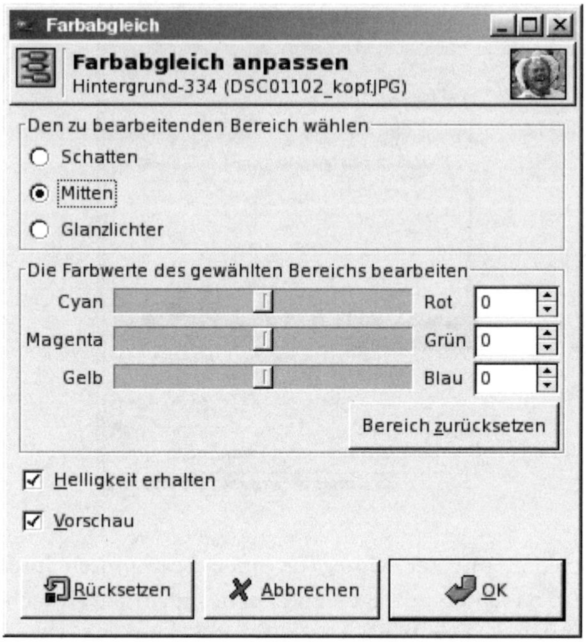

Abbildung 15.4
Farbabgleich-*Box*

Helligkeit und Bildkontrast   Mit dem Befehl EBENE → FARBEN → HELLIGKEIT-KONTRAST verändern Sie die Helligkeit (HELLIGKEIT) sowie den Kontrast (KONTRAST) eines Bildes. Die dazugehörige Dialogbox (Abb. 15.5) bietet für die Einstellung zwei Schieber, welche beide bei einer Position 0 starten.

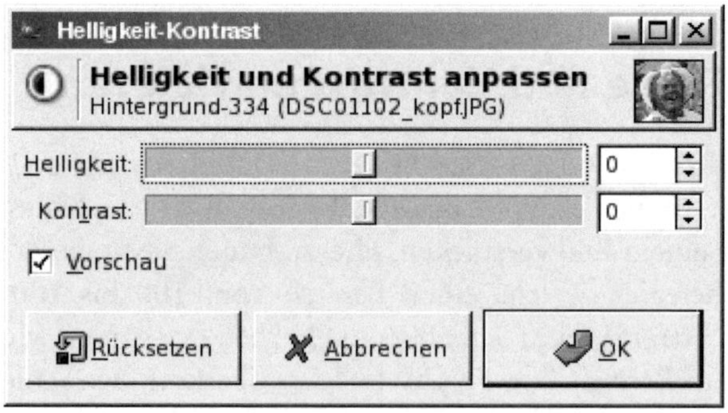

Abbildung 15.5
Helligkeit-Kontrast-
Box

Beide Größen erlauben Einstellungen zwischen -127 und 127. Je kleiner der HELLIGKEIT-Wert, desto dunkler wird ein Bild, je größer dieser ist, desto heller. Wählen Sie einen kleinen KONTRAST-Wert, so wird das Bild sehr flau, bci großen Werten wirkt es hart und prägnant. Die Werte für beide Größen lassen sich auch in den Eingabefeldern rechts neben den Schiebern eingeben. Bei gedrückter Schaltfläche VOR-

SCHAU ist eine Voransicht aktiv, die veränderte Einstellungen sofort auf die Bilddatei anwendet. Diese Einstellungen lassen sich übernehmen, indem man die Box mit der Schaltfläche OK schließt, bzw. verwerfen, wenn man dies mit ABBRECHEN tut.

Das HELLIGKEIT-KONTRAST-Menü erlaubt es Ihnen, zu dunkle oder zu flaue Bilder schnell und unkompliziert zu korrigieren. Für eine subtilere Verbesserung sollten Sie auf andere Befehle zurückgreifen, z.B. auf den unten vorgestellten WERTE-Befehl.

Wenn Sie einen Stempel verwenden, ist die Druckfläche niemals vollständig mit Stempelflüssigkeit benetzt, sodass sich die stempelnde Fläche nahezu niemals vollständig und gleichmäßig mit Stempelfarbe bedecken lässt. Dieser Effekt ist umso stärker, je öfter Sie den Stempel benutzen, ohne auf dem Stempelkissen »nachzuladen«. Wie Sie den gerade vorgestellten Befehl geschickt anwenden und nur durch Variation von Helligkeit und Kontrast diesen Effekt nachbilden, zeigt das folgende »So geht's«-Tutorial.

Stempeleffekt erzeugen

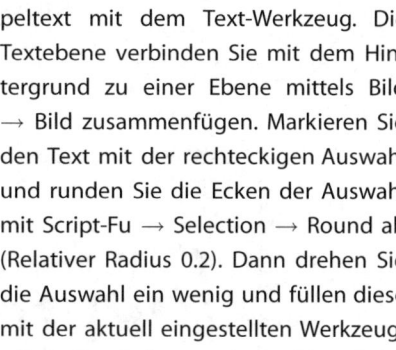

Erzeugen Sie den gewünschten Stempeltext mit dem Text-Werkzeug. Die Textebene verbinden Sie mit dem Hintergrund zu einer Ebene mittels Bild → Bild zusammenfügen. Markieren Sie den Text mit der rechteckigen Auswahl und runden Sie die Ecken der Auswahl mit Script-Fu → Selection → Round ab (Relativer Radius 0.2). Dann drehen Sie die Auswahl ein wenig und füllen diese mit der aktuell eingestellten Werkzeugspitze (Bearbeiten → Auswahl nachziehen).

Stempeleffekt erzeugen, Fortsetzung

Wählen Sie Stempelschrift samt Umrandung mit Auswahl → Nach Farbe aus. Erhöhen Sie das Rauschen im ausgewählten Bildbereich mit Filter → Rauschen → Verwirbeln. Nehmen Sie dem Rauschen die Farben mit Ebene → Farben → Sättigung entfernen.

Zeichnen Sie den ausgewählten Bereich ein wenig weich (Filter → Weichzeichnen → Gaußscher Weichzeichner (RLE), Radius 2–3 Bildpunkte). Zuletzt rufen Sie Ebene → Farben → Helligkeit-Kontrast auf und setzen den Kontrast (Kontrast) auf den maximalen Wert (127), während Sie die Helligkeit (Helligkeit) ein wenig verringern (-30).

Abbildung 15.6
Als Resultat des vorangegangenen Tutorials können Sie nun jedem Bild »Ihren Stempel aufdrücken«.

Farbtafeln

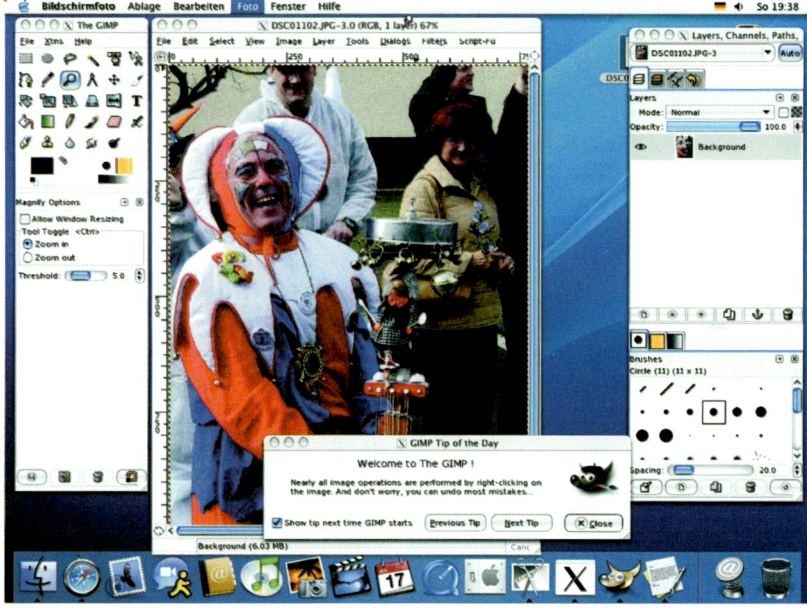

Abb. 13–4

Ein Klick auf die Farbauswahl in der GIMP-Befehlsleiste öffnet eine Dialogbox mit insgesamt vier Registerkarten.

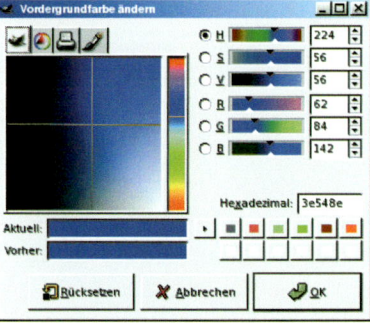

(a) GIMP-Farbauswahl

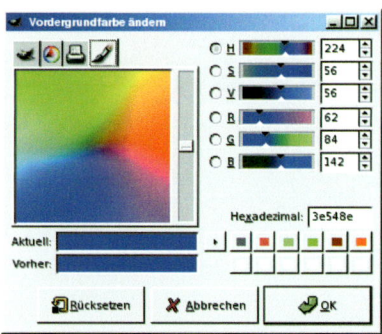

(b) »Wasserfarben«-Farbauswahl

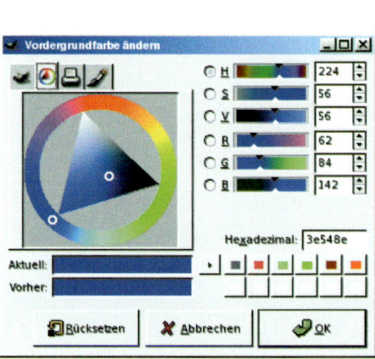

(c) Farbauswahl-Dreieck

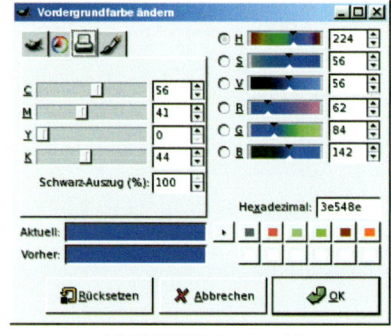

(d) CMYK-Farbauswahl

Abb. 16–1
Ein Bild, dessen Farben
mit dem ALIENMAP-Filter
verfremdet wurde.

Abb. 16–4
Der EINFÄRBEN-Filter
erlaubt es Ihnen, Farbfilter
vor Ihre Bilder »zu setzen«.

Abb. 16–7
Auch das
GIMP-Filterpaket
lässt sich für eine
Farbverfremdung von
Bildern nutzen.

Abb. 16–13
Der
AUF FARBVERLAUF-Filter
nimmt den aktuellen
eingestellten Verlauf und
rechnet die Farbskala des
Bildes in den Farbbereich
des Verlaufs um.

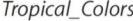

Tropical_Colors   *Land_and_Sea*

Abb. 16–14
Die resultierenden
Bilder zu GIMPs
MAX RGB-Farbfilter

(a) Maximaler RGB-Wert

(b) Minimaler RGB-Wert

Abb. 17–3

Je nachdem, welche Werte verwendet werden und welche zusätzlichen Hintergrundbilder, erhält man mit dem TIEFENKOMBINATION-Filter verschiedene Ergebnisse.

(a)

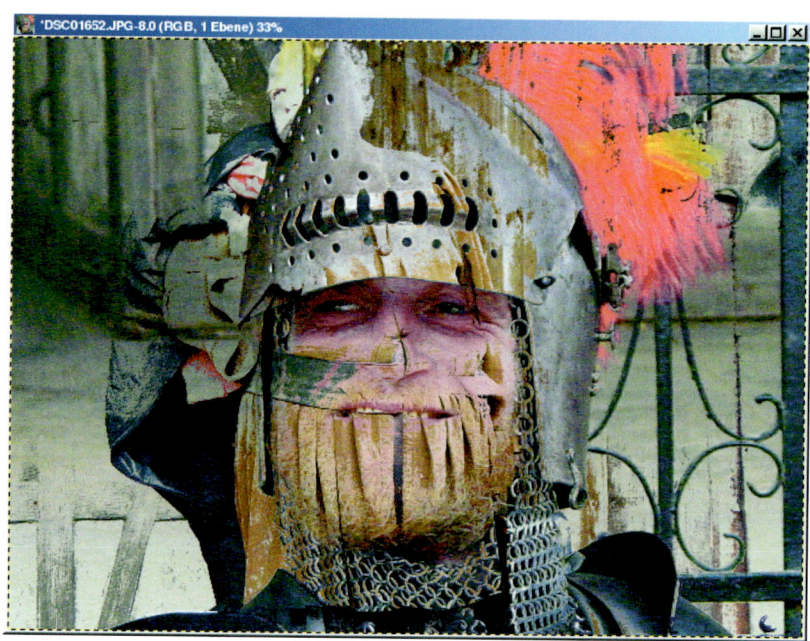

(b)

Abb. 18–1

Ein Leinwand-Effekt steht Ihnen mit dem Filter LEINWAND ANWENDEN zur Verfügung.

Abb. 18–3

Der KUBISMUS-Filter zerlegt ein Bild in kleine kubistische Formelemente.

Abb. 18–6
Impressionistisch
wird's mit dem
»GIMP RESSIONIST«-Filter.

Abb. 18–7
So richtig klecksig
und künstlerisch wirkt
ein Bild, das Sie mit
dem ÖLGEMÄLDE-Filter
bearbeitet haben.
Fehlt nur noch die
Firnis oder ein mit
dem LEINWAND ANWENDEN-
Filter erzeugter
Leinwand-Effekt.

Abb. 18–9
Das Ergebnis eines
künstlerischen Tutorials
im Vorher/Nachher-
Vergleich. Wenn Sie
möchten, können Sie
dem Ganzen noch eine
Leinwand-Struktur
verpassen:
mit FILTER →
KÜNSTLERISCH →
LEINWAND ANWENDEN.

(a) Das Ursprungsbild

(b) Das Resultat

Abb. 18–10
Kunstvolle Effekte
erreichen Sie, wenn Sie
GIMPs KONTUR-Filter
geschickt nutzen.

(a) Kohlezeichnung à la Edvard Munch

(b) Eine filigrane Radierung auf grobem Papier

(a) Das Originalbild

(b) Nach Anwendung des
VERWIRBELN-Filters

Abb. 19–2
Hier wird das Rauschen
eines Bildes durch
verschiedene Methoden
und Änderung der
Bildpunkte erhöht.

(c) Nach Anwendung des
VERTAUSCHEN-Filters

(d) Nach Anwendung des
SCHMELZEN-Filters

Abb. 19–4
Der
VERRAUSCHEN-Filter
erhöht das Rauschen
der einzelnen Farben
eines Bildes.

Das Originalbild

Abb. 19–6
Diesen Effekt hat der
VERTEILEN-Filter.

Abb. 22–4
Interessante
Verlaufseffekte
erhalten Sie mithilfe
des LAPLACE-Filters.

(a) Ursprungsbild   (b) 1 × angewandt   (c) 2 × angewandt

Abb. 24–4
Der GLASBAUSTEINE-Filter
lässt ein Bild so
ausschauen, als ob man
durch eine Wand aus
Glasbausteinen darauf
schaut. Die doppelte
Anwendung erzeugt einen
Effekt, der einer
Quilt-Stickerei ähnelt.

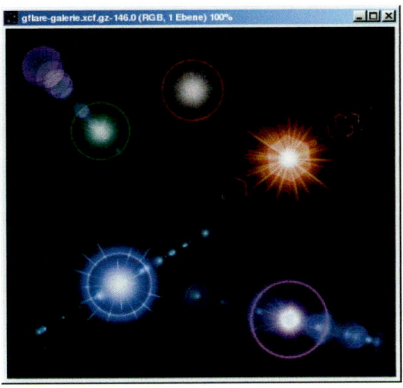

Abb. 25–5
Eine kleine
GFLARE-Galerie

Abb. 25–11
Diese Grafik ist das
Resultat einer »So geht's«-
Anleitung: ein goldener
Text, der seine Wirkung
nicht verfehlt.

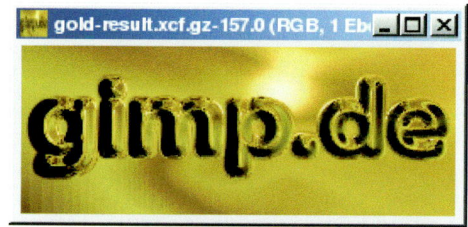

Abb. 26–7
Bilder mit zwei durch den
FLAMMEN-Filter erzeugten
Bildebenen wirken sehr
plastisch, wenn die zweite
Bildebene mit dem
BUMP MAP-Filter
hervorgehoben wird.

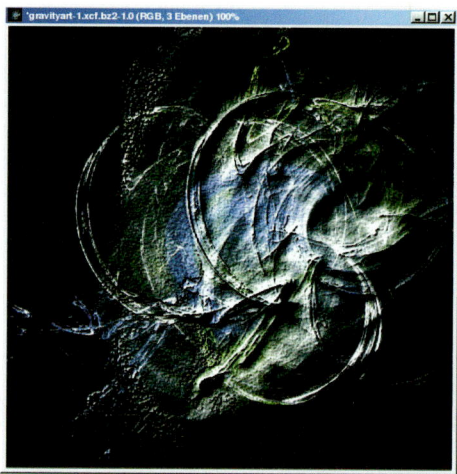

Abb. 26–23
Der PAPIERSCHNIPSEL-Filter
lässt ein Bild
wie unregelmäßig
zerrissen und wieder
zusammengesetzt
aussehen.

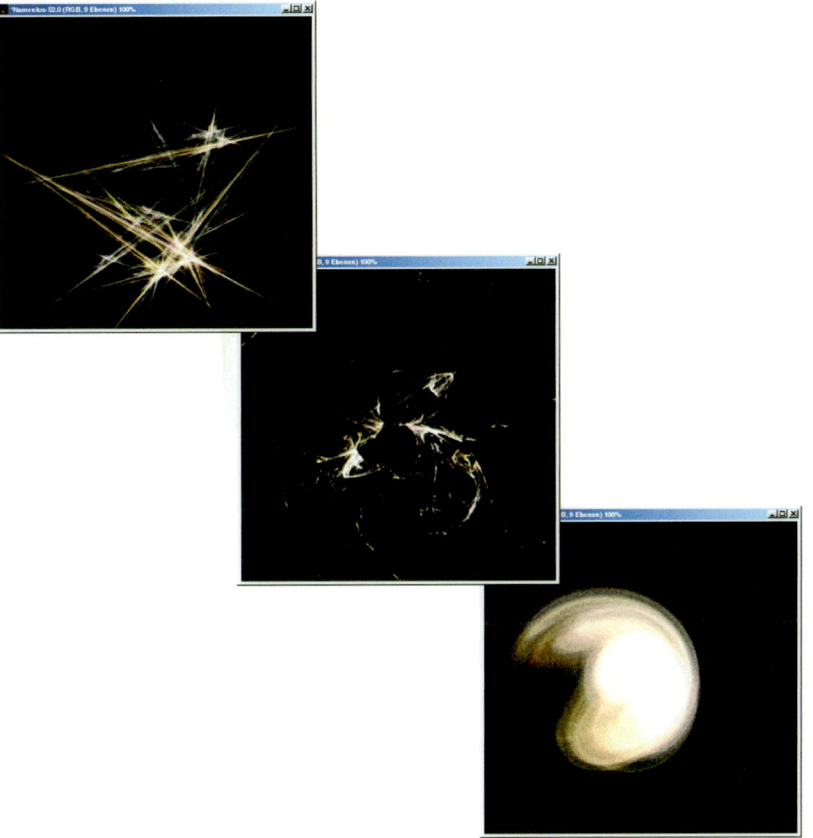

Abb. 28–7
Der FLAMME-Filter
generiert fraktale
Gebilde mit recht
unterschiedlichem
Aussehen, abhängig
von den Einstellungen
dieses Filters.

Abb. 28–10
Mit dem MOSAIK-Filter
bearbeitete Bilder
erscheinen wie aus
kleinen Steinchen
zusammengesetzt.
Form und Farbe derselben
lassen sich hierbei nahezu
beliebig variieren.

HSV-Parameter verändern Der Befehl EBENE → FARBEN → FARBTON-SÄTTIGUNG gestattet es Ihnen, für verschiedene Farben die einzelnen Parameter des HSV-Modelles zu verändern. Für jeden dieser Parameter finden Sie in der Dialogbox dieses Befehls (Abb. 15.7) einen Schieber, mit dem Sie diesen variieren können. Dies sind der Farbton (FARBTON), die Farbhelligkeit (HELLIGKEIT) sowie die Farbsättigung (SÄTTIGUNG).

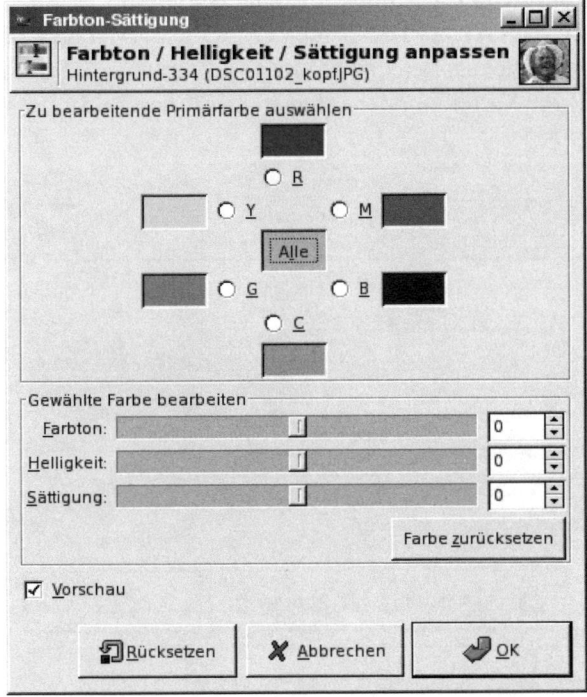

Abbildung 15.7
Farbton-Helligkeit-Sättigung-*Box*

Die Wertebereiche laufen von -180 bis 180 für den Farbwinkel sowie von -100 bis 100 für die beiden anderen Parameter. Neben einer Veränderung durch die Schieber können Sie in den Eingabefeldern rechts neben diesen die Werte auch manuell eingeben. Welcher Bereich von Ihren Veränderungen betroffen ist, hängt von der von Ihnen voreingestellten Farbe ab, die Sie mithilfe der Schalter links neben den Schiebern bestimmen. In der Einstellung ALLE werden alle Farben eines Bildes verändert. Wählen Sie jedoch eine Farbe aus, so wird nur diese von den Einstellungen betroffen. Testen Sie die Wirkungsweise dieser Funktion! Hierzu sollten Sie ein Bild anlegen, in dem Sie verschiedene Flächen mit reinen Farben füllen.

Anhand dieses Testes werden Sie einige interessante Dinge feststellen, so z.B., dass die Verschiebung des Farbwinkels auf einen der Maximalwerte hin Farben in ihre Komplementärfarben verwandelt. Da es sich bei den angegebenen Farben um solche des HSV-Raumes handelt, entspricht das (RGB)-Gelb Ihres Bildes nicht der gelben Schaltfläche in der Box und zeigt sich aus diesem Grunde von Ihren Änderungen ziemlich unbeeindruckt.

15.3   Farbbereichbearbeitung

Helligkeitsbereiche nach Schwellwert auswählen   Ähnlich dem oben vorgestellten HISTOGRAMM-Befehl zeigt die Dialogbox des im Folgenden besprochenen Befehls EBENE → FARBEN → SCHWELLWERT (Abb. 15.8) die Verteilung der Intensität in Ihrem Bild.

Abbildung 15.8
Schwellwert-*Box*

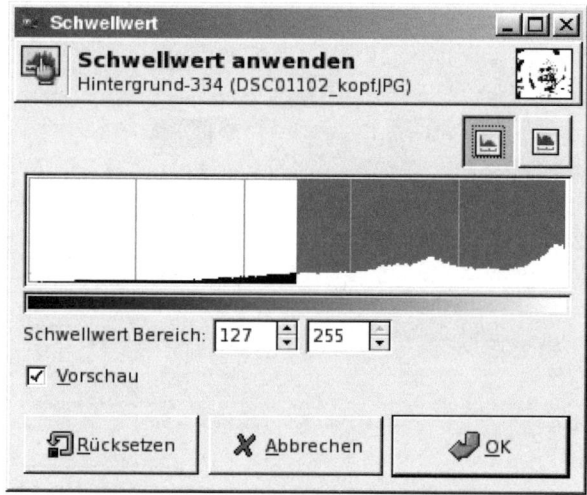

Hier geht es allerdings nicht darum, statistische Werte zu extrahieren. Der Sinn dieses Befehles ist es vielmehr, die zu einem bestimmten Intensitätswert gehörenden Bildpunkte auszuwählen und in Form einer Maske im Bildfenster darzustellen. Dies bedeutet, dass das Resultat einer solchen Auswahl auch ähnlich aussieht wie eine Bildmaske, wobei dieses lediglich aus zwei Farben besteht (Abb. 15.9). Die zu der ausgewählten Intensität gehörenden Bildpunkte sind weiß dargestellt und der Rest des Bildes schwarz. Ebenso wie beim erwähnten HISTOGRAMM-Befehl lässt sich in der Dialogbox nicht nur ein einzelner Intensitätswert auswählen, sondern auch ein ganzer Bereich durch Überstreichen der Intensitätskurve mit gedrückter linker Maustaste. Wahlweise können Sie den Bereich auch manuell eingeben. Hierzu finden Sie oberhalb des Intensitätsdiagramms zwei Eingabefelder SCHWELLWERTBEREICH. In das linke Feld geben Sie den minimalen gewünschten, in das rechte Feld den maximalen Intensitätswert ein.

Abbildung 15.9
Resultat einer
Schwellwert-Auswahl

Was fängt man mit dieser Funktion an? Das in Abb. 15.9 gezeigte Resultat der Schwellwert-Auswahl ähnelt den bereits besprochenen Ebenenmasken und Sie ahnen vermutlich schon, dass die Schwellwert-Auswahl sich hervorragend als eine solche Ebenenmaske eignet. Damit lassen sich komplexe Bildauswahlen sehr gut realisieren.

Hierzu gehören sehr unregelmäßig geformte Objekte sowie inhomogene Bildbereiche (wie z.B. Stoffteile, Haare usw.) oder auch transparente Materialien (Rauchwolken, Glas usw.). Diese sind mit den zur Verfügung stehenden Auswahlwerkzeugen nur unzureichend zu markieren. Das folgende »So geht's«-Tutorial zeigt, wie Sie mithilfe der Schwellwert-Auswahl eine komplexe Ebenenmaske realisieren können. In diesem Beispiel geht es insbesondere darum, in einem Portrait die Haare und Frisur der abbgebildeten Person optimal auszuwählen.

Ebenenmaske mit Schwellwert-Auswahl erzeugen

Wenn Sie im Bild die Schwellwert-Auswahl starten, haben Sie nach ein wenig Probieren schnell einen Bereich ausgewählt, der die wesentlichen Teile des Portraits zeigt und aus dem sich sehr gut eine Ebenenmaske erstellen lässt.

Ebenenmaske mit Schwellwert-Auswahl
erzeugen, Fortsetzung

Mithilfe von GIMPs Zeichenwerkzeugen und Werkzeugspitzen verschiedener Größe säubern Sie die Maske, indem Sie mit weißer Farbe die inneren Bereiche des Portraits ausfüllen und mit schwarzer Farbe solche Bereiche löschen, die keinen Eingang in das resultierende Bild finden sollen.

Abschließend wählen Sie das gesamte (Masken-)Bild aus (Strg+A bzw. Auswahl → Alles) und legen im Originalbild eine Ebenenmaske an (siehe Kap. 12.7). Zuletzt fügen Sie das kopierte Maskenbild in die Ebenenmaske ein und wenden diese auf das Originalbild an.

Tonwerte verändern   Mit der Dialogbox EBENE → FARBEN → WERTE lässt sich der Kontrast und die Helligkeit eines Bildes kontrollierter verändern, als dies z.B. mit dem weiter oben vorgestellten HELLIGKEIT-KONTRAST-Menü möglich ist. Im oberen Bereich der WERTE-Box bestimmen Sie in KANAL, für welchen Farbkanal Sie die Veränderungen vornehmen wollen.

Die Werte, die Sie in den Eingabefeldern unterhalb des Bereichs QUELLWERTE finden, geben die Tonwertspreizung im Bild wieder, während die Werte unter dieser Angabe, die ZIELWERTE, den Umfang der Tonwerte angeben. Das Diagramm dieser Dialogbox zeigt die Tonwerte des Bildes in einer Kurve an. Mithilfe der Tonwertspreizung legen Sie mit dem ersten Wert fest, welche Bildpunkte schwarz dargestellt werden, und mit dem dritten Wert, welche Bildpunkte weiß dargestellt werden. Wahlweise lassen sich auch die jeweils äußeren kleinen Drei-

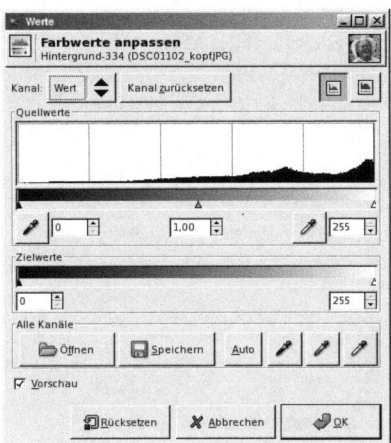

Abbildung 15.10
Mit der Dialogbox
Werte lassen sich die
Tonwerte in einem Bild
manipulieren.

ecke unterhalb der Tonwertkurve verschieben. Durch diese Veränderung erhöhen Sie in einem Bild den Kontrast. Der mittlere Wert im Feld QUELLWERTE steht für den Gammawert, dieser repräsentiert die mittleren Grauwerte in einem Bild. Wenn Sie diesen Wert verändern, verringern Sie den Kontrast eines Bildes, denn Grautöne werden dann aufgehellt (größerer Gammawert) bzw. abgedunkelt (kleinerer Gammawert). Wahlweise lässt sich für eine Variation auch hier das mittlere Dreieck unterhalb der Kurve verschieben.

Mit dem Tonwertumfang im Bereich ZIELWERTE lässt sich die Helligkeitsverteilung eines Bildes verkleinern (indem Sie die Werte hier verändern bzw. die Dreiecke unterhalb der Tonwertdarstellung nach innen verschieben). Eine Umkehrung des Tonwertumfangs erreichen Sie, indem Sie das schwarze Dreieck ganz nach rechts bewegen und das weiße Dreieck nach links.

Gradationskurven Die Dialogbox EBENE → FARBEN → KURVEN stellt die Farben eines Bildes anhand einer linearen ansteigenden Kurve in einem Koordinatengitter dar. Links neben diesem Gitter sehen Sie anhand eines Verlaufes, welcher Teil der Kurve welche Farben repräsentiert. Zum linken oberen Bereich der Kurve sind dies die dunklen Bereiche eines Bildes, während es im rechten oberen Bereich die hellen Bereiche sind. Da sich die Kurve an jedem Punkt verändern lässt, haben Sie mit dieser Dialogbox ein mächtiges Werkzeug an der Hand, um Farben in einem Bild sehr gezielt zu verändern und das Aussehen des Bildes an Ihre Bedürfnisse anzupassen.

Das Menü bietet Gradationskurven für jeden einzelnen Farbkanal an, für den Farbwert als Ganzes sowie – sofern vorhanden – für den Alphakanal des Bildes. Im Bereich KANAL bestimmen Sie, welche Kurve

Abbildung 15.11
Kurven-*Box*

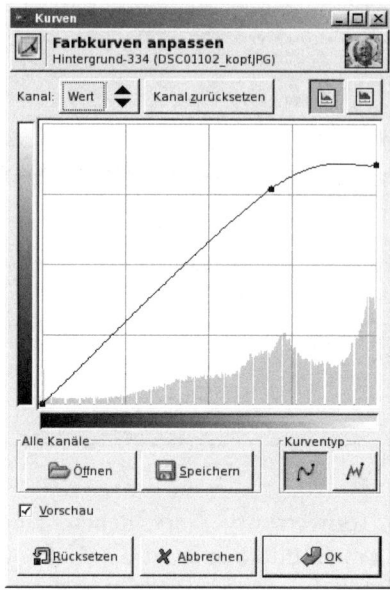

zur Bearbeitung angezeigt wird. Bevor Sie mit der Bearbeitung der Kurve beginnen, sollten Sie Ihr Augenmerk auf den unteren Teil der Dialogbox richten. Hier finden Sie eine Auswahl KURVENTYP, in der Sie die Wahl haben zwischen den Einstellungen WEICH und FREIHAND.

Die Einstellung in dieser Box bestimmt den Modus, in welchem Sie Änderungen der Kurve vornehmen. In der zuerst genannten Einstellung (WEICH) können Sie mit dem Mauszeiger jeden Punkt der Gradationskurve »anfassen« und in die gewünschte Richtung verschieben. GIMP ergänzt die Kurve dann automatisch um einen weiteren Punkt und berechnet eine glatte Linie zwischen den Punkten der Kurve. Sie können auf diese Weise mehrere Punkte in die Kurve einfügen. Ein eingefügter Punkt lässt sich entlang des Kurvenstücks versetzen oder – wenn Sie den Punkt von der Kurve »wegziehen« – jederzeit wieder entfernen.

Anders ist dies, wenn Sie die Einstellung FREIHAND ausgewählt haben. Wenn Sie in dieser Einstellung den Mauscursor in das Gradationsfeld bewegen, verändert sich der Mauszeiger in einen Bleistift. In diesem Modus zeichnen Sie die Gradationskurve frei vor. Sie wird allerdings erst dann auf das Bild angewendet, wenn Sie im Feld KURVENTYP auf die Einstellung WEICH zurückschalten. Dann setzt GIMP anstelle der Freihandkurve eine berechnete glatte Kurve – mit Wendepunkten an den von Ihnen definierten Freihandecken und -kanten. Sollten Sie mit einer von Ihnen gewählten Gradationskurve einmal nicht einverstanden sein, so bringt Sie die Schaltfläche RÜCKSETZEN jederzeit wieder auf die lineare Ausgangsgerade zurück. Die eingestellte Gradationskurve lässt sich abspeichern, indem Sie die Schaltfläche SPEICHERN betätigen. Eine einmal gespeicherte Kurve rufen Sie zu einem späteren Zeitpunkt mithilfe der Schaltfläche ÖFFNEN wieder auf.

Mithilfe des Gradationskurvenmenüs lässt sich ein Bild z.B. »solarisieren«. Hierbei handelt es sich um ein Verfahren aus der klassischen Fotografie, wo es mittels gezielter Lichteinwirkung während der Entwicklung eines Bildes zu Umkehrungen im Bildnegativ oder im Bildpositiv kommt. Das folgende »So geht's«-Tutorial zeigt Ihnen, wie Sie diesen Effekt – auch ohne Dunkelkammer – nur durch Variation der Gradationskurve erreichen. Bei allen im Folgenden gezeigten Beispielen wurden die Änderungen der Kurve auf eine kopierte Ebene des Bildes angewandt, die zuvor ein wenig weichgezeichnet wurde (mit FILTER → WEICHZEICHNEN → GAUSSSCHER WEICHZEICHNER (IIR)). Diese Ebene wurde dann mit dem Originalbild kombiniert. Unterschiedliche Ergebnisse erreichen Sie durch Wahl verschiedener Kombinationsmodi (siehe Kap. 12.5).

Bilder solarisieren

 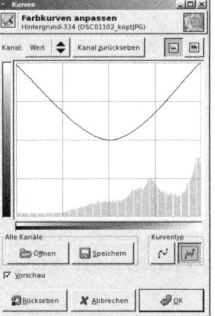

  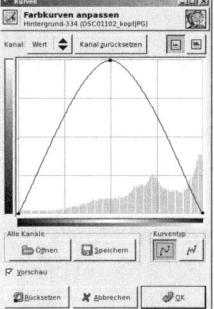

Bilder solarisieren, Fortsetzung

 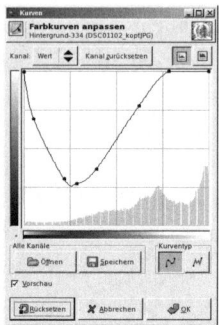

 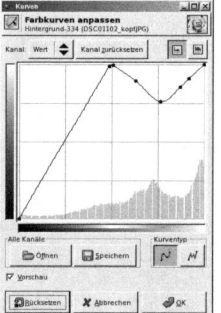

Farbwerte auf Kontrastbereich spreizen   Der Befehl EBENE → FAR-
BEN → AUTOMATISCH → KONTRASTSPREIZUNG verteilt den Farbbereich eines Bildes über den gesamten Kontrastbereich. Hierzu verwendet GIMP die Extremwerte jedes RGB-Farbkanals und spreizt diese auf
die Maximalwerte des Kontrastes.

Farbwerte auf HSV-Maxima spreizen   Der Befehl EBENE→ FAR-
BEN → AUTOMATISCH → HSV FARBRAUMSPREIZUNG arbeitet ähn-
lich wie der oben beschriebene, allerdings wird hier nicht im RGB-
Farbraum, sondern im HSV-Farbraum gearbeitet.

Farbwerte normalisieren   Auch EBENE→ FARBEN → AUTOMA-
TISCH → NORMALISIEREN arbeitet so wie der oben beschriebene
KONTRASTSPREIZUNG-Befehl. Der Unterschied hier ist allerdings, dass

die einzelnen Farbkanäle nicht unabhängig auf den Wertebereich des Kontrastes gespreizt, sondern als Ganzes berücksichtigt werden.

Teil V

Filter

Filter-Einführung

Der Bereich FILTER in GIMPs Bildmenü umfasst die bei weitem meisten Einträge. Der nun folgende Teil ist daher der umfangreichste des vorliegenden Buches. Allein aus diesen beiden Tatsachen können Sie ersehen, welch eine große Bedeutung den Filtern in GIMP zukommt. Filter sind Brot und Butter eines professionellen Grafikprogramms. Ohne diese hätte man nur sehr begrenzte Möglichkeiten, anspruchsvolle Effekte umzusetzen.

Die Struktur der folgenden Kapitel orientiert sich im Wesentlichen am Aufbau des Filtermenüs, wobei nahezu alle Filter vorgestellt und anhand von Beispielen erläutert werden. Zusätzlich finden Sie, wie an anderen Stellen in diesem Buch auch, kleine Tutorials, welche insbesondere erklären, wie man verschiedene Filter kombiniert und so zu wirkungsvollen Effekten kommt. In manchen dieser Tutorials erfolgt ein Vorgriff auf Filter und Kniffe, die erst zu einem späteren Zeitpunkt erklärt werden. An diesen Stellen finden Sie stets Verweise auf die Kapitel, in denen die zur Umsetzung notwendigen Schritte erläutert sind. Dies und die schrittweise Beschreibung sollte Ihnen die Umsetzung der Tutorials erleichtern.

So benutzen Sie GIMPs Filter   Vorab ein paar Erläuterungen, die für alle Filter zutreffen und mit denen Sie diese leichter und noch intuitiver anwenden können. Alle Filter erreichen Sie direkt im Menü FILTER jedes Bildfensters oder über die rechte Maustaste im Menü FILTER. Hier finden Sie verschiedene Filterkategorien (z.B. VERZERREN, VERBESSERN), von denen aus Sie dann die einzelnen Filter aufrufen können. Sobald Sie einen dieser Filter aufgerufen haben, öffnet sich bei (nahezu) allen Filtern eine Dialogbox, in der Sie dann weitere Parameter festlegen können. Mit der Schaltfläche OK starten Sie den Filter, mit ABBRECHEN verwerfen Sie Ihre Eingaben und brechen die Benutzung des Filters ab.

Wenn Sie mit dem Ergebnis eines Filters nicht zufrieden sind, haben Sie jederzeit die Möglichkeit, den hiermit erreichten Effekt rückgängig zu machen, indem Sie im Bildmenü den Befehl BEARBEITEN → RÜCKGÄNGIG bzw. die Tastenkombination STRG+Z ausführen.

Wollen Sie einen Filter mehrfach benutzen, brauchen Sie sich nicht immer wieder in der umfangreichen Menüstruktur neu zu orientieren. Mit dem Befehl FILTER → «FILTERNAME» WIEDERHOLEN, den Sie auch mit der Tastenkombination STRG+F erreichen, wiederholen Sie den zuletzt benutzten Filter mit den von Ihnen ausgewählten, unveränderten Einstellungen. Damit lässt sich der Filter wiederholt in einem Bildfenster anwenden, oder – besonders praktisch – in verschiedenen Fenstern, sodass Sie einen Filter mit einer bestimmten Voreinstellung schnell auf eine ganze Reihe (geöffneter) Bilddateien anwenden können. Rufen Sie hingegen den Befehl FILTER → «FILTERNAME» NOCHMAL ANZEIGEN auf (Tastenkombination STRG+UMSCHALT+F), öffnet sich die Dialogbox des zuletzt aufgerufenen Filters und Sie können Parameter verändern und den Filter erneut auf das Bild anwenden. Dies ist z.B. dann nützlich, wenn Sie ein Ergebnis mittels STRG+Z rückgängig gemacht haben und den Filter mit anderen Parametern erneut anwenden wollen.

Filter Troubleshooting   Sie hatten bereits einmal einen Filter zu Ihrer Zufriedenheit angewendet und nun sind Sie frustriert, weil sich das Ergebnis nicht wiederholen lässt? Ein Filter kann auf ein Bild angewendet werden, auf ein anderes aber überhaupt nicht? Möglicherweise sollten Sie das im folgenden Tipp Beschriebene beachten.

Ein Filter lässt sich nicht anwenden

Ein Filterbefehl ist in einem bestimmten Bild grau unterlegt und kann nicht angewählt werden? Wahrscheinlich handelt es sich um einen Filter, den Sie nur auf ein RGB-Bild anwenden können und Sie arbeiten gerade an einem Graustufenbild oder einem indiziertem Bild. Wandeln Sie das Bild ins RGB-Format um (BILD → MODUS → RGB), dann sollte der Filter funktionieren. Andere Filter wiederum benötigen einen Alphakanal, den Sie – sofern nicht vorhanden – mit EBENE → TRANSPARENZ → ALPHAKANAL HINZUFÜGEN hinzufügen können. Bei einer weiteren Gruppe von Filtern ist es so, dass diese nur anwendbar sind, wenn **kein** Alphakanal vorhanden ist. Ist Letzteres der Fall, sollten Sie den Befehl BILD → BILD ZUSAMMENFÜGEN ausführen.

16 Farbfilter

Wenn Sie sich schon immer gewünscht haben, Ihre Fotografien oder Grafiken mit interessanten und reizvollen Farbeffekten zu versehen, so werden Sie die vielen Farbfilter, die GIMP im Menü FILTER → FARBEN zur Verfügung stellt, als nützlich und hilfreich empfinden.

16.1 Der AlienMap-Filter

Der ALIENMAP-Filter wendet auf jeden Bildpunkt einer Grafik eine mathematische Funktion an und erzeugt damit eine interessante Verfremdung der Farben (Abb. 16.1). Die Funktion, die der Filter anwenden soll, lässt sich in der Dialogbox des Filters (Abb. 16.2) für jeden der drei Farbkanäle einzeln festlegen.

Abbildung 16.1
Ein Bild, dessen Farben mit dem AlienMap-Filter verfremdet wurden (siehe Farbtafeln)

Sie haben die Wahl zwischen der *sin*-Funktion (SINUS), der *cos*-Funktion (KOSINUS) und können für jeden der drei Kanäle die Anwendung der Funktionen auch deaktivieren (KEINE), wenn Sie beispielsweise nur einen oder zwei Farbkanäle verfremden wollen. Im unteren

Teil der Dialogbox bieten drei Schieber die zusätzliche Möglichkeit, die
Stärke der einzelnen Kanäle individuell einzustellen.

Abbildung 16.2
*Die Dialogbox des
AlienMap-Farbfilters*

Die Voransicht auf der linken Seite der Dialogbox erlaubt es Ihnen,
ein wenig mit dem Filter zu experimentieren. Sie werden dabei feststellen, dass die *cos*-Funktion Werte geringer Intensität extrem verstärkt,
während die *sin*-Funktion Maximal-Werte noch einmal zusätzlich her-
vorhebt.

16.2   Der Heiß-Filter

Der HEISS-Filter untersucht eine Bilddatei und identifiziert Bildpunkte,
die sich auf einem PAL- bzw. NTSC-Bildschirm nicht darstellen lassen.
Für welchen Bildschirmtyp er dies tun soll, legen Sie im Bereich MODUS
der in Abb. 16.3 gezeigten Dialogbox dieses Filters fest.

Abbildung 16.3
*In der Dialogbox des
Heiß-Filters wählen Sie
aus, was mit
nicht-darstellbaren
Bildpunkten geschehen
soll (Aktion).*

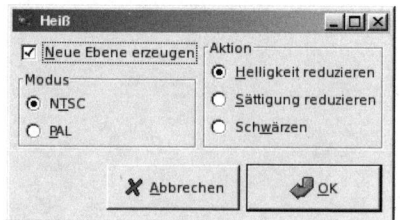

Im Bereich AKTION der Dialogbox legen Sie fest, was mit den
nicht-darstellbaren Bildpunkten geschehen soll: ob deren Helligkeit
(HELLIGKEIT REDUZIEREN) bzw. Sättigung (SÄTTIGUNG REDUZIE-
REN) verringert werden soll oder ob diese schlicht gekennzeichnet wer-

den sollen (SCHWÄRZEN). Mit dem Parameter (NEUE EBENE ERZEU-GEN) bestimmen Sie, ob der Filter das Ergebnis in einer neuen Bildebene sichern soll, oder – wenn der Parameter deaktiviert wird – ob er dieses im Bild direkt anwenden soll.

16.3   Der Einfärben-Filter

Wenn Sie Ihre Fotografien gerne in einem anderen Licht, sprich in einer anderen Farbe, sehen möchten, so als ob Sie bei der Aufnahme einen Farbfilter verwendet hätten, dann ist der EINFÄRBEN-Filter genau das richtige Werkzeug für Sie.

Abbildung 16.4
Der Einfärben-Filter erlaubt es Ihnen, Farbfilter vor Ihre Bilder »zu setzen« (siehe Farbtafeln).

In der Dialogbox diese Filters (Abb. 16.5) wählen Sie die Farbe aus, in der Sie Ihr Bild färben möchten: GIMP bietet hier eine Vorauswahl von insgesamt sieben Farben, die sich durch einen Mausklick aktivieren lassen. Wenn Sie die Schaltfläche BENUTZERDEFINIERTE FARBE akti-vieren, öffnet sich eine Farbauswahlbox (Abb. 16.6) und Sie können je-de der dort angebotenen Farben frei auswählen. Dies tun Sie mit einem Mausklick an die entsprechende Position im Farbkreis oder durch Ein-geben der HSV- bzw. RGB-Werte in den Eingabefeldern auf der rechten Seite der Farbauswahlbox.

Abbildung 16.5
Im Menü des
Einfärben-*Filters*
können Sie eine der
angebotenen Farben
auswählen oder
mithilfe der
Schaltfläche
Benutzerdefinierte
Farbe *jede beliebige*
Farbe.

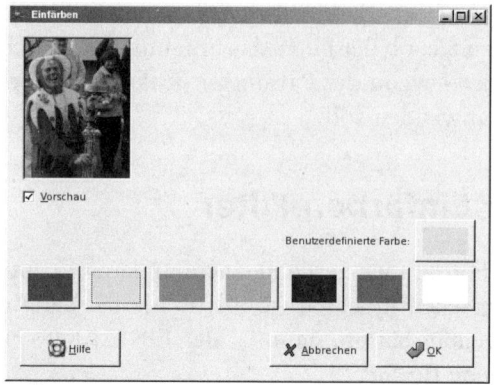

Abbildung 16.6
Mithilfe des GIMP-
Farbauswahl-Dialogs
legen Sie eine
individuelle Farbe für
GIMPs Einfärben-*Filter*
fest

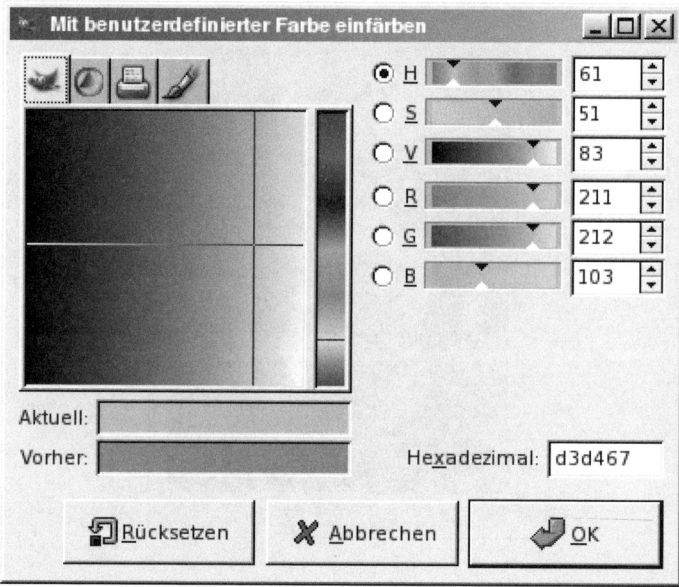

16.4   Das Filterpaket

Wenn Ihnen die Möglichkeiten des oben beschriebenen Filters nicht ausreichen und Sie richtig gerne mit Farbeffekten experimentieren, dann heißt der GIMP-Filter Ihrer Wahl FILTERPAKET.

Das FILTERPAKET eignet sich hervorragend für die Farbretusche von Bildern, die einen Farbstich haben, verursacht etwa durch einen Entwicklungsfehler oder aufgrund ihres Alters. Abb. 16.7 zeigt ein mit diesem Filter bearbeitetes Bild. Kein anderer Farbfilter verfügt über mehr Optionen und kein anderer Farbfilter in GIMP bietet Ihnen so viele Auswahl- und Einstellungsmöglichkeiten. Dies erkennen Sie auch daran, dass die zum FILTERPAKET gehörende Hauptdialogbox (Abb. 16.8) nahezu den ganzen Bildschirm ausfüllt und dass sich zusätzlich noch *vier* weitere kleine Unterdialogboxen starten lassen (die auch alle in Abb. 16.8 zu sehen sind).

Abbildung 16.7
Auch das GIMP-Filterpaket lässt sich für eine Farbverfremdung von Bildern nutzen (siehe Farbtafeln).

Die Hauptdialogbox gibt Ihnen die vollkommene Kontrolle über die Optionen und die Wirkung dieses Filters. In einer Vorher- (ORIGINAL) und einer Nachher-Ansicht (AKTUELL) haben Sie stets im Blick, welchen Effekt eine mit dem FILTERPAKET durchgeführte Aktion auf das Bild hat. Im darunter liegenden Bereich ANSICHT legen Sie fest, ob in der Voransicht das gesamte Bild gezeigt werden soll (GANZES BILD) oder nur ein ausgewählter Bereich (NUR AUSWAHL bzw. AUSWAHL MIT UMGEBUNG). Welche Helligkeitsbereiche des Bildes mithilfe des Filterpakets bearbeitet werden sollen, legen Sie im Bereich BEINFLUSS-TER BEREICH (sic!) fest.

Der Bereich SELEKTIERE PIXEL NACH bestimmt, nach welchem Farbparameter die Bildpunkte bei Anwendung des Filters ausgewählt werden. Mit dem Parameter GRÖßE stellen Sie ein, wie stark ein Mausklick in den Unterfenstern des FILTERPAKETS das zu bearbeitende Bild verändern soll. Ein größerer Wert verändert ein Bild stark, während bei einem niedrigeren Wert die Einflüsse des Filters geringer sind. Sobald Sie im Bereich FENSTER auf einen der Unterpunkte klicken (FARBTON, SÄTTIGUNG, WERT bzw. ERWEITERT), öffnet sich jeweils eine der Filter-Unterboxen, die ebenso in Abb. 16.8 zu sehen sind. Alle drei Neben-Dialogboxen FARBTON VARIATIONEN, SÄTTIGUNG VARIATIONEN und HELLIGKEIT VARIATIONEN funktionieren auf »Knopfdruck«.

Die kleinen Voransichten, die das Bild mit der Bezeichnung AK-
TUELL umgeben, zeigen in der Voransicht nicht nur die Wirkungsweise der jeweiligen Option, sondern sind gleichzeitig auch Schaltflächen.
Ein Klick mit der Maustaste auf eine dieser Schaltflächen wendet den
FILTERPAKET-Filter auf die in der Unterbox gezeigte Ansicht AKTUELL
an. Zusätzlich wird die Veränderung in die FILTERPAKET-Hauptbox
übernommen.

Abbildung 16.8
Die Dialogbox des
GIMP-Filterpakets samt
weiterer Unterfenster,
die geöffnet werden,
wenn eine der
Schaltflächen im
Bereich Fenster *der*
Hauptdialogbox
gedrückt wird

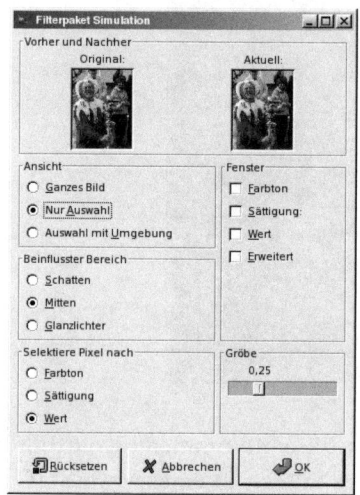

Die Hauptdialogbox des
GIMP-Filterpakets

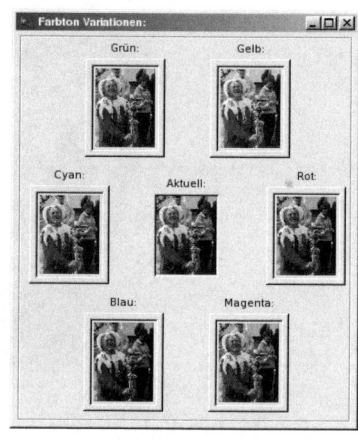

Hier verändern Sie den
Farbwinkel,...

Hier variieren Sie die Sättigung.

...und hier den Intensitätswert des
gewählten Bereiches.

16.5   Der Glätte Palette-Filter

Dieser Filter erzeugt aus den Farben eines Bildes eine Palette, in der
alle Farben als vertikale Streifen dargestellt sind. Abb. 16.10 zeigt ein
Resultat dieses Filters.

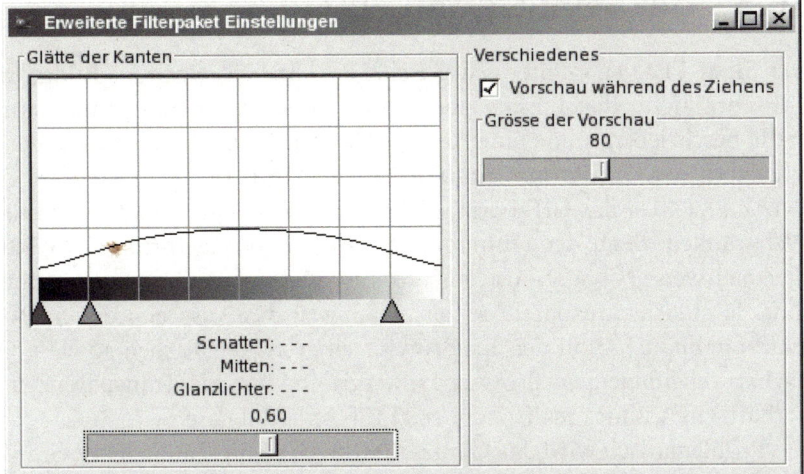

Abbildung 16.9
Fortgeschrittene
Optionen des
Filterpaket

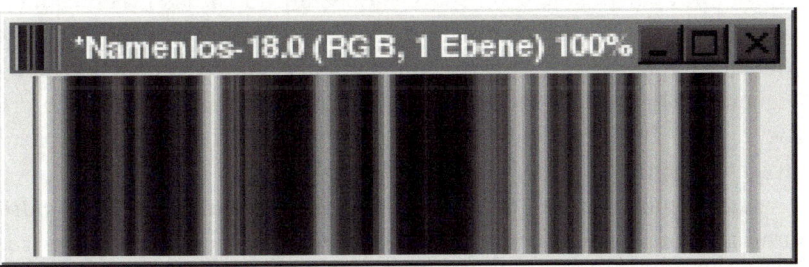

Abbildung 16.10
Eine solche Palette
erzeugt der Glätte
Palette-*Filter aus den*
Farben eines Bildes.

In der Dialogbox zu diesem Filter (Abb. 16.11) bestimmen Sie die Breite (BREITE) und Höhe (HÖHE) der resultierenden Paletten-Grafik in Bildpunkten. Mit dem Parameter SUCHTIEFE legen Sie fest, wie lange und damit, wie genau der Filter nach Farben in einem Bild suchen soll.

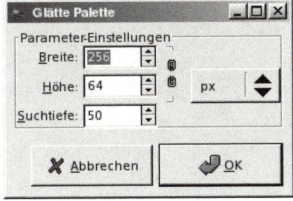

Abbildung 16.11
Die Dialogbox zum
Farbfilter Glätte
Palette

Die mit dem GLÄTTE PALETTE-Filter erzeugten Grafiken verwenden Sie als Farbtabelle für den FLAMME-Filter, der ausführlich in Kap. 28 beschrieben ist.

16.6   Der Semi-Flatten-Filter

Der SEMI-FLATTEN-Filter erweist sich als nützlich, wenn Sie Bilder im GIF-Format für den Einsatz im Web erstellen. Wie bereits an anderer Stelle beschrieben, muss eine RGB- oder Graustufen-Bilddatei vor dem Speichern ins GIF-Format indiziert werden (mit BILD → MODUS → INDIZIERT). Da das GIF-Format Transparenz zulässt, eignet es sich für Webgrafiken, denn der Hintergrund unregelmäßig geformter Objekte (beispielsweise Navigationselemente einer Website sowie Text oder Buttons) lässt sich transparent setzen. Damit ist das Aussehen dieser Objekte unabhängig von den im Browser eingestellten Farben sowie von Farbabweichungen im Browser-Hintergrund. Wie Sie Transparenz innerhalb eines Bildes realisieren, zeigt die Anleitung auf Seite 266.

Problematisch wird das Ganze allerdings, wenn man in einer Grafik Übergänge von einer Farbe ins Transparente realisieren will. Wenn Sie ein Bild mit einem solchen Verlauf indizieren, so ist das Ergebnis nicht akzeptabel, da ein indiziertes Bild nur vollständige Transparenz bzw. vollständige Deckkraft zulässt; alle zwischen diesen beiden Extremen liegenden Werte werden folglich bei der Umrechnung auf eine indizierte Farbtabelle auf diese beiden Möglichkeiten reduziert. Wie dies dann aussieht, zeigt das mittlere Bild in Abb. 16.12.

Genau hier kommt der SEMI-FLATTEN-Filter in Spiel: Dieser Filter nimmt die im Farbauswähler eingestellte Hintergrund-Farbe und vermischt die halbtransparenten Bildpunkte mit dieser Farbe. Die Farb-Indizierung eines Bildes, auf das zuvor der SEMI-FLATTEN-Filter angewendet wurde, liefert damit ein Ergebnis, das zufriedenstellend auf einer Webseite eingesetzt werden kann, deren Hintergrund der hier eingestellten Hintergrundfarbe entspricht.

Bildhintergrund einer Webgrafik transparent setzen

1 Überprüfen Sie als Erstes, ob die Bilddatei einen Alphakanal besitzt. Ist dies nicht der Fall, fügen Sie einen solchen hinzu mit Bild → Alpha → Alphakanal hinzufügen.

2 Öffnen Sie das Farbmarkiermenü mit Auswahl → Nach Farbe.

3 Wählen Sie mit dem Zauberstab die Farbe aus, die Sie transparent setzen möchten. Überzeugen Sie sich in der schematischen Voransicht des Farbauswahlmenüs davon, dass Sie die korrekte Auswahl getroffen haben.

4 Löschen Sie die markierte Farbe mit Bearbeiten → Ausschneiden (bzw. mit der Tastenkombination Strg+X).

Als Beispiel zeigt die Abb. 16.12 einen Verlauf, der mit GIMPs Verlaufs-Werkzeug angelegt wurde und zwar mit dem Blend-Modus VG NACH TRANSPARENT. In diesem Modus geht die im Farbauswähler eingestellte Farbe ins Transparente über. Die darunter stehenden Bilder zeigen die Bilddatei nach der Indizierung, sowohl ohne die vorherige Anwendung des SEMI-FLATTEN-Filters als auch nach Anwendung dieses Filters.

16.7 Der Auf Farbverlauf-Filter

Der AUF FARBVERLAUF-Filter macht nichts anderes, als die Farben eines Bildes in den Farbbereich des aktuell eingestellten Verlaufes umzurechnen. Wenn Sie einen anderen Verlauf verwenden möchten, beispielsweise die in Abb. 16.13 gezeigten Verläufe Tropical_Colors oder Land_and_Sea, so müssen Sie diese in der Verlaufsauswahlbox auswählen. Diese Box erhalten Sie, indem Sie im Befehlsmenü der GIMP-Werkzeugpalette den Befehl DATEI → DIALOGE → FARBVERLÄUFE aufrufen.

Abbildung 16.12
Hier sehen Sie die
Vorzüge des
Semi-Flatten-*Filters,*
mit dem
teiltransparente
Bereiche so bearbeitet
werden, dass ein
Abspeichern als
indizierte Datei ohne
Verlust der Bildästhetik
möglich ist.

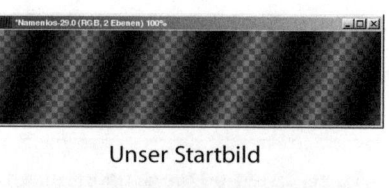

Unser Startbild

Ohne Semi-Flatten-Filter indiziert

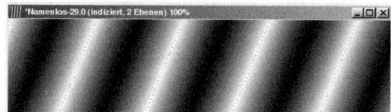

Mit Semi-Flatten-Filter indiziert

Abbildung 16.13
Der Filter Auf
Farbverlauf *nimmt den*
aktuellen eingestellten
Verlauf und rechnet die
Farbskala des Bildes in
den Farbbereich des
Verlaufes um (siehe
Farbtafeln).

Tropical_Colors   Land_and_Sea

16.8   Der Max RGB-Filter

Dieser Filter bestimmt in einem RGB-Bild das Farbmaximum (bzw. Farbminimum) und setzt alle Bildpunkte im Rot-, Grün- und Blau-Kanal auf diesen maximalen bzw. minimalen Wert.

Maximaler RGB-Wert   Minimaler RGB-Wert

In der Dialogbox zu diesem Farbfilter haben Sie die Wahl, diese Anpassung nach dem Maximalwert vorzunehmen (DIE MAXIMALEN KANÄLE HALTEN) oder nach dem Minimalwert (DIE MINIMALEN KANÄLE HALTEN).

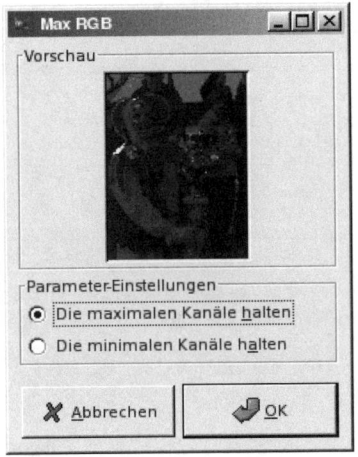

Abbildung 16.15
Die Dialogbox zum
Max RGB-*Farbfilter*

16.9   Der Wertinvertierung-Filter

Auch dieser Filter arbeitet im HSV-Farbraum, indem er lediglich die Helligkeit umkehrt, wobei weder Farbton noch Farbsättigung verändert werden. Dies erzeugt einen ganz interessanten Effekt, den Sie an einem Beispiel in Abb. 16.16 dargestellt finden.

Abbildung 16.16
Der Filter
Wertinvertierung kehrt
die (Farb-)Helligkeit
eines Bildes um

17 Kombinationsfilter

Sie möchten gerne verschiedene Bilder zu einer Gesamtgrafik montieren? Wenn Sie hierbei größtmögliche Flexibilität wünschen, sollten Sie die in Kap. 12 beschriebenen Ebenen und Ebenenmasken nutzen. Mit diesen lassen sich raffinierte Bildkombinationen erstellen. Wenn Sie sich selbst als GIMP-Anfänger einstufen, kann der Umgang mit diesen Werkzeugen allerdings die ersten Male ein wenig frustrieren. Denn es gehört schon etwas Übung und Erfahrung dazu, um mit Masken Ergebnisse zu erzielen, die ansprechend aussehen.

17.1 Der Tiefenkombination-Filter

Einfach haben Sie es mit dem TIEFENKOMBINATION-Filter, der sich hervorragend dazu eignet, zwei Bilder schnell und unproblematisch zu kombinieren. Als Beispiel sehen Sie in Abb. 17.1 zwei Bilder, die mithilfe des Filters kombiniert werden sollen. Das auf der linken Seite gezeigte Bild wurde vor der Kombination ein wenig nach oben verschoben. Sein unterer Rand wurde mit dem Retuschier-Werkzeug so bearbeitet, dass der Bildübergang nicht hart und gradlinig, sondern weich und ausgefranst verläuft.

Abbildung 17.1
Dies sind die beiden Ausgangsbilder, die mit dem Filter Tiefenkombination kombiniert werden.

Bevor Sie den TIEFENKOMBINATION-Filter starten, müssen Sie darauf achten, dass die zu kombinierenden Bilder geöffnet sind und die gleiche Größe haben (sollte dies nicht der Fall sein, müssen Sie mithilfe des Ausschneide-Werkzeuges und/oder dem Befehl BILD → BILD SKALIEREN ein wenig nachhelfen und die Bilder auf gleiche Größe zurechtstutzen). Starten Sie dann in einem der Bildfenster den Filter mit FILTER → KOMBINIEREN → TIEFENKOMBINATION.

Abbildung 17.2
In der Dialogbox des Tiefenkombination-Filters werden die zu kombinierenden Bilder angegeben und zusätzlich über verschiedene Parameter gesteuert, wie die Kombination ausgeführt werden soll.

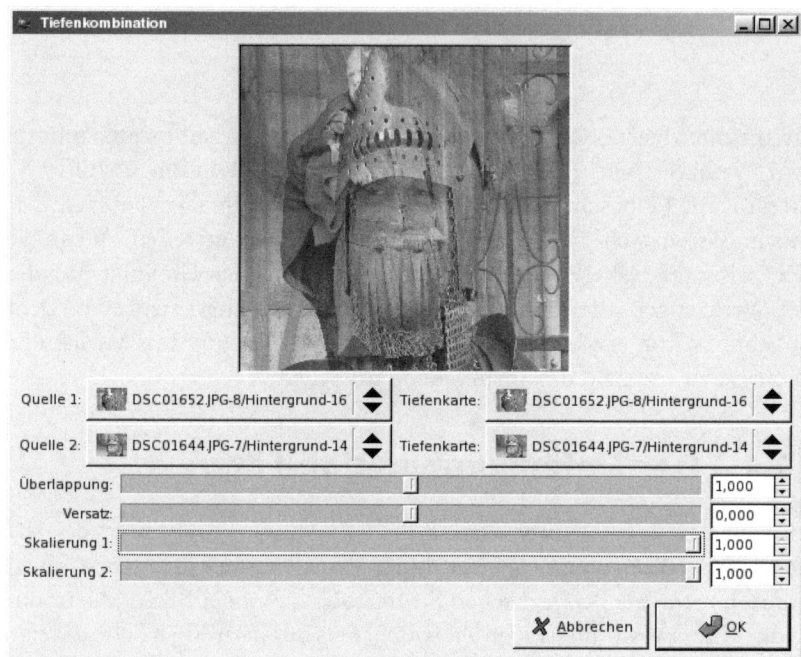

In der Dialogbox, die sich daraufhin öffnet (Abb. 17.2), finden Sie eine Voransicht, anhand derer Sie sich überzeugen können, ob die Kombination der Bilder Ihren Vorstellungen entspricht. Diese Ansicht reagiert übrigens interaktiv auf die Veränderung der Parameter weiter unten in dieser Box.

Als Nächstes finden Sie vier Auswahlfelder QUELLE 1 und QUELLE 2 sowie TIEFENKARTE 1 und TIEFENKARTE 2. In diesen Feldern werden alle zur Laufzeit von GIMP geöffneten Bilddateien gleicher Größe angezeigt (weswegen die oben genannte Größenanpassung notwendig ist, denn ein Bild anderer Größe wird in den Auswahlfeldern nicht angezeigt und steht damit für eine Kombination nicht zur Verfügung).

Für eine Kombination mit einem kontinuierlichen Übergang zwischen den beiden Bildern empfiehlt es sich, in den Feldern QUELLE 1 und TIEFENKARTE 1 jeweils das eine Bild und in QUELLE 2 und TIEFENKARTE 2 jeweils das andere Bild auszuwählen. Der Filter verwendet nämlich die beiden TIEFENKARTE-Bilder, um zu entscheiden, welcher Bildpunkt welchen Bildes den Weg in das kombinierte Bild findet.

Hierzu führt der Filter einen Helligkeitsvergleich der Bildpunkte durch, wobei dann der jeweils dunklere Bildpunkt übernommen wird.

Mit den weiteren Parametern der Dialogbox steuern Sie, welchen Einfluss die kombinierten Bilder auf das Resultat des Filters haben. Der Parameter ÜBERLAPPUNG kontrolliert, wie weich oder hart der Übergangsbereich zwischen beiden Bilder erscheint. Die Abb. 17.3 zeigt verschiedene mit dem TIEFENKOMBINATION-Filter durchgeführte Kombinationen. Das Bild ganz oben wurde mit einem ÜBERLAPPUNG-Wert 0 erzeugt, während das Bild darunter einen größeren Wert für diesen Parameter verwendet. Als Resultat scheint im ersteren Beispiel in beiden Bildhälften jeweils das andere Bild hindurch.

Mit dem Parameter VERSATZ bestimmen Sie, wie sehr das jeweils eine oder andere Bild die Kombination dominiert. Setzen Sie diesen Parameter auf -1, so geht in das Resultat nur das in QUELLE 1 ausgewählte Bild ein, hat dieser Parameter den Wert 1, geht nur das in QUELLE 2 ausgewählte Bild ein. Im mittleren Bereich um den Wert 0 werden beide Bilder gleichermaßen berücksichtigt. Die beiden Parameter SKALIERUNG 1 und SKALIERUNG 2 beeinflussen die in den Feldern TIEFENKARTE ausgewählten Bilder, hierdurch lassen sich diese dunkler bzw. heller einstellen. Dies führt zu einer verstärkten bzw. verminderten Berücksichtigung des dazugehörigen Bildes in der Kombination.

Wie bei vielen von GIMPs Filtern ist auch beim TIEFENKOMBINATION-Filter Ihre Experimentierfreude gefragt. Interessante Effekte erzielen Sie, wenn Sie nicht – wie im obigen Beispiel – im QUELLE- und im TIEFENKARTE-Feld jeweils das gleiche Bild, sondern »über Kreuz« auswählen (d.h. das erste Bild jeweils als QUELLE 1 und TIEFENKARTE 2 und das zweite Bild als QUELLE 2 und TIEFENKARTE 1). Eine weitere Möglichkeit ist es, ein drittes Bild (wiederum gleicher Größe!) als TIEFENKARTE zu verwenden.

Abbildung 17.3
Je nachdem, welche Werte verwendet werden und welche zusätzlichen Hintergrundbilder, erhält man mit dem Tiefenkombination-Filter verschiedene Ergebnisse (siehe Farbtafeln).

17.2   Der Film-Filter

Der Sinn und Zweck des FILM-Filters erschließt sich bereits aus seinem Namen: Mit ihm lassen sich verschiedene Bilder zu einem Filmstreifen kombinieren. Abb. 17.4 zeigt die Kombination von vier Bildern mithilfe dieses Filters. Anwendungsmöglichkeiten für diesen witzigen und dekorativen Effekt sind schnell gefunden: Er verschönert Ihren Urlaubsbericht auf der Website oder macht die Titelseite Ihres Fotoalbums zum Blickfang. Ein ähnlicher Effekt verbirgt sich übrigens im Menü SCRIPT-FU → DECOR → SLIDE, s.a. Kap. 29.2.

Abbildung 17.4
Nur mit GIMPs Film-Filter lassen sich Bilder verschiedener Reisen zu einem Filmstreifen kombinieren :-)

Wichtigster Bereich der Dialogbox des FILM-Filters (Abb. 17.5) ist der Bereich BILDAUSWAHL auf der rechten Seite. Hier finden Sie die Übersicht VORHANDENE BILDER. Diese zeigt die Namen aller momentan geöffneten Bilddateien sowie AUF DEM FILM, welche die Namen der Dateien angibt, die auf dem Film untergebracht werden sollen. Mithilfe der Schaltfläche HINZUFÜGEN ergänzen Sie ganz einfach die letztgenannte Übersicht mit den Bildern, die Sie in der ersteren ausgewählt haben. Möchten Sie die Auswahl korrigieren, können Sie dies ebenso einfach mit der Schaltfläche ENTFERNEN tun, welche einmal ausgewählte Bilder aus der AUF DEM FILM-Liste entfernt.

Im Bereich FILM wählen Sie mit den Parametern HÖHE und FARBE die Höhe der Bilder auf dem Filmstreifen sowie seine Farbe aus. Der zuerst genannte Parameter lässt sich nicht verändern, wenn die Schaltfläche HÖHE AN BILDER ANPASSEN aktiv ist, dann orientiert sich die Größe der Filmbilder an den Größen der Einzelbilder. Im Bereich NUMMERIERUNG geben Sie die Parameter der Nummerierung auf dem Film vor: mit welchem Bild gestartet werden soll (STARTINDEX), welche Schriftart und -farbe verwendet werden sollen (SCHRIFT und FARBE) sowie wo die Bildnummer angebracht werden soll: oberhalb des Bildes (AM KOPF) und/oder unterhalb (AM FUSS). Zusätzliche Parameter

Abbildung 17.5
In der Dialogbox des Film-Filters wählen Sie einerseits die Bilder aus, die zu einem Filmstreifen kombiniert werden sollen, und bestimmen andererseits einige Parameter, wie z.B. Aussehen und Beschriftung dieses Filmstreifens.

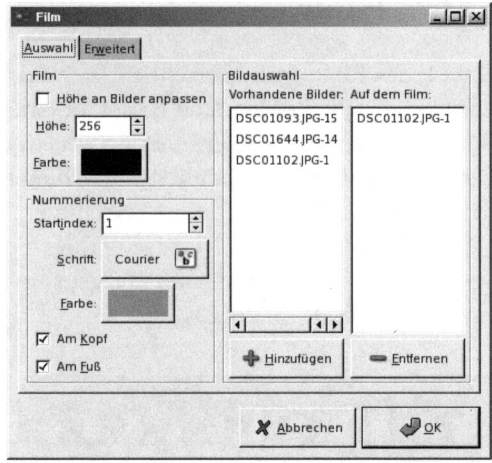

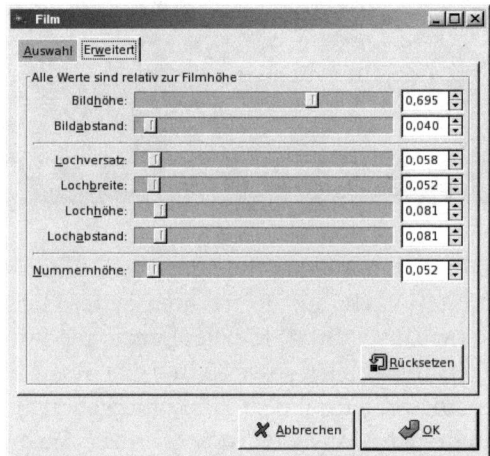

im Bereich ERWEITERT lassen Sie weitere Einstellungen sowohl für die Bilder selbst als auch für die Führungslöcher des Films vornehmen.

Richtig realistisch sieht ein mit dem FILM-Filter erzeugter virtueller Zelluloid-Streifen erst dann aus, wenn er etwas gewellt ist (wenn Sie schon mal einen Negativstreifen auf einer Fensterbank im Sonnenschein liegen gelassen haben, wissen Sie, wovon ich rede). Auch mit GIMP lässt dieses Aussehen sich realisieren. Wie, zeigt das folgende »So geht's«-Tutorial.

Abbildung 17.6
Das Ergebnis des
folgenden Tutorials

Gewellter Filmstreifen (Heizung oder Sonnenlicht)

Kopieren Sie das Resultat des Film-Filters in ein größeres Bild mit einem Hintergrund Ihrer Wahl. Behalten Sie allerdings den Filmstreifen in einer separaten Bildebene.

Auf den Film wenden Sie den Kurve-Filter an, den Sie im Menü <Filters → Verzerren → Kurve finden und der im Kap. 21 beschrieben ist. Am besten geben Sie im Menü dieses Filters den Verlauf einer Linie vor und kopieren diese dann mit der Schaltfläche Kopieren.

Gewellter Filmstreifen, Fortsetzung

 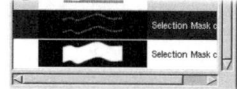

Der hier vorgestellte Effekt wirkt besonders authentisch, wenn Sie noch zwei Schlagschatten hinzufügen. Hierzu müssen Sie zwei Bereiche geschickt auswählen, einmal den Filmstreifen als Ganzes und einmal lediglich die Führungslöcher des Streifens. Ersteres wählen Sie am besten aus mit Ebene → Auswahl aus Alphakanal, Letzteres mit Auswahl → Nach Farbe. Speichern Sie beide Auswahlen ab mit Auswahl → In Kanal speichern.

Aktivieren Sie jeweils eine der Auswahlen (in der Kanalkarte der Ebenenauswahlbox; dort auf dem Symbol der jeweiligen Auswahl mit Ebene → Auswahl aus Alphakanal). Setzen Sie dann je einen Schlagschatten mit Script-Fu → Shadow → Drop-Shadow. Der Schatten hinter dem gesamten Film kann hierbei breiter ausfallen als der hinter den Führungslöchern.

18 Künstlerische Filter

Einen besonderen Reiz bieten die im Folgenden vorgestellten Filter von GIMP, mit denen Sie all Ihre künstlerischen Ambitionen ausleben können und auf den Spuren von Gauguin, Matisse oder van Gogh wandeln. Obschon mit einzelnen Filtern bereits einiges zu erreichen ist, lohnt auch die kombinierte Anwendung dieser künstlerischen Werkzeuge.

18.1 Der Leinwand anwenden-Filter

Mit FILTER → KÜNSTLERISCH → LEINWAND ANWENDEN erhält Ihr Bild eine Struktur, die an eine Künstlerleinwand erinnert. Der wesentliche Unterschied eines modernen Bildbearbeitungsprogramms wie GIMP ist es, dass Sie – anders als die alten Meister – als Erstes »malen« und dann eine Leinwand benutzen. Wie so etwas im Ergebnis aussieht, zeigt Ihnen die Abb. 18.1.

Abbildung 18.1
Ein Leinwand-Effekt steht Ihnen mit dem Filter Leinwand anwenden *zur Verfügung (siehe Farbtafeln).*

In der Optionsbox zum Leinwand-Filter (Abb. 18.2) bestimmen Sie die Ausrichtung der Leinwand-Struktur (RICHTUNG) und können darüber hinaus die Grob- bzw. Feinheit derselben mit dem Parameter TIEFE festlegen. Ein kleiner Wert erzeugt eine feine Struktur und gaukelt dem Betrachter ein gröberes Zeichenpapier vor, wie man es auf Zeichenblöcken mit hohem Holzanteil vorfindet, während ein großer TIEFE-Wert eine grobe, textile Struktur nachbildet, die klassische »Rubens«-Leinwand.

Abbildung 18.2
Die Dialogbox des Leinwand-Effektes regelt das Aussehen und die Form der Leinwand-Struktur.

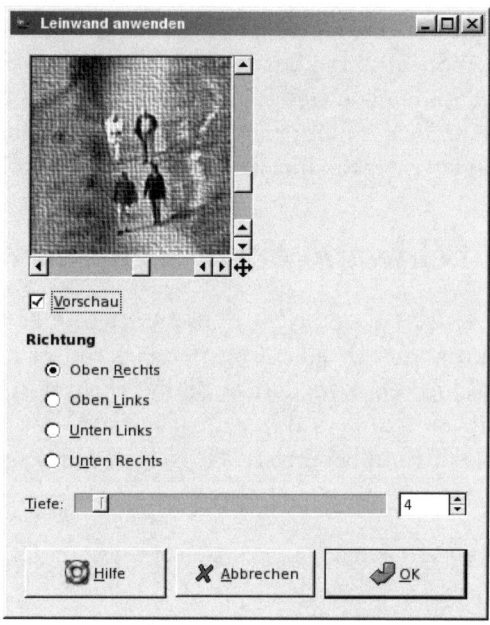

Die abschließende Anwendung des LEINWAND ANWENDEN-Filters lohnt auch dann, wenn Sie mehrere von GIMPs künstlerischen Filtern in Kombination verwenden (wie später gezeigt wird). Ein Leinwand-Effekt gibt einem solchermaßen bearbeiteten Bild den letzten Pfiff.

18.2 »Kubistische« Malerei

Auf den Spuren von Cezanne, Picasso und Braque (na ja :-) wandeln Sie mit dem KUBISMUS-Filter, mit dem Sie ein Bild – gemäß den Vorgaben der Meister – facettenhaft zusammensetzen können (bzw. GIMP dies machen lassen). Dies erreichen Sie, indem Sie Ihr Bild in kleine kubistische Formelemente zerlegen. Abb. 18.4 zeigt Ihnen, wie das Ergebnis solch künstlerischer Betätigung aussieht.

Abbildung 18.3
Der Kubismus-*Filter*
zerlegt ein Bild in
kleine kubistische
Formelemente (siehe
Farbtafeln).

In der zu diesem Filter gehörenden Dialogbox (Abb. 18.4) können Sie Größe (KACHELGRÖSSE) und (Farb-)Sättigung (KACHEL-SÄTTIGUNG) dieser Formelemente festlegen.

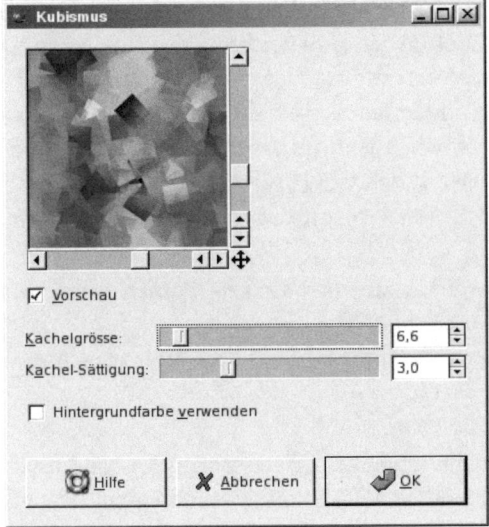

Abbildung 18.4
Die Dialogbox zum
Kubismus-*Filter*

18.3 Impressionistisch

Zum wahren Meister der digitalen Künste werden Sie mit dem »GIM-Pressionist« von Vidar Madsen, dem umfangreichsten künstlerischen Filter, den GIMP zu bieten hat.

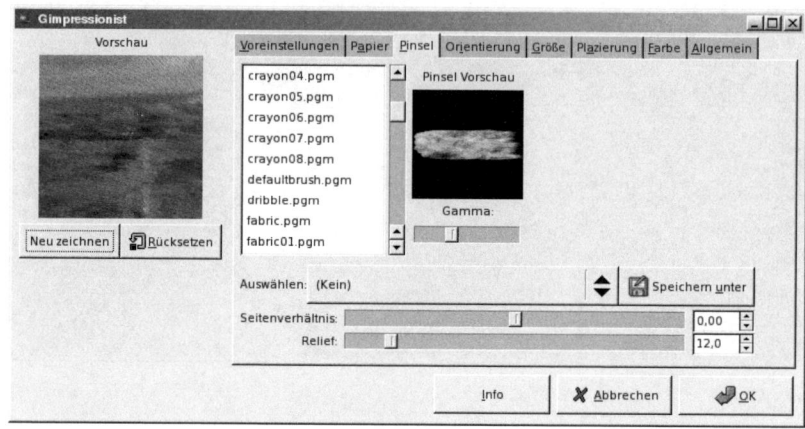

So benutzt man den GIMPressionist

Da es sich beim GIMPressionist um einen der komplexeren GIMP-Filter handelt, sollten Sie sich mit den verschiedenen Optionen dieses Filterwerkzeuges vertraut machen. Die Dialogbox des Filters, die Sie in Abb. 18.5 abgebildet sehen, besteht aus einem Voransichtsfenster auf der linken Seite sowie aus insgesamt acht Registerkarten VOREINSTEL-LUNGEN, PAPIER, PINSEL, ORIENTIERUNG, GRÖSSE, PLAZIERUNG, FARBE sowie ALLGEMEIN auf der rechten Seite der Box.

Papier Hier wählen Sie verschiedene Papierhintergründe aus, die Ihrem impressionistischen Meisterwerk die rechte Textur geben. Angefangen von einer Leinwandstruktur finden Sie verschiedene mauerartige sowie papierne Strukturen.

Pinsel Hier wählen Sie Ihren Meisterpinsel. Zur Auswahl stehen Kreidestücke verschiedener Dicke sowie verschiedene Flechtmuster und sogar Symbole und Darstellungen z.B. von Pflanzen. Im Feld AUSWAHL können Sie an dieser Stelle auch ein beliebiges Bild als Vorlage angeben. Mit den Parametern GAMMA, SEITENVERHÄLTNIS und RELIEF bestimmen Sie, wie kräftig der Pinselauftrag sein soll, das Seitenverhältnis sowie die Erhabenheit der ausgewählten Zeichenspitze.

Abbildung 18.6
Impressionistisch wird's mit dem »Gimpressionist«-Filter (siehe Farbtafeln).

Orientierung   In dieser Karte geben Sie weitere Parameter für den Zeichenpinsel des GIMPressionist-Filters vor: wie viele unterschiedliche Arten, den Pinsel anzusetzen z.B. zugelassen sind (RICHTUNGEN), in welchem Winkelbereich diese Variationen liegen (sowohl STARTWINKEL als auch WINKELGRÖSSE) usw.

18.4 Ölmalerei mit Ölgemälde

Der ÖLGEMÄLDE-Filter lässt nahezu jedes Bild wie mit Öl gemalt aussehen. In der dazugehörigen Dialogbox (Abb. 18.8) können Sie einen weiteren Algorithmus auswählen (INTENSITÄTSALGORITHMUS VERWENDEN), der Ergebnisse produziert, die farblich etwas anders aussehen als die mit dem Standardalgorithmus dieses Filters erzeugten.

Der Parameter MASKENGRÖSSE bestimmt die Größe Ihres »Ölpinsels«, d.h., je größer dieser Wert ist, desto größer der Pinsel und desto verschwommener erscheinen im resultierenden Bild die Konturen.

Abbildung 18.7
So richtig klecksig und
künstlerisch wirkt ein
Bild, das Sie mit dem
Filter Ölgemälde
bearbeitet haben. Fehlt
nur noch die Firnis
oder ein mit dem
Leinwand
anwenden-*Filter*
erzeugter
Leinwand-Effekt (siehe
Farbtafeln).

Abbildung 18.8
Die Dialogbox zum
Ölgemälde-*Filter*

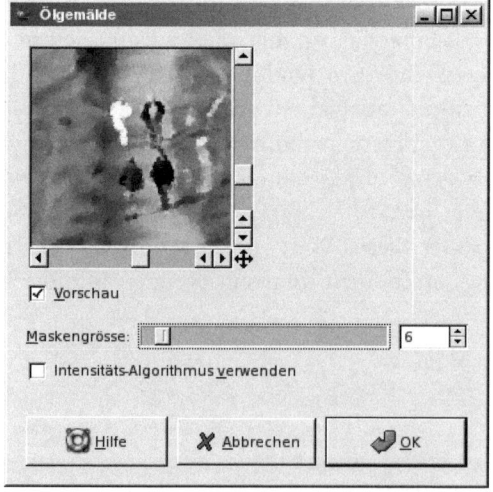

Aquarell-Effekt durch Kombination verschiedener Filter

Verblüffende Effekte erreichen Sie, wenn Sie verschiedene GIMP-Filter-Techniken kombinieren. Den Eindruck eines gemalten »aquarellierten« Bildes erhalten Sie z.B., indem Sie von einer Fotografie zwei verschiedene Bildebenen anlegen und diese separat bearbeiten. Nennen Sie zur besseren Übersicht die obere Ebene »Kohlezeichnung« und die untere »Aquarell«.

Um die Bildumrisse herauszuarbeiten, wenden Sie auf die »Kohlezeichnung«-Ebene den Sobel-Kontur-Filter an (Filter → Kanten finden → Sobel).

Invertieren Sie im resultierenden Bild die Farben (Ebene → Farben → Invertieren) und entfernen Sie diese danach gänzlich (Ebene → Farben → Sättigung entfernen). Das Ergebnis ist eine recht passable »Kohlezeichnung« der Strandszene.

Diese Ebene kombinieren wir mit der darunter liegenden im Multiplizieren-Modus. So kombiniert ergeben beide Ebenen ein sehr dunkles Bild. Aus diesem Grund führen wir abschließend in der oberen Ebene eine Tonwertkorrektur durch (Ebene → Farben → Werte) und verschieben das Maximum der Eingangswerte auf einen niedrigeren Wert.

Aquarell-Effekt durch Kombination verschiedener Filter, Fortsetzung

In der Bildebene »Aquarell« führen wir die gleiche Tonwertkorrektur durch. Um den »gemalten« Effekt zu verstärken, verringern wir die Anzahl der in dieser Ebene verwendeten Farben auf 30 (Ebene → Farben → Posterisieren) und verschmieren abschließend mit dem Gauß'schen Weichzeichner um ca. 10 Pixel (Filter → Weichzeichnen → Gaußscher Weichzeichner (IIR)).

Auch die anderen Kontur-Filter FILTER → KANTEN FINDEN → KANTE und FILTER → KANTEN FINDEN → LAPLACE eignen sich hervorragend, um aus simplen Fotografien kleine Kunstwerke zu machen. Experimentieren Sie selbst und vergleichen Sie Ihre Resultate mit den Ergebnissen in Abb. 18.10.

Das Ursprungsbild

Abbildung 18.9
Das Ergebnis des obigen Tutorials im Vorher/Nachher-Vergleich. Wenn Sie möchten, können Sie dem Ganzen noch eine Leinwand-Struktur verpassen: mit Filter → Künstlerisch → Leinwand anwenden *(siehe Farbtafeln).*

Das Resultat

Abbildung 18.10
Kunstvolle Effekte
erreichen Sie, wenn Sie
GIMPs Kontur-Filter
geschickt nutzen (siehe
Farbtafeln).

Kohlezeichnung à la Edvard Munch

Eine filigrane Radierung auf grobem Papier

19 Rauschfilter

Möchten Sie Ihren Bildern einen Hauch »Natürlichkeit« geben und ihnen die Schärfe und Perfektion nehmen? Sie möchten Ihren digitalen Kunstwerken ein »Korn« hinzufügen, so wie man es auf Fotografien sieht? Dann sollten Sie die im Folgenden vorgestellten Filter ausprobieren. Alle erhöhen das so genannte Rauschen eines Bildes und nehmen ihm damit ein wenig Genauigkeit und Brillianz.

19.1 Die Verwirbeln-, Vertauschen- und Schmelzen-Filter

Sowohl der VERWIRBELN-, der VERTAUSCHEN- als auch der SCHMELZEN-Filter verstärken in einem Bild das Rauschen um ein von Ihnen festgelegtes Maß. Die Dialogboxen aller drei Filter sehen gleich aus. Abb. 19.1 zeigt die Box des VERWIRBELN-Filters. Die Filter benötigen einen Startwert für die Berechnung des Rauschens. Dieser steht im Feld ZUFALLSSAAT, hier können Sie auch einen eigenen Wert vorgeben. Das Maß des Rauschens steuern Sie mit den Parametern ZUFALLSANTEIL sowie WIEDERHOLEN. Der letztgenannte Wert gibt an, wie oft der Filter in Wiederholung auf das Quellbild angewendet werden soll.

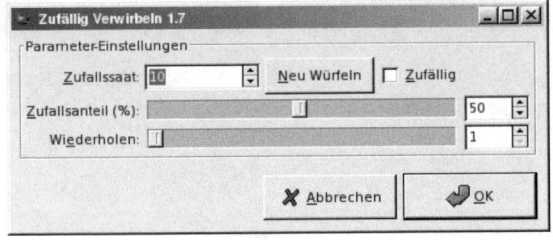

Abbildung 19.1
Die Dialogbox zum Verwirbeln-Filter

Abhängig von den ausgewählten Parametern verändern die Filter einzelne Punkte des Bildes und erhöhen so das Rauschen. Die Art der Veränderung unterscheidet die Filter: Der VERWIRBELN-Filter ordnet den Bildpunkten neue Farben in einer zufälligen Art und Weise zu. Der VERTAUSCHEN-Filter beginnt mit einem Startpunkt des Bildes. Danach wählt er zufällig einen Punkt in der näheren Umgebung des Start-punktes aus und ersetzt Letzteren durch den Umgebungspunkt. Der SCHMELZEN-Filter schließlich ersetzt einen Bildpunkt durch einen dar-über liegenden Punkt. Das resultierende Bild sieht ein wenig so aus, als sei es »geschmolzen«. Abb. 19.2 zeigt anhand eines Bildausschnittes, welchen unterschiedlichen Effekt die Rauschfilter auf eine Fotografie haben.

Abbildung 19.2
Hier wird das Rauschen eines Bildes durch verschiedene Methoden und Änderung der Bildpunkte erhöht (siehe Farbtafeln).

Das Originalbild

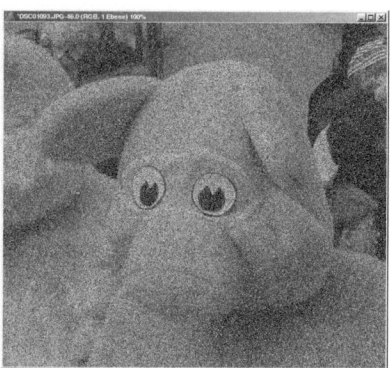

Nach Anwendung des
Verwirbeln-Filters

Nach Anwendung des
Vertauschen-Filters

Nach Anwendung des
Schmelzen-Filters

19.2   Der Verrauschen-Filter

Der VERRAUSCHEN-Filter fügt Ihrem Bild zufälliges Rauschen hinzu. Das Besondere an diesem Filter ist, dass Sie für die Farben des Bildes jeweils separat festlegen können, wie hoch der Rauschanteil sein soll.

Dies wählen Sie in der Dialogbox des Filters (Abb. 19.3) im Bereich
PARAMETER-EINSTELLUNGEN aus.

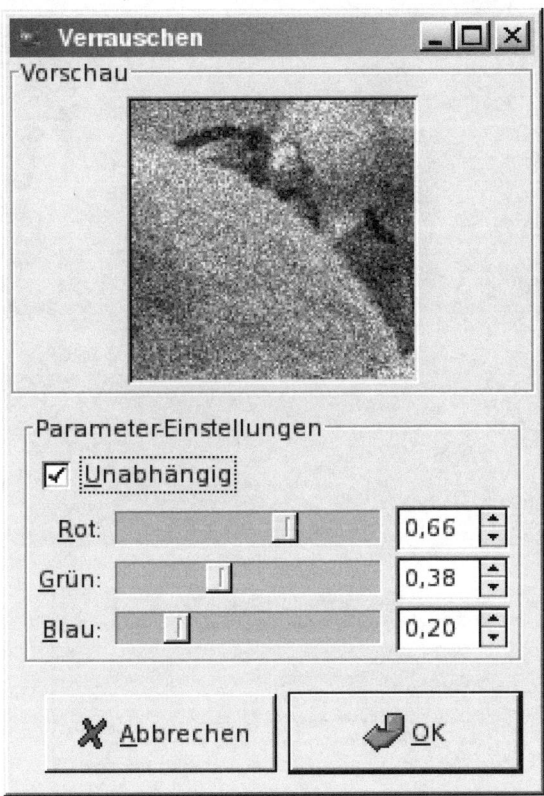

Abbildung 19.3
Die Dialogbox zum
Verrauschen-Filter

Abb. 19.4 zeigt anhand des bereits verwendeten Bildausschnittes,
welche Wirkung der VERRAUSCHEN-Filter hat.

19.3   Der Verteilen-Filter

Der VERTEILEN-Filter verschiebt die Punkte eines Bildes zufällig. Der
Abstand der Punkte von der ursprünglichen Position bestimmt bei diesem Filter das Maß des Rauschens. Sie können diesen Abstand sowohl
horizontal als auch vertikal in der Dialogbox dieses Filters (Abb. 19.5)
festlegen.

19.4   Der Streue HSV-Filter

Auch mit dem STREUE HSV-Filter erhöhen Sie das so genannte
Rauschen in Ihrem Bild durch eine Streuung der einzelnen HSV-

Abbildung 19.4
Der Verrauschen-*Filter*
erhöht das Rauschen
der einzelnen Farben
eines Bildes (siehe
Farbtafeln).

Abbildung 19.5
Die Dialogbox zum
Verteilen-*Filter*

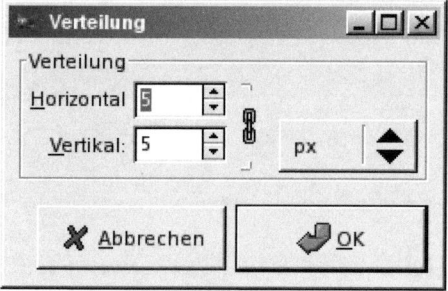

Komponenten des Bildes. Abb. 19.7 zeigt ein Ergebnis dieses Rausch-Filters. Mithilfe des STREUE HSV-Filters können Sie z.B. das Korn, so wie man es von hochempfindlichen Filmen kennt, simulieren oder die Qualität eines Dokumentes künstlich verschlechtern und damit seine »Authentizität« unterstreichen.

In der Dialogbox (Abb. 19.8) sehen Sie im Bereich VORSCHAU einen Bildausschnitt, der Ihnen zeigt, wie stark der Filter das Rauschen in Ihrem Bild erhöht. Ein Klick mit der rechten Maustaste in der Voransicht lässt Sie verschiedene Bildbereiche in der Voransicht betrachten. Für jeden der drei Parameter des HSV-Farbmodells Farbton (FARBTON), Sättigung (SÄTTIGUNG) und Helligkeit (WERT) bietet die Dialogbox einen Schieber und damit die Möglichkeit, den Rauschpegel für den entsprechenden Parameter zu variieren. Mit dem Parameter

Abbildung 19.6
Diesen Effekt hat der
Verteilen-*Filter* (siehe
Farbtafeln).

Abbildung 19.7
Der Streue HSV-*Filter*
erhöht den
Rauschanteil einer
Bilddatei durch
Streuung der Farben,

FESTHALTEN bestimmen Sie das Maß der Streuung, bei einer niedrigen
Einstellung wird wenig gestreut, bei einem hohen FESTHALTEN-Wert
ist das Rauschen größer.

Der STREUE HSV-Filter erzeugt einen interessanten Effekt, den
man hervorragend für die Erstellung einer animierten Grafik nutzen
kann. Hierbei handelt es sich um einen Effekt, der sich besonders gut in
Bannern oder als Überschrift einer Website umsetzen lässt. Man startet
z.B. mit einem Text, kopiert die soeben angelegte Ebene einige Male
und fügt in jeder weiteren Ebene sukzessive immer stärkeres Rauschen
mit dem STREUE HSV-Filter hinzu. Die Animation startet man dann
mit dem am stärksten verrauschten Bild und endet mit dem klaren Bild.

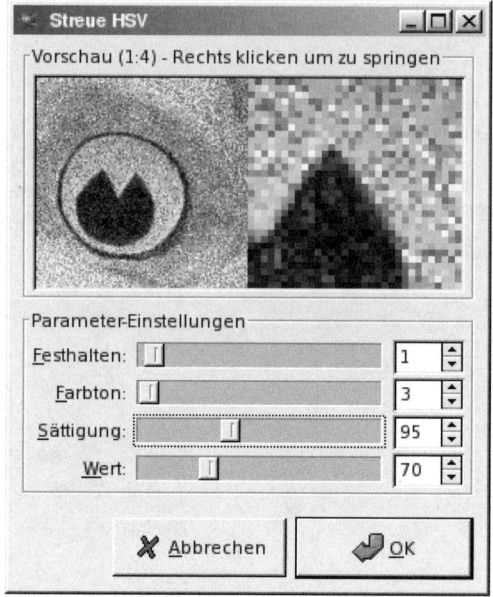

Dies erweckt beim Ablaufen dann den Eindruck eines klaren Bildes, das sich seinen Weg aus dem Rauschen bahnt. Die Abb. 19.9 zeigt die einzelnen Frames der Animation, die das Resultat der im Folgenden beschriebenen »So geht's«-Anleitung ist.

Einen animierten Textbanner mit dem Streue HSV-Filter anlegen

1 Als Erstes legen Sie eine neue Grafik in der von Ihnen gewünschten Bannergröße an (mit Strg+N).

2 In diese Grafik fügen Sie mithilfe des Text-Werkzeuges einen Banner-Text ein.

3 Legen Sie mit Script-Fu → Shadow → Drop-Shadow noch einen Schatten hinter den Schriftzug.

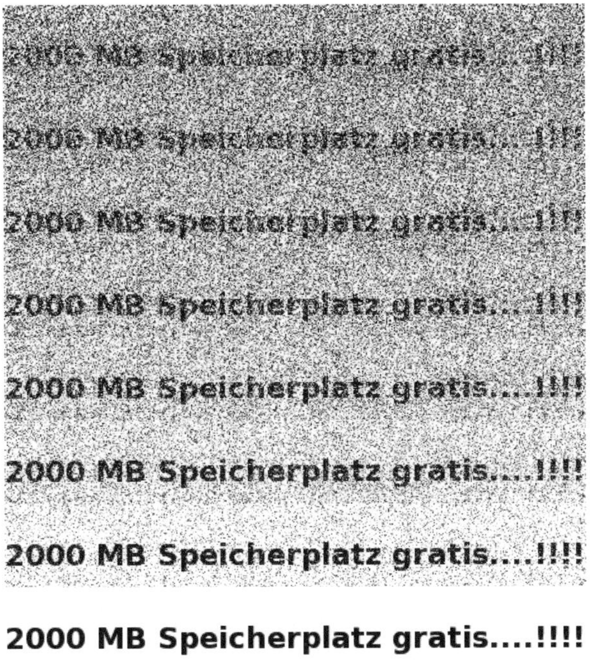
2000 MB Speicherplatz gratis....!!!!
2000 MB Speicherplatz gratis....!!!!
2000 MB Speicherplatz gratis....!!!!
2000 MB Speicherplatz gratis....!!!!

Abbildung 19.9
Die einzelnen Frames einer animierten Grafik, die jeweils unterschiedlich mit dem Streue HSV-Filter *bearbeitet wurden*

Einen animierten Textbanner mit dem Streue HSV-Filter anlegen, Fortsetzung

4 Sodann verschmelzen Sie alle bislang erzeugten Ebenen (Hintergrund, Schriftzug, Schatten) zu einer einzelnen mit Bild → Bild zusammenfügen und kopieren die resultierende Bildebene mehrere Male (am schnellsten mit der Ebenenkopier-Schaltfläche in der Ebenen-Dialogbox).

5 Fügen Sie nun allen Ebenen mit Ausnahme der ersten Rauschen mit dem Streue HSV-Filter hinzu. Achten Sie darauf, dass je Folgeebene der Rauschpegel immer ein wenig erhöht wird (z.B. durch einen größeren Festhalten-Wert, aber auch durch wiederholtes Anwenden des Filters), bis in der letzten Ebene der Ausgangstext im »Rauschen untergeht«, also nicht mehr lesbar ist.

Ob das Endresultat als animierte Grafik zu gebrauchen ist, können Sie in der Animations-Voransicht überprüfen, die Sie unter FILTER → ANI-

MATION → ANIMATION ABSPIELEN finden. Sollten Sie mit Ihrem Ergebnis zufrieden sein, speichern Sie das Bild sowohl im XCF-Format ab (wenn Sie später Weiteres hinzufügen oder andere Änderungen machen wollen) sowie im GIF-Format, um es als animiertes GIF-Bild auf einer Website einsetzen zu können.

20 Weichzeichnerfilter

Die Weichzeichnerfilter von GIMP sind richtige Universalwerkzeuge, wenn es darum geht, die Schärfe eines Bildes zu verringern. Dies ist z.B. sinnvoll, wenn man einen Text oder ein anderes Objekt mit einem Schatten versehen möchte oder einem Glüheffekt. Auch wenn Sie Fehler in einem Bild ausgleichen möchten, werden Sie auf die Weichzeichnerfilter zurückgreifen. So empfiehlt es sich bei vielen eingescannten Bildern, diese mit einem Gauss'schen Weichzeichner zu bearbeiten, denn dieser schafft es oftmals recht passabel, unerwünschte Überreste des Scan-Vorgangs zu entfernen.

20.1 GIMPs Weichzeichnen-Filter

Wenn Sie diesen Weichzeichner lediglich einmal durchlaufen lassen, werden Sie vermutlich nur einen sehr geringen Effekt wahrnehmen. Aus diesem Grund besitzt die dazugehörige Dialogbox den Parameter WIEDERHOLEN, mit dem Sie die Anzahl der Wiederholungen einstellen können.

Wenn Sie die weiter unten vorgestellten Weichzeichnerfilter mehrfach benutzt haben, werden Sie den WEICHZEICHNEN-Filter vermutlich bald nicht mehr häufig einsetzen, da die Gauss'schen Weichzeichner effektiver arbeiten.

Der Algorithmus, den der WEICHZEICHNEN-Filter benutzt, benötigt einen zufällig ausgewählten Startwert (ZUFALLSSAAT), den Sie in der Dialogbox zu diesem Filter einstellen können (Abb. 20.2). Standardmäßig wird die Systemzeit genommen; wenn Sie in das Feld hineinschreiben, wird der von Ihnen angegebene Startwert verwendet.

20.2 Gauss'scher Weichzeichner (IIR)

Die beiden Gauss'schen Filter zeichnen ein Bild dadurch weich, indem Sie die benachbarten Pixel eines Bildpunktes mitteln. Die Stärke dieser Mittelung nimmt in Form einer Gauss'schen Glockenkurve nach außen

Abbildung 20.1
*Ein simpler
Weichzeichner, den
man oft mehrfach
anwenden muss, um
ein brauchbares
Resultat zu erhalten:
der Filter
Weichzeichnen*

Abbildung 20.2
*Die Dialogbox zum
Weichzeichnen-Filter*

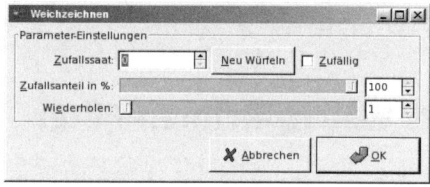

hin ab. Die Abkürzung IIR steht übrigens für das verwendete Filterverfahren *indefinite impulse response*.

Abbildung 20.3
*Diese Abbildung zeigt
die weichzeichnende
Wirkung von GIMPs
Gauss'schem
Weichzeichner (IIR).*

Wie groß die Kurve ist, mit der gemittelt wird, geben Sie im Feld WEICHZEICHNER RADIUS in der Dialogbox (Abb. 20.4) an. Je größer der Radius ist, den Sie in Bildpunkten angeben, desto stärker wird die Weichzeichnung und desto verschwommener folglich das resultierende Bild. Zusätzlich bestimmen Sie, ob die Weichzeichnung horizontal (HORIZONTAL), vertikal (VERTIKAL) bzw. in beide Richtungen durchgeführt werden soll. Der von diesem Filter verwendete Algorithmus eignet sich insbesondere für Ihre eingescannten Bilder und Fotografien, d.h. für alle Bilder »natürlicher« Herkunft.

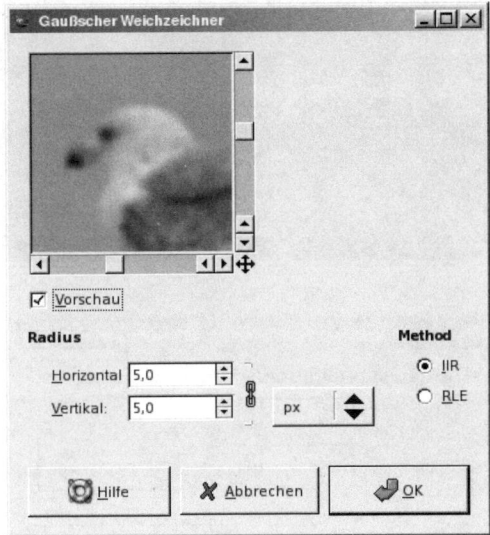

Abbildung 20.4
Die Dialogbox des (IIR)Gauss-Weichzeichners

20.3   Gauss'scher Weichzeichner (RLE)

Anders als der oben beschriebene Gauss'sche Weichzeichner verwendet dieser Filter einen anderen Algorithmus, der sich besonders für künstliche d.h. mit dem Computer erzeugte Bilder eignet (z.B. alle Grafiken, Zeichnungen, Skizzen etc., die Sie mit Grafikprogrammen wie beispielsweise GIMP erstellt haben. Die Abkürzung RLE steht übrigens für *run length encoding*.

Da sich die beiden Gauss'schen Weichzeichner nur in der Art des verwendeten Algorithmus unterscheiden, sind die Eingabe-Parameter die gleichen (Abb. 20.6). Das heißt, auch hier geben Sie den Radius der Weichzeichnung (RADIUS DES WEICHZEICHNERS) an sowie die Richtung, in die weichgezeichnet werden soll (HORIZONTAL bzw. VERTIKAL).

Abbildung 20.5
Texte, die mit dem Gauss'schen Weichzeichner (RLE) bearbeitet wurden, wobei jeweils unterschiedliche Weichzeichnungs- radien gewählt wurden

Abbildung 20.6
Die Dialogbox des (RLE)-Gauss- Weichzeichners

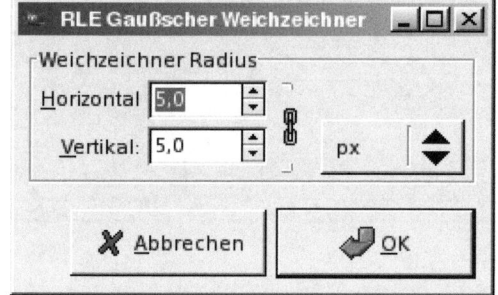

20.4   Der Bewegungsunschärfe-Filter

Mit dem BEWEGUNGSUNSCHÄRFE-Filter erzeugen Sie Effekte, die Sie vielleicht aus der klassischen Fotografie kennen und die entstehen, wenn man eine schnelle Bewegung mit einer langen Verschlusszeit belichtet.

In der Dialogbox zu diesem Filter (Abb. 20.8) geben Sie die Länge der von Ihnen gewünschten Bewegungsunschärfe (in Bildpunkten) mit dem Parameter LÄNGE an. Im Bereich ART DES WEICHZEICHNERS wählen Sie aus, ob der Filter gradlinig (LINEAR) verwischen soll oder kreisförmig (RADIAL).

Zusätzlich können Sie mit der Option ZOOM ein Bild auch so verwischen, dass es den Effekt erzeugt, den man in der Fotografie er-

Abbildung 20.7
Verblüffende
Bewegungseffekte
lassen sich mit dem
Bewegungsunschärfe-
Filter
verwirklichen.

reicht, indem man während der Belichtung die Brennweite eines Zoom-
Objektives verändert.

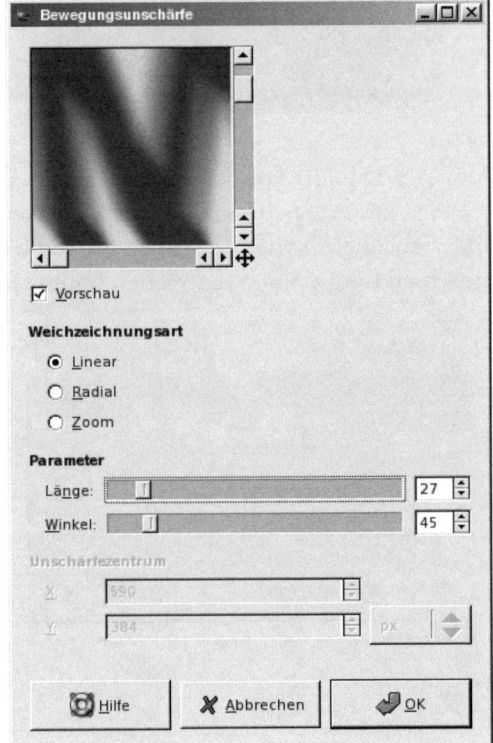

Abbildung 20.8
Die Dialogbox zum
Bewegungsunschärfe-
Filter

20.5   Der Pixeln-Filter

Wenn Sie eine Bilddatei mit GIMPs Lupen-Werkzeug betrachten, und
zwar mit einer starken Vergrößerung, so sehen Sie die einzelnen Bildpunkte bzw. Pixel dieses Bildes. Diese Pixeligkeit in Bildern wird oft als
Metapher für das Digitale schlechthin verwendet. Wenn Sie Ihren Bildern einen solchen digitalen Touch geben wollen, benutzen Sie hierzu
am besten GIMPs PIXELN-Filter.

Abbildung 20.9
Ihr Bild erhält ein
»digitalisiertes«
Aussehen, wenn Sie es
mit GIMPs Pixeln-Filter
bearbeiten.

In der Dialogbox (Abb. 20.10) des PIXELN-Filters müssen Sie mit
dem Parameter PIXELBREITE lediglich angeben, in welchem Umfang
der Filter ein Bild vergröbern soll. Hier geben Sie die Größe der resultierenden Bildpunkte in Bildpunkten des reellen Bildes ein (kommen Sie
nicht durcheinander!).

Abbildung 20.10
Die Dialogbox des
Pixeln-Filters

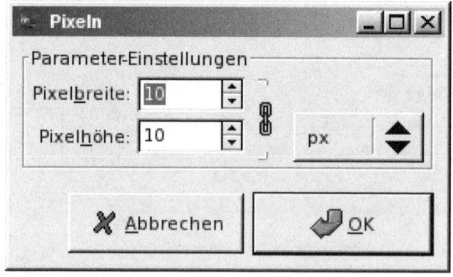

20.6   Selektives Weichzeichnen

Als zusätzliches Weichzeichnungswerkzeug gibt es den SELEKTIVER GAUSSCHER WEICHZEICHNER-Filter. Dieser Filter arbeitet ähnlich dem normalen Gauss'schen Weichzeichner, allerdings werden nicht alle Umgebungspunkte einer Position weichgezeichnet, sondern nur ausgewählte. Die Wirkung des Filters lässt sich also begrenzen. Das Begrenzungskriterium können Sie als Benutzer selbst festlegen in Form eines Wertes, den Sie in der Dialogbox des Filters (Abb. 20.11) im Feld MAX. DELTA angeben. Der SELEKTIVE GAUSSCHE WEICHZEICHNER zeichnet dann nur die benachbarten Bildpunkte einer Position weich, deren Unterschied zur Position geringer ist als der eingestellte MAX. DELTA-Wert; Umgebungspunkte, die einen größeren Unterschied aufweisen, werden automatisch vom Weichzeichnungsvorgang ausgeschlossen.

Abbildung 20.11
Die Dialogbox des
Selektiver Gausscher
Weichzeichner-*Filters*

Der große Vorteil des SELEKTIVER GAUSSCHER WEICHZEICHNER-Filters ist der, dass Sie bei geeigneter Wahl der Parameter ein Bild weichzeichnen können, ohne allzu viele Details zu verlieren. Damit ist ein intelligentes Weichzeichnen möglich, z.B. um gezielt Scan-Artefakte aus einem Bild zu entfernen, ohne die Qualität und Schärfe der Bilddatei wesentlich zu mindern.

21 Verzerrungs- und Verfremdungsfilter

21.1 Jalousien-Effekt

Der JALOUSIE-Filter erzeugt in Ihrem Bild einen Jalousien-Effekt, d.h. er durchsetzt Ihr Bild mit Streifen und zerstückelt es damit in mehrere Teile. In der Voransicht der zu diesem Filter gehörenden Dialogbox (Abb. 21.2) erkennen Sie, dass der JALOUSIE-Filter in der Tat eine Jalousie simuliert. Im Bereich ORIENTIERUNG der Dialogbox legen Sie als Erstes fest, ob Sie horizontale (HORIZONTAL) oder vertikale (VERTIKAL) Jalousien wünschen. Im unteren Teil der Dialogbox finden Sie den Bereich PARAMETER-EINSTELLUNGEN. Wenn Sie dort den Parameter VERSCHIEBUNG variieren, wird bei unterschiedlichen Werten nicht einfach die Größe der Streifen verändert, vielmehr werden die Teile Ihres Bildes zusammengezogen. Dies erzeugt einen perspektivischen Effekt, den man auch beim Blick durch eine Jalousie beobachtet, deren Öffnungswinkel man variiert. Der Parameter VERSCHIEBUNG erlaubt Einstellungen von 1 (entspricht einer geschlossenen Jalousie) bis zu 90 (Jalousie ganz geöffnet). Mit dem Parameter ANZ. SEGMENTS stellen Sie die Anzahl der Jalousie-Elemente ein.

Abbildung 21.1
Mit dem Jalousie-Filter setzen Sie Ihr Bild wirkungsvoll hinter eine Jalousie.

Wie die Zwischenräume zwischen den Teilen aussehen, hängt davon ab, ob das Bild einen Alphakanal besitzt oder nicht. Ist Letzteres der Fall, so setzt GIMP die Zwischenräume in der Hintergrundfarbe, die im Farbauswähler der Werkzeugpalette eingestellt ist. Sofern ein Alphakanal vorhanden ist (den Sie auch mit EBENE → TRANSPARENZ → ALPHAKANAL HINZUFÜGEN hinzufügen können), erlaubt GIMP es Ihnen, im Bereich HINTERGRUND die »Jalousie«-Zwischenräume transparent zu setzen.

Abbildung 21.2
Die Dialogbox des
Jalousie-Filters

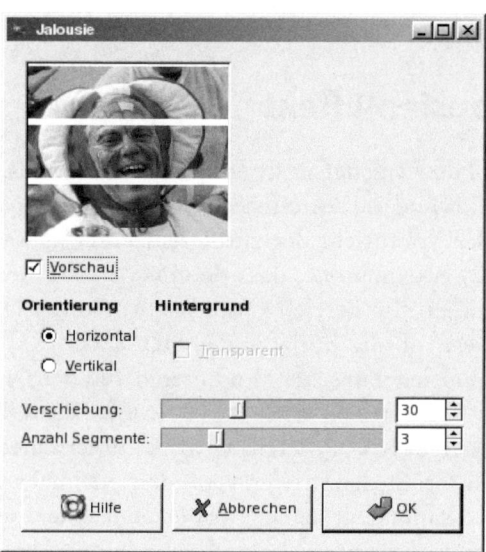

21.2   Seitenrand (Seite einrollen)

Mit dem simplen Aufsetzen eines Dreiecks, das mit einem Verlauf gefüllt ist, erreichen Sie mit dem SEITE EINROLLEN-Filter einen verblüffenden Effekt: Die hiermit bearbeitete Datei sieht aus wie ein Blatt Papier, dessen Rand an einer Ecke ein wenig aufgerollt ist.

Abbildung 21.3
Eine aufgerollte Ecke,
welche Sie mit dem
Seite einrollen-Filter
anbringen können,
ergänzt jedes Bild
durch einen kleinen,
aber wirkungsvollen
3D-Effekt.

In der Dialogbox zum SEITE EINROLLEN-Filter (Abb. 21.4) legen Sie im Bereich POSITION fest, welche »Ecke« des Bildes aufgerollt werden soll. In der Auswahl ORIENTIERUNG bestimmen Sie, ob horizon-

tal oder vertikal aufgerollt werden soll. Damit das Ganze noch realistischer aussieht, können Sie unter dem aufgerollten Rand noch einen
Schlagschatten legen (UNTER DER ECKE ABDUNKELN). Zuletzt haben Sie die Möglichkeit, einen beliebigen Verlauf Ihrer Wahl anstelle
des Standard-Verlaufes (nämlich Vordergrund-Farbe → Hintergrund-
Farbe) zu verwenden (AKTUELLEN FARBVERLAUF...), hier wird bei aktivierter Schaltfläche der gerade aktuell ausgewählte Verlauf verwendet.
In DECKKRAFT bestimmen Sie die Deckkraft des aufgerollten Bereiches, was einen zusätzlichen interessanten Effekt erzeugt.

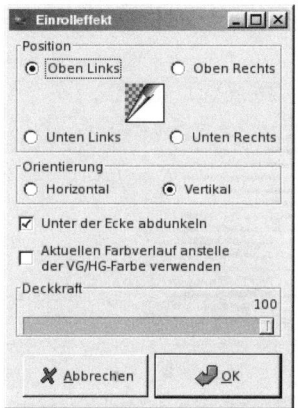

Abbildung 21.4
In der Dialogbox des
Seite einrollen-*Filters*
legen Sie verschiedene
Parameter der
»aufgerollten« Seite
fest.

21.3   Gravur

Mit dem GRAVUR-Filter verwandeln Sie Ihre Bilddatei in eine Gravur
(Abb. 21.5). Mit dem Parameter HÖHE dieses Filters (Abb. 21.6) bestimmen Sie die Tiefe der Gravur, während Sie mit BESCHRÄNKE LI-
NIENBREITE die Anzahl der im Ausgangsbild verwendeten Graustufen
auf die im Parameter HÖHE angegebene Zahl reduzieren.

21.4   À la Kai: Der IWarp-Filter

Mit dem IWARP-Filter vollbringen Sie in GIMP das, wozu Sie bis-
her nur mit den Programmen eines bekannten deutschen Design-Gurus
in der Lage waren: Verschiebungen, Knautschungen, Vergrößerun-
gen. Mit all diesen Dingen verschönert der IWARP-Filter die Portrait-
Fotografien Ihrer Liebsten. Was Wunder, dass der Autor gar zum Na-
senbär wird (Abb. 21.7)!
    Die Dialogbox zum IWARP-Filter (Abb. 21.8) zeigt Ihnen eine
Voransicht des Bildes. Beachten Sie bitte: In dieser Voransicht füh-

Abbildung 21.5
*Einen Gravur-Effekt
verleihen Sie Ihren
Bildern mit dem
Gravur-Filter.*

Abbildung 21.6
*Die Dialogbox des
Gravur-Filters*

Abbildung 21.7
*Witzige Verzerrungen
und Verfremdungen
realisieren Sie mit dem
Iwarp-Filter.*

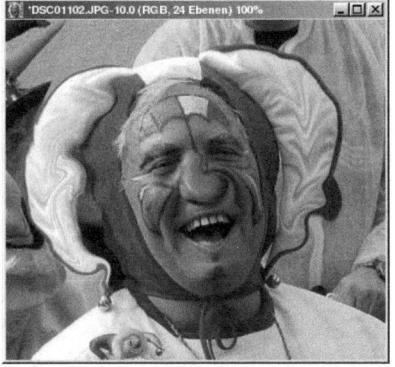

ren Sie auch alle Veränderungen im Bild durch! Das bedeutet, Sie
wählen eine Verformungsvariante aus und bewegen den Mauszeiger

in diese Voransicht und verändern bei gedrückter linker Maustaste das Bild nach Ihren Wünschen. An Verformungsvarianten bietet der IWARP-Filter eine Vielzahl von Möglichkeiten auf der ersten Auswahlkarte. Sie können Bildteile verschieben (VERSCHIEBEN) oder entfernen (ENTFERNEN), Bildelemente vergrößern (VERGRÖSSERN) oder schrumpfen lassen (SCHRUMPFEN). Darüber hinaus können Sie diese im Uhrzeigersinn verwirbeln (VERDREHEN IM UHRZEIGERSINN) oder entgegen dem Uhrzeigersinn (VERDREHEN GEGEN DEN UHRZEIGERSINN). Durch Betätigen der RÜCKSETZEN-Schaltfläche lassen sich Veränderungen jederzeit wieder rückgängig machen. Wie stark Sie mit einer Mausaktion ein Bild verändern, hängt übrigens von zwei Parametern ab, die Sie im oberen Teil der Dialogbox finden. DEFORMATIONS-RADIUS bestimmt, wie groß der von der Änderung betroffene Bildteil ist, und DEFORMATION, wie groß der Einfluss einer Einzelaktion im Bild ist.

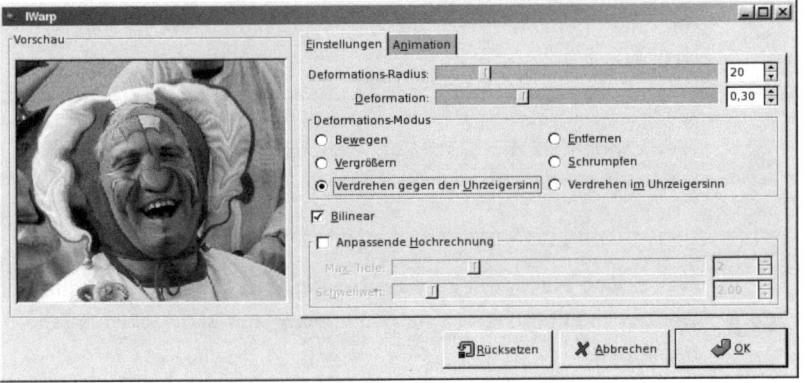

Abbildung 21.8
In der Dialogbox des Iwarp-Filters bestimmen Sie u.a., welche Verformungen Sie durchführen möchten und wie wirkungsvoll diese sein sollen. Diese wenden Sie dann in der Voransicht mit der linken Maustaste an.

Die Veränderungen, die Sie mit dem Filter IWARP durchführen, entlocken dem Betrachter schnell ein Schmunzeln. Richtig witzig ist die ganze Sache allerdings erst, wenn Sie sich eine Änderung in der animierten Abfolge betrachten. Auch hier unterstützt Sie der Filter, denn es gibt eine zweite Registerkarte ANIMATION, die Sie in Abb. 21.9 sehen. In dieser zweiten Karte finden Sie alle Befehle, mithilfe derer das Programm auf die Zwischenschritte einer IWARP-Veränderung zugreift und diese zu einer Animation verarbeitet. Insbesondere lässt sich mit dem Schieber ANZAHL DER FRAMES die Anzahl der einzelnen Animationsebenen festlegen und mit den beiden Schaltflächen UMKEHREN, ob die Animation umgekehrt berechnet werden soll. Mit PING-PONG bestimmt man, ob die Animation einen Vorwärts- und einen darauffolgenden Rückwärtslauf immer wieder durchführen soll.

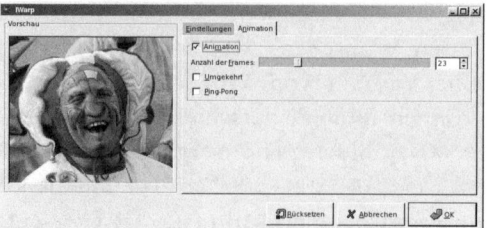

Animierte Web-Grafik mit IWarp erstellen

1 Legen Sie z.B. einen Text-Banner als neue Grafik an.

2 In das Bild fügen Sie mithilfe des Text-Werkzeuges einen Text ein (im unten genannten Beispiel wird die Schriftart mistral verwendet).

3 Hier können Sie mit Script-Fu → Shadow → Drop-Shadow noch einen Schatten hinter den Schriftzug legen.

4 Alle bislang erzeugten Ebenen (Hintergrund, Schriftzug, Schatten) werden zu einer Ebene zusammengelegt, mit Bild → Bild zusammenfügen.

5 Nun rufen Sie den IWarp-Filter auf (Filter → Verzerren → IWarp). Auf der Karte Animation aktivieren Sie die gleichnamige Schaltfläche und wählen die Anzahl der gewünschten Animations-Schritte aus (Anzahl der Frames). Auf der Karte Settings wählen Sie z.B. Verdrehen gegen den Uhrzeigersinn aus und »verwischen« durch Anwendung des Filters in der Bild-Voransicht die zu animierende Fläche (im unten gezeigten Beispiel ist dies ein kleiner Banner-Text).

21.5 Der Polarkoordinaten-Filter

Der POLARKOORDINATEN-Filter projiziert das zu verändernde Bild auf polare Koordinaten um oder – in Umkehrung dieser Projektion –

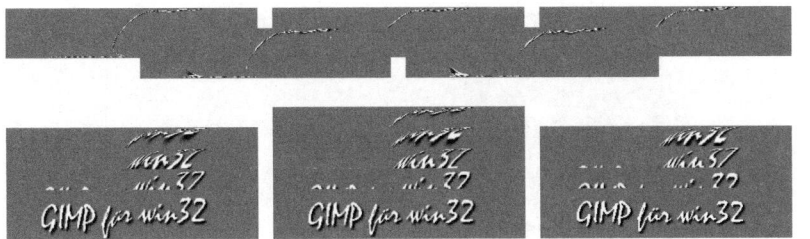

Abbildung 21.10
Mit der Wirbel-*Option des* Iwarp-*Filters lassen sich witzige Animationen umsetzen, die Sie z.B. für einen Banner oder eine Text-Schaltfläche verwenden können.*

auf rechtwinkelige Koordinaten. Wenn Sie diesen Filter auf eine normale (d.h. rechteckige) Bilddatei anwenden, ähnelt das Bild ein wenig dem Anblick, der sich einem bietet, wenn man in das gutpolierte Rohr eines Blasinstrumentes, z.B. einer Tuba, blickt. Abb. 21.11 zeigt ein Resultat dieses Filters.

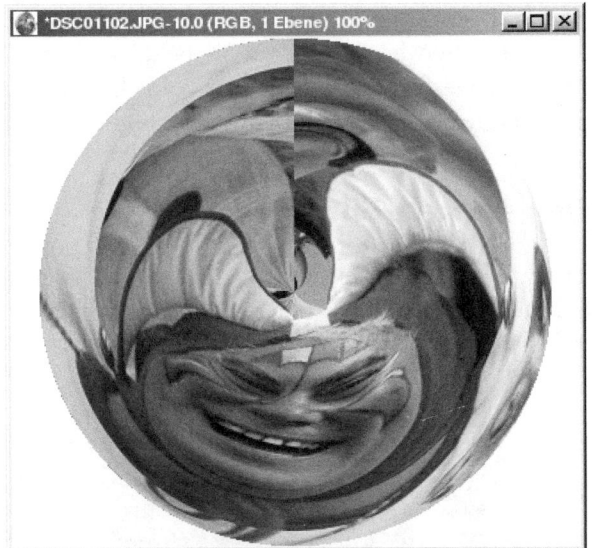

Abbildung 21.11
Diesen Effekt erzeugt der Filter Polarkoordinaten, *der ein Bild auf ein polares Koordinatensystem umrechnet.*

In der Dialogbox des POLARKOORDINATEN-Filters (Abb. 21.12) bestimmen Sie mit dem Parameter KREISTIEFE IN PROZENT die Perfektheit der resultierenden Projektion. Stellen Sie hier einen größeren Wert ein, so ist das Ergebnis kreisförmig, bei kleineren Werten erhalten Sie eher eine tonnenförmige Projektion. Anhand der im oberen Teil der Dialogbox gezeigten Voransicht haben Sie jederzeit die Kontrolle, wie sich die Variation einer der Filter-Parameter auswirkt.

Die beiden Parameter UMGEKEHRT ABBILDEN und OBEN BEGIN-NEN bestimmen Anfangspunkte und Projektionsverhalten dieses Verzerrungsfilters. Mit dem Parameter NACH POLAR schalten Sie zwischen den Projektionsmöglichkeiten *polar→rechtwinkelig* und *recht-*

Abbildung 21.12
Die Dialogbox des
Polarkoordinaten-
Filters

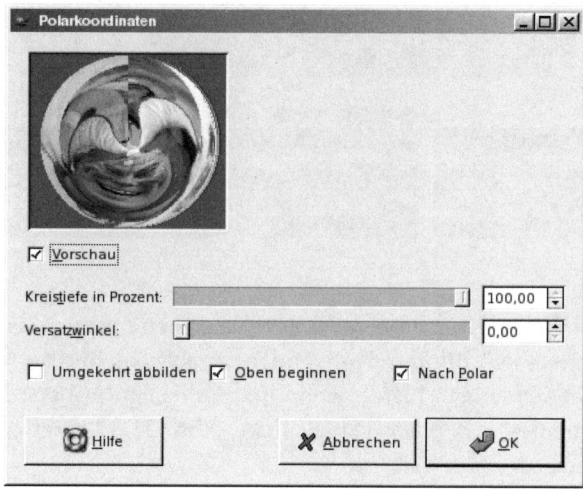

winkelig→polar hin und her. Probieren Sie beide Varianten einmal an einem Bild aus. Sie werden feststellen, dass beide hintereinander angewendet (im Wesentlichen) wieder das Ausgangsbild erzeugen.

21.6   Der Zacken-Filter

Dieser Filter erzeugt durch Verschiebungen einzelner Bereiche in Ihrem Bild kleine, kräuselige Wellen. Das Resultat ähnelt einem Fernsehbild mit leichter Störung.

Abbildung 21.13
*Der Zacken-Filter
erzeugt eine
»Bildstörung«, die dem
Bild eines defekten
Fernsehers gleicht.*

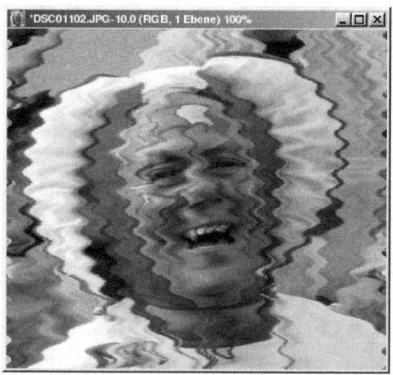

In der Dialogbox legen Sie im Bereich ORIENTIERUNG fest, ob die Kräuselwellen horizontal (HORIZONTAL) oder vertikal (VERTIKAL) verlaufen sollen. Der Bereich KANTEN bestimmt das Randverhalten des ZACKEN-Filters: Wenn Sie die Option SCHWARZ gewählt haben, wird der Randbereich einfach schwarz aufgefüllt, haben Sie hingegen

FALTEN gewählt, wird der Bildbereich, der an der einen Seite des Bildes hinausgeschoben wird, an der anderen Seite einfach angesetzt. Die Option VERWISCHEN hingegen verwendet für die äußeren Bildbereiche Teile aus dem Innern des Bildes, die leicht gedehnt sind und so an den Rand angepasst werden.

Interessant ist noch der Bereich WELLENTYP, in dem Sie festlegen, ob das Bild mit einer Sinus-Welle (SINUS) gekräuselt werden soll oder mit einer periodischen Sägezahnfunktion (SÄGEZAHN).

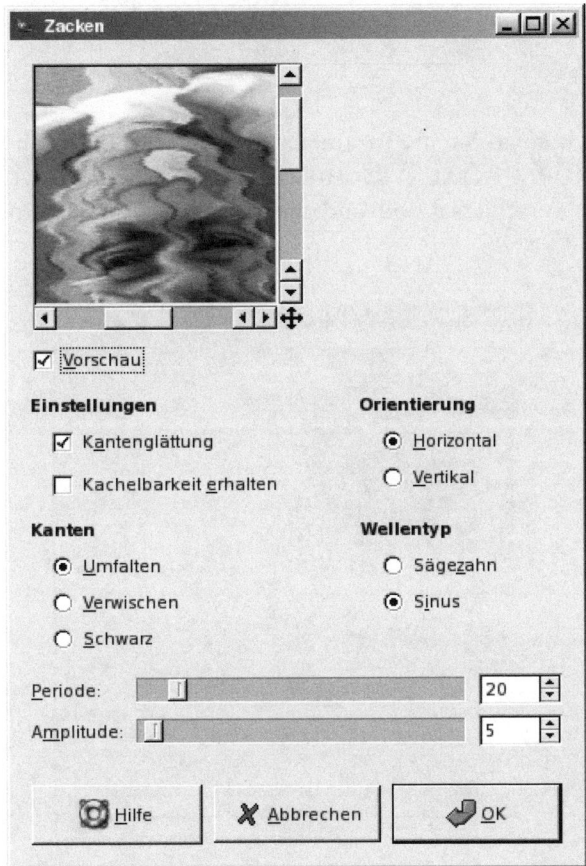

Abbildung 21.14
*Die Dialogbox des
Zacken-Filters*

21.7 Der Verschiebung-Filter

Im Unterschied zum oben beschriebenen ZACKEN-Filter verschieben Sie mit dem VERSCHIEBUNG-Filter jede Bildpunkt-Reihe Ihres Bildes nach einem *Zufallsmuster*.

Abbildung 21.15
Ein solches Ergebnis erhalten Sie, wenn Sie den Verschiebung-Filter auf ein Bild anwenden.

Damit können Sie als Parameter lediglich festlegen, ob GIMP horizontal (HORIZONTAL VERSCHIEBEN) oder vertikal (VERTIKAL VERSCHIEBEN) verschieben soll und wie groß die Verschiebung sein soll (VERSCHIEBUNG).

Abbildung 21.16
Die Dialogbox des Verschiebung-Filters

21.8   Der Wellen-Filter

Mit dem WELLEN-Filter verzeichnen Sie Ihr Bild durch eine periodisch gleichmäßige Wellen-Störung. Das Resultat ähnelt dem Abbild eines Spiegelbildes in einer Flüssigkeit, in die man einen Gegenstand eintaucht (z.B., wenn Sie einen Stein in die ruhige, »spiegelglatte« Oberfläche eines Teiches werfen und Ihr Abbild dadurch verzerrt und gekräuselt dargestellt wird).

Abbildung 21.17
Erst durch den Wellen-Filter sieht ein künstlich angelegter See realistisch aus.

Die Dialogbox des WELLEN-Filters besitzt, wie andere Filter dieser Kategorie auch, eine Voransicht (VORSCHAU), in der angezeigt wird, wie der Filter die Bilddatei verändern wird. Im Bereich PARAMETER-EINSTELLUNGEN geben Sie die Werte vor, die eine Welle bestimmen und die Sie vermutlich noch aus Ihrem Physik-Unterricht kennen: die Amplitude, d.h. die Größe der Welle (AMPLITUDE), die Phase, d.h. an welchem Punkt eines Wellenlaufes Sie starten (PHASE), sowie die Wellenlänge (WELLENLÄNGE), ein Maß für die Laufzeit der gesamten Welle.

Im Bereich MODUS legen Sie das Rand- und Übergangsverhalten des WELLEN-Filters fest. Der Parameter VERWISCHEN verwendet einfach die Bildumgebung eines Übergangs und füllt diesen hiermit auf, während der Parameter SCHWÄRZEN Übergänge und Ränder einfach schwarz lässt. Interessant ist auch die Schaltfläche REFLEKTIEREND, mit der Sie ein Interferenzmuster erzeugen können, das den Mustern des in Kap. 28 beschriebenen BEUGUNGSMUSTER-Filters ähnelt.

Abbildung 21.18
In der Dialogbox des Wellen-Filters legen Sie die Parameter der Welle, mit der Sie die Bilddatei verzerren wollen, fest.

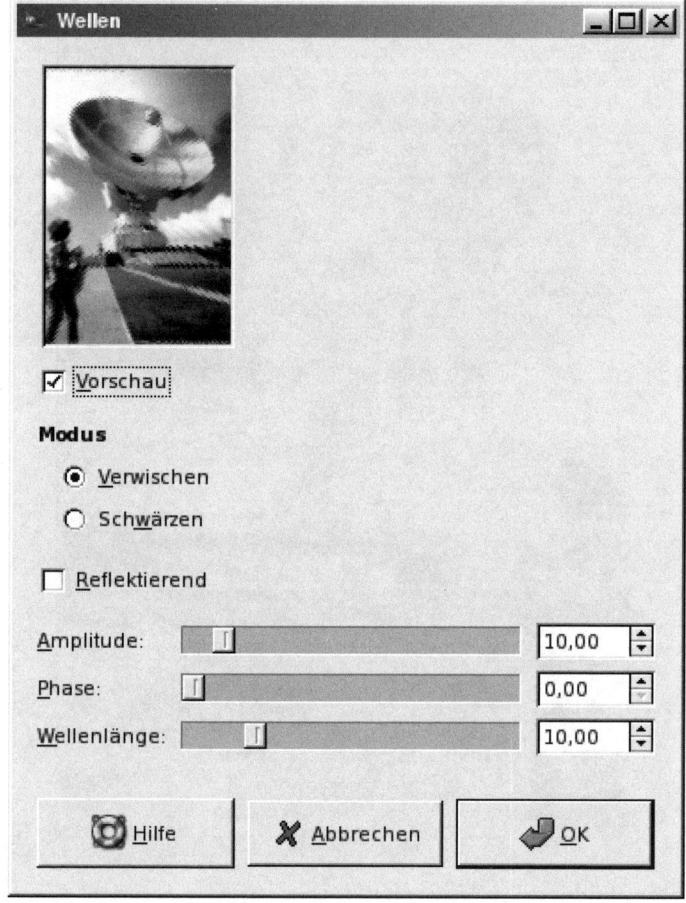

Mit dem WELLEN-Filter lassen sich interessante Animationen verwirklichen, indem Sie aus einem Startbild mehrere Varianten des Filters erzeugen mit jeweils anderen Werten für die Phase. Wenn Sie diese Varianten als Ebenen eines Bildes hintereinander abspeichern, erzeugen Sie einen interessanten Effekt. Dies können Sie »per Hand« machen, allerdings haben Sie auch die Möglichkeit, den Effekt mithilfe des *Script-Fu*-Skriptes gleichen Namens (SCRIPT-FU → ANIMATORS → WAVES) umzusetzen, das in Kap. 29.1 vorgestellt wird.

21.9   Der Drehen und Drücken-Filter

Mit dem DREHEN UND DRÜCKEN-Filter können Sie ein Bild so verzerren, dass es einerseits aussieht, als würde es in einen Strudel hinein-
gezogen, oder so, als ob es dem Druck eines Gegenstandes ausgesetzt
wäre, ähnlich dem Effekt, den Sie beobachten, wenn Sie eine Fläche
unter Spannung mit Ihrem Daumen eindrücken.

Abbildung 21.19
Mit dem Drehen und
Drücken-*Filter*
verzerren Sie Ihr Bild
strudelförmig oder wie
durch Druck mit einem
Gegenstand.

Die Stärke des Strudels bestimmen Sie in der Dialogbox zu diesem
Filter (Abb. 21.20) mit dem Parameter DREHWINKEL. Welche Wirkung
der Druck haben soll, stellen Sie mit dem Parameter DRUCK ein: Bei
einem negativen Wert sieht es so aus, als ob Sie von unten auf das Bild
drücken würden, ist der Wert positiv, so scheint der Druck auf das Bild
von oben zu kommen.

Abbildung 21.20
Die Dialogbox des
Drehen und
Drücken-*Filters*

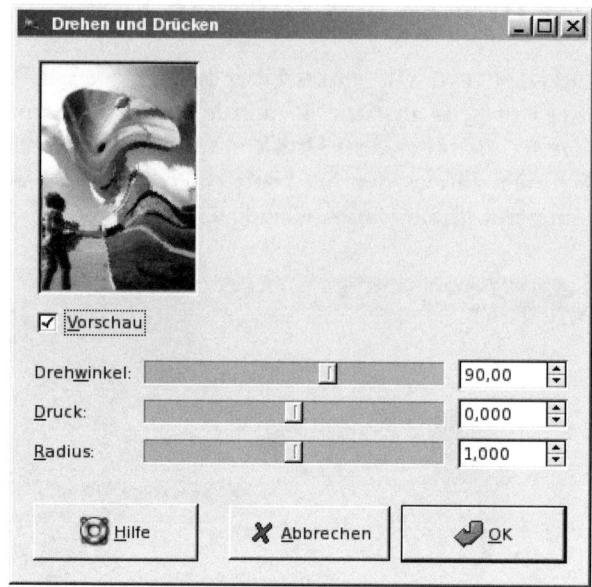

21.10 Der Wind-Filter

Die Verzerrungen, die Sie mit dem WIND-Filter realisieren, erzeugen die Illusion einer Bewegung in Ihren Bildern und kommen besonders gut in Kombination mit dem oben beschriebenen BEWEGUNGSUNSCHÄRFE-Filter zur Geltung. Ein wenig erinnert das Ergebnis des WIND-Filters an die Art und Weise, wie Comic-Zeichner ihren Figuren und Objekten Bewegung geben. (Sie haben noch nie einen Marvel-Comic gelesen? Dann wissen Sie vermutlich nicht, wovon hier die Rede ist :-)

In der Dialogbox zu diesem Filter (Abb. 21.22) bestimmen die Parameter SCHWELLWERT und STÄRKE Ausmaß und Stärke des Bewegungseffektes. Je größer der zuerst genannte Parameter ist, desto kleiner sind die Bereiche eines Bildes, auf die der Filter angewendet wird.

Im Bereich STIL legen Sie fest, ob ein feiner, filigraner Bewegungseffekt verwendet werden soll (WIND) oder ein grober (BÖE). In RICHTUNG bestimmen Sie die Windrichtung (von links mit LINKS oder von rechts mit RECHTS) und im Bereich BETROFFENE KANTE legen Sie fest, ob die kleinen »Windfähnchen« an den der Windrichtung zugewandten Kanten der Objekte (FÜHRENDE), den abgewandten Kanten (SCHLIESSENDE) oder beiden Kanten (BEIDE) gezeigt werden sollen. Abb. 21.23 stellt die unterschiedlichen Ergebnisse dieser Einstellung beispielhaft dar. Mit den Parametern SCHWELLWERT und STÄRKE legen Sie die Stärke des Effektes fest.

Abbildung 21.21
Der Wind-Filter erzeugt
die Illusion einer
Bewegung in Ihren
Bildern.

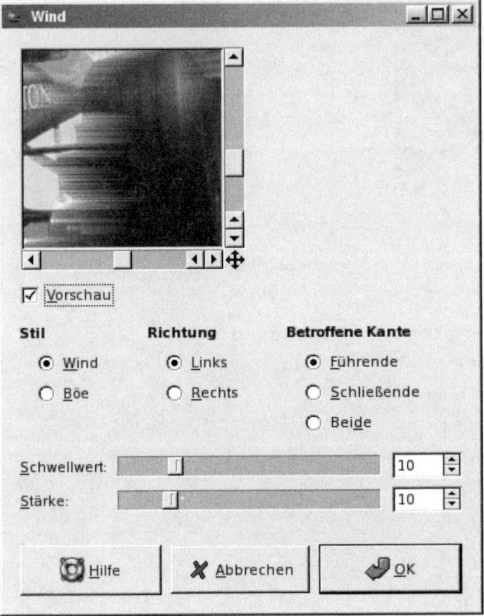

Abbildung 21.22
Die Dialogbox des
Wind-Filters

21.11   Der Wert fortschreiben-Filter

Mithilfe des WERT FORTSCHREIBEN-Filters können Sie bestimmte Werte eines Bildes verändern und dabei die Richtung dieser Änderung vorgeben. Die Abb. 21.24 zeigt die Dialogbox des Filters. Hier finden Sie als mögliche Einstellungen dieses Filters beispielsweise im

Abbildung 21.23
Beim Wind-Filter lässt
sich einstellen, an
welcher Seite der Filter
die »Fähnchen«, die
eine Bewegung
vortäuschen,
anbringen soll.

Einstellung Führende   Einstellung Schließende

Bereich PROPAGIER-MODUS die Parameter MEHR WEISS und MEHR SCHWARZ, die beide den Anteil dieser Farben in einem Bild erhöhen.

Abbildung 21.24
Die Dialogbox des
Wert
fortschreiben-Filters

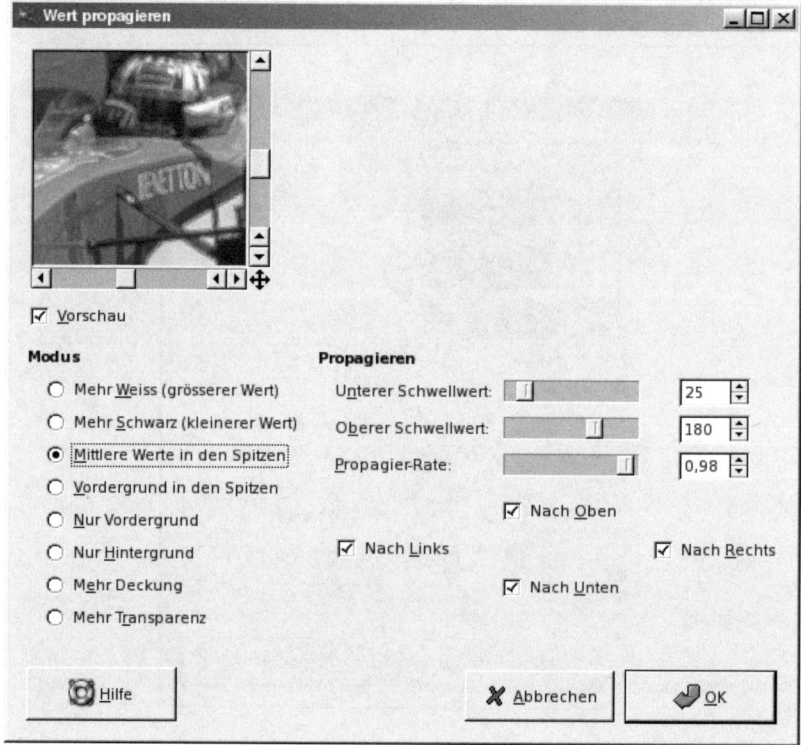

21.12 Der Zeitungsdruck-Filter

Der Filter ZEITUNGSDRUCK versucht, den körnigen Effekt nachzubilden, den man in Fotografien und Abbildungen in Zeitungen und Zeitschriften häufiger sieht.

Abbildung 21.25
Der Zeitungsdruck-Filter erzeugt den körnigen Effekt, den man in Zeitungen und Zeitschriften oft sieht. Die beiden Abbildungen zeigen die Anwendung des Filters mit jeweils unterschiedlichen Auflösungen.

In der recht umfangreichen Dialogbox, die Sie in Abb. 21.26 sehen, bestimmen Sie im oberen Teil AUFLÖSUNG die Auflösung des Korns, die Sie auf Ihre Grafik anwenden möchten. Je größer der Parameter ZELLGRÖSSE, desto »körniger« wird das resultierende Bild.

Im Bereich SCHIRM der Dialogbox legen Sie fest, ob in Ihrem Bild nach einem Farbmodell separiert werden soll (Parameter RGB bzw. CMYK) oder nach Intensität. Das bedeutet, dass die resultierende Körnung aus den Farben Rot, Grün und Blau bzw. aus den Farben Cyan, Magenta, Gelb und Schwarz zusammengesetzt ist. Je nach Ihrer Auswahl passt sich der untere Teil dieses Fensters an und bietet Ihnen im Auswahlfeld die Farbkanäle des eingestellten Modells. Für diese Kanäle legen Sie dann das Aussehen des Korns (PUNKTFUNKTION) und einen WINKEL fest. Im Bereich KANTENGLÄTTUNG der Box legen Sie fest, ob die einzelnen Punkte der Körnung ohne Farbzwischenwerte berechnet und eingesetzt werden sollen (kleiner OVERSAMPLE-Wert) oder mit Zwischenwerten (großer OVERSAMPLE-Wert).

Abbildung 21.26
Die Dialogbox des
Zeitungsdruck-Filters.
In dieser bestimmen
Sie die Bildauflösung,
welches Modell zur
Farbseparation
eingesetzt werden soll,
welche Form das
verwendete Korn
haben soll sowie, ob
das Korn
»anti-aliased«, d.h. mit
Farbzwischenwerten
oder ohne eingesetzt
werden soll.

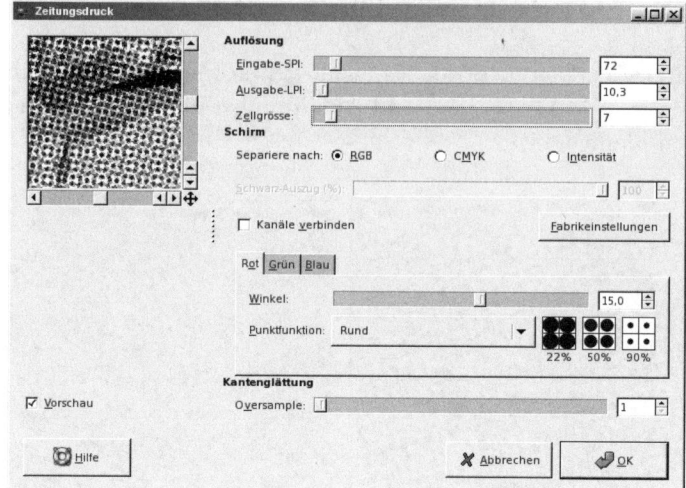

22 Konturfilter

Wie der Name dieser Gruppe von Filtern schon sagt, ist es deren Aufgabe, die Konturen eines Bildes zu finden und im Ergebnis der Filterung herauszustellen. GIMPs Kontur-Filter untersuchen hierzu mithilfe geeigneter Algorithmen Bereiche unterschiedlicher Farbe und arbeiten die Abgrenzung zwischen diesen Bereichen als Kontur heraus.

Das resultierende gefilterte Bild ist im Hintergrund immer schwarz und die im Bild gefundenen Konturen werden – je nach verwendetem Filter – weiß oder farbig dargestellt.

Wozu benötigen Sie Kontur-Filter? Zum einen sind diese recht hilfreich, wenn es darum geht, eine Bildauswahl schnell zu verwirklichen: Richtig eingesetzt lassen sich mithilfe dieser Filter vortreffliche Masken erstellen. Darüber hinaus lassen sich mit GIMPs Kontur-Filter – insbesondere in Kombination mit den künstlerischen Filtern – interessante Effekte verwirklichen.

22.1 Der Kante-Filter

GIMPs Standard-Konturfilter erzeugt farbige Konturen auf einem schwarzen Hintergrund. Die Stärke der Konturen lässt sich in der zu diesem Filter gehörenden Dialogbox (Abb. 22.1) mit dem Parameter MENGE variieren. Je kleiner der Wert, desto dicker sind die gefundenen Konturen und desto geringer ist der Kontrast. Bei größeren MEN-GE-Werten sind die Konturen schärfer, wie Sie es für die meisten Anwendungen wahrscheinlich benötigen.

GIMPs Kantenerkennungsfilter basieren darauf, dass sie einen Bildpunkt des Bildes mit den unmittelbar angrenzenden Punkten vergleichen. Am Bildrand gibt es zur Randseite hin selbstverständlich keine weiteren Bildpunkte mehr. Die im unteren Bereich der Dialogbox genannten Parameter UMFALTEN, VERWISCHEN und SCHWARZ bestimmen, welche Bildpunkte im Randbereich eines Bildes dann als Nachbarpunkte verstanden werden.

Wählt man UMFALTEN, so werden Bildpunkte außerhalb des Bildes vom gegenüberliegenden Rand verwendet. Mit dem Parameter VERWI-

Abbildung 22.1
Die Dialogbox des
Kante-Filters

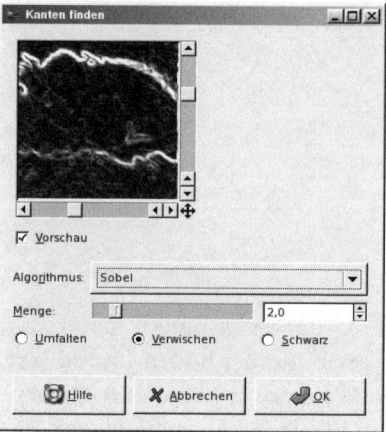

SCHEN werden die außerhalb liegenden Bildpunkte so behandelt, als
hätten sie dieselbe Farbe wie der nächstliegende Bildpunkt des Bildes.
Mit der Einstellung SCHWARZ schließlich werden die außerhalb liegenden Bildpunkte so betrachtet, als hätten sie die Farbe Schwarz.

Abbildung 22.2
Konturen findet der
Kante-Filter.

Haben Sie sich schon immer über die langen Ladezeiten von Grafiken geärgert, nur um dann festzustellen, dass der Inhalt der Bilder Sie
überhaupt nicht interessiert? Ersparen Sie den Besuchern Ihrer Website
dieses Ärgernis! Das IMG-Tag besitzt einen Parameter mit dem Namen LOWSRC. Hier können Sie eine Grafik angeben, die der Brow-

ser zuerst, d.h. vor der eigentlichen in diesem HTML-Tag angegebenen Grafik, laden soll. Die Besucher Ihrer Site können dann anhand der Voransicht entscheiden, ob sie sich auf der Seite weiterbewegen oder abwarten wollen, bis die Hauptgrafik geladen ist.

Das folgende »So geht's« zeigt Ihnen, wie Sie mithilfe des Kontur-Filters KANTE kompakte, kleine Grafiken für den LOWSRC-Parameter erzeugen.

Kompakte Grafiken für die Web-Voransicht

Wenn Sie ein Bild im JPEG-Format speichern, hat dieses möglicherweise immer noch eine beachtliche Größe, insbesondere, wenn Sie eine geringe Kompressionsstufe eingestellt haben. Nicht alle Benutzer des Internet verwenden DSL oder Kabelmodems, sodass Sie bei den Bildern Ihrer Homepage im LOWSRC-Parameter des IMG-Tags stets ein Bild geringer Bandbreite bereithalten sollten, mit dessen Hilfe die Besucher Ihrer Site einen Voreindruck bekommen.

Nehmen Sie als Erstes die Farben aus dem Bild (Ebene → Farben → Sättigung entfernen). Dann wenden Sie den Kante-Filter an (Filter → Kanten finden → Kante), und zwar mit maximaler Einstellung (Menge ist gleich 10).

Kompakte Grafiken für die Web-Voransicht,
Fortsetzung

Zu guter Letzt invertieren Sie die Farben des Bildes (Bild → Farben → Invertieren) und wandeln das Bild danach in eine indizierte Datei um (Bild → Modus → Indiziert). Als Farbpalette wählen Sie eine zweifarbige (schwarz-weiße) aus, d.h., Sie wählen die Option Schwarz/Weiß (1-Bit) verwenden. Einer Speicherung im GIF-Format steht danach nichts mehr im Wege.

Das Resultat unseres Beispielbildes ist als GIF-Datei gespeichert gerade mal 4 kB groß, optimal selbst für Benutzer älterer, langsamer Modems.

22.2 Der Laplace-Filter

Der LAPLACE-Filter verwendet eine Methode, welche sich bei der Bestimmung des Farbunterschiedes zweier benachbarter Bereiche an den Nullstellen der zweiten Ableitungen orientiert. Bevor Sie sich ganz in Ihre Oberstufenzeit zurückversetzt fühlen, sei Ihnen gesagt, dass dies lediglich bedeutet, dass die resultierenden Konturen sehr schmal sind (genauer gesagt: einen Bildpunkt breit). Brauchbare Resultate erhalten Sie bei Verwendung dieses Kontur-Filters, wenn Sie zuvor einen von GIMPs Weichzeichnungsfiltern (am besten die Gauss'schen) angewendet haben.

Anwenden von Kontur-Filtern auf Bilder mit mehreren Ebenen

Sobald ein Bild einen Alphakanal besitzt, erzeugt die Anwendung sowohl des LAPLACE- als auch des SOBEL-Filters auf eine Bildebene ein transparentes Resultat.

TIPP

ohne Weichzeichnung   mit Weichzeichnung

Abbildung 22.3
Der Laplace-*Filter liefert nur brauchbare Ergebnisse, wenn man das Ursprungsbild vor Anwendung des Filters weichzeichnet, etwa mithilfe von GIMPs Gauss'schen Weichzeichnern.*

Das folgende »So geht's«-Tutorial zeigt, wie Sie die Konturlinien, die Sie mit dem Laplace-Filter erhalten, mit einem Farbverlauf füllen und so einen interessanten Effekt erzielen.

Farbige Konturen

SO GEHT'S

1

Öffnen Sie das zu bearbeitende Bild und gleichzeitig die Dialogbox Ebene (mit der Tastenkombination Strg+L). Kopieren Sie die Bildebene mithilfe des Kopiersymboles, das Sie in der Ebenen-Dialogbox finden.

Farbige Konturen, Fortsetzung

Nehmen Sie aus der oberen der beiden Ebenen die Farben mit Bild → Farben → Sättigung entfernen heraus. Danach wenden Sie auf diese Ebene einen Gauss'schen Weichzeichner (Filter → Weichzeichnen → Gaußscher Weichzeichner (IIR)) an und verschmieren das Bild um 10–15 Pixel.

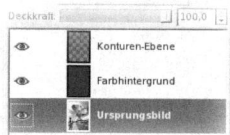

Suchen Sie nun nach den Bildkonturen mithilfe des Laplace-Filters (Filter → Kanten finden → Laplace). Zusätzlich deaktivieren Sie die Transparenz durch Herausdrücken der Schaltfläche Transparenz erhalten in der Ebenen-Dialogbox.

Danach aktivieren Sie die Transparenz wieder und füllen die obere Ebene mit einem Verlauf. Suchen Sie hierzu in der Optionsbox des Verlaufs-Werkzeuges einen Farbverlauf aus.

22.3   Der Sobel-Filter

Dieser Kontur-Filter berechnet den Farbunterschied zwischen zwei Bildbereichen anhand eines besonderen Operators. Dieser Unterschied

Abbildung 22.4
Das obige Tutorial
zeigt Ihnen einen
interessanten
Verlaufseffekt, den Sie
mithilfe des
Laplace-*Filters*
umsetzen (siehe
Farbtafeln).

kann sowohl in horizontaler, in vertikaler Richtung als auch in beiden
Richtungen gleichzeitig berechnet werden.

Abbildung 22.5
Einen etwas anderen
Ansatz zur
Konturfindung
verwendet der
Sobel-*Filter.*

Dies sind auch die Optionen, die Sie in der Dialogbox (Abb. 22.6)
zu diesem Filter auswählen können. Lediglich horizontal angewendet
erhalten Sie ein kontrast- und farbenreiches Resultat, während die vertikale Anwendung ein dunkleres, kontrastarmes Bild erzeugt.

Abbildung 22.6
Die Dialogbox des
Sobel-Filters

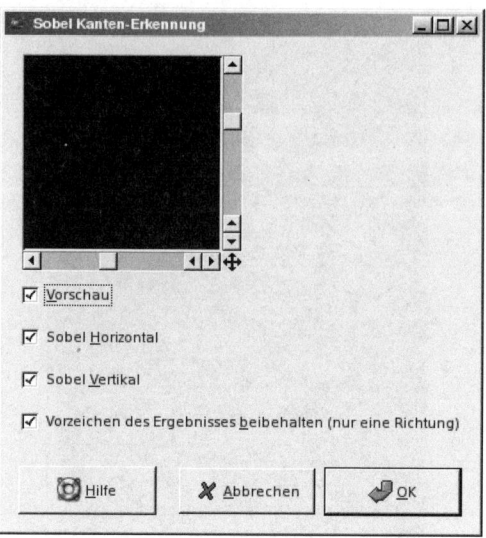

23 Animationen

An verschiedenen Stellen dieses Buchteils haben wir bereits vorgestellt, wie man GIMPs Funktionen und Filter nutzen kann, um Animationen insbesondere für den Einsatz im Web zu erstellen. Das hier besprochene FILTER-Untermenü enthält nicht, wie man vermuten könnte, Filter, mit denen Sie automatisiert Animationen erstellen können. Solche finden Sie vielmehr im SCRIPT-FU-Menü, dort in einem eigenen Untermenü ANIMATORS (Kap. 29.1).

Im Folgenden sind vielmehr Werkzeuge beschrieben, die nützlich und nicht minder wichtig sind für das Betrachten und Bearbeiten von GIMP-Dateien, die Sie als Animationen abspeichern und verwenden möchten.

23.1 Animationen betrachten

Wie bereits mehrfach erwähnt, benötigen Sie für eine Ansicht von Animationen kein separates Programm. Es ist auch überflüssig, eine Grafik als GIF-Datei abzuspeichern, um diese dann in einem Web-Browser zu betrachten. GIMP stellt im Menü FILTER → ANIMATION → ANIMATION ABSPIELEN ein Werkzeug zur Verfügung, mit dessen Hilfe Sie überprüfen können, ob die verschiedenen Ebenen eines Bildes als Animation Ihren Vorstellungen gemäß ablaufen.

Abbildung 23.1
Mit der Animationsansicht können Sie sich Abfolgen von Bildebenen anschauen.

Abb. 23.1 zeigt diesen Animations-Betrachter, dessen Größe abhängig ist von den Ausmaßen des animierten Bildes. Mithilfe von insgesamt drei Schaltflächen navigieren Sie sich durch eine animierte Grafik. Mit ABSPIELEN/ANHALTEN starten und stoppen Sie den Ablauf der Animation, die Schaltfläche ZURÜCKSPULEN bringt Sie von jedem Frame aus schnell zurück an den Anfang einer Animation. Wenn Sie bestimmte Effekte ganz genau und Schritt für Schritt überprüfen wollen, steht Ihnen die Schaltfläche SCHRITTWEISE zur Verfügung, mit deren Hilfe Sie sich schrittweise Frame für Frame durch eine Animation bewegen.

Animationen per Drag-and-Drop im Browser betrachten

Eine recht nützliche Funktion erlaubt es Ihnen, Animationen direkt aus dem Betrachter heraus per drag-and-drop in einem Web-Browser zu betrachten und dort ablaufen zu lassen.

TIPP

23.2   Animationen optimieren

Im Filtermenü FILTER → ANIMATION finden Sie zwei weitere Funktionen, die sehr nützlich sind, wenn es darum geht, möglichst kompakte Animationen für das Web zu erzeugen. Mit der Option OPTIMIEREN (DIFFERENZ) werden jeweils zwei untereinander liegende Ebenen eines Bildes (die später dann die Frames der Animation bilden) untersucht, inwieweit sie sich unterscheiden – und dies Bildpunkt für Bildpunkt. Die Ebenen werden dann so optimiert, dass – ausgehend von einem Startframe – in jedem Folgeframe nur Bildpunkte gespeichert werden, die sich im Vergleich zum Vorframe verändert haben. Bildpunkte, die sich *nicht* verändert haben, werden im Folgeframe transparent gesetzt.

Diese Optimierung lässt sich zu jedem späteren Zeitpunkt rückgängig machen, indem Sie im gleichen Menü den Befehl DEOPTIMIEREN aufrufen.

23.3   Animationen fürs Web

Wenn Sie Ihre Animation auf einer Website einsetzen wollen, so müssen Sie diese lediglich im GIF-Format abspeichern. GIMP speichert die einzelnen Ebenen dann als so genannte »Frames« ab. In der Optionsbox (Abb. 23.2) können Sie verschiedene Einstellungen zu einer Animation vornehmen: Soll diese lediglich einmal ablaufen, so müssen Sie die Schaltfläche UNENDLICHE SCHLEIFE deaktivieren. Im Feld PAUSE ZWISCHEN... legen Sie (in tausendstel Sekunden) den zeitlichen Abstand zwischen den einzelnen Bildern der Animation fest.

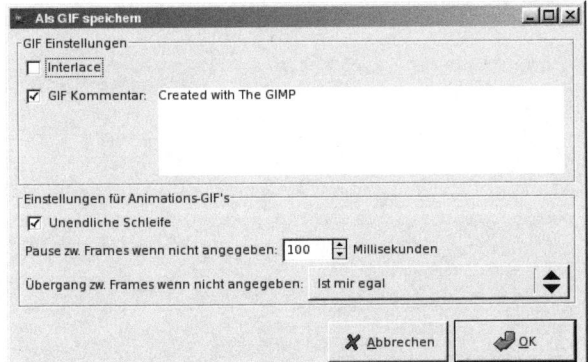

Abbildung 23.2
Wenn Sie Ihr Bild im GIF-Format abspeichern, bietet die Dialogbox im unteren Bereich einige animationsbezogene Optionen.

Im unteren Auswahlfeld ÜBERGANG ZW. FRAMES... bestimmen Sie, wie die einzelnen Bilder der Animation ablaufen sollen: Die Grundeinstellung IST MIR EGAL sowie die Einstellung KUMULATIVE EBENEN bedeuten, dass die erste Bildebene in der Animation als Erstes gezeigt wird und die weiteren Ebenen über diese erste Ebene gelegt werden. Dieser Animations-Effekt ist besonders nützlich, wenn man beispielsweise einen Text buchstabenweise erscheinen lassen möchte. Im Gegensatz hierzu wird bei der Option EIN FRAME PRO EBENE die jeweils zuvor gezeigte Ebene durch die Folge-Ebene ersetzt. Da das GIF-Format Transparenz unterstützt, lassen sich selbstverständlich auch animierte GIF-Dateien transparent abspeichern.

Wollen Sie die Dauer, mit der ein Frame in der Animation gezeigt wird oder die Art des Übergangs individuell festlegen, so müssen Sie diese Information in den Namen der jeweilige Bildebene mit eintragen. Hierzu müssen Sie auf das Symbol der jeweiligen Ebene in der Ebenen-Dialogbox doppelklicken, damit sich das Eingabefenster öffnet, in das Sie den Ebenennamen eintragen können.

Die Hintergrundebene (HINTERGRUND) bildet immer den ersten Frame einer Animation, weiterfolgende Frames sollten Sie durchnummerieren. Dahinter setzen Sie die Anzeigedauer in Millisekunden, sodass der Name einer Ebene, die zwei Sekunden lang gezeigt wird, z.B. lautet `Frame 2 (1000ms)`. Der (Kombinations-)Modus, in dem die Folge-Ebene erscheint, wird in einer weiteren Klammer angehängt. Sie haben die Wahl zwischen `combine`, dann wird die Folge-Ebene mit der aktuell gezeigten kombiniert, und `replace`, dann wird die aktuell gezeigte Ebene durch die Folge-Ebene ersetzt. Der vollständige Name der Ebene lautet dann `Frame 2 (1000ms)(combine)` bzw. `Frame 2 (1000ms)(replace)`.

24 Glaseffekte

24.1 Lupeneffekt

Sie möchten den Ausschnitt eines Bildes vergrößert darstellen und dabei den Eindruck erwecken, als ob die Vergrößerung durch Benutzen einer Lupe verursacht wird? Dann benutzen Sie GIMPs LUPENEFFEKT-Filter. Wie Sie sich in Abb. 24.1 überzeugen können, arbeitet dieser Filter so, dass die Vergrößerung in der Mitte des ausgewählten Bereiches am stärksten ist und zum Rand hin schwächer wird, ganz so wie bei einer Lupe.

Abbildung 24.1
Der Lupeneffekt-Filter vergrößert ein Bild oder einen Bildbereich, wobei das Ergebnis so aussieht, als ob eine Lupe über diesem Bereich schweben würde.

In der Dialogbox dieses Filters (Abb. 24.2) legen Sie lediglich fest, was mit der Bildumgebung eines vergrößerten Bereiches geschehen soll. Zum einen können Sie die ursprüngliche Umgebung erhalten (URSPRÜNGLICHE UMGEBUNG BEIBEHALTEN) oder diese auch mit der im GIMP-Farbauswähler eingestellten Hintergrundfarbe füllen (UMGEBUNG AUF HINTERGRUNDFARBE SETZEN) oder – sofern das Bild über einen Alphakanal verfügt – diese transparent setzen (UMGEBUNG TRANSPARENT MACHEN).

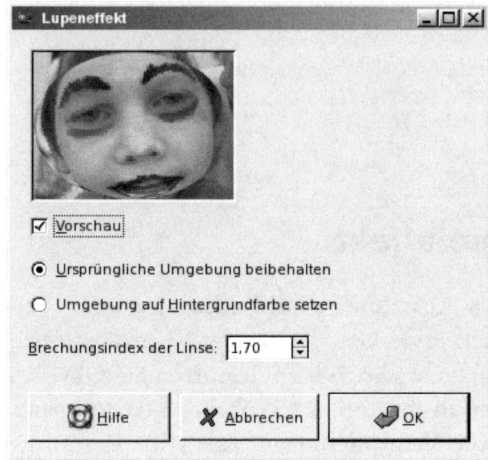

Ein wichtiger Parameter ist BRECHUNGSINDEX DER LINSE, dies ist der Brechungsindex der von diesem Filter simulierten Linse. Dieser Index bestimmt, wie stark die verwendete Lupe ist. Je größer der Wert, desto stärker wird der ausgewählte Bereich vergrößert.

24.2   Glasbausteine

Ihnen gefallen die in den siebziger Jahren ach so beliebten Glasbausteine? Dann werden Sie den GLASBAUSTEINE-Filter mögen, denn dieser lässt ein Bild genau so ausschauen, als ob man es hinter einer Wand aus Glasbausteinen betrachten würde.

In der Dialogbox (Abb. 24.3) dieses Filter legen Sie lediglich die Breite (KACHELBREITE) und die Höhe (KACHELHÖHE) der Bausteine fest. Falls Ihnen die einfache Anwendung des Filters nicht ausreicht, so erreichen Sie auch einen sehr interessanten Effekt, wenn Sie ihn zweimal in Folge anwenden. Das resultierende Bild ähnelt einer Quilt-Stickerei.

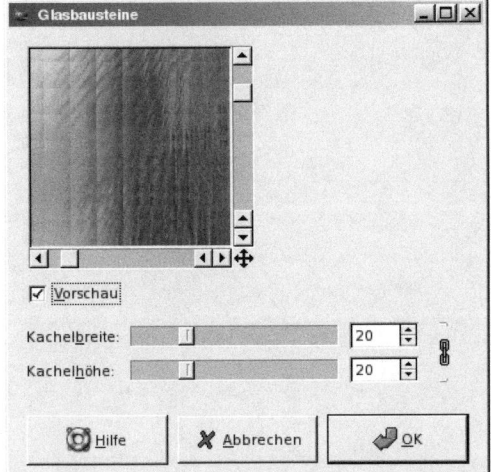

Abbildung 24.3
In der Dialogbox des Glasbausteine-*Filters legen Sie die Größe der Glasbausteine fest.*

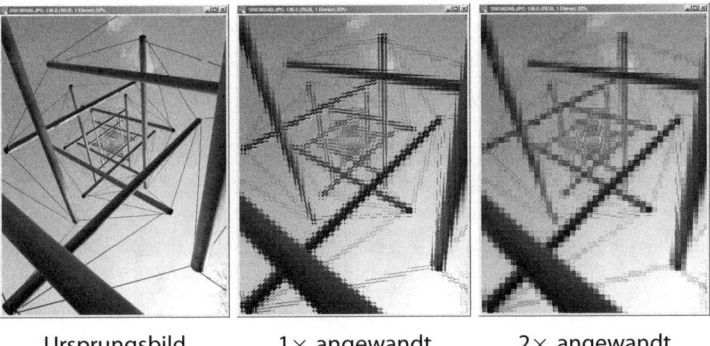

Ursprungsbild   1× angewandt   2× angewandt

Abbildung 24.4
Der Glasbausteine-*Filter lässt ein Bild so ausschauen, als ob man durch eine Wand aus Glassbausteinen darauf schaut. Die doppelte Anwendung erzeugt einen Effekt, der einer Quilt-Stickerei ähnelt (siehe Farbtafeln).*

25 Lichteffekte

25.1 Der Linsenreflexe-Filter

Der LINSENREFLEXE-Filter erzeugt im Bild eine Lichtquelle mitsamt der Beugungsringe und der Reflexe, so wie diese in Kameraobjektiven vorkommen und entsprechend auf Fotografien bzw. in Filmen zu sehen sind. Der Filter lässt Ihnen wenig Einflussmöglichkeiten auf das Aussehen dieser Lichtquelle.

Abbildung 25.1
*Der
Linsenreflexe-Filter
fügt in das Bild eine
Lichtquelle samt
umgebendem Hof ein.*

Die einzige Einstellung, welche die Dialogbox (Abb. 25.2) zu diesem Effekt erlaubt, ist die Positionierung der Lichtquelle. Diese lässt sich in Bildpunktkoordinaten in den Feldern X und Y eingeben. Darüber hinaus kann man in der Bildvoransicht die Position des Kreuzes und damit das Zentrum der Lichtquelle verschieben. Hierzu müssen Sie in der Bildvoransicht mit der linken Maustaste an eine Position klicken. Das Fadenkreuz in dieser Ansicht springt daraufhin sofort an die Stelle, an die Sie geklickt haben.

Abbildung 25.2
*In der Dialogbox des
Linsenreflexe-Filters
legen Sie die Position
der Lichtquelle in
Bildpunkt-Koordinaten
fest.*

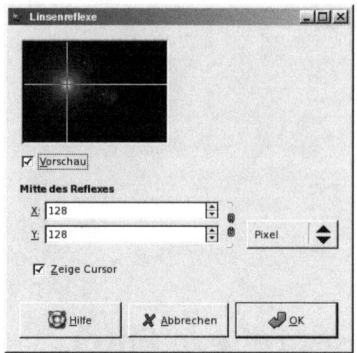

25.2 Der GFlare-Filter

Richtig komplexe Lichtreflexe erzeugen Sie mit dem GFLARE-Filter. Anders als in dem oben vorgestellten LINSENREFLEXE-Filter haben Sie hier einigen Einfluss mehr auf das Aussehen und die Form des Lichtreflexes. Im Bereich EINSTELLUNGEN der in Abb. 25.3 gezeigten Dialogbox legen Sie die Größe der zentralen Lichtquelle fest (RADIUS), den Grad der Drehung (DREHUNG) sowie die Farbmischung (FARBTON ROTATION). Zusätzlich lassen sich für die sekundären Reflexe ein Richtungswinkel (VEKTORWINKEL) sowie die Länge (VEKTORLÄNGE) bestimmen.

Abbildung 25.3
*In der Dialogbox des
GFlare-Filter legen Sie
nicht nur die Position
der Lichtquelle in
Bildpunkt-Koordinaten
fest, sondern
bestimmen darüber
hinaus das Aussehen
der einzelnen
Bestandteile des
Reflexes.*

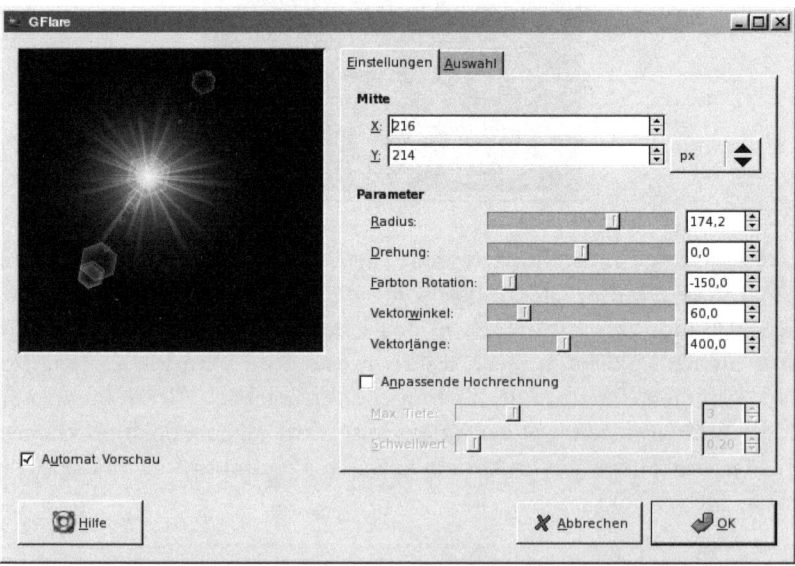

Besonders interessant ist die Möglichkeit, verschiedene Reflextypen in der Registerkarte AUSWAHL auszuwählen. Wenn Ihnen keiner der vorgegebenen Typen zusagt, verändern Sie mit dem GFLARE-Editor (Abb. 25.4), den Sie über die Schaltfläche BEARBEITEN erreichen, einfach einen bestehenden Lichtreflex oder erzeugen einen neuen, ganz nach Ihrem Geschmack. Alle Bestandteile eines Reflexes lassen sich in diesem Editor individuell ändern. Hierzu zählen das gesamte Erscheinungsbild des Reflexes (ALLGEMEIN), die zentrale Aura (GLÜHEN), die Reflexstrahlen (STRAHLEN) sowie die sekundären Reflexe (ZWEITES FLARE). Der von Ihnen erzeugte GFLARE-Reflex lässt sich abspeichern und problemlos zu einem späteren Zeitpunkt wieder aufrufen.

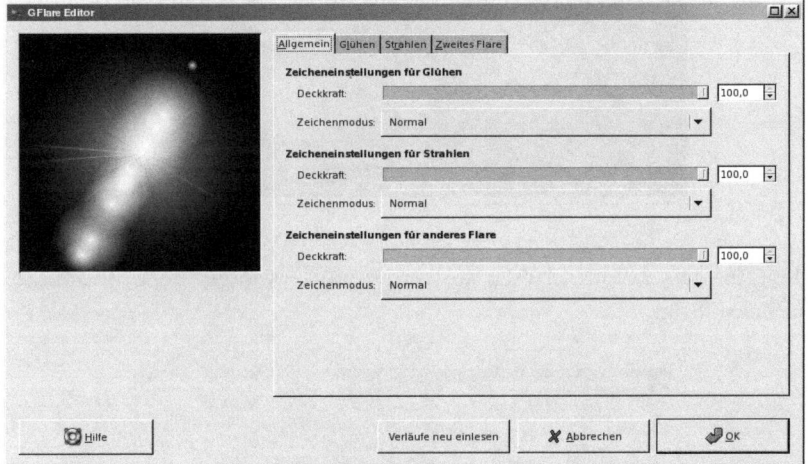

Abbildung 25.4
In der Dialogbox des GFlare-*Editors lässt sich nahezu jede Eigenschaft eines Reflexes individuell festlegen.*

In der Abb. 25.5 sehen Sie einige Lichtreflexe, die mit dem GFLARE-Filter erzeugt wurden, in einer kleinen Galerie zusammengestellt.

25.3 Der Glitzer-Filter

Mit dem GLITZER-Filter ergänzen Sie ein Bild um kleine Sternchen. Der Filter untersucht hierzu die Helligkeitsverteilung eines Bildes und erzeugt dort Sterne, wo er die hellsten Bildpunkte findet. Der Filter ist insbesondere dann nützlich, wenn es darum geht, auffallende Bereiche eines Bildes, z.B. Lichtquellen, Spiegelungen oder Reflexe in einem Bild noch einmal besonders hervorzuheben.

In der Dialogbox, die Sie in Abb. 25.6 sehen, legen Sie mit dem Parameter LEUCHTSTÄRKE SCHWELLWERT den Schwellwert fest, oberhalb dessen der Filter im Bild einen funkelnden Effekt anbringt. Hiervon hängt natürlich im Resultat die Anzahl der erzeugten funkelnden Sternchen ab: Wird für den oben genannten Parameter ein niedriger Wert vorgegeben, so erhalten nur die allerhellsten Punkte ein Stern-

Abbildung 25.5
*Eine kleine
GFlare-Galerie (siehe
Farbtafeln)*

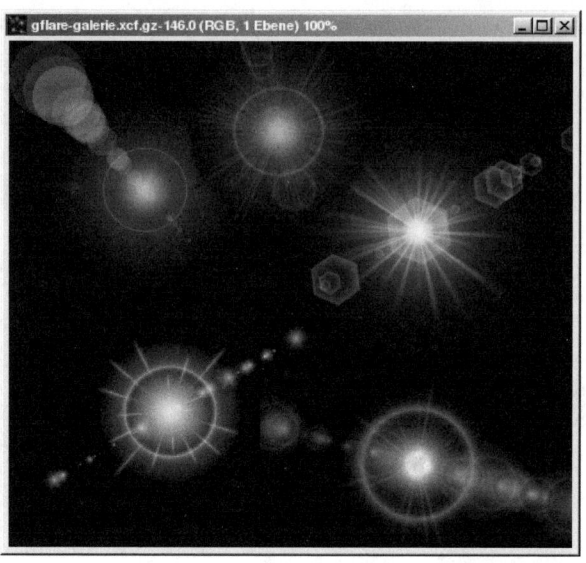

chen, ist dieser Wert größer, so werden auch weniger helle Bildpunkte berücksichtigt.

Abbildung 25.6
*In der Dialogbox des
Glitzer-Filters legen Sie
die Position der
Lichtquelle in
Bildpunkt-Koordinaten
fest.*

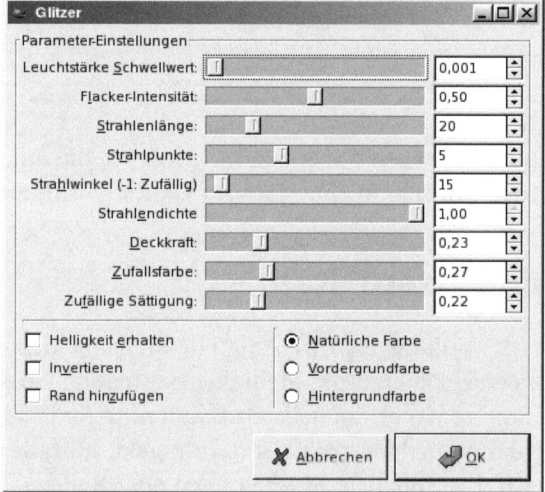

Mit den weiteren Parametern steuern Sie das Aussehen der Sternchen im resultierenden Bild. FLACKER-INTENSITÄT bestimmt, wie leuchtstark und hell Ihre Sternchen strahlen, mit STRAHLENLÄNGE bestimmen Sie die Länge der Sternchen und mit STRAHLPUNKTE die Anzahl der Sternspitzen. STRAHLWINKEL schließlich legt den Winkel fest, um den das Sternchen gedreht erscheint. Weitere Parameter bestimmen die Farbdichte der Sternchen (STRAHLENDICHTE) und ihre Deck-

kraft (DECKKRAFT). Selbstverständlich lässt sich die Farbe der Sternchen festlegen: die natürliche Farbe (NATÜRLICHE FARBE) bzw. die
eingestellte Vordergrundfarbe (VORDERGRUNDFARBE) oder die Hintergrundfarbe (HINTERGRUNDFARBE).

Wie Sie kurz vor dem Weihnachtsfest mit dem hier vorgestellten Filter in Windeseile noch einen Grußbanner erzeugen, verrät die folgende
»So geht's«-Anleitung.

Weihnachtsbanner – schnell gemacht

Legen Sie als Erstes ein neues Bild an,
in einer »weihnachtlichen« Hintergrund-
Farbe (Tannengrün oder etwas winter-
lich Dunkles :-)

Fügen Sie in das Bild mit dem Zeichenpinsel einige Punkte z.B. in Gelb oder in
Weiß hinzu. Verwenden Sie hierzu eine
3 × 3 Bildpunkte große Werkzeugspitze.

Jetzt wenden Sie den Glitzer-Filter an.
Dieser verwandelt die von Ihnen gesetzten Punkte in kleine Sterne.

Zuletzt fügen Sie einen dem festlichen
Anlass angemessenen Text hinzu – fertig.

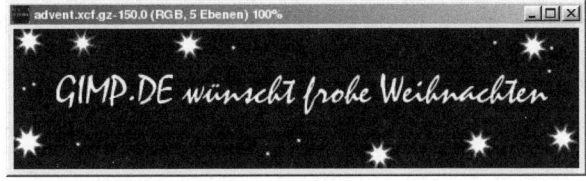

Abbildung 25.7
*Das Ergebnis des
obigen
»So geht's«-Tutorials*

25.4   Der Supernova-Effekt

Einige Einflussmöglichkeiten mehr als der oben vorgestellte LINSEN-REFLEXE-Filter bietet der SUPERNOVA-Filter. Dieser setzt einen hellen Lichtpunkt in Ihr Bild, umgeben von einem hellen Hof sowie einem mehr oder weniger ausgeprägten Strahlenkranz, der das ganze Bild oder zumindest einen großen Teil erhellt. Die gesamte Lichtquelle erinnert in ihrer Dominanz dann an einen explodierenden Stern, eine Supernova eben.

Abbildung 25.8
Der Supernova-*Filter*

Die Dialogbox des Filters (Abb. 25.9) erlaubt, genau wie beim LINSENREFLEXE-Filter, die Positionierung des Lichteffektes, entweder über die Eingabe der Bildpunktkoordinaten X und Y oder in der Bildvoransicht. Als weitere Parameter lassen sich für die Supernova die Farbe (FARBE) bestimmen, die Größe der zentralen Lichtquelle RADIUS und mit STRAHLEN die Anzahl der von der (zentralen) Supernova ausgehenden Strahlen. Der Parameter ZUFALLSFARBE erzeugt ein zusätzliches Farbspiel der Lichtquelle.

25.5   Lichteffekte

Einer der komplexeren von GIMPs Lichteffekten ist der LICHTEFFEKTE-Filter. Damit Ihnen die Arbeit mit diesem Filter leichter fällt und Sie insbesondere die vielen Einstellmöglichkeiten, die weiter unten im Detail besprochen sind, optimal nutzen können, besitzt dieser Filter eine Voransicht in seiner Dialogbox, die Sie in Abb. 25.10 sehen. Wenn Sie einen Parameter auf einer der Registerkarten verändert haben, starten Sie mit der Schaltfläche VORSCHAU eine Neuberechnung der Voransicht.

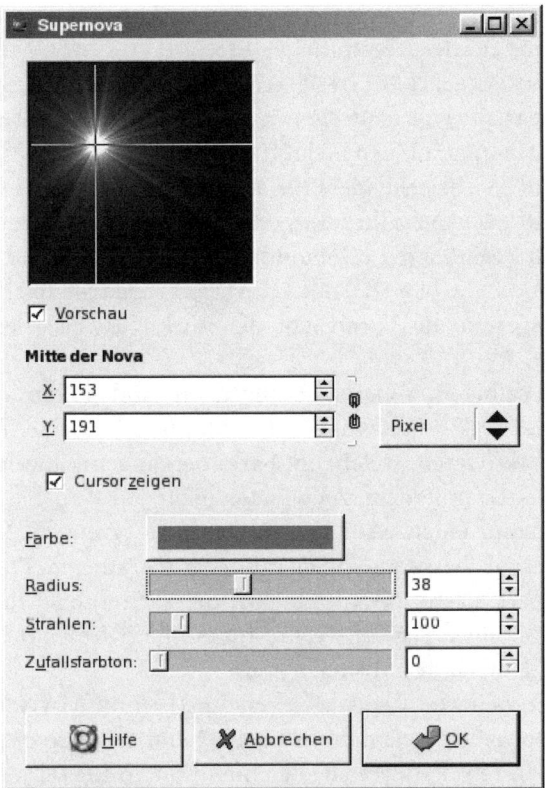

Abbildung 25.9
In der Dialogbox des Supernova-*Filters wählen Sie unter anderem die Position der Lichtquelle in Bildpunkt-Koordinaten aus.*

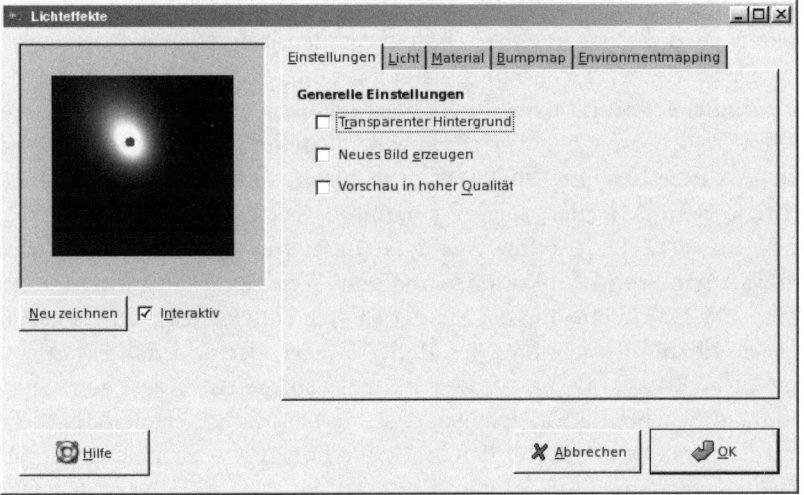

Abbildung 25.10
In der Dialogbox des Lichteffekte-*Filters legen Sie unter anderem die Position der Lichtquelle in Bildpunkt-Koordinaten fest.*

In der Grundeinstellung des LICHTEFFEKTE-Filters besitzt die Dialogbox insgesamt fünf Registerkarten: EINSTELLUNGEN, LICHT, MA-

TERIAL, BUMPMAPPING und ENVIRONMENTMAPPING. Bleiben wir einen Moment auf der Registerkarte EINSTELLUNGEN. Mit der Schaltfläche TRANSPARENTER HINTERGRUND setzen Sie den Bildhintergrund transparent, während Sie mit der Schaltfläche NEUES BILD ERZEUGEN bestimmen, ob der Lichteffekt in eine neue Bilddatei geschrieben oder auf das bestehende Bild angewendet werden soll, von dem aus der LICHTEFFEKTE-Filter aufgerufen wurde. Die hierauf folgenden Schaltflächen beeinflussen die Funktionalität der Dialogbox dieses Filters. Mit VORSCHAU IN HOHER QUALITÄT legen Sie fest, wie gut und wirklichkeitsgetreu die Voransicht die Wirkungsweise des Filters bestimmen soll.

Wie bei einigen anderen Funktionen und Filtern auch bietet der LICHTEFFEKTE-Filter Ihnen die Möglichkeit, eine Antialiasing-Funktion zu aktivieren, welche an Farbübergängen Bildpunkte in Zwischenfarben setzt mit dem Ziel, diese nicht ganz so hart wirken zu lassen und damit einen weichen Übergang zu erzeugen. Das Ausmaß dieser Korrektur bestimmen Sie mit dem Parameter TIEFE: Je größer dieser Wert, desto akkurater wird die Korrektur. Mit SCHWELLWERT legen Sie einen Schwellwert fest, unterhalb dessen der Filter *keine* Antialiasing-Korrektur anbringen soll.

Auf zwei weiteren Registerkarten LICHT und MATERIAL wählen Sie eine Lichtquelle sowie diverse Leucht- und Reflexionseigenschaften aus. Diese erhellen den Bereich, den Sie mit dem LICHTEFFEKTE-Filter bearbeiten. Eine ausführliche Beschreibung dieser beiden Registerkarten finden Sie in Kap. 26.6, denn der AUF OBJEKT-Filter, der dort erläutert wird, besitzt in seiner Dialogbox identische Registerkarten.

Der LICHTEFFEKTE-Filter bietet zwei interessante Ergänzungen, die erstaunliche Variationsmöglichkeiten erlauben. Wie oben bereits erwähnt, erscheinen bei Aktivierung der Schaltflächen BUMPMAPPING AKTIVIEREN bzw. ENVIRONMENTMAPPING AKTIVIEREN weitere Registerkarten. Mit der zuerst genannten Karte können Sie die mit dem LICHTEFFEKTE-Filter erzeugten Lichteffekte durch einen Reliefeffekt ergänzen, in vollkommen analoger Weise zum BUMP MAP-Filter (Kap. 26.1). Hierzu müssen Sie dem Filter ein zweites Bild vorgeben, das er für die Berechnung des Reliefs verwendet und das Sie aus einer Liste BUMPMAP BILD (aller aktuell geöffneten Bilder) auswählen können. Beachten Sie allerdings, dass hierbei nur die Ebenen angezeigt werden, welche die exakt gleiche Größe haben wie die Zielebene. Mit KURVE bestimmen Sie die Funktion, mit der das Relief berechnet werden soll, und mit den Parametern MINIMALE HÖHE und MAXIMALE HÖHE legen Sie, fest, wie erhaben das Relief aus dem Bild »herausragen« soll.

Bei der Berechnung eines Lichteffektes haben Sie zusätzlich die Möglichkeit, die Beleuchtung anhand einer bestimmten Vorlage zu berechnen und diese in Ihr Bild mit einzubringen. Hierzu müssen Sie in der Registerkarte ENVIRONMENTMAPPING die Schaltfläche ENVIRONMENTMAPPING AKTIVIEREN anhaken.

Die Wirkung beider Effekte – BUMPMAP und ENVIRONMENTMAPPING – zeigt die Bildvoransicht des LICHTEFFEKTE-Filters, wenn Sie nach Festlegung der Parameter die Bildvoransicht mit der Schaltfläche VORSCHAU aktualisieren.

Mithilfe der Relief-Möglichkeiten dieses Filters lässt sich auch der im folgenden Tutorial vorgestellte Effekt realisieren (basierend auf einer Anleitung von Simon Budig [simon@budig.de]).

Goldener Text mit dem Lichteffekte-Filter

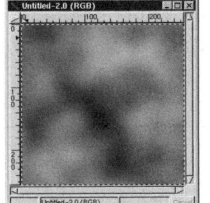

Als Erstes erstellen Sie für den Gold-Effekt einen Bildhintergrund. Hierzu verwenden Sie am besten einen der weiter unten vorgestellten bilderzeugenden Filter, nämlich Filter → Render → Plastisches Rauschen. Mögliche Werte für unseren Zweck hier sind 2.5–3.0 jeweils für die Größe der Rauschzellen (X-Größe und Y-Größe) sowie ein Wert 1 für die diffuse Verteilung (Details).

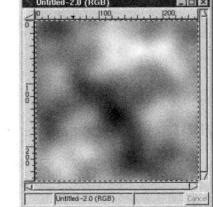

Um die erzeugten Rauschstrukturen für unseren Zweck zu verteilen, wenden Sie Ebene → Farben → Automatisch → Kontrastspreizung an und zeichnen das Resultat weich mit Filter → Weichzeichnen → Gaußscher Weichzeichner (IIR). Ein geeigneter Wert für den Radius, mit dem Sie weichzeichnen, sind 5–8 Bildpunkte.

Goldener Text, Fortsetzung

 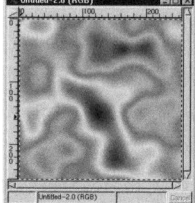

Als Nächstes wenden Sie den weiter oben vorgestellten Filter Filter → Farben → Abbilden → Auf Farbverlauf an. Als Verlauf sollten Sie Golden auswählen, den Sie in der Verlaufs-Auswahlbox unter Datei → Dialoge → Farbverläufe finden.

Sodann erzeugen Sie einen Relief-Hintergrund für die resultierende Textgrafik. Hierzu öffnen Sie ein neues (Graustufen-)Bild mit schwarzem Hintergrund und schreiben den gewünschten Text in Weiß dort hinein. Zum Schluss zeichnen Sie den Text noch ein wenig weich, wiederum mit Filter → Weichzeichnen → Gaußscher Weichzeichner (IIR).

 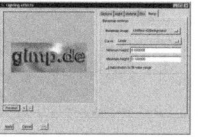

Zum Abschluss öffnen Sie ein weiteres Bild mit exakt derselben Größe wie das im vorigen Schritt erzeugte. Dann starten Sie den Filter Filter → Lichteffekte → Beleuchtung. Hier wählen Sie in der Auswahlliste Environmentmapping das zuerst produzierte Bild und in der Liste Bumpmap die oben genannte Reliefgrafik. Den goldenen Text als Resultat erhalten Sie, wenn Sie den Filter mit der Anwenden-Schaltfläche anwenden.

Schon alleine angewendet bieten die Lichteffekt-Filter von GIMP viele Möglichkeiten. Wirklich Verblüffendes erreichen Sie, wenn Sie verschiedene Filter kombinieren.

Sie haben die totale Sonnenfinsternis am 11. August 1999 verpasst und wollen nicht bis zum 3. September 2081 warten? Mithilfe von

Abbildung 25.11
Diese Grafik ist das
Resultat der obigen
»So geht's«-Anleitung:
ein goldener Text, der
seine Wirkung nicht
verfehlt (siehe
Farbtafeln).

GIMPs Lichteffekt-Filter können Sie sich Ihre ganz eigene Finsternis erzeugen, sogar mit Korona. Wie dies geht, zeigt das folgende »So geht's«-
Tutorial.

Abbildung 25.12
Diese Grafik ist das
Resultat des folgenden
»So geht's«-Tutorials:
eine Sonnenfinsternis,
wie sie perfekter nicht
sein kann :-)

Eine GIMP-Sonnenfinsternis

Setzen Sie zuerst in ein neu erstelltes Bild mit schwarzem Hintergrund eine Supernova mit dem Filter gleichen Namens (Filter → Light-Effekte → Supernova). Setzen Sie den Radius auf 20 und die Anzahl der von der Nova ausgehenden Strahlen mit Strahlen auf den Wert 60.

Um eine perfekte Korona zu erhalten, müssen Sie den äußeren Bereich des Strahlenkranzes ein wenig weichzeichnen. Wählen Sie hierzu mit der elliptischen Auswahl (Kap. 8.2) einen kreisrunden Bereich im Zentrum der Supernova aus, kehren Sie die Auswahl um (Auswahl → Invertieren) und starten Sie den Gauss'schen Weichzeichner (Filter → Weichzeichnen → Gaußscher Weichzeichner (IIR)) mit einem Weichzeichnungsradius von 20.

Kehren Sie die Auswahl erneut um und füllen Sie den Zentralbereich schwarz. Vergrößern Sie die Auswahl um 4 Bildpunkte (Auswahl → Vergrößern) und zeichnen Sie erneut mit einem Radius von 3 Bildpunkten weich. Abschließend starten Sie den Lichteffekte-Filter und setzen an den Rand der »Mondscheibe« einen feinen Lichtpunkt. Dieser imitiert den Effekt, den man während einer Finsternis kurz vor Eintreten der Totalität beobachtet.

26 Abbilden-Filter

26.1 Der Bump Map-Filter

Mit dem BUMP MAP-Filter lassen sich Bilder so kombinieren, dass ein erhabener, reliefartiger Effekt entsteht. Hierzu werden zwei Bilder benötigt: das Ausgangsbild, von dem aus der Filter aufgerufen wird, sowie ein Hintergrundbild, das der Filter zur Reliefberechnung benötigt und das mit seinen Konturen die Reliefkurven definiert. Diese Grafik bildet dann so etwas wie eine »Stanze« zur Erzeugung des Reliefs. Hierbei benötigt man übrigens nicht in jedem Fall zwei separate Bilder, da als Reliefhintergrund auch eine weitere Ebene ein und desselben Bildes verwendet werden kann.

Wofür lässt sich der BUMP MAP-Filter einsetzen? Nahezu immer dann, wenn es darum geht, Effekte zu erzeugen, die erhabene Oberflächenstrukturen vortäuschen sollen. Anwendungsbeispiele sind die Gestaltung von Schaltflächen für das Web, die reliefartige Hervorhebung von Text, oder auch – wie im weiter unten gezeigten Beispiel – die Kombination mit anderen Filtern (hier dem in Kap. 28 vorgestellten FLAMMEN-Filter).

In der Dialogbox des BUMP MAP-Filters, die in Abb. 26.1 gezeigt wird, sehen Sie in der linken oberen Ecke eine Voransicht, in der Sie einen kleinen Ausschnitt des Bildes erkennen, das der Filter bearbeiten soll. Falls dies nicht der von Ihnen gewünschte Ausschnitt ist, so bewegen Sie sich mit der Maus in das Voransichtsfenster und wählen dort – mit gedrückter linker Maustaste – einen anderen Bildausschnitt aus.

Mit den Schaltflächen, die Sie rechts neben der Voransicht sehen, lassen sich Einstellungen vornehmen, die das gesamte Bild betreffen. Wenn der BUMP MAP-Filter ein Relief erstellt, ist das resultierende Bild ein wenig dunkler. Diesem Effekt können Sie vorbeugen, indem Sie die Schaltfläche VERDUNKELUNG KOMPENSIEREN aktivieren. Mit BUMPMAP INVERTIEREN erzeugen Sie im Ergebnis kein erhabenes Relief, sondern eine »eingemeißelte« Struktur. Der BUMP MAP-Filter kann unterschiedliche Funktionen zur Relief-Berechnung verwenden, und Sie als Benutzer haben mit den Schaltflächen LINEARE ABB., SPHÄRISCHE

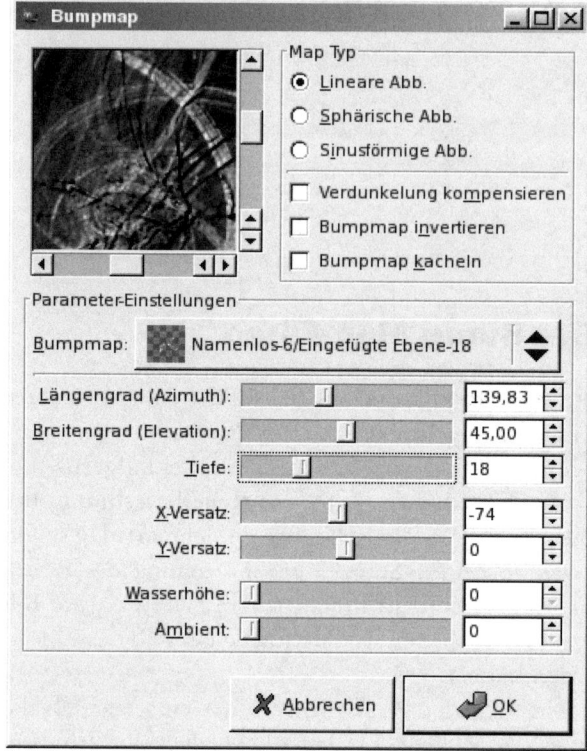

ABB. sowie SINUSFÖRMIGE ABB. die Möglichkeit vorzuwählen, welche Funktion verwendet werden soll.

Unterhalb der Voransicht finden Sie als Erstes die Auswahlliste BUMPMAP, in der alle zur Laufzeit geöffneten Bilder und Bildebenen aufgeführt sind. Hieraus müssen Sie ein Bild oder eine Bildebene auswählen, die der Filter als Relief-»Stanze« verwenden soll. Die weiteren

Parameter bestimmen ganz wesentlich das Aussehen des Reliefeffektes. Um Ihnen die Wirkungsweise dieser Parameter näherzubringen, habe ich in den Abbildungen 26.2 – 26.6 die maximalen Werte eines jeden Parameters auf ein und dasselbe Beispiel angewendet.

Abbildung 26.4
Der Parameter Tiefe *legt die Tiefe der eingekerbten Strukturen eines Reliefs fest.*

Der BUMP MAP-Filter erzeugt einen scheinbaren räumlichen Effekt, und so müssen Sie Ihre räumliche Vorstellungskraft ein wenig bemühen, um die Parameter des Filters zu verstehen.

Entwickeln Sie ein wenig Phantasie: Ein (erhabenes) Relief wirkt durch die Beleuchtung einer Lichtquelle. Mit dem Parameter LÄNGEN-GRAD(AZIMUTH) bestimmen Sie die Himmelsrichtung, aus der diese Lichtquelle die erhabenen Stellen des Bildes anleuchtet, und mit BREI-TENGRAD (ELEVATION) die Höhe der Lichtquelle über dem Horizont. Damit ist auch einsichtig, warum der erstgenannte Parameter einen Wertebereich von 360 (Grad) erlaubt und der zweite nur Werte von 0–90 (Grad) gestattet. Bei einer Elevation von 0 ist die erleuchtende Lichtquelle nicht aufgegangen, bei 90 (Grad) hingegen steht sie im Zenit direkt über dem Beobachter.

Wichtig für die räumlichen Maße des Reliefs sind die folgenden Parameter: TIEFE legt seine Tiefe fest und mit dem Parameter WASSER-HÖHE bestimmen Sie, wie weit es herausragt. Der Parameter AMBIENT schließlich regelt die Helligkeit des (verteilten) Streulichtes, welches die Schatten des Reliefs je nach Einstellung mehr oder weniger ausleuchtet.

Abbildung 26.5
Der Parameter Wasserhöhe *bestimmt, wie weit das Relief des* Bump Map-*Filters aus dem zu bearbeitenden Bild herausragt.*

Zwei Parameter haben wir in der bisherigen Betrachtung übersprungen. Mit diesen, dem X-VERSATZ und dem Y-VERSATZ, legen Sie die Position der Reliefkarte in Bezug auf das zu bearbeitende Bild fest.

Neben den in den Beispielbildern gezeigten Möglichkeiten, die der BUMP MAP-Filter bietet, um einfache Texte plastisch aussehen zu las-

Abbildung 26.6
Der Parameter
Ambient *regelt im*
Bump Map-*Filter das*
Streulicht.

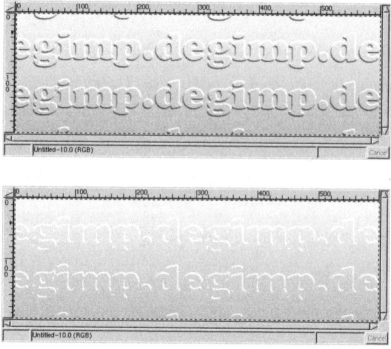

sen, zeigt Abb. 26.7, wie selbst ein exotischer Filter wie der FLAMMEN-Filter durch Hinzufügen eines Reliefeffektes mit dem BUMP MAP-Filter ein reizvolles und interessantes Resultat bildet. Als Ausgangsbild für das Relief diente übrigens eine zweite mit dem FLAMMEN-Filter erzeugte Bildebene.

Abbildung 26.7
Bilder mit zwei durch
den Flammen-*Filter*
erzeugten Bildebenen
wirken sehr plastisch,
wenn die zweite
Bildebene mit dem
Bump Map-*Filter*
hervorgehoben wird
(siehe Farbtafeln).

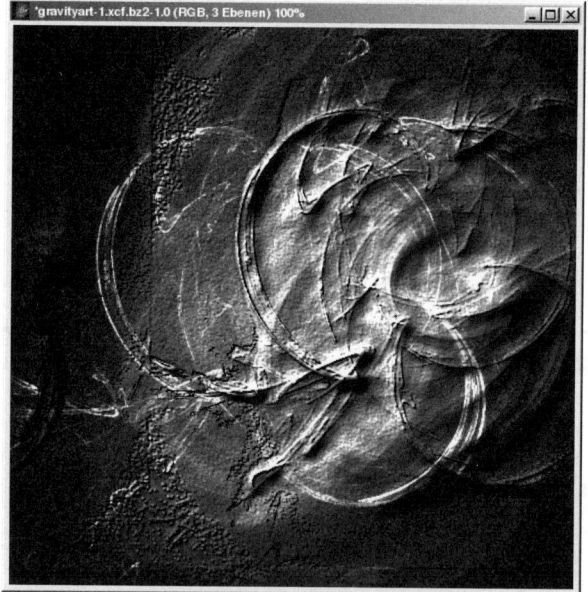

26.2   Der Verschieben-Filter

Mit dem VERSCHIEBEN-Filter lässt sich ein Bild anhand eines weiteren Bildes verändern. Bei dieser Veränderung handelt es sich um eine simple Verschiebung entlang der Horizontalen bzw. der Vertikalen. Dies entspricht den Größen X-VERSCHIEBUNG bzw. Y-VERSCHIEBUNG in der Dialogbox dieses Filters (Abb. 26.8). Der Filter orientiert sich in beiden Richtungen an einem (weiteren) geöffneten Bild, das in den daneben liegenden Auswahlfeldern angegeben werden kann.

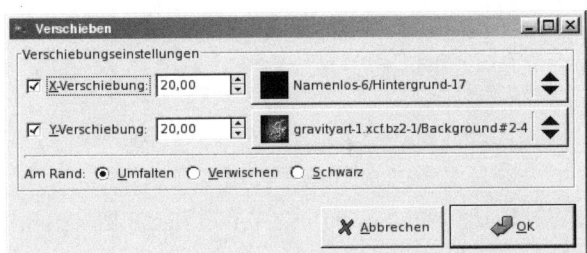

Abbildung 26.8
Die Dialogbox des Verschieben-Filters. Hier lassen sich z.B. die Verschiebebilder auswählen.

Der VERSCHIEBEN-Filter richtet sich im Maß der Verschiebung nach den Graustufen dieses hier angegebenen Bildes. Dunkle Bereiche verursachen geringe Verschiebungen, je heller die Bereiche werden, desto größer auch die Verschiebung. Im unteren Bereich AM RAND bestimmen Sie das Randverhalten des Filters. Die Wirkungsweise der drei dort angegebenen Parameter ist in der Beschreibung zum ZACKEN-Filter beschrieben (Kap. 21.6).

26.3 Der Fraktalspur-Filter

Der FRAKTALSPUR-Filter verschönert ein Bild dadurch, dass er diesem ein fraktales Gebilde der Mandelbrot-Menge überlagert. Abb. 26.10 zeigt das Ergebnis einer solchen Kombination mit diesem interessanten Objekt der Chaos-Theorie. Wer sich schon einmal mit dieser Theorie beschäftigt hat[1], weiß, dass beim Eindringen in immer feinere Strukturen der Mandelbrot-Menge die wachsende Komplexität dieses Gebildes sichtbar wird. GIMP als Grafikprogramm setzt Ihnen hier leider Grenzen, denn je mehr Sie ein Bild vergrößern, desto deutlicher sehen Sie die Bildpunkte, aus denen dieses sich zusammensetzt.

Damit es nicht zu akademisch wird, sollten Sie sich keine großen Gedanken über diesen Filter machen, sondern lediglich beachten, dass die ersten Parameter der Dialogbox (Abb. 26.9), nämlich X1, X2, Y1, Y2 und TIEFE, Aussehen und Komplexität des Mandelbrot-Fraktals und damit die Form des kombinierten Bildes bestimmen. Im Bereich TAUSCHE EINE FARBE... legen Sie fest, wie der Bereich des resultierenden Bildes außerhalb des Fraktals aussehen soll: Wenn Sie WARP wäh-

---

[1]Eine leicht verständliche Einführung gibt das Buch des Wissenschafts-journalisten James Gleick »Chaos – die Ordnung im Universum«, erschienen bei Droemer Knaur, ISBN 3-426-26335-1

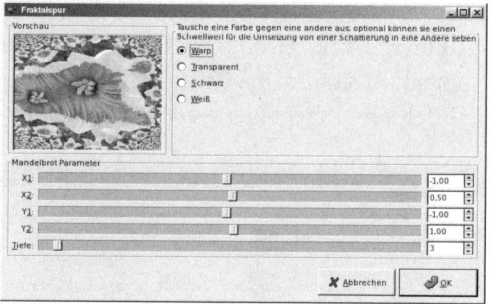

len, dann wird dieser vollständig mit Teilen des Bildes gefüllt. Wählen Sie hingegen SCHWARZ oder WEISS wird der Bereich entweder schwarz oder weiß ausgefüllt. Verfügt das Ausgangsbild über einen Alphakanal, ist zusätzlich die Schaltfläche TRANSPARENT aktiv und Sie können den nicht zum Fraktal gehörenden Bereich transparent setzen.

26.4   Der Illusion-Filter

Einen Kaleidoskop-artigen Effekt erreichen Sie, wenn Sie auf ein Bild den Filter ILLUSION anwenden. Dieser Filter arbeitet relativ simpel:

Ausgehend von der Anzahl von Unterbildern, die Sie im Feld TEILUNG in der Dialogbox zu diesem Filter eingeben (Abb. 26.11), wird das Ursprungsbild überlagert mit einer Zusammensetzung eben dieser Anzahl von Unterbildern. Die Unterbilder werden transparent überlagert, sodass man stets auch noch das Originalbild sehen kann. Zusätzlich kann man zwischen zwei Überlagerungsmodi (MODUS 1 und MODUS 2) auswählen.

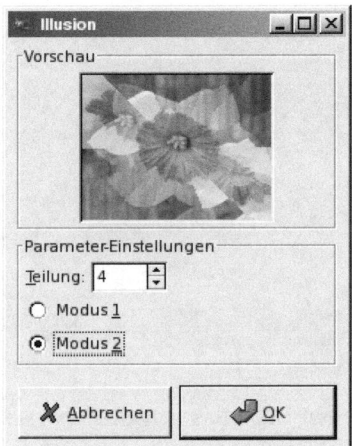

Abbildung 26.11
In der Dialogbox des Illusion-Filters legen Sie lediglich die Anzahl der Unterbilder fest, deren Zusammensetzung mit dem Ausgangsbild kombiniert werden soll.

Die Abb. 26.12 zeigt ein mit dem ILLUSION-Filter kombiniertes Bild, wobei hier als Parameter TEILUNG der vorgegebene Standardwert von 8 verwendet wurde.

Abbildung 26.12
Wie der Blick durch ein Kaleidoskop sieht das Ergebnis des Illusion-Filters aus.

26.5   Der Nahtlos machen-Filter

Sie möchten ein Bild als Hintergrund für eine Seite im Web oder für Ihren Desktop einsetzen und es stören Sie die sichtbaren Übergänge des Bildes bei Zusammensetzung der »Tapete«? Wenn Sie Ihr Bild so bearbeiten wollen, dass es sich naht- und übergangslos zusammensetzen lässt, dann sollten Sie es zuvor mit GIMPs NAHTLOS MACHEN-Filter bearbeiten.

Abbildung 26.13
Der Nahtlos
machen-*Filter erzeugt*
ein Bild, das sich für
einen naht- und
übergangslosen
Einsatz als
Hintergrundkachel z.B.
auf einer Website oder
auf dem Desktop
eignet.

Abb. 26.13 zeigt ein Bild, das mit dem NAHTLOS MACHEN-Filter bearbeitet wurde. Der Filter verfügt übrigens über keine Dialogbox und startet direkt nach dem Aufruf im Menü FILTER.

26.6   Der Auf Objekt-Filter

Ein (fast) universelles Werkzeug zur Erzeugung dreidimensionaler Objekte ist GIMPs AUF OBJEKT-Filter, mit dem Sie ein beliebiges Bild auf ein räumliches Objekt abbilden können. Die vielen Möglichkeiten, die dieser Filter bietet, verbergen sich in einer Dialogbox (Abb. 26.14) mit den Registerkarten EINSTELLUNGEN, LICHT, MATERIAL sowie ORIENTIERUNG (wie weiter unten erläutert, kommt je nach Auswahl des Objektes eine weitere Registerkarte hinzu). Auch der AUF OBJEKT-Filter stellt Ihnen auf der linken Seite der Dialogbox eine Voransicht zur Verfügung, anhand derer Sie überprüfen können, ob die gewählten Parameter zum gewünschten Ergebnis führen. Diese Ansicht ist, unabhängig von der Wahl der Registerkarte, stets sichtbar. Da die Voransicht nicht automatisch aktualisiert wird, sollten Sie nach Veränderung eines oder mehrerer Parameter stets eine aktuelle Ansicht mit der Schaltfläche VORSCHAU berechnen. Die beiden Lupen-Schaltflächen + und - erzeugen eine vergrößerte bzw. verkleinerte Voransicht des zu erzeugenden Objektes und die Schaltfläche VORSCHAU-DRAHTGITTER ZEIGEN legt über diese ein Liniengitter, das Ihnen die Orientierung insbesondere bei Drehungen erleichtert.

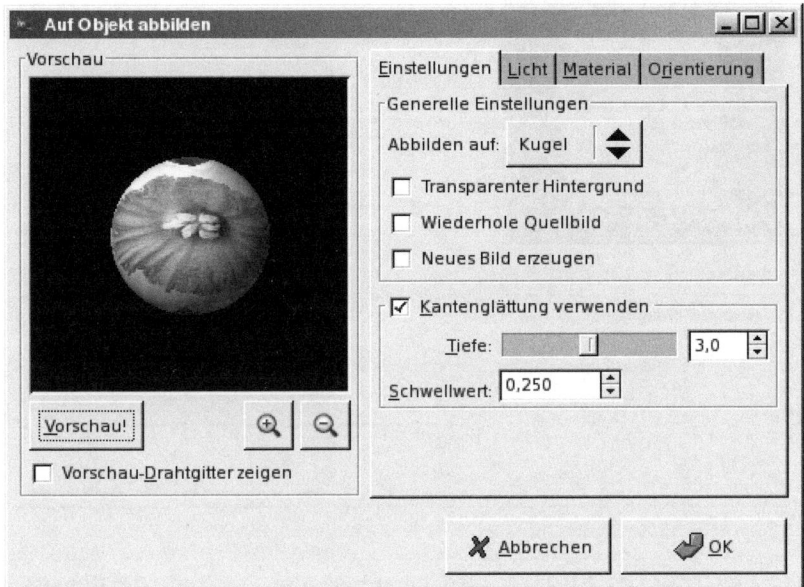

Abbildung 26.14
In der Registerkarte Einstellungen *bestimmen Sie, auf welches Objekt abbgebildet werden soll, und legen weitere grundsätzliche Parameter fest.*

Einstellungen Auf welche räumlichen Objekte lassen sich Bilder mit diesem Filter nun projizieren? Die erste Auswahlliste in der Registerkarte EINSTELLUNGEN mit dem Namen ABBILDEN AUF gibt hierüber Auskunft: Sie können auf eine Ebene projizieren (EBENE), auf eine Kugeloberfläche (KUGEL), auf einen Würfel (KISTE) sowie auf einen Zylinder (ZYLINDER). Bei den beiden letztgenannten Möglichkeiten erhalten Sie die weiteren Registerkarten KISTE und ZYLINDER.

Mithilfe von weiteren Schaltflächen legen Sie fest, ob GIMP den Hintergrund des resultierenden Bildes transparent setzen soll (TRANSPARENTER HINTERGRUND) oder ob das Startbild als Kachel auf ein Bild abbgebildet, d.h. dort beliebig oft wiederholt werden soll (WIEDERHOLE QUELLBILD). Wenn der Filter das Ergebnis in ein neues Bild schreiben soll, dann müssen Sie die Schaltfläche NEUES BILD ERZEUGEN aktivieren.

Licht Die Beleuchtung lässt die räumliche Darstellung der mit AUF OBJEKT erzeugten Abbildungen besonders realistisch wirken. In der Registerkarte LICHT, die in Abb. 26.15 zu sehen ist, lässt sich als Erstes die Lichtquelle auswählen. Sie haben die Wahl zwischen einer Punktlichtquelle (PUNKT-LICHTQUELLE), einer gerichteten Lichtquelle

Abbildung 26.15
In der Registerkarte
Licht *legen Sie die*
grundsätzlichen
Parameter der
Beleuchtung des
Objektes fest.

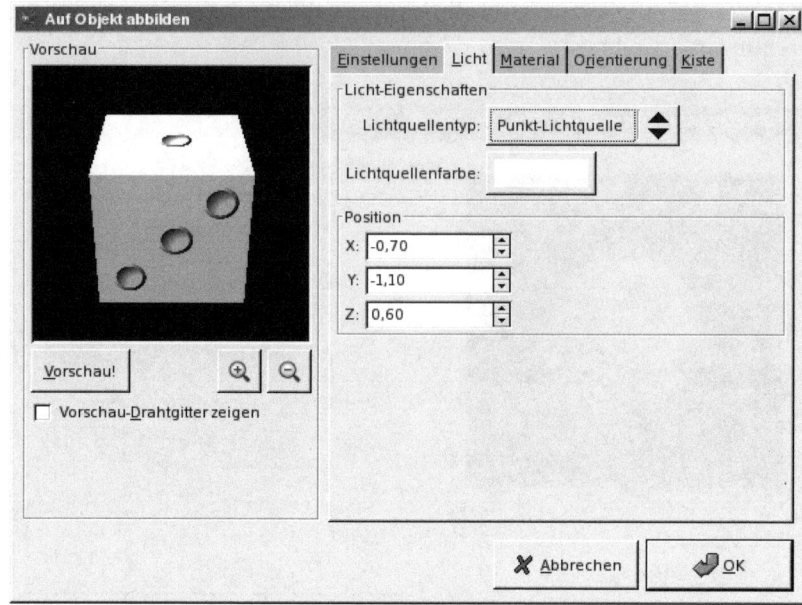

(DIREKTIONALES LICHT) – bei Letzterer sind alle Teile des Objektes gleichmäßiger ausgeleuchtet – oder Sie schalten das Licht gänzlich aus (KEINE LICHTQUELLE). Zusätzlich lässt sich die Farbe der Lichtquelle bestimmen (LICHTQUELLENFARBE) sowie die Position in Bezug auf das beleuchtete Objekt. Diese legen Sie im Bereich POSITION mit den drei Raumkoordinaten X, Y und Z fest.

Material   Noch einen Schritt professioneller lässt die Beleuchtung der Objekte sich mit der Registerkarte MATERIAL (Abb. 26.16) regulieren. In den Bereichen INTENSITÄTSSTUFEN und REFLEXIVITÄT bestimmen Sie das Leucht- bzw. Reflexionsverhalten des angeleuchteten Objektes. Um Ihnen einen gewissen Eindruck vom Einfluss der Parameter zu geben, sind an den jeweiligen Enden der Eingabefenster kleine Kugeln dargestellt, welche die ungefähre Auswirkung eines niedrigen bzw. hohen Wertes zeigen.

Das Eingabefeld AMBIENT steuert, welche Intensität die ursprüngliche Objektfarbe im lichtabgewandten Teil des Objektes zeigen soll, während DIFFUSE diese Intensität für die beleuchteten Objektpartien definiert. Die Reflexionseigenschaften des Objektes selbst schließlich verteilen sich auf die Eingabefelder DIFFUSE, wo der Reflexionsanteil außerhalb der extrem reflektierenden Punkte festgelegt wird und SPIEGEL, wo die Reflexion genau dieser Punkte reguliert wird. Mit dem

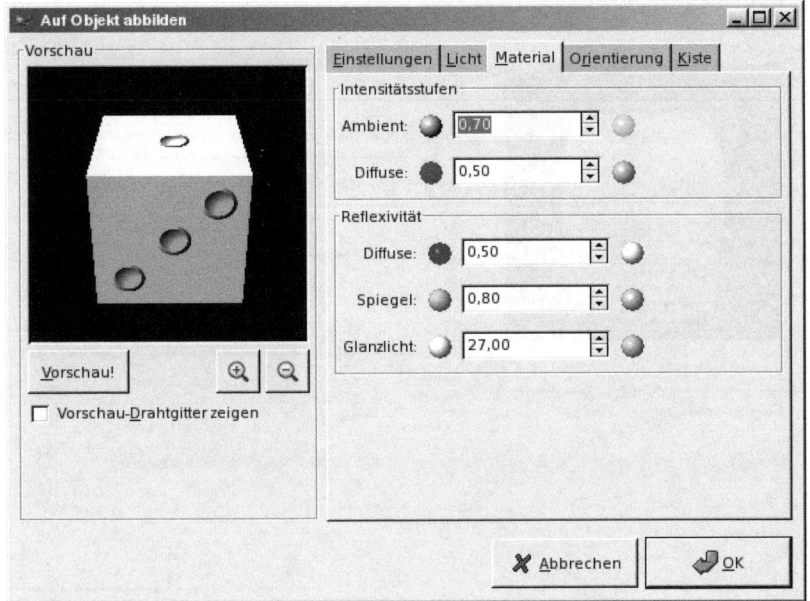

Eingabefeld GLANZLICHT legen Sie fest, welchen Flächenanteil eines Objektes die stark reflektierenden Punkte einnehmen sollen.

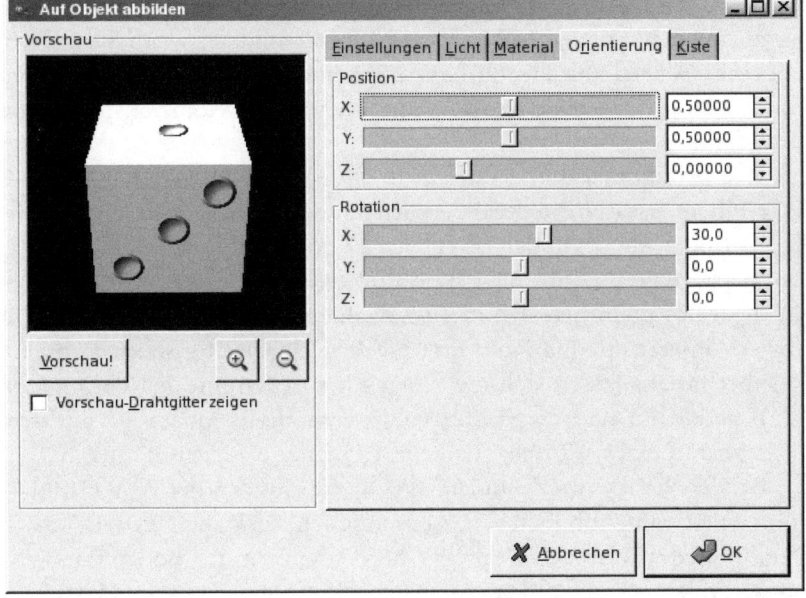

In der Registerkarte ORIENTIERUNG (Abb. 26.17) legen Sie Position und Ausrichtung des Objektes fest. Die Parameter X, Y und Z

Abbildung 26.18
In der Registerkarte
Kiste *lässt sich für jede*
Seite des Würfels ein
anderes (zur Laufzeit
geöffnetes) Bild
auswählen.

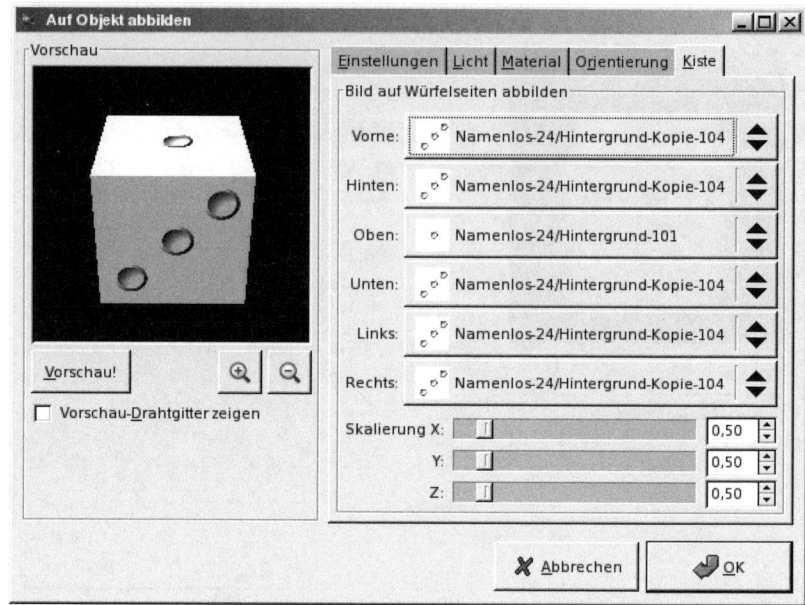

bestimmen die Position, während Sie mit den Parametern X, Y und Z im Bereich ROTATION steuern, inwieweit das Objekt um die jeweilige Achse gedreht wird. Die Grundstellung dieser drei Rotationsparameter liegt bei 0 (Grad) und eine Veränderung in beide Richtungen ist möglich bis zu einem Wert von -180 bzw. +180. Insbesondere, wenn Sie als Objekt einen Würfel ausgewählt haben, erkennen Sie die Dreidimensionalität des Objektes übrigens erst, wenn Sie einen der Rotationsparameter verändern.

Wie bereits erwähnt, erscheinen in der Dialogbox des MAP OBJECT-Filters zusätzliche Registerkarten, wenn als Objekt ein Würfel (KISTE) oder ein Zylinder (ZYLINDER) ausgewählt wurden. Die Registerkarte KISTE (Abb. 26.18) erlaubt es, für jede der Würfelflächen ein separates (geöffnetes) Bild auszuwählen (wobei Sie in der Ansicht sowieso immer nur maximal drei Flächen gleichzeitig sehen können). Darüber hinaus lassen sich die Längen der Seiten mit den Parametern X, Y und Z im Bereich SKALIERUNG verändern, sodass Sie mit dem Filter anstatt eines Würfels auch einen Quader erzeugen können.

Bei der Wahl eines Zylinders als Objekt, auf den der AUF OBJEKT-Filter eine Grafik abbilden soll, ist es möglich, zusätzlich weitere (geöffnete) Bilddateien für den Deckel (OBEN) sowie für den Boden (UNTEN) des Zylinders auszuwählen. Auch die Größe des Zylinders lässt sich hier variieren: Mit dem Parameter RADIUS verändern Sie den Radius und mit LÄNGE seine Höhe.

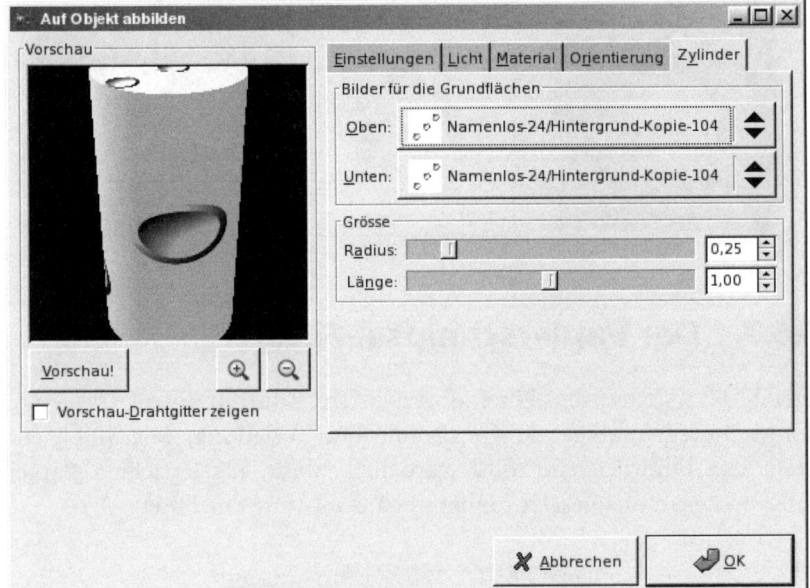

Abbildung 26.19
*Die Registerkarte
Zylinder erlaubt die
Auswahl weiterer Bilder
zum Füllen des
Zylinderdeckels und
seines Bodens.*

Abbildung 26.20
*Ein Spielwürfel, der mit
dem Auf Objekt-Filter
erzeugt wurde*

Abb. 26.20 und Abb. 26.21 zeigen einen Spielwürfel sowie verschiedene »Christbaumkugeln«, die mit dem soeben beschriebenen, vielseitigen Filter erstellt wurden. Diese sollen Ihnen Anregung geben, die mannigfaltigen Möglichkeiten des AUF OBJEKT-Filters zu testen und auszuprobieren.

Abbildung 26.21
Digitale
»Christbaumkugeln«
erhalten Sie, wenn Sie
Bilder, die zuerst mit
verschiedenen
Verläufen gefüllt
wurden, mit dem Auf
Objekt-Filter auf eine
Kugeloberfläche
abbilden.

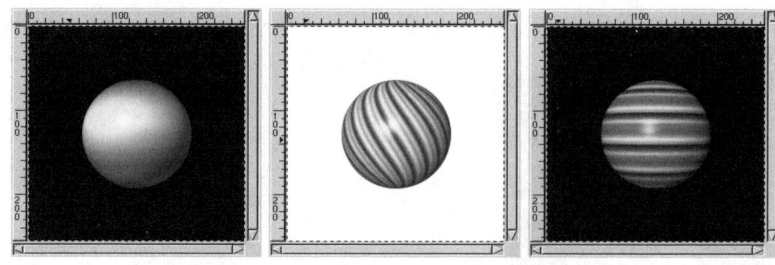

26.7 Der Papierschnipsel-Filter

Der PAPIERSCHNIPSEL-Filter überzieht Ihr Bild mit einem Gitter von Linien unregelmäßiger Länge, Breite und Verteilung. Hierdurch entsteht der Eindruck, Ihr Bild wäre lückenhaft aus einzelnen Papierstücken zusammengesetzt (daher auch der Name des Filters).

Abbildung 26.22
Die Dialogbox des
Papierschnipsel-Filters

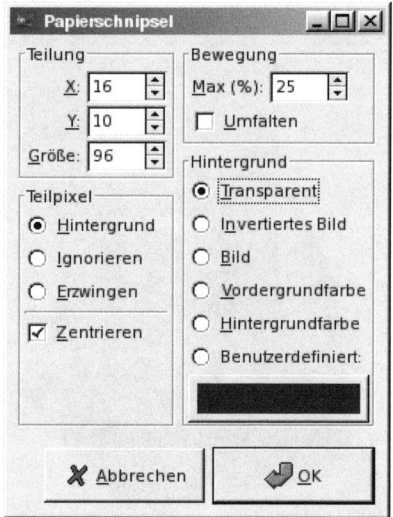

In der Dialogbox zum PAPIERSCHNIPSEL-Filter (Abb. 26.22) legen Sie mit den Parametern X und Y die Breite und Höhe der einzelnen Stücke fest, mit GRÖSSE geben Sie die maximale Größe des Zwischenraumes vor. Darüber hinaus können Sie im Bereich HINTERGRUND den Hintergrund transparent wählen (TRANSPARENT), das Bild selbst im Original (BILD) oder mit einer Umkehrung der Bildfarben (INVERTIERTES BILD) auswählen. Zusätzlich können Sie als Farbe die im Farbauswähler eingestellte Vordergrund- (VORDERGRUND) bzw. Hintergrundfarbe (HINTERGRUND) auswählen, oder eine Farbe frei auswählen über eine Farbschaltfläche, die die GIMP-Farbauswahlbox aufruft. Im Bereich BEWEGUNG bestimmen Sie die Verschiebung der Papierstücke in Prozent der Bildfläche.

Abbildung 26.23
Der Papierschnipsel-Filter lässt ein Bild wie unregelmäßig zerrissen und wieder zusammengesetzt aussehen (siehe Farbtafeln).

Wenn Sie den Effekt dieses Filters ein wenig interessanter aussehen lassen wollen, dann wählen Sie die Freiräume zwischen den Schnipseln etwas größer. Im resultierenden Bild wählen Sie dann die Zwischenräume aus (mithilfe des Befehls AUSWAHL → NACH FARBE...). Kehren Sie sodann diese Auswahl mit AUSWAHL → INVERTIEREN um und setzen Sie danach einen Schlagschatten mit SCRIPT-FU → SHADOW → DROP-SHADOW. Wie dies dann aussieht, zeigt das rechte Bild in Abb. 26.23.

26.8 Der Kleine Kacheln-Filter

Der Filter KLEINE KACHELN teilt ein Ausgangsbild in eine vorgegebene Anzahl von Kacheln auf und füllt das Bild in seiner ursprünglichen Größe mit diesen Kacheln auf. Die Dialogbox (Abb. 26.24) zu diesem Filter zeigt eine Voransicht, anhand derer Sie sich überzeugen können, wie das Ergebnis des Filters aussehen wird. Wichtigstes Element dieser Dialogbox ist der Schieber mit der Bezeichnung SEGMENT EINSTELLUNGEN, denn mit diesem steuern Sie die Anzahl der Kacheln im resultierenden Bild. Genauer gesagt legen Sie die Anzahl der Kacheln in der Horizontalen und Vertikalen fest. Als Mindestwert können Sie hier 2 auswählen, als maximalen Wert 6. Lassen Sie sich nicht durch die kryptische Formel neben dem Schieber verwirren. Zur Erläuterung: Wenn Sie z.B. jeweils $n = 3$ Kacheln nebeneinander und übereinander wünschen, ist klar, dass der resultierende Teil, den eine Kachel einnimmt, 1/9 des Ursprungsbildes ist, nämlich jene in der Formel angegebenen $1/3^2$.

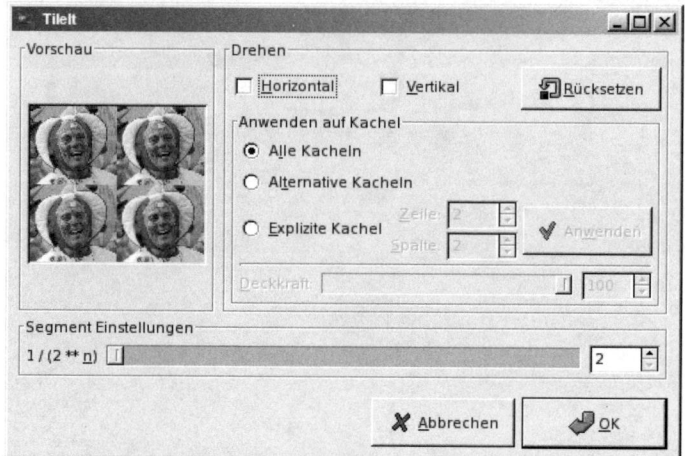

Abbildung 26.24
In der Dialogbox des Kleine Kacheln-Filters legen Sie die Anzahl der Kacheln fest und können verschiedene Optionen zur Spiegelung einzelner Kacheln auswählen.

Eine weitere Einstellungsmöglichkeit besteht darin, im Bereich DREHEN die Kacheln im Bild zu spiegeln. Sie können entlang der Horizontalen und entlang der Vertikalen spiegeln. Ohne weitere Einstellung bezieht sich dieser Vorgang auf alle Kacheln im Bild, da standardmäßig im Bereich ANWENDEN AUF KACHEL die Auswahl ALLE KACHELN aktiv ist. Wahlweise können Sie die Spiegelung nur auf die diagonalen Kacheln anwenden (ALTERNATIVE KACHELN) oder genau festlegen, welche Kachel gespiegelt werden soll (EXPLIZITE KACHEL); Letzteres durch genaue Angabe der Zeile (ZEILE) und der Spalte (SPALTE). Sofern das Ausgangsbild über einen Alphakanal verfügt, lässt sich die Deckkraft der Kacheln mit dem Schieber DECKKRAFT regulieren.

26.9 Der Kacheln-Filter

Wenn Ihnen die Möglichkeiten des oben vorgestellten KLEINE KACHELN-Filters nicht ausreichen, sollten Sie GIMPs KACHELN-Filter ausprobieren. Dieser Filter ist flexibler hinsichtlich der Anzahl der Kacheln in einem Bild.

Sie müssen in der Dialogbox des Filters (Abb. 26.26) lediglich darauf achten, dass die in den Feldern BREITE bzw. HÖHE angegebene Breite bzw. Höhe ein ganzzahlig Vielfaches des Ausgangsbildes ist (d.h. das Doppelte, Dreifache, Vierfache usw.). Standardmäßig sorgt die »Klammer-Schaltfläche« neben den beiden Eingabefeldern dafür, dass das Seitenverhältnis erhalten bleibt. Wenn Sie die Klammer aktivieren,

Abbildung 26.25
*Viermal Joker: Der
Kleine Kacheln-Filter
erzeugte dieses Bild.*

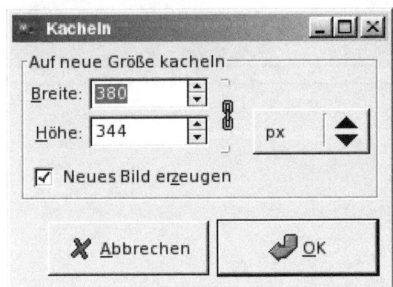

Abbildung 26.26
*In der Dialogbox des
Kacheln-Filters
bestimmen Sie durch
Festlegung von Höhe
und Breite, wie oft im
resultierenden Bild
gekachelt wird.*

können Sie die Kachelbreite unabhängig von der Kachelhöhe festlegen. Mit der aktivierten Schaltfläche NEUES BILD ERZEUGEN wird das Resultat des KACHELN-Filters in eine neue Bilddatei geschrieben. Falls Sie letztere Schaltfläche deaktivieren, wird das bestehende Bild in seiner Größe angepasst und das Resultat des Filters dort hineingeschrieben.

Abbildung 26.27
Der Kacheln-*Filter*
schneidet gemäß Ihren
Vorgaben eine Kachel
in der angegebenen
Größe aus dem Bild.

27 Scharfzeichnungsfilter

Bilder, die analog vorliegen und für eine Verarbeitung mit Grafikprogrammen digitalisiert werden müssen, sind niemals vollständig fehlerfrei. Einzelne Defekte und andere leicht erkennbare lokal begrenzte
Bildfehler, wie z.B. Kratzer oder Flecken, lassen sich gut mithilfe von
GIMPs Retuschier-Werkzeug entfernen, siehe Kap. 9.8.

Was aber, wenn die Fehler nicht auf einen Bildbereich begrenzt,
sondern über das ganze Bild verteilt sind (wie z.B. ein Farbschleier, ein
Moiré-Muster oder eine allgemeine Unschärfe, verursacht durch eine
nicht ganz perfekte Scanner-Optik)? Auch hier hilft Ihnen GIMP, denn
es stellt für die Aufbereitung solchermaßen »getrübter« Bilder im Menü FILTER → VERBESSERN eine Reihe von Filtern zur Verfügung, mit
denen Sie die Überreste eines Digitalisierungsvorganges weitestgehend
entfernen können.

Abbildung 27.1
*Das Ausgangsbild für
den Test der GIMP-
Scharfzeichnungsfilter:
ein misslungener Scan*

Um die Brauchbarkeit dieser Filter zu testen, wenden wir diese auf
eine Fotografie an, welche auf Seidenmatt-Papier vergrößert wurde.
Dieses Papier verursacht im Scan ein störendes Muster, das sich gut
in Abb. 27.1, besser aber noch in einer Ausschnittsvergrößerung der
gescannten Fotografie (Abb. 27.2) erkennen lässt.

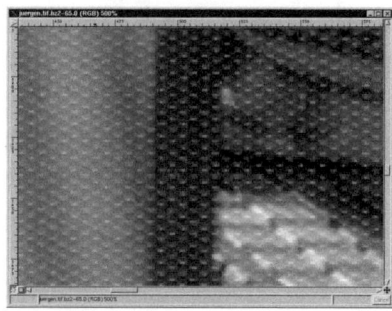

27.1 Der Entflackern-Filter

Die Anwendung des ENTFLACKERN-Filters auf unser Testbild zeigt keine sonderliche Verbesserung. In der Dokumentation zu diesem Filter ist denn auch zu lesen, dass er hauptsächlich eingesetzt werden soll, wenn es darum geht, Screenshots von Fernsehbildern (erstellt mit einer TV-Karte) zu verbessern.

Abbildung 27.3
Der Entflackern-*Filter*

Bei Fernsehaufnahmen laufen Bewegungen während der zwei aufgenommenen Halbbilder (welche dann zu einem Bild kombiniert werden) weiter. Bei solchen Screenshots passiert es folglich häufiger, dass die geraden bzw. ungeraden Zeilen eines Fernseh- bzw. Videobildes nicht vollständig erfasst werden (es entstehen so genannte Kammeffekte), weswegen man in der Optionsbox zu diesem Filter (Abb. 27.4) genau zwischen einer Korrektur dieser beiden Möglichkeiten auswählen kann, nämlich mit dem Parameter ERHALTE UNGERADE ZEILEN eine

Korrektur der ungeraden Zeilen oder mit ERHALTE GERADE ZEILEN eine Korrektur der geraden.

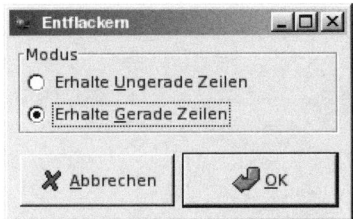

27.2 Der Flecken entfernen-Filter

Das Arbeitspferd der Scharfzeichnungsfilter ist der FLECKEN ENTFER-NEN-Filter, der sich sowohl zur Behebung lokaler Defekte und Fehler verwenden lässt als auch solcher Fehler, die gleichmäßig über das ganze Bild verteilt sind.

Der Filter verwendet für die Korrektur kleine Bildsegmente des zu korrigierenden Bereiches. In jedem Segment wird der Farbbereich weichgezeichnet, wobei man davon ausgeht, dass hierdurch die störenden Fehler beseitigt werden. Abhängig von der Größe der Bildsegmente erfährt das zu bearbeitende Bild eine weniger starke (kleine Bildsegmente) bzw. eine starke (große Bildsegmente) Weichzeichnung.

Der FLECKEN ENTFERNEN-Filter lässt Ihnen die Möglichkeit (Option RADIUS in der Dialogbox, s.u.), die Größe der Bildsegmente zu bestimmen. Darüber hinaus können Sie auch einen Zusatz-Algorithmus aktivieren, der die Größe der Bildsegmente selbst festlegt und optimiert (Schaltfläche ANPASSEND). Sie können den Filter in einem Wiederholmodus (REKURSIV) betreiben. Die beiden letztgenannten Optionen lassen sich auch gleichzeitig benutzen.

Abbildung 27.6
Die Dialogbox des Flecken entfernen-Filters zeigt eine Voransicht des zu verbessernden Bildes.

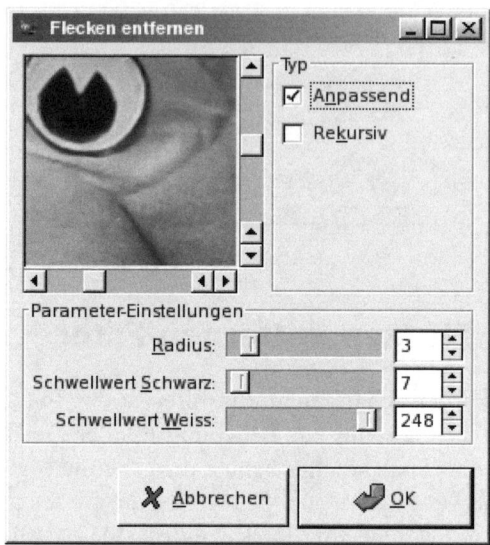

In der Dialogbox zum FLECKEN ENTFERNEN-Filter finden Sie neben den oben bereits genannten Auswahlmöglichkeiten eine Bildvoransicht, die Ihnen anhand eines Bildausschnittes die Wirkungsweise des Filters anzeigt. Die Größe der Bildsegmente lässt sich mit dem oben erwähnten Parameter RADIUS variieren. In der Einstellung 1 sind diese 3×3 Bildpunkte groß, in der maximalen Einstellung 20 sind es 41×41 Bildpunkte.

Mit den Optionen SCHWELLWERT SCHWARZ bzw. SCHWELLWERT WEISS bestimmen Sie den Schwarz- bzw. Weißanteil des resultierenden Bildes.

27.3   Der Streifen entfernen-Filter

Eigentlich der ideale Filter zur Korrektur gescannter Bilder, in denen Streifen als Überreste geblieben sind. Der Filter schaffte es zwar, einige Streifen zu entfernen, restlos zufrieden stellend auf das Testbild (Abb. 27.7) wirkte er allerdings nicht.

Auch die Dialogbox (Abb. 27.8) dieses Filters zeigt eine Bildvoransicht, anhand derer Sie überprüfen können, wie der Filter wirkt. Eine wichtige Größe für diesen Filter ist die Breite der (störenden) Streifen, diese bestimmen Sie mit dem Parameter BREITE.

Abbildung 27.7
Der Streifen
entfernen-*Filter*

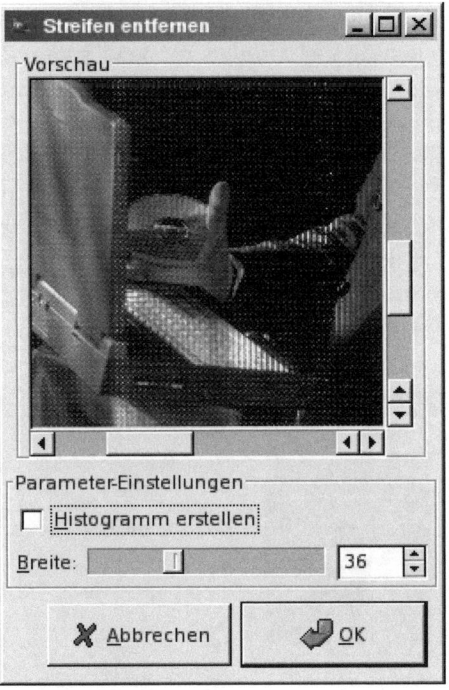

Abbildung 27.8
Die Dialogbox des
Streifen
entfernen-*Filters*

27.4 Der NL-Filter

Zur Optimierung unseres Testbildes erzeugte der NL-Filter die bei weitem akzeptabelsten Resultate. Auch dieser Filter schaffte es nicht, das störende Muster gänzlich zu entfernen, wie die Detailansicht in

Abb. 27.11 zeigt, allerdings überzeugt die Gesamtansicht des Bildes in Abb. 27.9.

Der NL-Filter verwendet nicht-lineare Methoden (wofür auch die Abkürzung NL steht), um ein Bild oder einen Bildausschnitt zu optimieren. Insgesamt stehen drei Methoden zur Verfügung, die Sie im Bereich FILTER der Dialogbox (Abb. 27.10) auswählen. Alle Methoden reduzieren Störeffekte in einem Bild merklich.

Wenn Sie in der Dialogbox (Abb. 27.10) die Filtermethode ALPHABASIERTER MITTELWERT ausgewählt haben, so bestimmen Sie mit dem Parameter RADIUS im unteren Teil der Dialogbox, wie effektiv diese Methode wirken soll. Der Parameter ALPHA legt fest, wie effizient der Filter das Rauschen im Bild entfernt. Der Test dieser Methode ergab eine optimale Wirkung bei ALPHA-Werten zwischen 0 und 0.5.

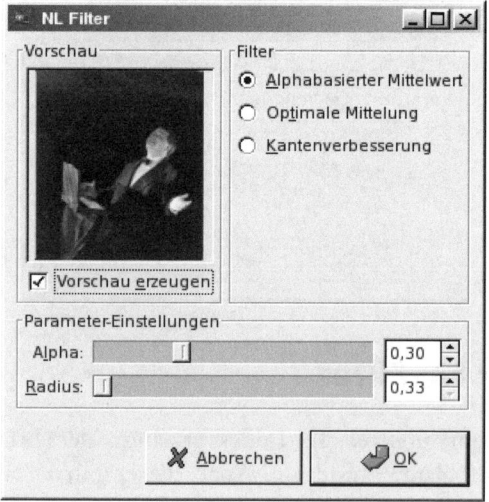

Wählen Sie hingegen OPTIMALE MITTELUNG, so übernimmt der Filter für Sie die Bestimmung des optimalen Bereiches für die Weichzeichnung des Bildes. Hier ergaben höhere RADIUS-Werte (>0.7) die besten Ergebnisse. Wenn Sie die Methode KANTENVERBESSERUNG verwenden, werden die Randbereiche des Bildes verstärkt, auch hier ergeben höhere Werte für den RADIUS brauchbare Ergebnisse.

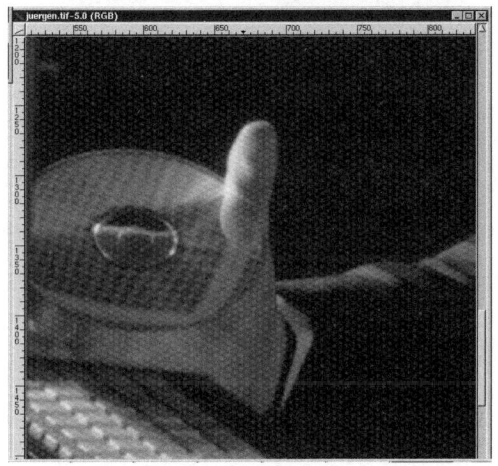

Abbildung 27.11
Ein Detailausschnitt des mit dem NL-Filter *bearbeiteten Bildes*

27.5 Unscharf maskieren

Beim Namen dieses Filter könnte man vermuten, dass es sich um einen Weichzeichnungsfilter handelt. Dies ist nicht der Fall. Die Bezeichnung ist der klassischen Fotografie entlehnt, in der man ein unscharfes Bildpositiv (weichgezeichnet, in der Sprache der Bildverarbeitung) mit einem Bildnegativ überlagert und als Resultat ein Bild erhält, das schärfer ist als die Originalaufnahme.

Wie Sie der Dialogbox des Filters (Abb. 27.12) entnehmen können, verfügt der Filter über insgesamt drei Parameter. Mit RADIUS legen Sie fest, wie stark das Bildpositiv weichgezeichnet werden soll, während Sie mit MENGE die Schärfe des resultierenden Bildes steuern. Zusätzlich lässt sich mit dem Parameter SCHWELLWERT ein (Helligkeits-)Schwellwert festlegen, unterhalb dem der Filter nicht wirkt.

Die Anwendung des UNSCHARF MASKIEREN-Filters auf ein gesamtes Bild erzeugt oftmals ein Ergebnis, das recht unnatürlich aussieht. Profis wenden deswegen diesen Filter nicht auf das gesamte Bild an, sondern nur auf den Grünkanal des Bildes, da dieser die meisten Details eines Bildes zeigt, sodass ein nachträgliches Schärfen des Bildes hier den größten Effekt hat. Das folgende »So geht's«-Tutorial erläutert

Abbildung 27.12
Die Dialogbox des
Unscharf
Maskieren-*Filters*

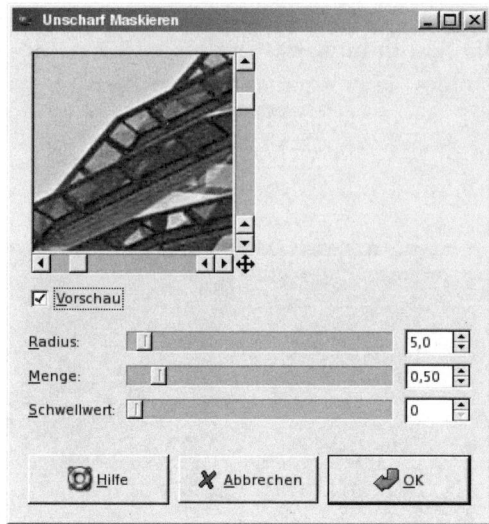

kurz, wie sich die Bildqualität mit dem UNSCHARF MASKIEREN-Filter
verbessern lässt.

Bildqualität durch unscharfes Maskieren verbessern

1 Rufen Sie die Ebenen-Dialogbox auf und wählen Sie dort die Registerkarte Kanäle aus.

2 Deaktivieren Sie durch Mausklick auf die jeweiligen Kanalvoransichten sowohl den Rot-Kanal als auch den Blau-Kanal des Bildes.

3 Wenden Sie sodann den Unscharf Maskieren-Filter auf den Grün-
Kanal des Bildes an mit Filter → Verbessern → Unscharf Maskieren.

Im Ergebnis (Abb. 27.13) erkennen Sie, dass der mit dem UNSCHARF
MASKIEREN-Filter geschärfte Grün-Kanal die Prägnanz eines Bildes
verstärkt, *ohne* allzu harte Übergänge zu erzeugen, wie dies der Fall
ist, wenn der Filter auf alle Kanäle des Bildes angewendet wird.

Ausgangsbild   Resultat I   Resultat II

Abbildung 27.13
Hier sehen Sie im Vergleich ein weichgezeichnetes Ausgangsbild, auf den der Unscharf Maskieren-*Filter angewendet wurde, einmal auf das gesamte Bild und einmal lediglich auf den Grün-Kanal des Bildes.*

28 Bilderzeugende Filter

Diese Filter sind so etwas wie GIMPs Wundertüte. Faszinierende, ästhethisch beeindruckende Bilder lassen sich mit den bilderzeugenden Filtern kreieren, die Sie im Menü FILTER → RENDER finden. Während die meisten anderen Filter auf bereits bestehenden Bildern angewendet werden und diese mehr oder weniger verändern, erschaffen die im Folgenden vorgestellten Filter Bilder »aus dem Nichts«. Sie werden den einen oder anderen Filter als nützlich empfinden und möglicherweise des Öfteren benutzen, während Sie Sinn und Zweck so manch anderen Filters vielleicht nicht einsehen werden (außer, dass ein netter Algorithmus noch nettere Bilder erzeugt :-).

Ich habe versucht, die folgenden Beschreibungen möglichst praxisnah zu gestalten. Dies bedeutet, dass die einzelen Parameter der Filter erklärt werden, ich mir aber im Einzelnen eine tiefere mathematische Beschreibung und Erklärung erspart habe, da diese für die Benutzung (zumeist) wenig Relevanz besitzt.

28.1 Der CML Explorer

Der CML-Filter verknüpft verschiedene mathematische Funktionen und erlaubt so die Erzeugung interessanter und verblüffender Bildeffekte. Die zugehörige Dialogbox (Abb. 28.2) bietet Dutzende verschiedener Einstellmöglichkeiten, mit deren Hilfe abwechslungsreiche Varianten dieses Filters möglich sind.

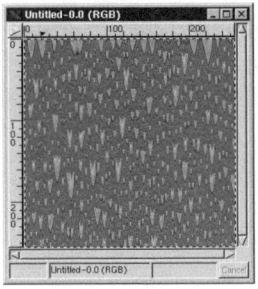 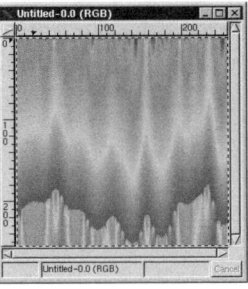 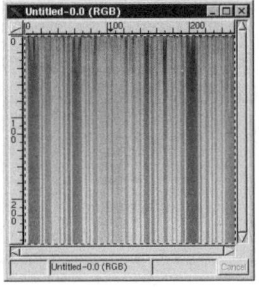

Abbildung 28.1
Der CML-Filter bringt interessante streifenförmige, flächige oder sonstwie geformte Muster hervor.

Allein die Auswahlfelder FUNKTIONSTYP, ZUSAMMENSETZUNG sowie SONSTIGE ANORDNUNG enthalten zahlreiche Auswahlmöglichkeiten, von der jede andere Resultate erzeugt und die es alle auszuprobieren gilt. Abb. 28.1 zeigt einige mit dem CML-Filter gemachte Bilder.

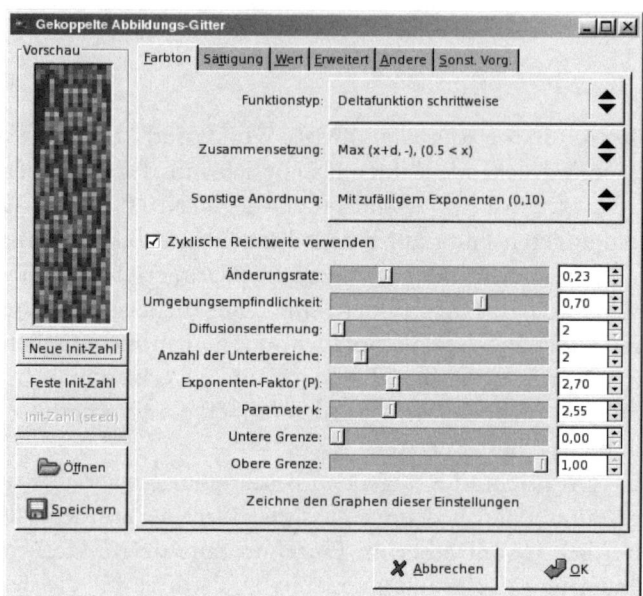

28.2 Der Schachbrett-Filter

Wenn Sie ein einfaches Schachbrettmuster zu erzeugen wünschen, ist dieser Filter das Richtige für Sie. Die Größe des Schachbrettmusters variieren Sie mit dem Parameter GRÖSSE in der Dialogbox des SCHACHBRETT-Filters, die Sie in Abb. 28.4 sehen. Der Filter erschafft stets ein insgesamt quadratisches Muster mit einer identischen Höhe und Breite des Feldes.

Eine zusätzliche Variante erhalten Sie, wenn Sie die Schaltfläche PSYCHOBILLY aktivieren. Dies hat eine mehr oder weniger starke Randwölbung des Musters zur Folge und lässt dieses so ausschauen, als betrachte man es mit einer Lupe.

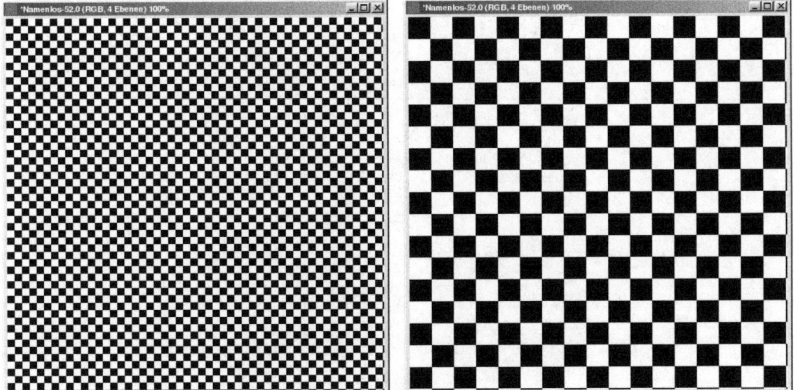

Abbildung 28.3
Der Schachbrett-*Filter*
füllt ein Bild mit einem
einfachen
Schachmuster.

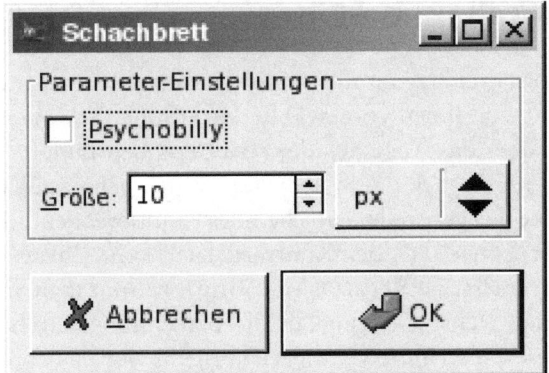

Abbildung 28.4
Die Dialogbox des
Schachbrett-*Filters*

28.3 Der Beugungsmuster-Filter

Der BEUGUNGSMUSTER-Filter produziert Muster, die den Beugungsbildern ähneln, die Sie möglicherweise noch aus den Optikstunden Ihres Physik-Unterrichtes kennen.

Neben einer kleinen Voransicht enthält die in Abb. 28.6 gezeigte Dialogbox des Filters insgesamt vier Registerkarten. Auf den Karten FREQUENZEN, RÄNDER sowie SCHARFE KANTEN besteht die Möglichkeit, für jeweils alle drei Farben eines Bildes verschiedene Parameter des Beugungsbildes zu verändern. In einer weiteren Karte ANDERE EINSTELLUNGEN ändern Sie die Helligkeit (HELLIGKEIT) des Beugungsbildes, verändern den Streuwinkel (STREUUNG), der die Beugung verursacht, oder variieren den Winkel der Polarisation (POLARISATION).

Abbildung 28.5
Der
Beugungsmuster-*Filter*
erzeugt Muster, die den
Beugungsbildern
ähneln, die man aus
der Optik kennt.

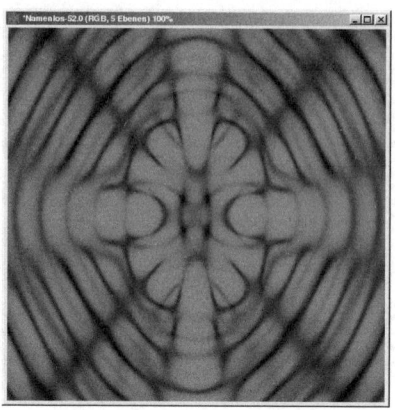

28.4 Der Flamme-Filter

Der FLAMME-Filter erzeugt über einen Zufallsgenerator fraktale Gebil-de. Bestimmte von Ihnen vorgewählte Variationen erlauben eine gewis-se Kontrolle über das Aussehen der resultierenden Bilder.

Im obereren Teil der zum FLAMME-Filter gehörenden Dialogbox bestimmen Sie das generelle Aussehen des resultierenden Bildes, z.B. die Helligkeit (HELLIGKEIT), den Kontrast (KONTRAST) usw. Ein weiterer wichtiger Parameter ist STICHPROBENDICHTE, mit dem Sie im Prinzip festlegen, mit welcher Genauigkeit die Berechnung durchgeführt wer-den soll. Diese Einstellung verändert übrigens nur das endgültige Bild, die Voransicht in der Dialogbox bleibt davon unberührt. In dieser Vor-ansicht sehen Sie das vom Filter momentan berechnete Bild, das in Ihre Bilddatei übernommen wird, sobald Sie die Schaltfläche OK drücken.

Als Farbtabelle können Sie im Auswahlfeld FARBPALETTE den ak-tuell eingestellten Verlauf wählen, die Farbtabellen anderer, parallel ge-öffneter Fenster sowie weitere, voreingestellte Verläufe.

Wenn Sie mit der in der Voransicht angezeigten Form noch nicht zufrieden sind, so sollten Sie auf die Schaltfäche BEARBEITEN klicken, die eine weitere Dialogbox mit insgesamt neun vorberechneten Formen öffnet (Abb. 28.9). Jeder Klick auf eine dieser Voransichten bewirkt zwei Dinge: Die angeklickte Voransicht wandert in die mittlere Voran-sichtsbox, während die anderen Voransichten sich mit neu berechneten Formen füllen. Gleichzeitig wird die angeklickte Form in die Auswahl-box übernommen. Eine Neuberechnung in allen Boxen starten Sie auch durch Klick auf die Schaltfläche ZUFÄLLIG.

Der FLAMME-Filter lässt für die Berechnung der Formen verschie-dene Abwandlungen zu, die Sie mit dem Parameter VARIATION einstel-len. Sie haben die Auswahl zwischen den Variationen ZUFÄLLIG, LI-

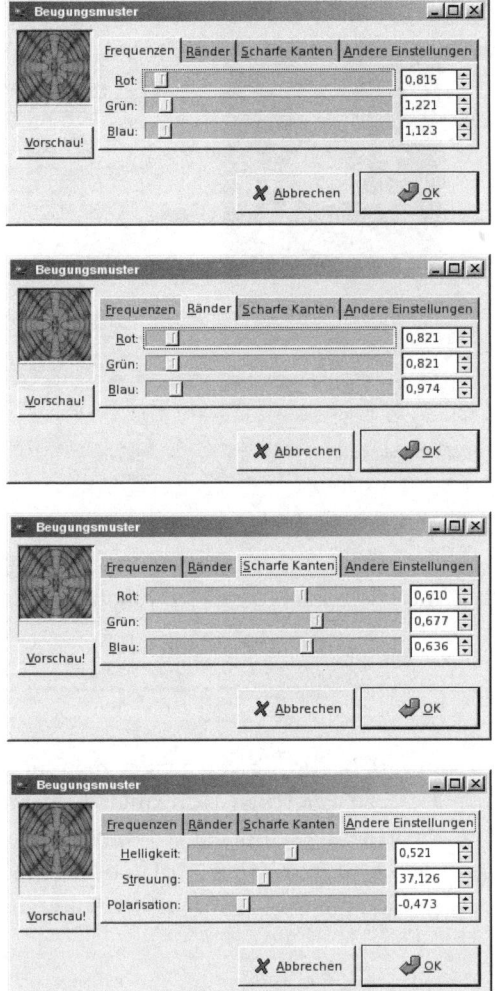

Abbildung 28.6
Die Dialogbox des
Beugungsmuster-
Filters

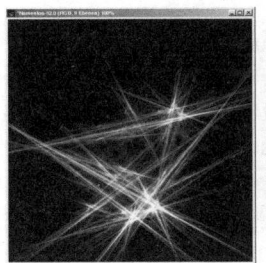 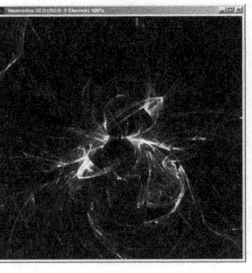 

Abbildung 28.7
Der Flamme-Filter
generiert fraktale
Gebilde mit recht
unterschiedlichem
Aussehen, abhängig
von den Einstellungen
dieses Filters.

NEAR, SINUSFÖRMIG, SPHÄRISCH, WIRBEL, HUFEISEN, POLAR und
GEBOGEN. An genau dieser Stelle ist Ihr Spieltrieb und Ihre Lust zu

Abbildung 28.8
Die Dialogbox des
Flamme-Filters. Hier
legen Sie die
Parameter der zu
berechnen-den Formen
fest. Der obere Teil
zeigt eine Voransicht
und startet über die
Schaltfläche
Bearbeiten eine
weitere Box zur
Vorausberechnung
neuer Formen.

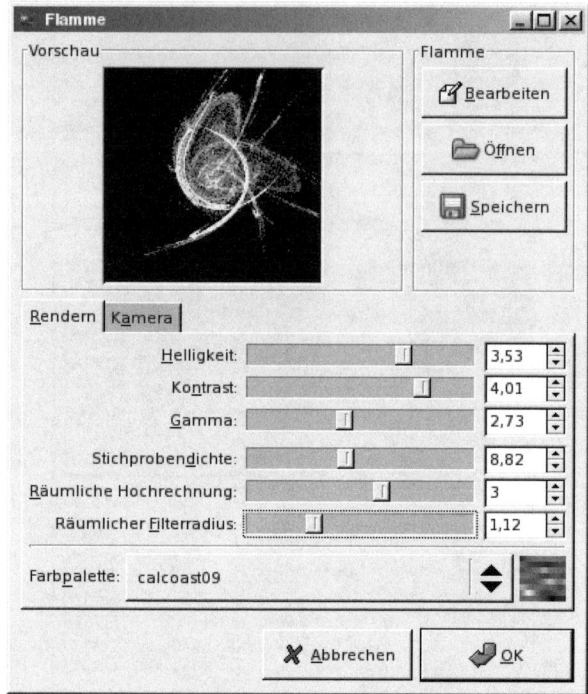

experimentieren gefragt! Bevor Sie versuchen, den verwendeten Algo-rithmus in seiner Tiefe zu verstehen (Informationen hierzu bietet der Autor des Plugins, Scott Draves, auf seiner Homepage `http://www.cs.cmu.edu/~spot/nab/flame.html`), sollten Sie die verschiede-nen Varianten ausprobieren und sich von den Resultaten bezaubern las-sen.

28.5   Der Mosaik-Filter

Der MOSAIK-Filter ist das geeignete Werkzeug, wenn Sie plastische Oberflächen, die aus Einzelteilen zusammengesetzt sind, nachbilden wollen. GIMP bietet zu diesem Filter eine Vielzahl von Optionen. Ge-brochenes Glas, ein aus Mosaiksteinchen zusammengesetztes Wand-bild, ein mittelalterliches Kirchenfenster – dies alles ist bei geeigneter Einstellung mit dem MOSAIK-Filter möglich. Abb. 28.10 zeigt ein Re-sultat dieses Filters, angewendet auf ein Urlaubsfoto.

Das Erste, auf das Sie in der Dialogbox (Abb. 28.11) des MO-SAIK-Filters Ihr Augenmerk richten sollten, ist der Bereich PRIMITI-VE FÜR DIE KACHELN. Hier geben Sie die Form der Mosaikelemente vor: Sie haben die Wahl zwischen Quadraten (QUADRATE), Sechsecken

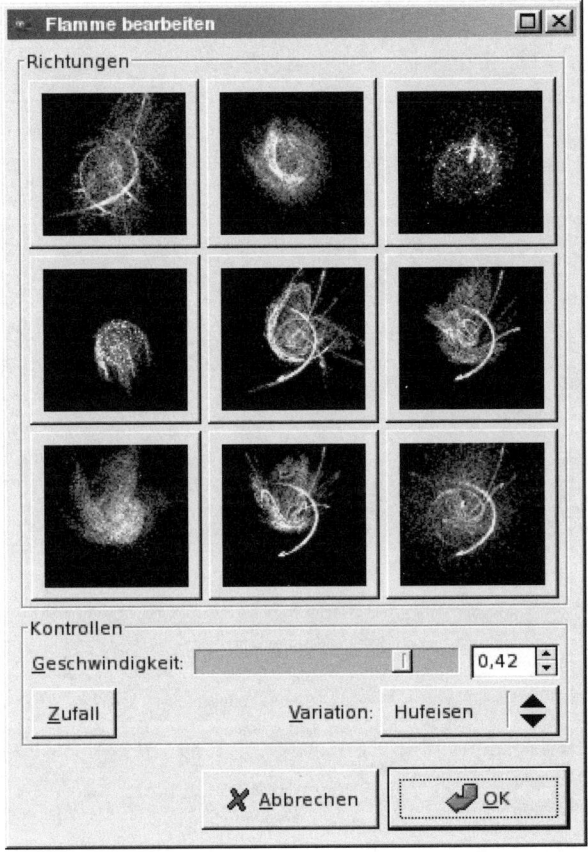

Abbildung 28.9
Die Dialogbox des Flamme-Filters. Hier legen Sie die Parameter der zu berechnenden Formen fest. Der untere Teil zeigt eine Voransicht und startet über die Schaltfläche Bearbeiten *eine weitere Box zur Vorausberechnung neuer Formen.*

(SECHSECKE) bzw. Achtecken und Quadraten (ACHTECKE & QUADRATE).

Oben links in der Dialogbox legen Sie allgemeine Optionen für das zu erzeugende Mosaik fest. Besonders interessant ist hier die Option VERTIEFUNGEN IN DER OBERFLÄCHE. Wenn diese gesetzt ist, sehen die Steinchen alt und ein wenig verwaschen aus. Damit macht diese Option das Resultat noch realistischer.

Im Bereich EINSTELLUNGEN steuern Sie mit KACHELGRÖSSE und KACHELHÖHE die Größe der Mosaikelemente und mit KACHELABSTAND den Abstand dazwischen. Besonders raffiniert wirken die letzten drei Parameter in diesem Bereich: KACHEL-ORDNUNG, RICHTUNG DER LICHTQUELLE sowie FARBVARIATION. Der zuerst genannte Parameter bestimmt, wie gleichmäßig die verwendeten Mosaiksteine sind, mit dem nächsten wird der Lichteinfall und damit der Schatten auf den Steinchen reguliert, während der zuletzt genannte Parameter bestimmt, wie groß die Farbunterschiede zwischen verschiedenen Steinchen sein

Abbildung 28.10
Mit dem Mosaik-Filter
bearbeitete Bilder
erscheinen wie aus
kleinen Steinchen
zusammengesetzt.
Form und Farbe
derselben lassen sich
hierbei nahezu beliebig
variieren (siehe
Farbtafeln).

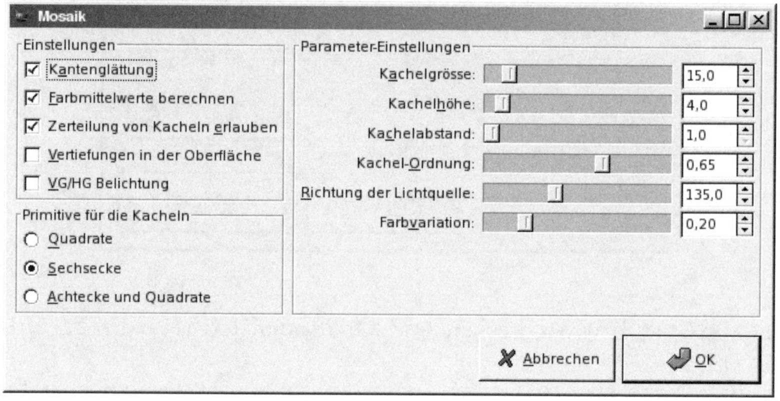

Abbildung 28.11
Die Dialogbox des
Mosaik-Filters

dürfen. Abb. 28.12 zeigt beispielhaft, welchen Effekt unterschiedliche Werte für die Parameter KACHEL-ORDNUNG und FARBVARIATION haben.

28.6   Der Gfig-Filter

Wie man mit GIMPs Zeichenwerkzeugen gerade Linien zieht, haben Sie in Kap. 9 erfahren (UMSCHALT-Taste sowie Werkzeug, ausgehend vom letzten gesetzten Punkt zeichnet eine Linie zum nächsten Punkt). Kniffeliger wird das Ganze, wenn Sie komplexere Figuren zeichnen möchten, beispielsweise einen Plan oder eine Zeichnung, die viele geometrische Objekte enthält. Auch hierfür bietet GIMP ein geeignetes Werkzeug,

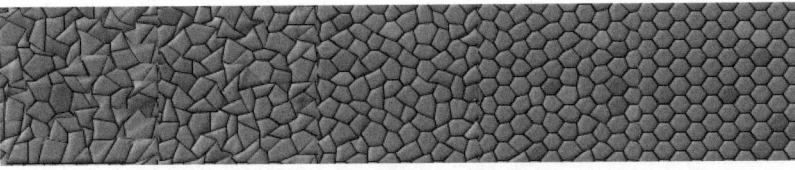

Variierender Parameter Kachel-Ordnung

Variierender Parameter Farbvariation

Abbildung 28.12
Hier sehen Sie, welchen
Effekt unterschiedliche
Werte der Parameter
Kachel-Ordnung *und*
Farbvariation *des*
Mosaik-*Filters haben.*
Von links nach rechts
werden die Werte für
beide Parameter
größer.

den GFIG-Filter. Dieser ist eigentlich ein eigenes kleines Programm für sich, was Sie erkennen, wenn Sie den Filter aufrufen und sich seine Dialogbox (Abb. 28.13) öffnet.

Bevor wir die einzelnen Elemente der Dialogbox im Einzelnen beschreiben, hier ein Überblick: Neben einem ins Auge springenden Einfügebereich, der das gezeichnete Objekt zeigt, besitzt die Box auf der linken Seite eine Leiste mit Schaltflächen, die den direkten Zugriff auf Zeichenobjekte sowie auf Werkzeuge zur Bearbeitung derselben gestattet. Der Bereich rechts neben der Voransicht besteht aus einem Mini-Dateimanager (OBJEKT), einem Bereich, mit dem Sie Optionen für das Hilfsgitter des GFIG-Filters steuern (HILFSLINIEN), sowie dem Bereich der eigentlichen Optionen mit den vier Registerkarten MALEN, PINSEL, AUSWAHL sowie EINSTELLUNGEN. Im Unterschied zu anderen Filtern verfügt der GFIG-Filter nicht über simple Schaltflächen zum Quittieren und Abbrechen, sondern über einige mehr, die im Einzelnen weiter unten beschrieben sind.

Objekte einfügen Das Einfügen von Objekten geschieht ganz einfach durch die Auswahl eines Objekttyps im linken Bereich der Dialogbox. Hier finden Sie alle Werkzeuge, um Objekte neu zu erstellen und zu bearbeiten. Welche Bedeutung die einzelnen Schaltflächen haben und welche Aufgaben mit diesen verbunden sind, erkennen Sie anhand der individuellen Beschriftungen oder aber in der Tab. 28.1. Neben Symbolen, mit deren Hilfe sich verschiedenartige Objekte einfügen lassen, finden Sie dort weitere Werkzeuge zum Löschen oder Verschieben von Objekten oder Objektteilen.

Objekte verwalten Wie oben schon erwähnt, verfügt der GFIG-Filter über einen kleinen internen Dateimanager, der die Verwaltung der bereits vorhandenen und neu erzeugten Objekte verwaltet. Diesen Manager finden Sie in der rechten oberen Ecke der Dialogbox im Bereich OBJEKT, er besteht aus einer Dateiansichtsliste, einem kleinen Vorschaufenster sowie mehreren Schaltflächen. In der Voransichtsliste zeigt der Filter die Namen der GFIG-Objekte, die in den Standardverzeichnissen zur Verfügung stehen. Sobald Sie eines dieser Objekte in der Liste ausgewählt haben, erhalten Sie in dem kleinen unterhalb der Beschriftung OBJEKT zu findenden Fenster eine Voransicht des Objektes. Sodann können Sie das Objekt bearbeiten (BEARBEITEN) oder in ein bestehendes Bild einfügen (VEREINEN).

Die Schaltflächen neben der Objektliste dienen der Dateiverwaltung in den Verzeichnissen, in denen Objekte des GFIG-Filters abgespeichert sind. Welche dies sind, erfahren Sie, wenn Sie auf AKTUALISIEREN drücken, denn dann öffnet sich eine Dialogbox, mit der Sie einen Suchvorgang nach GFIG-Objekten starten können. Anderswo abgespeicherte Objekte lassen sich mit ÖFFNEN abrufen. Ein in der Liste ausgewähltes Objekt lässt sich sowohl dort als auch auf Festplatte mit LÖSCHEN löschen. Ein ganz neues Objekt legen Sie mit der Schaltfläche NEU an. Das neu angelegte Objekt speichern Sie nach Abschluss Ihrer Arbeiten mithilfe der Schaltfläche SPEICHERN, die Sie nicht an der hier besprochenen Stelle der Dialogbox finden, sondern in der unteren Leiste.

Dort finden Sie weitere, wichtige Schaltflächen. SCHLIESSEN beendet Ihre Arbeiten mit dem GFIG-Filter und schließt die Dialogbox, ebenso wie ABBRECHEN. Mit der Schaltfläche MALEN übertragen Sie eine Zeichnung in das Bildfenster. Die Schaltfläche RÜCKGÄNGIG macht die zuletzt durchgeführte Aktion rückgängig. Wie bei der normalen Benutzung des Programms können Sie auch im Fenster des GFIG-Filter mehrere Aktionen rückgängig machen.

Malen In dieser Registerkarte legen Sie fest, wie die innerhalb der GFIG-Box erzeugten Objekte in das Bild übertragen werden sollen. In der Auswahl VERWENDE haben Sie einerseits die Möglichkeit, diese Objekte mit der aktuell ausgewählten Werkzeugspitze zeichnen zu lassen (PINSEL), die Objekte lediglich als Auswahl zu übertragen (AUSWAHL) oder sowohl Auswahl als auch Zeichnung in das Bild zu übernehmen (AUSWAHL+FÜLLEN). Im Bereich ZEICHNE AUF legen Sie fest, worauf der GFIG-Filter zeichnen soll. Sie haben die Auswahl, einerseits in die Bildebene zu zeichnen, von der aus Sie den Filter gestartet haben (ORIGINAL), oder aber in eine neue Bildebene zeichnen zu lassen (NEU). In beiden letztgenannten Fällen werden verschiedene Objekte

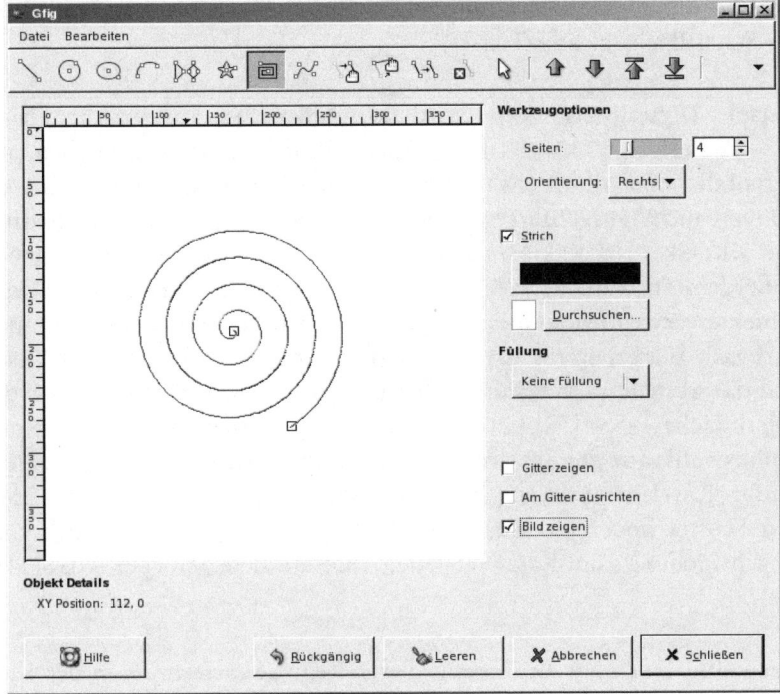

Abbildung 28.13
*Dies ist die
Hauptansicht des
gfig-Werkzeuges, mit
dem Sie vielfältige
Formen editieren und
in Ihr Bild einfügen
können.*

oder Objektteile in genau eine Ebene gezeichnet. Wählen Sie hingegen MEHRERE aus, so wird beim Zeichnen für jedes der in GFIG angelegten Objekte eine neue Bildebene angelegt.

Sobald Sie als Zeichenuntergrund NEU oder MEHRERE ausgewählt haben, besteht die Möglichkeit, im Auswahlfeld MIT HG VON den Hintergrund der Bildebene auszuwählen. Sie haben die Wahl zwischen einem transparenten Hintergrund (TRANSPARENT), einem Hintergrund in der im Farbauswahlfeld eingestellten Hintergrundfarbe (HINTERGRUND), einem weißen Hintergrund (WEISS) sowie einer Kopie der unter der eigentlichen Zeichenebene liegenden Bildebene (KOPIEREN). Die Option LINIE UMKEHREN zeichnet die eingefügten Linien bzw. Objekte, die sich aus Linien zusammensetzen, in umgekehrter Reihenfolge.

Welche Größe sollen die eingefügten Objekte haben? Dies können Sie GIMP einerseits automatisch bestimmen lassen, indem Sie die Schaltfläche AUF BILD SKALIEREN aktivieren oder aber – bei deaktivierter Schaltfläche – dies manuell regulieren mit dem Schieber daneben.

Mit der Schaltfläche KREISE UND ELLIPSEN ANNÄHERN bestimmen Sie, ob beim Zeichnen des Objektes verschiedene Werkzeuge (die Sie auf der im Folgenden beschriebenen Registerkarte auswählen können) verwendet werden können. Dies funktioniert übrigens *nur*, wenn die Schaltfläche aktiviert ist.

Pinsel   Diese Registerkarte wird aktiv, sobald Sie auf der Karte MALEN im Bereich VERWENDE die Option PINSEL ausgewählt haben, anderenfalls sind alle Auswahlmöglichkeiten hier grau gesetzt, d.h. sie können nicht ausgeführt werden. Sofern Sie zusätzlich die Schaltfläche KREISE UND ELLIPSEN ANNÄHERN aktiviert haben, können Sie außerdem auswählen, welches Werkzeug der Filter zum Zeichnen der Objekte verwenden soll. Zur Auswahl stehen der Pinsel (PINSEL), das Airbrush-Werkzeug (SPRÜHPISTOLE), der Zeichenstift (BLEISTIFT) sowie das aktuell ausgewählte Füllmuster (MUSTER). Wenn Sie hier die Schaltfläche PINSEL SETZEN betätigen, öffnet sich die Werkzeugspitzenauswahl, aus der Sie eine Spitze auswählen können. Sie haben stets im Blick, welche Spitze zur Zeit aktiv ist, denn diese wird in einem kleinen Fenster angezeigt. Zusätzlich lässt sich für die Spitzen noch eine Abschwächung zum Rand einstellen, dies mit dem Schieber AUSBLENDEN.

Auswahl   Auch zur Benutzung dieser Registerkarte muss in der Karte MALEN im Bereich VERWENDE eine Option ausgewählt sein, nämlich entweder AUSWAHL oder AUSWAHL+FÜLLEN. Ist dies der Fall, lassen sich für die Auswahlen, die mit dem GFIG-Filter realisiert werden, verschiedene Optionen realisieren. Neben einer Antialiasing-(KANTENGLÄTTUNG) sowie einer Weichzeichnungsoption (WEICHZEICHNEN) lässt sich voreinstellen, wie die Auswahl zu füllen ist: mit dem aktuell eingestellten Füllmuster MUSTER oder der im Farbauswähler eingestellten Vordergrund- (VORDERGRUND) bzw. Hintergrundfarbe (HINTERGRUND). Der Füllvorgang lässt sich im Feld FÜLLEN NACH stufenweise einstellen (JEDER AUSWAHL) oder nach Durchführung aller Auswahlen.

Wie bei Auswahlen üblich lässt sich der Auswahlkombinationsmodus vorwählen. Verwenden lässt sich die Summe (HINZUFÜGEN) der Auswahlen, ihre Differenz (SUBTRAHIEREN) oder ihre Schnittmenge (SCHNEIDEN). In einem weiteren Modus (ERSETZEN) ersetzt eine Auswahl die vorangegangene.

Einstellungen   Hier stellen Sie die allgemeinen Optionen des GFIG-Filters ein. Nahezu alle Optionen beziehen sich auf den Ansichtsmodus des Filters. Standardmäßig zeigt der Filter nur die mit ihm gezeichneten Objekte an, mit der Schaltfläche BILD ZEIGEN lässt sich auch das restliche Bild ins Ansichtsfenster laden. Die Ansicht eines veränderten Bildes lässt sich jederzeit mit der Schaltfläche BILD NEU LADEN aktualisieren. Mit GITTERTYP und GITTERFARBE lassen sich Art und Farbe des in der Voransicht verwendeten Hilfsgitters verändern. An Hilfsgittern finden Sie neben dem üblichen rechtwinkeligen Gitter (RECHTECK) noch ein radiales Gitter (POLAR) sowie eines, das aus gleichseitigen Dreiecken zusammengesetzt ist (ISOMETRISCH).

Schaltfläche	Befehl
	Eine Linie anlegen
	Einen Kreis anlegen
	Eine Ellipse anlegen
	Einen Kurvenzug anlegen
	Ein Polygon anlegen
	Einen Stern anlegen
	Eine Spirale zeichnen
	Eine Bezier-Kurve anlegen
	Das gesamte Objekt verschieben
	Einen einzelnen Punktes (innerhalb eines Objektes) verschieben
	Objekt kopieren
	Objekt löschen
	Einzelne Linienzüge eines Objektes anzeigen
Alle	Das gesamte Objekt anzeigen

Tabelle 28.1
Die Befehlsschaltflächen des Gfig-Filter-Plugins

28.7 Der Hilfslinien-Filter

Wenn Sie ein einfaches Linien-Gitter herstellen wollen, müssen Sie dies nicht mühsam mit GIMPs Zeichenwerkzeugen oder dem GFIG-Filter zeichnen, sondern können auf den HILFSLINIEN-Filter zugreifen, der Ihnen schnell und einfach ein solches Gitter zeichnet.

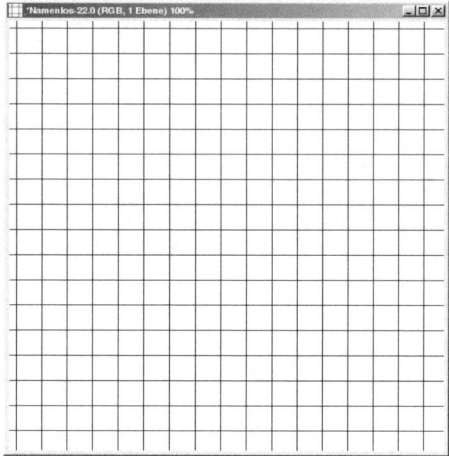

In der Dialogbox des HILFSLINIEN-Filters bestimmen Sie den Abstand in Bildpunkten zwischen den Gitterlinien (GRÖSSE) sowohl in horizontaler als auch in vertikaler Richtung sowie die Position (VERSATZ), an der im Bild das Gitter starten soll. Zusätzlich lässt sich die Linienfarbe einrichten.

28.8   Der IfsCompose-Filter

Der IFSCOMPOSE-Filter gehört zu den Filtern von GIMP, welche die Chaosforschung für Sie lebendig werden lassen, denn auch hiermit lassen sich fraktale Gebilde generieren. Mit diesem Filter lassen sich diese so erzeugen, dass im Resultat sehr komplexe und schön anzusehende Muster entstehen. Die Dialogbox des Filters (Abb. 28.16) besteht aus einem Bearbeitungsteil oben links, einer Voransicht (oben rechts) sowie zwei Registerkarten im unteren Teil dieser Box.

Wenn Sie den Filter starten, sehen Sie im Bearbeitungsfeld drei gleichseitige Dreiecke. Zur Bearbeitung müssen Sie die Maus in dieses Feld bewegen und mit gedrückter linker Maustaste die gewünschten Änderungen anbringen. Je nach (vor)gewählter Aktion lassen die Dreiecke sich bewegen (BEWEGEN), drehen und skalieren (ROTIEREN/SKALIEREN) bzw. dehnen (STRECKEN).

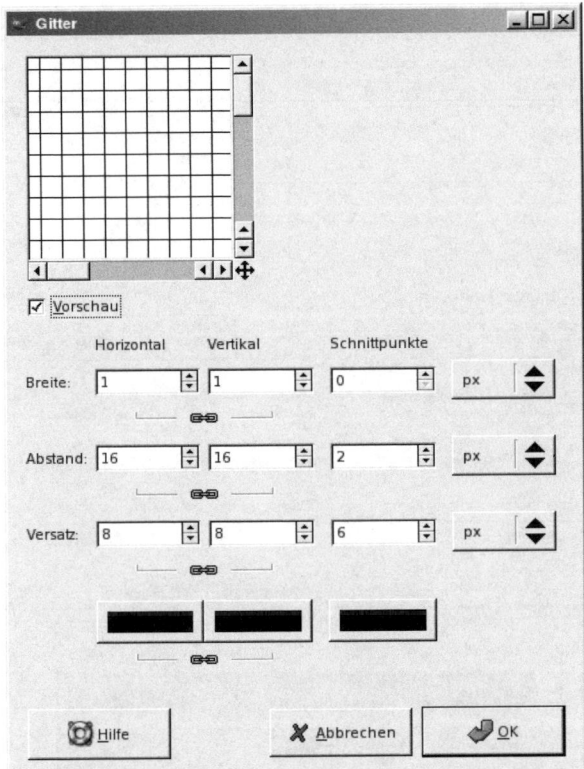

Abbildung 28.15
Die Dialogbox des
Hilfslinien-Filters. Hier
bestimmen Sie, wie
engmaschig das
Liniengitter angelegt
werden soll.

28.9 Der Puzzle-Filter

Wenn Sie schon immer gerne gepuzzelt haben, dann ist der PUZZLE-Filter genau der Richtige für Sie, denn mit ihm können Sie aus einem beliebigen Bild ein Puzzle erstellen. (Sie müssen es nur noch ausdrucken und die einzelnen Teile ausschneiden ;-)

In der Dialogbox des Filters legen Sie im Abschnitt ANZAHL DER TEILE als Erstes fest, aus wie vielen Teilen das Puzzle in horizontaler und in vertikaler Richtung bestehen soll. Im Bereich RUNDE ECKEN bestimmen Sie, wie erhaben die einzelnen Teile Ihres Puzzles sein sollen (RUNDUNG BREITE) und ob die einzelnen Teile einen kleinen Schimmer zeigen sollen (GLANZLICHT).

Dies ähnelt dann richtigen Puzzleteilen, die ja zumeist an einer Ecke – je nach Beschichtung und Beleuchtung – ein wenig das einstrahlende Licht reflektieren. Experimentieren Sie etwas mit den beiden Parametern und finden Sie die Einstellung, die am authentischsten aussieht (und Ihren Geschmack trifft).

Abbildung 28.16
In der Dialogbox des IfsCompose-Filters lassen sich Ausrichtung und Position der fraktalen Elemente festlegen.

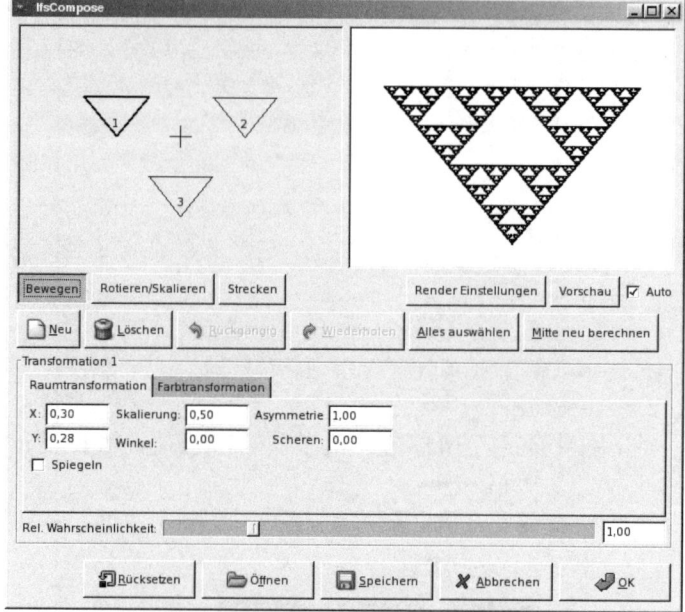

Abbildung 28.17
Zusätzliche Optionen des IfsCompose-Filters gestatten einen Zugriff auf den fraktalen Prozess des Filters.

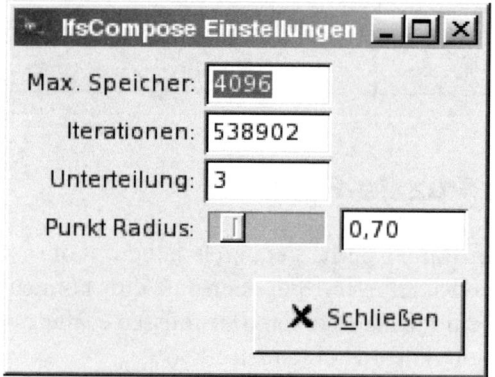

28.10 Der Labyrinth-Filter

Wenn Sie ein Freund kniffliger Labyrinth-Spiele sind, so werden Sie am LABYRINTH-Filter Ihre Freude haben, denn mit diesem erzeugen Sie zukünftig Ihre eigenen Labyrinth-Felder.

In der Dialogbox des LABYRINTH-Filters legen Sie Höhe (HÖHE) und Breite (BREITE) sowie die Anzahl der einzelnen Labyrinth-Elemente (STÜCKE) sowohl in der Höhe und in der Breite fest. Je größer die Anzahl, desto komplexer wird das Labyrinth. Mit der Schaltfläche NAHTLOS erzeugen Sie ein Labyrinth, das an den Rändern so ange-

Abbildung 28.18
Solche fraktalen
Gebilde lassen sich mit
GIMPs
IfsCompose-*Filter*
erzeugen.

Abbildung 28.19
Der Puzzle-*Filter*
erzeugt aus Ihrem Bild
schnell und einfach ein
Puzzle.

passt ist, dass man es als Hintergrund-Kachel z.B. einer Website oder auch des Desktops verwenden kann.

Im unteren Teil STIL der Dialogbox haben Sie die Möglichkeit, den Algorithmus, den GIMP zur Labyrinth-Erzeugung verwendet, auszuwählen zwischen TIEFE ZUERST und PRIM'SCHER ALGORITHMUS.

Abbildung 28.20
*In der Dialogbox des
Puzzle-Filters legen Sie
die Anzahl der
Puzzleteile fest, aber
auch den Grad der
Abrundung eines
einzelnen Teiles an
seinem Rand.*

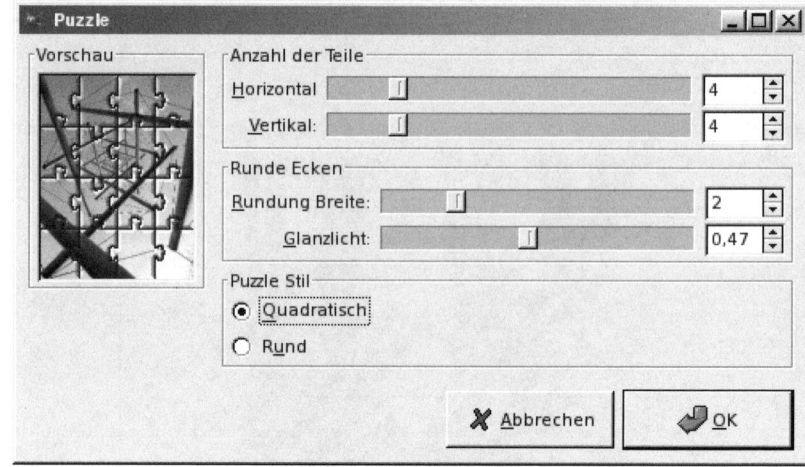

Abbildung 28.21
*Mit dem
Labyrinth-Filter
erzeugen Sie in Ihrem
Bild ein Labyrinth.*

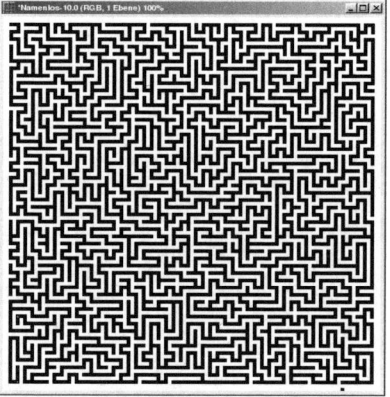

28.11 Der Plasma-Filter

Auch diffuse Wolken lassen sich mit GIMP produzieren. Die mit dem
PLASMA-Filter erzeugten Bilder gleichen den filigranen und ausgedehnten Wolken interstellaren Gases und Staubs, wie man sie mit Radioteleskopen und Infrarot-Satelliten beobachtet.

Anders hingegen als in der Natur erlaubt GIMP es Ihnen, die Verteilung und die Parameter Ihrer Gas- bzw. Plasmawolke selbst festzulegen. In der Dialogbox des PLASMA-Filters (Abb. 28.24) bestimmen Sie, wie turbulent das resultierende Ergebnis aussehen soll (TURBULENZ), d.h. wie viel Wolkenstruktur im Bild sichtbar sein soll. Analog zu den meisten anderen zufallsbasierten Filtern können Sie auch hier einen individuellen Startwert (ZUFALLSSAAT) vorgeben.

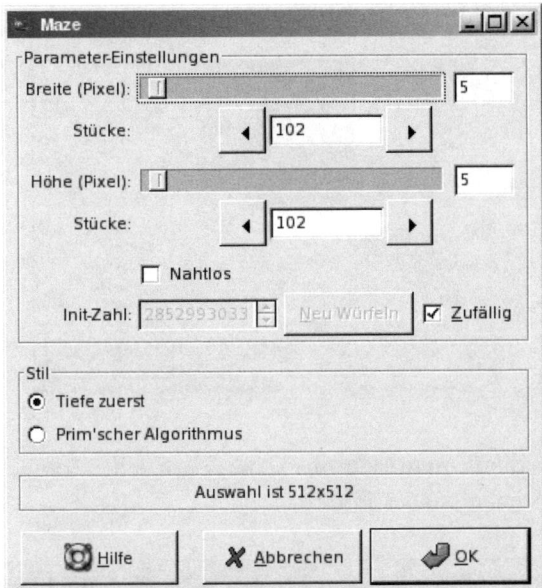

Abbildung 28.22
Die Dialogbox des
Labyrinth-*Filters*

Abbildung 28.23
Mit dem Plasma-*Filter*
erzeugen Sie diffuse
Wolken, die sich gut
für Bildhintergründe
eignen.

28.12 Der QBist-Filter

Der QBIST-Filter verwendet einen fraktalen Algorithmus zur Generierung von Bildern. Wie die meisten anderen in diesem Kapitel vorgestellten Filter auch, erzeugt der QBIST-Filter Bilder, die interessant aussehen

Abbildung 28.24
*Die Dialogbox des
Plasma-Filters*

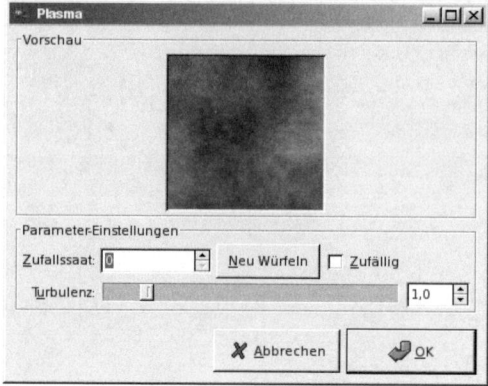

und deren Ästhetik man sich nur schwer entziehen kann. Abb. 28.25
zeigt einige Ergebnisse des Filters.

Abbildung 28.25
Der Qbist-*Filter
verwendet einen
fraktalen Algorithmus
zur Erzeugung von
Bildern.*

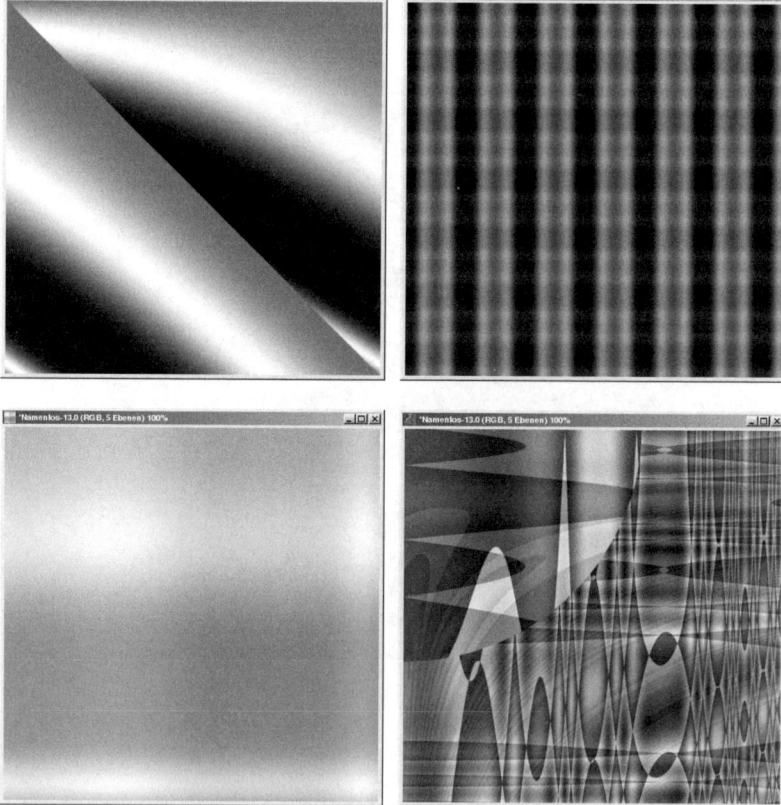

Die Dialogbox (Abb. 28.26) erlaubt nicht die Vorgabe von Parametern, sondern gestattet es Ihnen, aus insgesamt neun vorausberechneten Bildern eines durch Mausklick auszuwählen. Dieser Mausklick startet gleichzeitig die Berechnung neuer Bilder. Ein einmal berechnetes Bild lässt sich mit der Schaltfläche SPEICHERN abspeichern und zu einem späteren Zeitpunkt mittels ÖFFNEN wieder aufrufen.

Abbildung 28.26
In der Dialogbox des Qbist-Filters sehen Sie vorausberechnete Bilder. Der Mausklick auf eines dieser Bilder wählt es aus und startet gleichzeitig die Neu-Berechnung.

28.13 Der Sinus-Filter

Mit dem SINUS-Filter bringen Sie Bilder auf den Bildschirm, die lediglich aus zwei Farben bestehen, aber durch bezaubernde »psychedelische« Muster überzeugen. Abb. 28.27 zeigt, wie ein solches Bild aussieht.

In der Dialogbox des SINUS-Filters legen Sie die Komplexität des zu berechnenden Bildes fest. Diese ist nicht nur abhängig vom Parameter KOMPLEXITÄT, die Vielfalt eines mit diesem Filter produzierten Bildes hängt auch von den Parametern X-SKALIERUNG und Y-SKALIERUNG ab, denn diese bestimmen, in welchem Maße das Muster in der jeweiligen Koordinate gestaucht ist (ein größerer Wert bedeutet größere Stauchung und damit ein komplexeres Aussehen). Auch hier haben Sie die Möglichkeit, mithilfe des Parameters KACHELUNG ERZWINGEN Bilder zu erzeugen, die sich als Hintergrundkacheln verwenden lassen.

Abbildung 28.27
Solch ein Bild entsteht,
wenn Sie den
Sinus-Filter verwenden.

Abbildung 28.28
In der Dialogbox des
Sinus-Filters legen Sie
die Komplexität der zu
berechnenden Gebilde
fest, welche Farben der
Filter verwenden und
wie der Übergang
zwischen diesen
Farben aussehen soll.

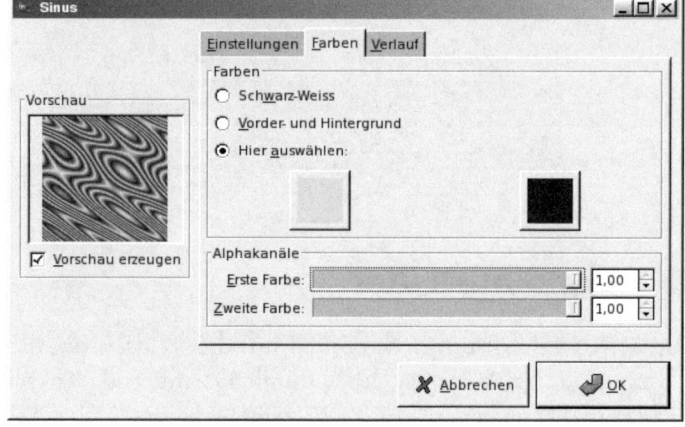

In der Karte FARBEN bestimmen Sie, welche Farben der Filter verwenden soll. Hier haben Sie die Auswahl zwischen Schwarz und Weiß (SCHWARZ-WEISS), der im Farbauswähler eingestellten Vordergrund- und Hintergrundfarbe (VORDER- UND HINTERGRUND) sowie freier Wahl (HIER AUSWÄHLEN). Einen interessanten Effekt erreichen Sie auch, wenn das zu bearbeitende Bild einen Alphakanal besitzt, denn dann lässt sich im Bereich ALPHAKANÄLE die Transparenz der ersten Farbe (ERSTE FARBE) und der zweiten Farbe (ZWEITE FARBE) einstellen.

In der Karte VERLAUF legen Sie fest, wie die verwendeten Farben ineinander übergehen sollen, wobei Sie als Verlaufsform die Wahl haben zwischen einem linearen (LINEAR), bilinearen (BILINEAR) oder einem sinusförmigen (SINUSFÖRMIG) Verlauf.

28.14 Der Plastisches Rauschen-Filter

Mit dem PLASTISCHES RAUSCHEN-Filter füllen Sie Ihr Bild mit Rausch-Strukturen in Schwarz und Weiß, die, ähnlich wie schon die Gebilde des in Kap. 28.11 beschriebenen PLASMA-Filters, der Verteilung des interstellaren Gases sehr ähnlich sind (mittlerweile können Sie erahnen, welch ein schwieriges Geschäft die Radioastronomie sein muss, da das meiste, was man dort sieht, Rauschen ist).

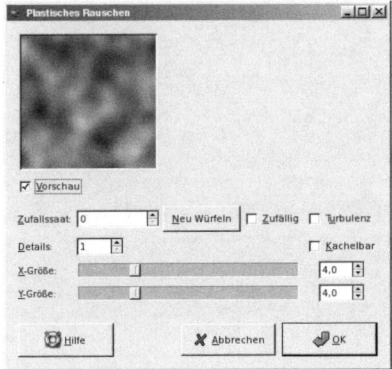

Abbildung 28.29
In der Dialogbox des Plastisches Rauschen-Filters legen Sie die Größe der Rausch-Strukturen fest und wie detailliert diese sein sollen.

In der Dialogbox des PLASTISCHES RAUSCHEN-Filters stellen Sie neben der üblichen Startwert-Vorgabe (ZUFALLSSAAT) die Größe der Rauschzellen ein (X-GRÖSSE und Y-GRÖSSE) und wie groß die diffuse Verteilung sein soll (DETAILS). Je größer dieser Wert ist, desto diffuser wird die Verteilung und desto mehr ähnelt das Ergebnis dieses Filters übrigens dem des PLASMA-Filters.

Abbildung 28.30
Der Plastisches
Rauschen-*Filter füllt*
Ihr Bild mit
Rauschstrukturen.

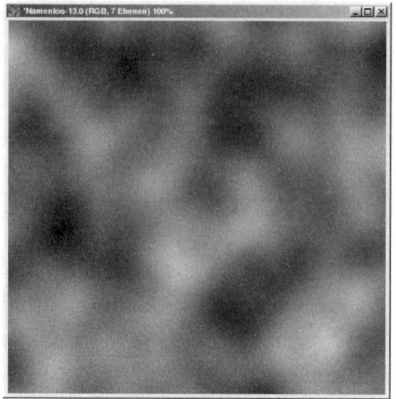

Teil VI

Script-Fu und Plugins

29 Script-Fu-Effekte

In den vergangenen Kapiteln haben Sie oftmals festgestellt, dass GIMP sehr flexible Werkzeuge und mächtige Filter bereithält, dass diese allerdings erst in der Kombination richtig wirkungsvoll zur Geltung kommen und ein professionelles Ergebnis erzeugen.

Damit man den kombinierten Einsatz von Werkzeugen und Filtern nicht immer mühsam per Hand eingeben muss, lässt dieser sich glücklicherweise automatisieren. GIMP stellt hierzu ein Interface zur Verfügung, mit dessen Hilfe sich das Programm und seine Plugins über verschiedene Skriptsprachen steuern und automatisieren lassen.

Mittlerweile gibt es eine große Anzahl bereits umgesetzter Skripte, die Sie sowohl im Bildmenü SCRIPT-FU als auch in der Werkzeugpalette des Programms unter XTNS → SCRIPT-FU finden. Mithilfe dieser Effekte lassen sich verschiedenartige Aufgaben vereinfachen: das Erstellen von Animationen, die Umsetzung dekorativer Effekte zur Verschönerung von Texten und Bildern bis hin zur Umsetzung kompletter Web-Themen inklusive aller Texteffekte, Schaltflächen und Hintergründe. Im Folgenden stellen wir einige ausgewählte *Script-Fu*-Effekte vor.

Script-Fu Troubleshooting   Die meisten Anmerkungen zum Troubleshooting von Filtern treffen auch auf den Gebrauch von *Script-Fu*-Skripts zu. Achten Sie also z.B. bei etwaigen Fehlermeldungen stets darauf, auch die richtige Bildebene aktiviert zu haben.

29.1   Animations-Skripte

»Bewegte Bilder« für Ihre Website erzeugen Sie mit GIMP-Animationsskripten, die Sie im Menü SCRIPT-FU → ANIMATORS finden. Die Einzelbilder einer Animation nennt man »Frames«, weswegen wir im Folgenden auch diese Namensgebung verwenden wollen. Als Resultat der später vorgestellten Skripte erhalten Sie stets eine Bilddatei, in der die unterschiedlichen Frames der Animation in verschiedenen Bildebenen vorliegen. Dadurch können die Frames leicht angeschaut und bearbeitet werden. Zugriff auf diese erhalten Sie über die Registerkarte EBENEN

der in Kap. 12.2 vorgestellten Ebenen-Dialogbox (die Sie im Bildmenü über DIALOGE → EBENEN oder mit dem Tastaturkürzel STRG+L
aufrufen).

Die Animation selbst lässt sich mit GIMPs Animations-Viewer betrachten. Diesen finden Sie im Filtermenü, unter FILTER → ANIMATI-
ON → ANIMATION ABSPIELEN. Alle Ebeneninformationen bleiben erhalten, wenn Sie die Animationsgrafik in GIMPs eigenem XCF-Format
abspeichern. Wollen Sie hingegen die erstellte Animation direkt im Web
benutzen, so müssen Sie diese als GIF-Datei abspeichern.

Überblenden   Dieses Skript berechnet, ausgehend von vorgegebenen
Bildebenen, Übergangsbilder zwischen diesen Ebenen. Im Resultat wird
in der Animation dann von einem Bild zum nächsten übergeblendet,
genau so, wie Sie dies sicherlich in Werbebannern schon einmal gesehen oder – offline – mit einem Diaprojektor bewundert haben. Grund-
lage der in Abb. 29.1 gezeigten Animation waren drei Bildebenen,
die das ÜBERBLENDEN-Skript um insgesamt sechs Zwischenebenen ergänzt hat.

Abbildung 29.1
Mit dem
Überblenden-Skript
erzeugen Sie animierte
Grafiken, in denen
sanft zwischen
einzelnen Bildern
übergeblendet wird.

In der Dialogbox zu diesem Skript (Abb. 29.2) bestimmen Sie
mit dem Parameter ZWISCHENBILDER, wie viele Bildebenen GIMP jeweils zwischen die ursprünglichen Ebenen legen soll. Je größer die Anzahl dieser Zwischenebenen, desto stufenloser lässt sich der Überblend-
Effekt gestalten. Sie sollten im Web allerdings nicht allzu viele Ebenen
einsetzen, denn dies verlängert die Ladezeit und trübt den Besuchern
Ihrer Website damit den Genuss der Animation.

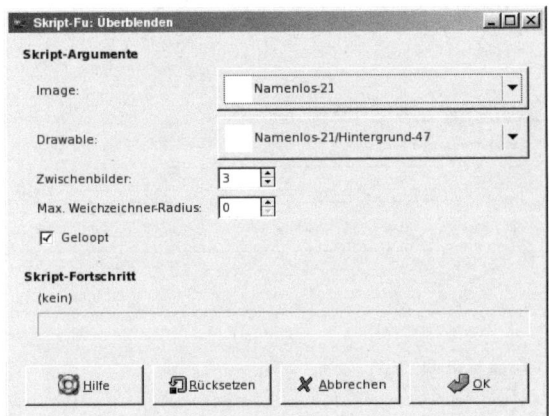

Abbildung 29.2
Die Dialogbox des
Überblenden-
Animationsskriptes

Mit dem Parameter MAX. WEICHZEICHNER-RADIUS legen Sie fest, wie stark in den Übergangsebenen weichgezeichnet werden soll. Ein größerer Wert für diesen Parameter führt zu einem weicheren Übergang zwischen den einzelnen Bildebenen.

29.2 Allerlei Dekoratives

Rand abschrägen   Wenn Sie Objekte oder Texte aus der Ebene eines Bildes ein wenig herausheben und diesen eine scheinbare dreidimensionale Erhabenheit geben wollen, dann sollten Sie das Skript ADD BEVEL ausprobieren.

Abbildung 29.3
Mit dem Skript Rand abschrägen *bekommen Texte und Gegenstände eine dreidimensionale Erhabenheit.*

Besonders wirkungsvoll erweist sich das RAND ABSCHRÄGEN-Skript, wenn es auf Texte angewendet wird oder auf Objekte, die Sie mit dem GFIG-Filter erstellt haben. Abb. 29.3 zeigt dies anhand zweier Beispiele.

Abbildung 29.4
Die Dialogbox des
Rand
abschrägen-Skriptes

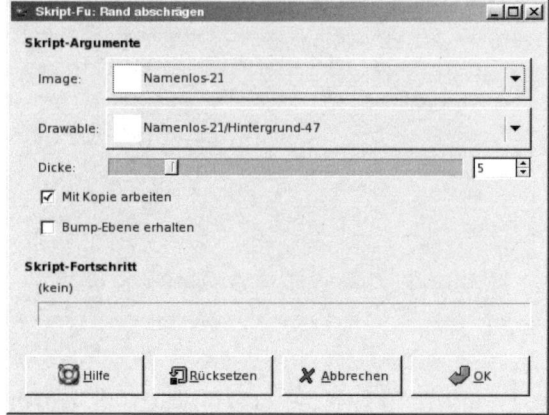

Neben den üblichen Skript-Schaltflächen finden Sie in der Dialogbox (Abb. 29.4) dieses Skriptes den Parameter DICKE, mit dem Sie die Ausprägung und Stärke der Erhabenheit bestimmen.

Platine Einen Effekt, der Ihnen ein Bild liefert, das einem elektronischen Schaltplan bzw. einer Platine ähnelt, stellt Ihnen GIMP mit dem PLATINE-Skript zur Verfügung. Der wichtigste Parameter der in Abb. 29.6 gezeigten PLATINE-Dialogbox ist ÖLGEMÄLDE MASKEN-GRÖSSE. Mit diesem bestimmen Sie, wie viel Struktur auf Ihrer »Leiterplatte« zu sehen sein soll.

Experimentieren Sie ein wenig mit diesem Parameter: Je kleiner der Wert ist, desto weniger Windungen sind zu sehen und desto mehr gleicht das Bild einem abstrakten Kunstwerk. Wählen Sie hingegen einen größeren Wert für ÖLGEMÄLDE MASKEN-GRÖSSE, desto technischer sieht das Ergebnis aus, wie ein Beispiel in Abb. 29.5 zeigt.

Wie bei allen Filtern und Skripten, die (mehr oder weniger) zufallsgesteuert arbeiten, können Sie auch hier einen Startparameter für den Algorithmus angeben (CIRCUIT INIT-ZAHL).

Predator »The Predator« ist einer der spannenderen und besseren Filme mit der »steierischen Eiche« Arnold Schwarzenegger. Der Film spielt im südamerikanischen Dschungel und handelt von der Jagd eines Söldnerkommandos nach einem notgelandeten Alien (oder war es umgekehrt?). Die beeindruckendsten Szenen des Filmes zeigen die Umwelt und die menschlichen Verfolger aus der Sichtweise des Außerirdischen, dessen Sinnesorgane eine gänzlich andere Farbwahrnehmung besitzen, die sich erheblich von der des menschlichen Sehsinnes unterscheidet.

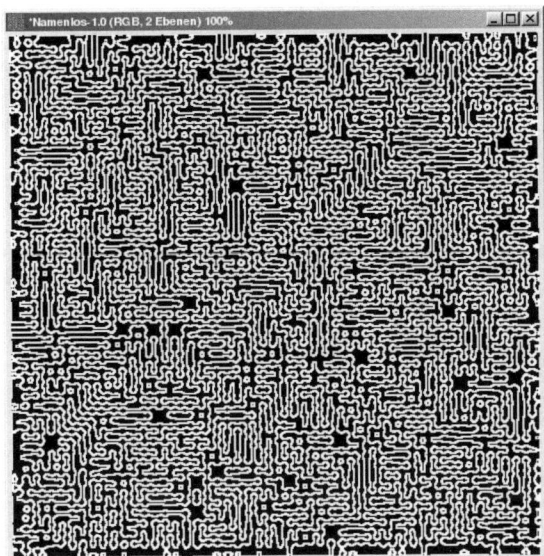

Abbildung 29.5
*Ein solch
»Platinen«-ähnliches
Bild erzeugen Sie mit
dem* Platine-*Skript.*

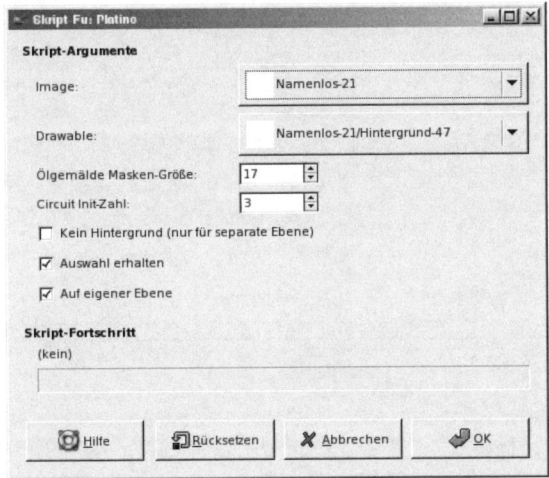

Abbildung 29.6
Die Dialogbox des
Platine-*Skripts*

Das PREDATOR-Skript liefert ein Bild (Abb. 29.7), das der Sicht- und Wahrnehmungsweise jenes Film-Aliens sehr ähnelt. Hierzu kombiniert das Skript GIMPs Kontur- und Farbfilter.

Die wichtigsten Parameter in der Dialogbox zu diesem Skript (Abb. 29.8) sind EINFLUSS DER KANTEN, mit dem Sie bestimmen, wie viele Konturen im Bild berücksichtigt werden sollen (je größer der Wert, desto weniger Konturen gehen in das resultierende Bild ein). Mit STÄRKE DES PIXELEFFEKTS legen Sie fest, wie »grob« die Strukturen im Resultat gezeichnet werden. Wählen Sie einen großen Wert für diesen Pa-

Abbildung 29.7
Das Predator-*Skript
simuliert die Sichtweise
und
Farbwahrnehmung des
Außerirdischen im
gleichnamigen Film
mit Arnold
Schwarzenegger.*

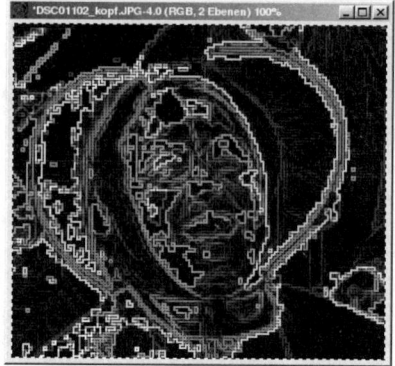

rameter, so erzeugt GIMP ein Bild, das aus lauter kleinen Quadraten besteht.

Abbildung 29.8
Die Dialogbox des
Predator-*Skriptes*

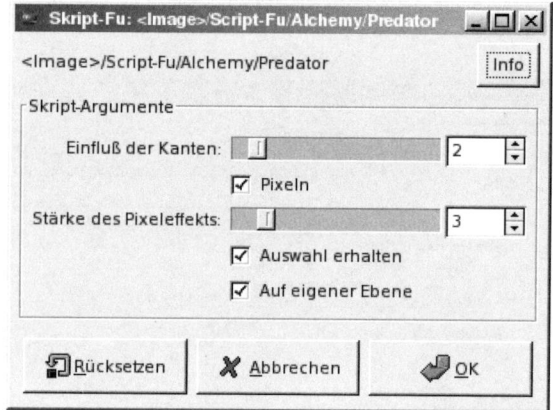

Altes Foto Mögen Sie die alten Bilder aus der Zeit unserer Urgroßeltern? Die Kameras, die man um 1900 herum benutzte, erzeugten aufgrund schlechter Optiken Bilder, die zum Rand hin verzeichnet waren und unscharf wurden. Dies ist auf allen Bildern aus dieser Zeit – insbesondere aber auf Portraitaufnahmen – deutlich zu erkennen.

Einen ähnlich nostalgischen Effekt erhalten Sie, wenn Sie das Skript ALTES FOTO verwenden. Es simuliert die beiden oben beschriebenen Bildfehler, indem es ein Bild zum Rand hin weichzeichnet und diffus auslaufen lässt und zudem das Bild mit einem sanften Sepia-Farbton versieht.

Wenn Sie das Skript starten, sind alle Optionen der in Abb. 29.10 gezeigten Dialogbox aktiv. Sie erzeugen in der Summe ein Bild, das so aussieht wie das in Abb. 29.9 gezeigte Beispiel. In der Dialogbox las-

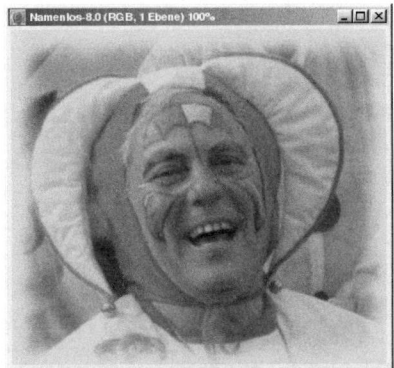

Abbildung 29.9
Das Altes Foto-*Skript
lässt Bilder so
aussehen, als wären sie
vor hundert Jahren
aufgenommen.*

sen sich einzelne Optionen deaktivieren, beispielsweise die Farbgebung, indem Sie den Parameter SEPIA deaktivieren, die Weichzeichnung, indem Sie den Parameter UNSCHARF STELLEN deaktivieren usw. Wollen Sie sich verschiedene Ergebnisse dieses Skriptes im Vergleich ansehen, so sollten Sie die Schaltfläche MIT KOPIE ARBEITEN aktiviert lassen, denn dann ist gewährleistet, dass jedes Aufrufen des Skriptes ein neues Bildfenster anlegt, das sich als separate Datei abspeichern lässt.

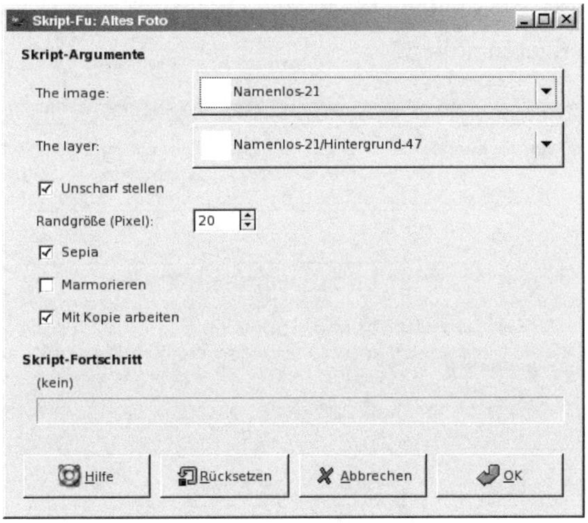

Abbildung 29.10
Die Dialogbox des
Altes Foto-*Effektes*

Kaffeeflecken Haben Sie schon einmal eine Tee- oder Kaffeetasse auf Unterlagen abgestellt und sich danach über Flecken oder Ränder geärgert, die Sie durch Ihre Unachtsamkeit auf Ihren Dokumenten erzeugt haben? Wenn Sie diesen Effekt einmal absichtlich erreichen wollen, kann zukünftig die Kaffeemaschine ausgeschaltet bleiben, denn das KAFFEEFLECKEN-Skript verleiht Ihren Abbildungen die richtige

»Büro-Authentizität«. Das Resultat dieses digital hervorgerufenen Ungeschicks zeigt Abb. 29.11.

Abbildung 29.11
*Mit dem
Kaffeeflecken-Skript
bringen Sie
(Kaffee-)Flecken auf Ihr
Bild.*

In der Dialogbox zu diesem Skript (Abb. 29.12) stellen Sie mit dem Parameter FLECKEN lediglich ein, wie viele Kaffeeflecken das resultierende Bild verzieren sollen.

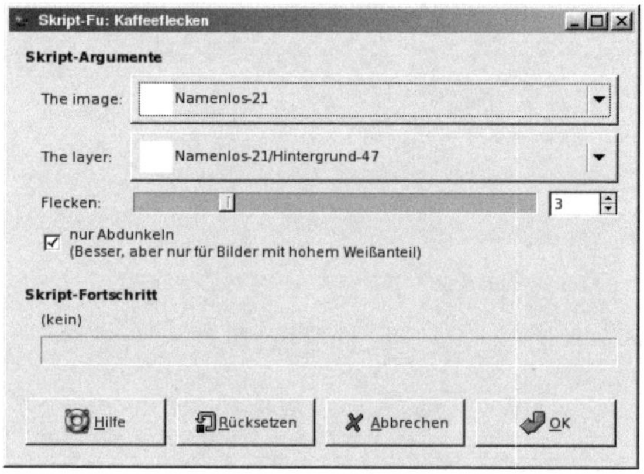

Abbildung 29.12
*Die Dialogbox des
Kaffeeflecken-Skriptes*

Lava   Mit dem LAVA-Skript lassen sich sehr eindrucksvolle Bilder produzieren, die hervorragende Füllmuster abgeben oder – als Kachel – sich sehr gut als Desktop-Hintergrund einsetzen lassen. Abb. 29.13 zeigt eine mit diesem Skript erzeugte Struktur.

Der Parameter GRÖSSE in der Dialogbox dieses Skripts (Abb. 29.14) legt die Größe der Lavastrukturen fest, während der Pa-

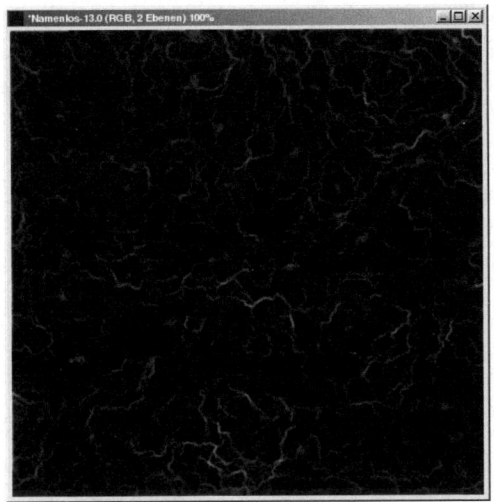

rameter GROBHEIT bestimmt, wie viele Lava-Strukturen *insgesamt* im resultierenden Bild zu sehen sind. Je größer der letztgenannte Wert, desto weniger Struktur erhält das resultierende Bild. Mit dem Parameter FARBVERLAUF bestimmen Sie, welchen Verlauf GIMP verwenden soll, um die Lava-ähnlichen Strukturen einzufärben. Praktisch ist in diesem Zusammenhang auch die Einstellung AKTUELLEN FARBVERLAUF BENUTZEN, denn dann müssen Sie die Verläufe nicht manuell im soeben erwähnten Feld auswählen, sondern steuern bequem über die Verlaufsauswahlbox, die Sie mit DATEI → DIALOGE → FARBVERLÄUFE erreichen, welcher Verlauf verwendet werden soll.

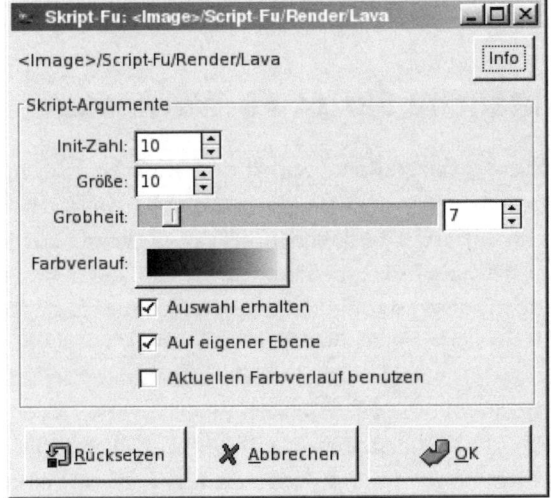

Abbildung 29.14
Die Dialogbox des Lava-Skriptes

Runde Ecken   Das RUNDE ECKEN-Skript rundet die Ecken Ihres Bildes ab und versieht das Ganze obendrein mit einem Schatten; auf einer Website eingesetzt, wird damit das Bild zu einem besonderen Blickfang.

Abbildung 29.15
Das Runde
Ecken-*Skript versieht*
ein Bild mit runden
Ecken und setzt
zusätzlich noch einen
Schatten unter das
Bild.

In der Dialogbox zu diesem Skript (Abb. 29.16) bestimmen Sie mit dem Parameter ECKENRADIUS, wie groß (in Bildpunkten) die Abrundungen sein sollen. Wenn Sie einen Schatten wünschen – hierzu muss der Schalter SCHLAGSCHATTEN HINZUFÜGEN aktiviert sein –, können Sie mit SCHATTEN VERSATZ X und SCHATTEN VERSATZ Y die Größe des Schattens bestimmen und mit RADIUS DES WEICHZEICHNERS die Ausdehnung seines diffusen Teils.

29.3   Nützliche Skript-Fu-Werkzeuge

Ebenenstrukturen darstellen   Selbst die Grafikbearbeitungs-Novizen unter Ihnen werden sehr schnell die in Kap. 12 ausführlich vorgestellten und dort diskutierten Bildebenen bei der täglichen Arbeit benutzen. Je öfter Sie auf dieses Instrument der professionellen Bildverarbeitung zugreifen werden, desto häufiger wird es vorkommen, dass Sie umfangreiche Bilddateien mit vielen Bildebenen anlegen. Dies z.B. dann, wenn Sie Bilder mit vielen verschiedenen Textelementen erstellen oder Bilder, in denen Sie ausgiebig die Möglichkeit nutzen, verschiedene Ebenen zu kombinieren. Oder Sie arbeiten mit Bildern, in denen Sie viel ausprobiert und getestet haben und in denen Sie aus Bequemlichkeit versäumt haben, nicht mehr benötigte Ebenen zu löschen.

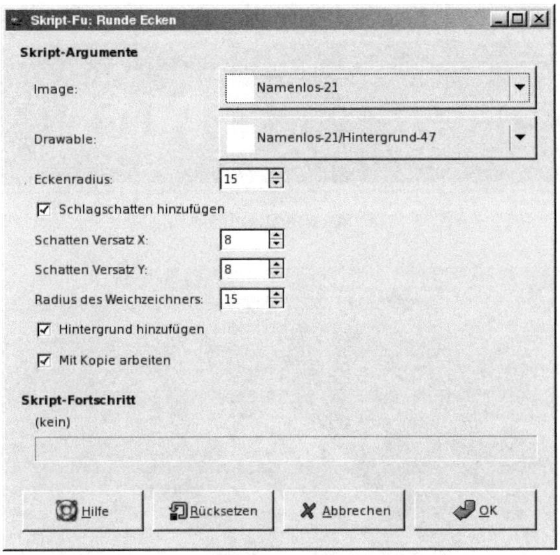

Abbildung 29.16
Die Dialogbox des
Runde Ecken-*Skriptes*

Die in Kap. 12 vorgestellte Ebenen-Dialogbox sowie eindeutig be-
nannte Bildebenen helfen vermutlich sehr, wenn es darum geht, sich in
Bilddateien mit vielen Ebenen zu orientieren. Sehr hilfreich ist in diesem Zusammenhang auch das Skript BILDAUFBAU DARSTELLEN. Dieses zeigt Ihnen in einer perspektivischen Ansicht, wie sich die einzelnen
Ebenen eines Bildes zusammensetzen. Abb. 29.17 enthält ein Beispiel-
bild, das aus einem Bildhintergrund sowie mehreren Textebenen besteht. Zusätzlich zeigt die Abbildung eine Grafik, die mit dem hier vorgestellten Skript erstellt wurde und die die Struktur der verschiedenen
Bildebenen visualisiert.

Farbstrukturen darstellen Auch das DRAW HSV GRAPH-Skript unterstützt Ihre Orientierung und erleichtert den Umgang mit Bilddateien.
Anders als das oben genannte Skript hingegen analysiert dieses Skript
die Farbverteilung eines Bildes. Hieraus erzeugt es dann eine Ansicht,
die Ihnen die Verteilung der einzelnen Komponenten sowohl im HSV-
als auch im RGB-Modell veranschaulicht. Abb. 29.19 zeigt Ihnen als
Resultat einer solchen Analyse die Gesamtansicht der Farben eines Bildes.

Entlang eines Farbkeiles stellt eine Kurve die Anteile der jeweiligen
Farbe im Ausgangsbild dar. Das Skript DRAW HSV GRAPH legt übrigens zwei Bildebenen an. In der ersten Ebene ist die Verteilung nach
den Farben des HSV-Modelles angegeben, während die zweite Ebene
die Verteilung der RGB-Komponenten darstellt. Mehr zu diesen beiden
Farbmodellen finden Sie in Kap. 13.1.

Abbildung 29.17
Mit dem Skript
Bildaufbau darstellen
lässt sich der Aufbau
einer aus mehreren
Bildebenen
bestehenden Datei gut
visualisieren.

Ausgangsbild

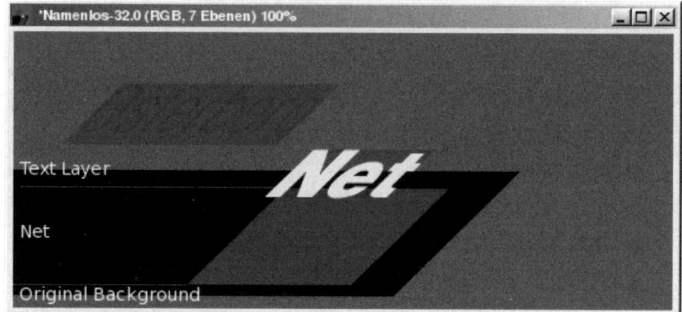

Visualisierung der Ebenenstruktur

Abbildung 29.18
Die Dialogbox des
Bildaufbau
darstellen-*Skriptes*

29.4   Schatten-Effekte

Dass GIMPs Schatteneffekte, insbesondere der im Folgenden vorgestellte Schlagschatten, zur Aufwertung eines Bildes wesentlich beitragen

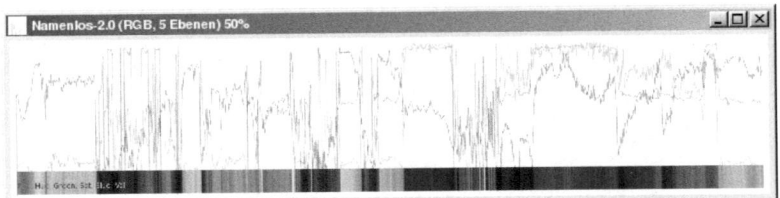

Abbildung 29.19
Das Draw HSV
Graph-*Skript erzeugt*
einen synoptischen
Blick auf die Verteilung
der Farben in einem
Bild.

können, haben Sie vermutlich schon daran gemerkt, dass dieser Effekt in vielen Beispielen und insbesondere in vielen der »So geht's«-Tutorials zum Einsatz kommt.

Schlagschatten GIMPs Schlagschatten ist ein sehr hilfreicher Effekt, mit dem man eine Grafik oder ein bestimmtes Grafik-Element schnell aufwerten kann. Sie finden diesen Effekt im Menü SCRIPT-FU → SHA-DOW → DROP SHADOW.

Abbildung 29.20
Der
Schlagschatten-*Effekt*
eignet sich
hervorragend für
Textveränderungen
verschiedenster Art.

Wichtige Elemente in der Dialogbox dieses Skripts, die Sie in Abb. 29.21 sehen, sind neben dem Versatz in X- und in Y-Richtung (VERSATZ X bzw. VERSATZ Y) die Größe, mit welcher der Schatten verschmiert wird (RADIUS DES WEICHZEICHNERS), sowie die Deckkraft des Schattens (DECKKRAFT). Wenn Sie einen harten und prägnanten Schatten wünschen, sollten Sie einen kleinen RADIUS DES WEICHZEICHNERS-Wert und eine große Deckkraft einstellen. Einen weich auslaufenden, ausgedehnten Schlagschatten erzeugen Sie hingegen mit einem großen RADIUS DES WEICHZEICHNERS-Wert und einem geringeren Wert für die Deckkraft. Wie Sie anhand der Beispiele in Abb. 29.22 sehen, lassen sich viele unterschiedliche Varianten an Schatten mit diesem Skript realisieren.

Auch der genau umgekehrte »Glüh«-Effekt kann übrigens mit diesem Skript realisiert werden. Hierzu müssen Sie lediglich (vor einem dunklen Hintergrund) eine weiße oder gelbe Schattenfarbe mit dem Parameter FARBE auswählen und das SCHLAGSCHATTEN-Skript mit einem Versatz in X- und in Y-Richtung von jeweils 0. Sollte das resultierende Glühen Ihnen zu schwach erscheinen, so sollten Sie die Deckkraft des Alphakanals mithilfe des Kurvenwerkzeuges ein wenig erhöhen.

Haben Sie sich auch des Öfteren schon über Grafiken geärgert, die Sie in eine Webpage eingebaut haben und die dort irgendwie schreck-

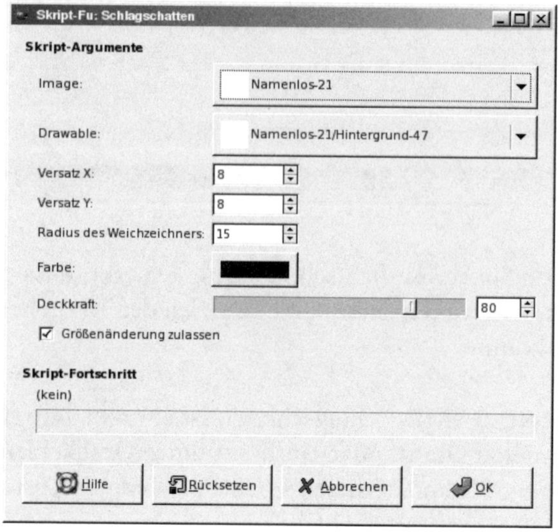

Abbildung 29.21
Die Dialogbox des
Schlagschatten-
Effektes

Abbildung 29.21
Die Dialogbox des
Schlagschatten-
Effektes

Abbildung 29.22
Die verschiedenen
Einstellungs-
möglichkeiten des
Drop Shadow-*Skriptes*
haben alle ein
unterschiedliches
Ergebnis, wenn man
den Effekt auf Text
anwendet.

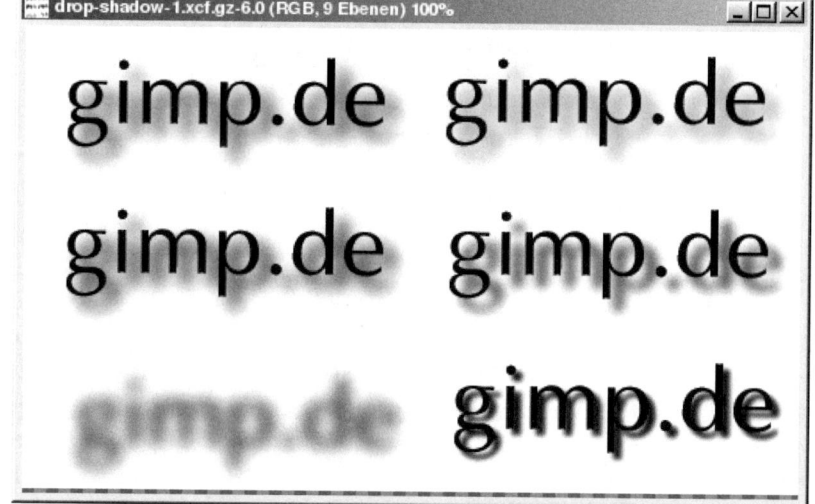

lich banal aussahen? Nun, die simple Kombination einer Drehung mit einem kleinen Schatten, angelegt mit dem SCHLAGSCHATTEN-Skript verleiht jedem noch so langweiligen Bild einen professionellen Touch und lässt Ihre Website besser aussehen. Wie einfach dies umzusetzen ist, zeigt das folgende »So geht's«-Tutorial. Auch ein simpler Relieftext lässt sich ganz einfach mithilfe eines Schlagschattens erzeugen, hiervon können Sie sich im darauf folgenden Tutorial überzeugen.

(Flache) Objekte hervorheben

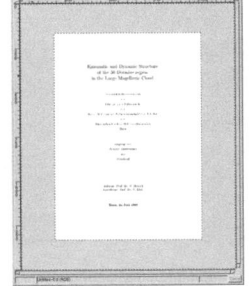

Selbst die simple Titelseite einer Publikation...

...wird mithilfe des Transformations-Werkzeuges, mit dem man eine kleine Rotation (hier um -10°) durchführt, sowie...

...eines Schattens, den man mit Script-Fu → Shadow → Drop-Shadow einfügt, erheblich aufgewertet. Die Grafik wird damit zum Blickfang einer Webseite und lädt zum Weiterklicken ein.

Einfachen Relief-Text durch Schlagschatten erzeugen

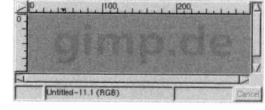

Legen Sie ein neues Bild an mit dunkelgrauem Hintergrund (R:155, G:155, B:155) und fügen Sie in dieses einen Text in einem etwas anderen Grauton, z.B. (R:137, G:137, B:137), als separate Ebene ein.

Legen Sie im Startbild zwei Schlagschatten (Script-Fu → Shadow → Drop-Shadow) an, den einen in der Farbe Weiß und zwar mit einem Offset in X- und in Y-Richtung von +2 Bildpunkten mit einem Verschmier-Radius (Radius des Weichzeichners) von 2 und einer Deckkraft (Deckkraft) von 100. Denselben Schatten, allerdings in Schwarz, legen Sie mit einem Offset von jeweils -2 Bildpunkten an.

Perspektivischer Schatten Mit dem Skript PERSPEKTIVISCH, das Sie ebenso im Menüeintrag SCRIPT-FU → SHADOW finden, lassen Sie Texte und Gegenstände scheinbar dreidimensional in der Bildebene stehen, indem diese einen Schatten erhalten, dessen Form sich an Linien orientiert, die auf einen Fluchtpunkt ausgerichtet sind. Hierdurch erzeugt das Skript einen perspektivischen Effekt, von dessen Wirkung Sie sich in Abb. 29.23 überzeugen können.

Aussehen und »Perspektive« des Schattens legen Sie mit den oberen drei Parametern der in Abb. 29.24 gezeigten Dialogbox fest. Mit WINKEL legen Sie den Winkel fest, den der Schatten zum Text oder Gegenstand einnimmt. Die Lage des perspektivischen Fluchtpunktes steuern Sie mit dem Parameter RELATIVER ABSTAND ZUM HORIZONT, und mit RELATIVE LÄNGE DES SCHATTENS bestimmen Sie seine Länge. Die weiteren Parameter der Dialogbox RADIUS DES WEICHZEICHNERS, FARBE sowie DECKKRAFT haben dieselbe Wirkung wie beim oben beschriebenen SCHLAGSCHATTEN-Skript.

Abbildung 29.23
Auch das
Perspektivisch-Skript,
mit dem sich ein
perspektivischer
Schatten anlegen lässt,
eignet sich
hervorragend für
Texteffekte
verschiedenster Art.

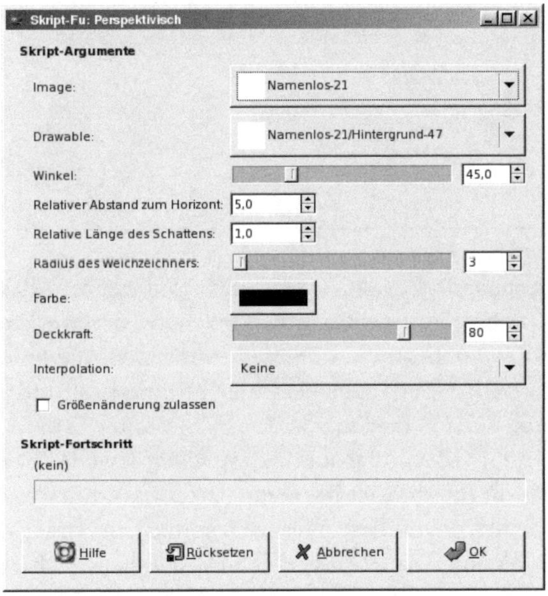

Abbildung 29.24
Die Dialogbox des
Perspektivisch-Effektes

Beide Schattenskripte legen den Schatten übrigens in einer eigenen Ebene ab. Sollten Sie einmal nicht mit dem Ergebnis zufrieden sein, können Sie den Schatten dadurch entfernen, dass Sie die entsprechende Ebene einfach löschen.

29.5   Effektvoll via Skript auswählen

Im Menü SCRIPT-FU → SELECTION finden Sie einige hilfreiche Skripte, welche GIMPs Auswahlwerkzeuge (Kap. 8), um viel Praktisches ergänzen.

Auswahlen umwandeln   Mit dem AUSWAHL → ZU PINSEL-Skript verwandeln Sie einen ausgewählten Bereich schnell und einfach in eine GIMP-Werkzeugspitze. Das Skript automatisiert die in Kap. 9.6 beschriebenen Umwandlungen und speichert die so erzeugte Werkzeugspitze automatisch in Ihrem GIMP-Werkzeugspitzen-Verzeichnis ab (dies ist üblicherweise das Verzeichnis ˜.gimp-2.2/brushes).

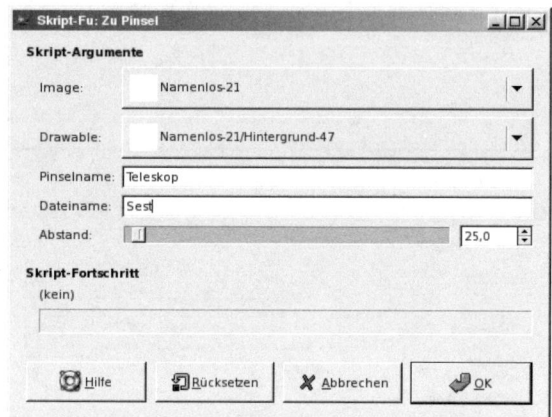

Im Eingabefeld PINSELNAME der Dialogbox dieses Skriptes (Abb. 29.25) geben Sie eine kurze Beschreibung der Werkzeugspitze ein und im Feld DATEINAME den Namen, unter dem die Spitze abgespeichert werden soll (GIMP speichert hier automatisch im GBR-Format ab, siehe Kap. 7.1.1). Zusätzlich tragen Sie unter ABSTAND den Abstand ein, den GIMP standardmäßig zwischen jeweils zwei »Pinselstrichen« setzen soll (hiermit ist übrigens der Abstand in Prozent der Pinselgröße gemeint), wenn diese Werkzeugspitze verwendet wird.

Mit dem Skript AUSWAHL → TO IMAGE lässt sich eine Auswahl schnell in ein anderes Bild übertragen. Wenn Sie das Skript gestartet haben und in einem weiteren Bildfenster den Befehl BEARBEITEN → EINFÜGEN, wird in diesem Bildfenster der innerhalb der (kopierten) Auswahl liegende Bereich ausgewählt.

Auswahlumrisse verändern   Sie wollen einen mit GIMPs rechteckiger Auswahl markierten Bereich abrunden? Kein Problem, benutzen Sie einfach das Skript AUSWAHL → ROUND. Wollen Sie nicht scharf umrandet markieren, sondern eine Auswahl weichgezeichnet vornehmen, ist das Skript AUSWAHL → FADE OUTLINE genau die richtige Wahl. In der Dialogbox dieses Skriptes bestimmen Sie mit dem Parameter RANDGRÖSSE (PIXEL), wie groß der weiche Übergangsbereich sein soll.

Das bei weitem nützlichste der hier vorgestellten Auswahlskripte ist AUSWAHL → UNRUHIGE AUSWAHL, denn mit diesem kann man den

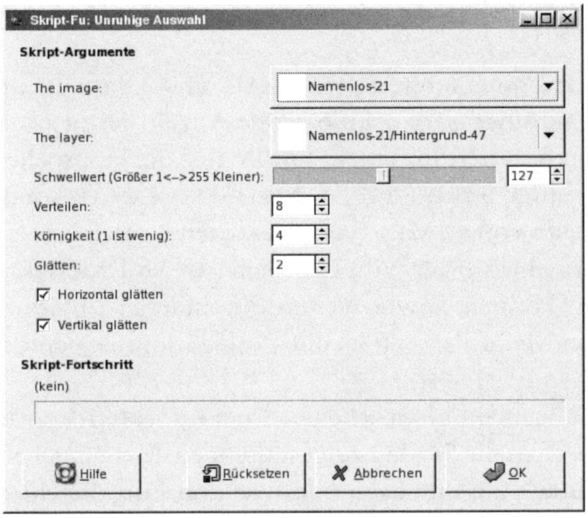

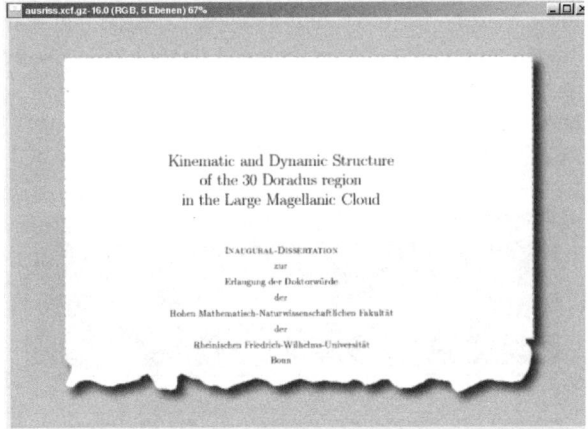

Abbildung 29.26
Mit dem Auswahl →
Distress
Selection-*Skript lässt
sich vollkommen
problemlos ein Effekt
erzeugen, der einem
ausgerissenen Blatt
Papier ähnelt.*

Rand einer Auswahl verzerren. Hierdurch lassen sich natürlich geformte Umrisse nachbilden, die z.B. durch Flecken, Tropfen usw. entstehen, sodass Sie diese Gebilde sehr leicht z.B. mit GIMPs Füll-Werkzeug realisieren können, nachdem eine Auswahl mit dem hier vorgestellten Skript verändert wurde. Das Skript eignet sich übrigens auch ganz hervorragend, um eine Abbildung wie ein ausgerissenes Blatt Papier aussehen zu lassen, wie Abb. 29.27 zeigt.

Abbildung 29.27
*Mit diesem
Script-Fu-Effekt lässt
sich spielend »ein Blatt
Papier ausreißen«.*

Wie stark eine Auswahl verformt wird, bestimmen im Wesentlichen die Parameter VERTEILEN und KÖRNIGKEIT der Dialogbox dieses Skriptes (Abb. 29.26).

29.6   Script-Fu-Text- und Grafikeffekte

Auch die Erzeugung interessanter Text- und Grafikeffekte lässt sich mit *Script-Fu* automatisieren. Eine große Anzahl fertig programmierter Skripte finden Sie allerdings nicht nur im bislang besprochenen Bildmenü, nämlich unter SCRIPT-FU → ALPHA TO LOGO, sondern auch in der Befehlsleiste von GIMPs Werkzeugpalette unter XTNS → SCRIPT-FU. Im Untermenü LOGOS gibt es beispielsweise Texteffekte, die Sie sofort einsetzen können, sowie Weiteres in anderen Untermenüs, so z.B. Füllmuster im Menü PATTERNS und Navigationselemente für Websites (im Menü WEB PAGE THEMES).

Alle im Folgenden besprochenen *Script-Fu*-Texteffekte verfügen über eine Dialogbox, in die Sie den zu gestaltenden Text eingeben können. In dieser Box finden Sie immer mindestens drei Eingabefelder: Im Eingabefeld TEXT geben Sie Ihren Wunschtext ein. Hier ist übrigens bei allen Texteffekten ein Standard-Text vorgegeben, den Sie verwenden können, wenn Sie das jeweilige Skript lediglich einmal ausprobieren und sich das Ergebnis ansehen wollen.

Zusätzlich lässt sich im Eingabefeld SCHRIFT die zu verwendende Schriftart auswählen und im Feld SCHRIFTGRÖSSE die Größe der Schrift, diese wird in Bildpunkten (PIXEL) angegeben. Je nach Texteffekt können Sie darüber hinaus noch weitere Einstellungen vornehmen.

Wie vielerorts in GIMP ist auch bei den *Script-Fu*-Texteffekten Ihr Spieltrieb gefragt, und Sie sollten viele Varianten ausprobieren. Die Grenzen dieser vorprogrammierten Effekte werden Sie schnell selbst erkennen. Viele Texteffekte beispielsweise wirken nicht sonderlich gut mit normalen Schriften, sondern nur mit solchen, die breite, ausladende Lettern haben. Andere Effekte (z.B. der Effekt STARSCAPE) wirkt nur bei relativ kurzen Texten.

Abbildung 29.28
Das 3D Umriss-*Skript erzeugt einen solchen Texteffekt.*

3D Umriss   Neben den üblichen Einstellungen lässt Sie dieser Texteffekt unter anderem das Füllmuster (Parameter MUSTER in der in Abb. 29.29 gezeigten Dialogbox) auswählen, mit dem der Textrand ausgefüllt ist. Weitere interessante Effekte kommen zustande, wenn Sie jeweils den Grad der Weichzeichnung beim Schatten verändern (Parameter SCHATTEN WEICHZEICHNEN).

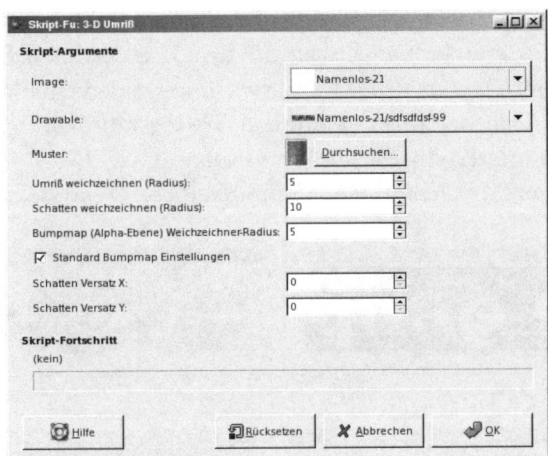

Abbildung 29.29
*Die Dialogbox des
Skriptes 3D Umriss*

Alien Glow Mithilfe des ALIEN GLOW-Effekts lässt sich problemlos jede Gilian-Anderson- oder andere Akte-X-Fan-Website aufwerten, zumal in XTNS → SCRIPT-FU → WEB PAGE THEME → ALIEN GLOW weitere Elemente zur Gestaltung einer solchen Fan-Site angeboten werden.

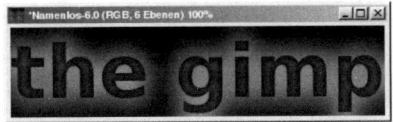

Abbildung 29.30
*»Gespenstisch«
glühenden Text
erzeugen Sie mit dem
Alien Glow-Skript.*

Cool Metal Einen metallenen Effekt, so ähnlich, wie man ihn mit dem BELEUCHTUNG-Filter realisieren kann und wie er in Kap. 25 beschrieben ist, lässt sich auch mit dem COOL METAL-Skript umsetzen.

Abbildung 29.31
*Ein Ergebnis des Cool
Metal-Skriptes*

Glatt Der GLATT-Effekt ist einer der aufwendigeren Texteffekte von GIMP, was Sie schon an der großen, umfassenden Dialogbox erkennen (im unteren Teil der Abb. 29.32 zu sehen). Diese bietet Ihnen neben den üblichen Einstellungen verschiedene Optionen für den Text, für die Textumrandung (UMRISS) und für das Füllmuster des Textes (MUSTER). So können Sie sowohl für den Text als auch für die Textumrandung mit MUSTER ÜBERLAGERN unterschiedliche Verläufe auswählen. Für jede der oben genannten Textbestandteile lässt sich mit MUSTER eine unterschiedliche Textur auswählen. Der obere Teil von Abb. 29.32 zeigt insgesamt vier Varianten dieses Texteffektes.

Abbildung 29.32
Das Glatt-*Skript*
erlaubt eine Vielzahl
von Varianten.

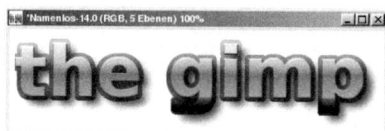 

Abbildung 29.33
Die Dialogbox des
Glatt-*Skripts*

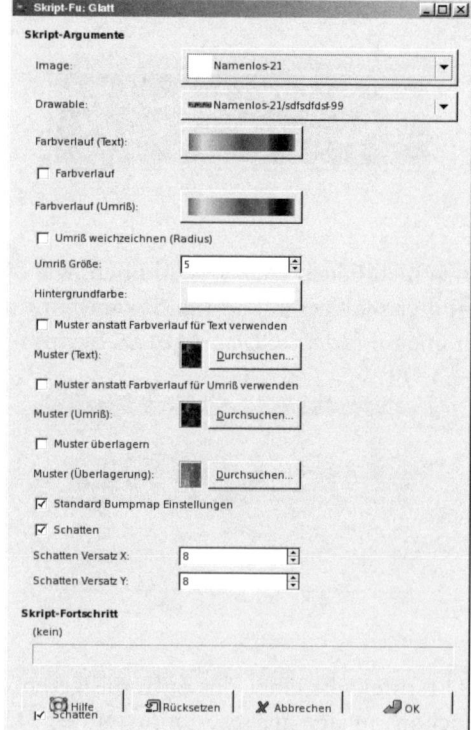

30 Eigene Script-Fus erstellen

Sie haben mittlerweile an der einen oder anderen Stelle in diesem Buch erfahren, dass es möglich ist, GIMP mithilfe von Skripten zu steuern und damit viele Aufgaben, wie die Konvertierung von Dateien, das Umsetzen von Schrift- oder Farbeffekten, zu automatisieren. Die Skripte lassen sich leicht in eines von GIMPs Menüs einbauen und von dort aus komfortabel aufrufen. Zusätzlich erlauben die Skripte, GIMP bequem im Batch-Modus von der Kommandozeile aus zu steuern.

Wenn Sie GIMP mithilfe von Skripts automatisieren wollen, können Sie mittlerweile zwischen mehreren Möglichkeiten einer Umsetzung auwählen. Als originärer Bestandteil von GIMP ist da zum einen *Script-Fu* zu nennen. Hierbei handelt es sich um eine SIOD-basierte Implementierung von Scheme, einer Lisp-ähnlichen Sprache (Lisp wird z.B. auch für die Skript-Programmierung des beliebten GNU-Editors *emacs* verwendet).

Allerdings gibt es in der GIMP-Entwicklergemeinde keine einheitliche Meinung zum Thema *Script-Fu*. Die einen schwören darauf und setzen viele Skripte hiermit um, andere Entwickler bemängeln seine begrenzten Möglichkeiten. Dies liegt vor allem an einer mangelhaften SIOD-Implementierung von Scheme. Mittlerweile ist man als Entwickler (und natürlich auch als Benutzer) allerdings nicht mehr auf *Script-Fu* angewiesen.

Es gibt nämlich seit einiger Zeit verschiedene Plugins, welche Schnittstellen zu im Web verbreiteten Skriptsprachen schaffen. Hierzu gehören z.B. Larry Walls *Perl* oder auch Guido van Rossums *Python*. Mithilfe dieser Plugins lassen sich beide Skriptsprachen für die Programmierung von GIMP-Skripts verwenden. Weitere Informationen, zum Beispiel sehr gute Einführungen und Tutorien zu den soeben vorgestellten Möglichkeiten, finden Sie im Internet: Die Tab. 30.1 nennt Ihnen wichtige Adressen für den Einstieg in die GIMP-Skript-Programmierung.

Einen guten Überblick über die in GIMP vorhandenen Funktionen gibt GIMPs DB-BROWSER, den Sie im Menü XTNS der Werkzeugpalette finden. Seine Funktionalität ist im Folgenden beschrieben.

Tabelle 30.1
Übersicht der Sites, auf
denen man
Informationen zur
Programmierung von
GIMP mithilfe von
Scheme, Perl oder
Python findet

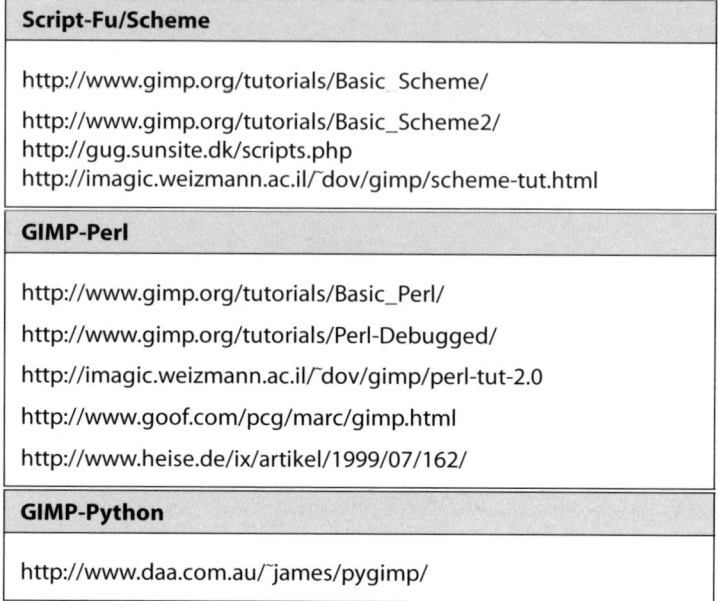

Script-Fu/Scheme
http://www.gimp.org/tutorials/Basic_Scheme/
http://www.gimp.org/tutorials/Basic_Scheme2/ http://gug.sunsite.dk/scripts.php http://imagic.weizmann.ac.il/~dov/gimp/scheme-tut.html

GIMP-Perl
http://www.gimp.org/tutorials/Basic_Perl/
http://www.gimp.org/tutorials/Perl-Debugged/
http://imagic.weizmann.ac.il/~dov/gimp/perl-tut-2.0
http://www.goof.com/pcg/marc/gimp.html
http://www.heise.de/ix/artikel/1999/07/162/

GIMP-Python
http://www.daa.com.au/~james/pygimp/

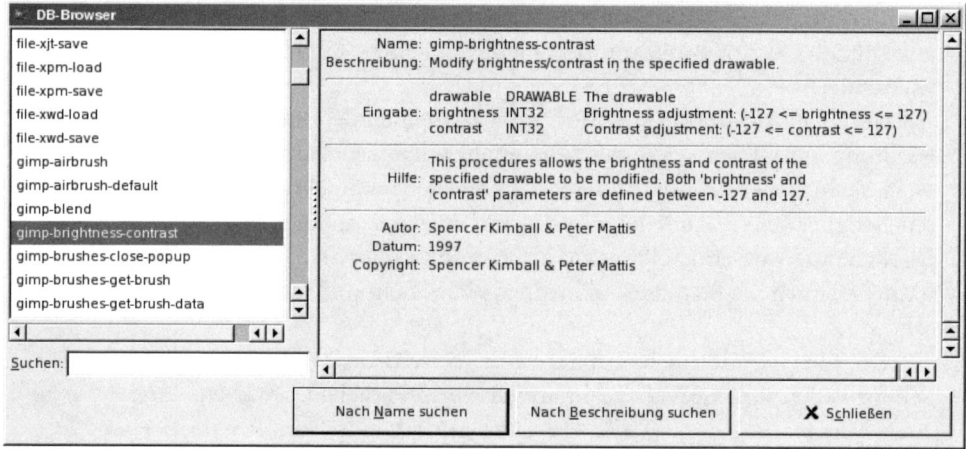

Abbildung 30.1
DB-Browser

DB-Browser Wenn Sie diesen Befehl aufrufen, öffnet sich ein Fenster, in welchem Sie Informationen zu den GIMP-Plugins und Ergänzungen finden. Im linken Fenster sehen Sie eine Liste der installierten Plugins. Sobald Sie einen Eintrag in diesem Fenster markieren, erscheint auf der rechten Seite eine Information zum angewählten Plugin. Zusätzlich zum Namen beschreibt das Feld BESCHREIBUNG die Plugin-Funktionalität.

Darüber hinaus verfügen viele Plugins mittlerweile über einen kurzen Hilfetext, der im Feld HILFE, ebenfalls im rechten Teil des DB-BROWSER, zu sehen ist. Der DB-BROWSER erlaubt Ihnen, nach Plugins zu suchen. Hierzu geben Sie den Suchbegriff im Feld SUCHEN ein und starten eine Suche entweder nach dem Namen des Plugins NACH NAME SUCHEN oder nach der Kurzbeschreibung NACH BESCHREIBUNG SUCHEN. Beides ist hilfreich, wenn Sie mehr zu einem bestimmten Skript oder Plugin wissen wollen oder wenn Sie schlicht vergessen haben, in welchem Menü Sie es finden.

31 Plugins

Wie Sie schon an verschiedenen Stellen in diesem Buch erfahren haben, ist GIMP als Anwendung sehr modular aufgebaut. Abgesehen von einigen Kernfunktionen werden die meisten Funktionen in Form so genannter Plugins zur Verfügung gestellt. Was ist der Unterschied zu den oben besprochenen Skripts? Skripte sind Textdateien, die von einem Programm (im Falle von Script-Fu sind dies die Scheme-Schnittstellen innerhalb GIMPs) interpretiert werden müssen. Bei Plugins hingegen handelt es sich um binären Programmcode. Diesen erhalten Sie (zumeist) als Quellcode, der vor einer Benutzung in einen ausführbaren Binärcode verwandelt, d.h. kompiliert werden muss.

31.1 Wo gibt es Plugins?

Informationen über neue Plugins oder über neue Versionen älterer Plugins erhalten Sie im Internet, entweder auf http://www.gimp.org oder auf http://www.gimp.de, der GIMP-Seite mit vielen Informationen.

Von der Plugin Registry (registry.gimp.org) lassen sich GIMP-Plugins direkt herunterladen. Einfachere, kleine Plugins liegen auf der Registry als Quellcode-Dateien vor, komplexere und umfangreichere Plugins hingegen zumeist als komprimierte Archivdateien. Beide Varianten lassen sich von der Registry mithilfe Ihres Browsers auf Ihre Festplatte herunterladen. Hier können sie dann kompiliert und in Ihre GIMP-Installation eingebunden werden.

Plugin-Details GIMP selbst bietet mit der Funktion PLUGIN DETAILS, die Sie im Menü XTNS der Werkzeugpalette finden, Informationen und Orientierung zu den bereits installierten Plugins.

Mit diesem Befehl öffnet sich eine Dialogbox (Abb. 31.1) mit Namen und Installationsdaten aller Plugins. In einer erweiterten Ansicht (Schaltfläche DETAILS, Abb. 31.2) finden Sie detaillierte Informationen zu jedem Plugin.

Neben der ersten Registerkarte LISTENANSICHT finden Sie eine weitere mit dem Namen BAUMANSICHT. Hier verbirgt sich eine recht

Abbildung 31.1
Die Listenansicht der
Plugin Description

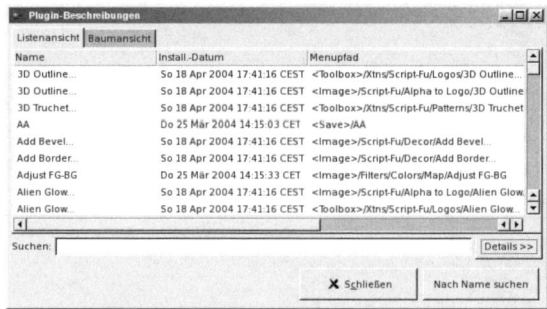

nützliche Baumansicht, in der Sie untersuchen können, an welchen Stellen des Programms welche Plugins eingebunden sind.

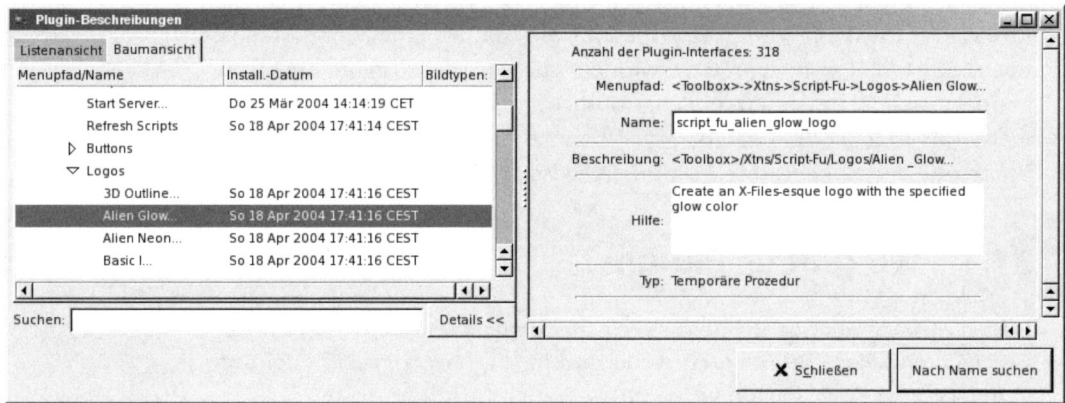

Abbildung 31.2
Die Baumansicht der
Plugin Description

31.2 Plugins installieren

Auch bei der Installation und Einbindung von Plugins müssen Sie nicht in die Tiefen der Programmierung einsteigen, denn auch hier haben Sie nützliche Werkzeuge, die Ihnen die (meiste) Arbeit abnehmen. Einfache Plugins, deren Quellcode Sie auf Ihre Festplatte geladen haben (eine solche Quellcodedatei erkennen Sie an der Dateiendung .c), installieren Sie mit *gimptool*, einem Programm, das zum Installationsumfang von GIMP gehört. *gimptool* verfügt über eine ganze Reihe von Kommandozeilen-Optionen. Die für Sie wichtigste dieser Optionen ist *–install*, denn mit dieser kompilieren Sie ein Plugin und installieren es sogleich in Ihrem individuellen GIMP-Plugin-Verzeichnis. Wenn die Kompilation ohne Fehlermeldung durchläuft, dann steht das entsprechende Plugin beim nächsten Start von GIMP zur Verfügung. Versuchen Sie es selbst! Auf der GIMP-Registry-Site im Internet finden Sie einige Plugins für die aktuelle GIMP-Version 2.2, die sich alle mithilfe von *gimptool* installieren lassen.

Komplexe und umfangreiche Plugins werden zumeist nicht mit *gimptool* installiert. Sie sind dafür mit Standard-Installationsskripts ausgestattet und können mit der in Kap. A.4 genauer beschriebenen Befehlsfolge `configure`, `make` und `make install` installiert werden.

Nach einer Installation, sei es nun mit *gimptool* oder durch die oben beschriebene Befehlsfolge, wird beim erneuten Start von GIMP das neu installierte Plugin registriert, indem die spezifischen Informationen in Ihre `pluginrc`-Datei geschrieben werden.

Sollten bei einer Installation Probleme auftreten, so findet man zumeist `README`- oder `INSTALL`-Dateien, in denen Sie u.U. Hilfe finden. Wenn dies nicht weiterführt: Auf der GIMP-Registry-Site sind zu allen Plugins die Namen und E-Mail-Adressen der Autoren angegeben, sodass Sie direkt dort Ihre Probleme schildern können und möglicherweise Hilfe aus erster Hand bekommen.

Teil VII

Hardware

32 Mit GIMP scannen

Immer dann, wenn Vorlagen wie z.B. Fotoabzüge, Zeitungsartikel oder Illustrationen aus Zeitschriften oder Büchern zu digitalisieren sind, kommen Scanner zum Einsatz. Selbstverständlich unterstützt GIMP auch diese Art von Hardware unter Linux, Windows und Mac OS X.

32.1 Scannen unter Linux

Unter Linux galten Scanner, egal ob Flachbett- oder Handgeräte, lange Zeit als exotische Hardware. Für diese war es notwendig, MS-Windows weiterhin auf einer Partition zu belassen und bei Bedarf zu wechseln, um dort mithilfe der *TWAIN*-Schnittstelle diese Geräte zu nutzen. Glücklicherweise sind diese Zeiten vorbei, denn auch Scanner lassen sich mittlerweile unter Linux problemlos betreiben.

Die SANE-Schnittstelle Für genau diesen Zweck gibt es *SANE*. Die Abkürzung steht für *Scanner Access Now Easy*. Anders als der Name vermuten lässt, unterstützt *SANE* nicht nur Scanner, sondern einiges an Hardware mehr. Die Entwickler des *SANE*-Projektes stellen Ihnen als Linux-Benutzer ein allgemeines Interface zur Verfügung, mit dessen Hilfe Sie Bilder in Ihren Rechner bekommen, die ganz allgemein von »bildpunktbasierten« Eingabegeräten erzeugt wurden. Gemäß dieser globalen Formulierung sind damit nicht nur Flachbett- und Handscanner gemeint, sondern auch digitale Kameras, Webcams, Videokameras usw.

Die Architektur von *SANE* stellt Ihnen einen Treiber für jeden *Gerätetyp* zur Verfügung (im Unterschied zur *TWAIN*-Schnittstelle, die für jedes einzelne *Gerät* einen solchen anbietet). Vollkommen separat von den Treibern ist das Interface, von dem aus die Geräte betrieben werden. *SANE* überlässt dies den Programm-Anwendungen.

Ein Vorteil dieses Ansatzes ist, dass damit ein Scan-Vorgang sowohl bequem von der Kommandozeile aus betrieben werden kann als auch direkt aus einer grafischen Anwendung (wie z.B. GIMP). Darüber hinaus ist der Zugriff auf Geräte nicht auf den Arbeitsplatz beschränkt, an dem diese angeschlossen sind, sondern Scanner oder digitale Kameras lassen sich hierdurch auch von anderen Arbeitsplätzen aus betreiben, die über ein Netzwerk auf diese zugreifen. Betreiben Sie einen SCSI-Scanner, so sollten Sie diesen ohne große Probleme mit *SANE* zum Laufen bekommen. Bei Scannern, die an der parallelen Schnittstelle des Rechners betrieben werden, sieht dies schon anders aus. Wollen Sie sich einen solchen Scanner anschaffen, sollten Sie zuvor auf der *SANE*-Website (s.u.) nachschauen, ob das gewünschte Gerät dort genannt wird. Zahlreiche USB-Scanner werden mittlerweile auch unterstützt, doch auch hier lohnt ein Blick auf die Website, ob der Scanner, den man besitzt oder kaufen möchte, von *SANE* unterstützt wird.

Im Folgenden erfahren Sie, wie Sie *SANE* in Ihr System einbinden, wie es in GIMP eingebunden wird und wie dieses Interface sich von GIMP aus nutzen lässt. Wir behandeln beispielhaft einen Scanner, der an einer (bereits konfigurierten) USB-Schnittstelle betrieben wird. Detailliertere Informationen, etwa zum Betrieb von parallelen oder SCSI-Scannern unter SANE oder zur Einbindung von SCSI in Ihr Linux-System, erfahren Sie z.B. im Artikel *Kerngesund* von Susanne Schmidt (c't 21/99, S. 190ff.).

SANE installieren   Versuchen Sie zunächst, das zu Ihrer Distribution gehörende SANE-Paket zu finden. Unter Suse beispielsweise können Sie YAST verwenden und dort unter *Software installieren* nach dem Paket suchen. Sollten Sie nicht fündig werden, so finden Sie eine aktuelle Version von *SANE* im Internet. Die Website zu *SANE* ist unter der Adresse `http://www.sane-project.org` erreichbar. Dort gibt es nicht nur die aktuellste Version des *SANE*-Interfaces, sondern auch weitere Informationen zum Programm, eine ausführliche Dokumentation sowie Angaben, welche Geräte im Einzelnen von *SANE* unterstützt werden.

Wie schon anderswo finden Sie im Web das Programm in Form einer komprimierten Archiv-Datei. Der erste Schritt der *SANE*-Installation ist folglich, diese Datei auszupacken:

```
/usr/local/source> tar -xvzf /mnt/hardw/sane-backends-1.0.15.tar.gz
```

Der Befehl erzeugt ein neues Verzeichnis sane-backends-1.0.15 und entpackt darin alle Dateien des Archives. Zur weiteren Installation wechseln Sie in dieses Verzeichnis:

```
/usr/local/source> cd sane-backends-1.0.15
```

Ähnlich wie Sie dies von der GIMP-Installation kennen (Kap. A), wird Ihnen auch hier die Installation von *SANE* mithilfe komfortabler Konfigurationsskripte wesentlich erleichtert. Genau wie in Kap. A beschrieben, müssen Sie folglich die drei Befehle configure, make und make install in Folge ausführen, um *SANE* zu installieren. Hierbei dürften keine Probleme auftreten. Sollte dies einmal nicht der Fall sein, so finden Sie im gleichen Verzeichnis, von dem aus Sie die Installation gestartet haben, in der Datei PROBLEMS Hinweise zu den häufigsten Problemen und wie man diese beseitigt.

***SANE* konfigurieren** *SANE* wird standardmäßig in das Verzeichnis /usr/local installiert. Zusätzlich zur eigentlichen Software wird eine ganze Reihe von Hilfe-Dateien installiert, die Sie mit dem Programm *man* aufrufen können (s.u.). Von besonderem Interesse ist darüber hinaus das Unterverzeichnis /usr/local/etc/sane.d, das auch im Rahmen der *SANE*-Installation angelegt wird. Hier finden Sie die für den Betrieb eines bestimmten Scanners notwendigen Konfigurationsdateien (die alle auf .conf enden). Alle diese Konfigurationsdateien sind ähnlich aufgebaut. So steht z.B. in der zu den Scannern der Marke MUSTEK gehörigen Datei mustek.conf:

```
# See sane-mustek(5) for documentation.

option strip-height 1

scsi MUSTEK * Scanner
  option linedistance-fix

  option lineart-fix      # lineart may be faster
                          # with this option off.

scsi SCANNER
  option linedistance-fix
  option lineart-fix      # lineart may be faster
                          # with this option off.

/dev/scanner
  option linedistance-fix
  option lineart-fix      # lineart may be faster
                          # with this option off.
```

Mit den folgenden Hinweisen lassen sich die *SANE*-Konfigurationsdateien verstehen. Kommentare beginnen stets mit einem #-Zeichen und werden bei der Arbeit mit einem Scanner von *SANE* ignoriert. Darüber hinaus enthalten die Dateien Device-Bezeichnungen, anhand derer die Scanner, die in Ihrem System eingebunden sind, erkannt werden. An Optionen finden sich Anweisungen zum Ausmaß eines einzelnen Scan-Vorganges sowie Positionsanweisungen. Ausführliche Informationen finden Sie – abhängig vom verwendeten Gerät – in umfangreichen

Hilfeseiten, auf die in unserem Beispiel in der ersten Zeile der Konfigurationsdatei hingewiesen wird. Die Hilfsdatei wird mit dem folgenden Befehl aufgerufen:

```
$ man sane-mustek
```

Grundlegendes zum Thema Scan-Auflösung Im Weiteren werden Sie verschiedene Möglichkeiten kennen lernen, eine Vorlage unter Linux zu digitalisieren und in GIMP weiterzubearbeiten. Vorher sollten Sie sich jedoch über ein paar grundlegende Dinge Gedanken machen. Beispielsweise sollten Sie überlegen, mit welcher Auflösung Sie eine Vorlage scannen möchten. Oftmals gehen Benutzer nach der Devise vor: *...so viel der Scanner hergibt*. Dieser Ansatz hat verschiedene Nachteile. Zum einen werden die Bilddateien riesig groß und eine Bearbeitung mit GIMP erweist sich – trotz optimierten Speichermanagements – als mühselig und langsam. Zum zweiten ist die *notwendige* Auflösung abhängig von der Vorlage und vom Zweck, für den man das gescannte Bild einsetzen möchte.

Werden die Bilder auf einem *Bildschirm* ausgegeben, beispielsweise auf einer Webseite oder in einem Multimediaprojekt, ist eine Auflösung in der Größenordnung der Bildschirmauflösung, also 72 dpi, vollkommen ausreichend.

Soll die Vorlage hingegen z.B. auf einem Halbtondrucker (dazu zählen beispielsweise *Tintenstrahldrucker*) ausgedruckt werden, so entspricht die Scan-Auflösung einfach:

```
Auflösung = Vergrößerungsfaktor × Druckerauflösung
```

Auf *Laserdruckern* und *Belichtern* werden kontinuierliche Verläufe durch ein Punktraster dargestellt. Entscheidend für die optimale Scan-Auflösung für den Druck auf einem solchen Ausgabegerät ist die Rasterweite sowie ein Qualitätsfaktor, der im Prinzip bestimmt, wie viele unterschiedliche Graustufen mit einer bestimmten Rasterweite dargestellt werden können:

```
Auflösung = Vergrößerungsfaktor × 1,5 × Rasterweite
```

Die Rasterweite wird in *lpi* angegeben, also in *lines per inch*. Bei einem Drucker mit einer Auflösung von 600 dpi erhält man z.B. mit einer Rasterweite von 75 lpi eine recht passable Darstellung von Graustufen.

Von der Kommandozeile aus scannen Gewöhnlich ist der angeschlossene Scanner unter /dev/scanner zu finden. Dieser Link ist insbesondere dann nützlich, wenn Sie des Öfteren von der Kommandozeile auf Ihren Scanner zugreifen, denn wer merkt sich schon so genau die Busnummern der einzelnen angeschlossenen Geräte? Wenn Sie dann – wie in unserem Beispiel – einen Mustek-Scanner auf /dev/scanner betreiben, können Sie diesen von der Kommandozeile aus mit dem Befehl *scanimage* steuern. Dieser Kommandozeilenbefehl erlaubt es Ihnen, einen Scanner mittels verschiedener Optionen vollständig von Ihrer Shell aus zu steuern. Welche Optionen im Einzelnen möglich sind, erfahren Sie, indem Sie (im Falle unseres Beispieles) eingeben:

```
/dev> scanimage -h -d mustek:/dev/scanner
```

Mit der Option -h zeigt *scanimage* sämtliche Optionen, die mit dem hinter der Option -d genannten Gerät möglich sind. Sollten bei der Eingabe des obigen Befehles keine Probleme aufgetreten sein (Fehlermeldungen o.Ä.), lassen sich mit *scanimage* alle Funktionen eines Scanners nutzen. Ein Bild wird z.B. mit dem folgenden Befehl gescannt:

```
/dev> scanimage -d mustek:/dev/scanner > bild.pnm
```

Das gerade genannte Beispiel zeigt Ihnen, dass sich mit *scanimage* auch die gewohnten Umleitungsbefehle einer Shell nutzen lassen. Im obigen Fall wurde z.B. der Inhalt des Scans in die Datei bild.pnm umgeleitet.

SANE in GIMP einbinden   Zum Installationsumfang von *SANE* gehört auch ein bequemes Interface, das die Benutzung des oben vorgestellten *scanimage* unter X Window ermöglicht. Dieses Programm *xscanimage* lässt sich als separate Anwendung nutzen und erzeugt aus den Scans Bilddateien, die in einem zweiten Schritt dann von GIMP geöffnet und bearbeitet werden können.

Einfacher ist es selbstverständlich, einen Scanner direkt von GIMP aus zu betreiben. Hierzu müssen Sie lediglich *xscanimage* mithilfe einer symbolischen Verknüpfung in GIMP einbinden. Hierzu geben Sie ein:

```
ln -s /usr/local/bin/xscanimage $HOME/.gimp-2.2/plug-ins
```

Diese Verknüpfung zeigt nach einem Neustart von GIMP ihre Wirkung. Sie finden dann in der Befehlsleiste von GIMPs Werkzeugpalette unter XTNS den Befehl AQUIRE IMAGE, der das in Abb. 32.1 gezeigte Menü öffnet, das einen Zugriff auf die in Ihrem System verfügbaren Scanner erlaubt.

Mit *xscanimage* aus GIMP heraus scannen   Sobald Sie im oben beschriebenen Menü einen Scanner ausgewählt haben, startet GIMP für

Abbildung 32.1
Mit dem Befehl Aquire
Image haben Sie
Zugriff auf die Scanner
Ihres Linux-Systems.

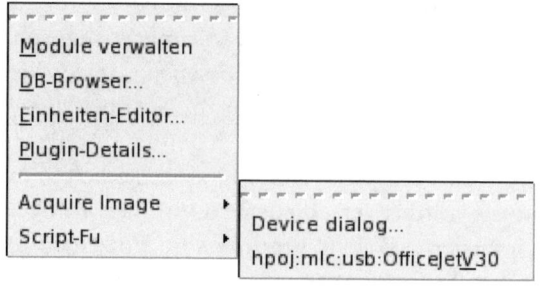

Sie das Programm *xscanimage*. Mit diesem steuern Sie den eigentlichen Scan-Vorgang. Es öffnet sich eine Dialogbox, die Sie in Abb. 32.2 sehen. Im oberen Teil dieser Box (SCAN MODE) legen Sie allgemeine Parameter für den durchzuführenden Scan fest.

Abbildung 32.2
Die Dialogbox von
xscanimage, mit der
Sie von GIMP aus einen
Scan-Vorgang
durchführen und
steuern.

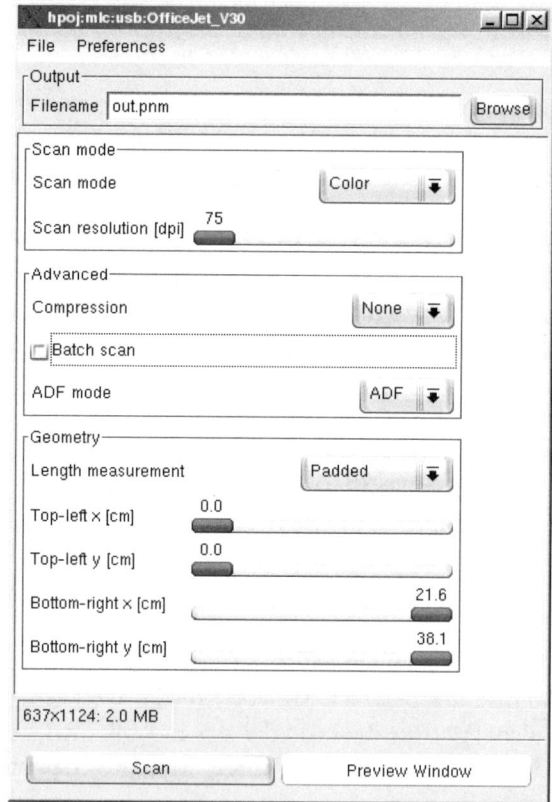

Hierzu gehört der Scan-Modus selbst, d.h., ob Sie einen Farb-Scan, einen Graustufen-Scan oder eine Zeichnung scannen wollen. Die Auflösung des Scans bestimmen Sie mit dem Schieber des Parameters SCAN

RESOLUTION. Beachten Sie, dass bei einer hohen Scan-Auflösung zum einen der Scan-Vorgang sehr lange dauern und dass darüber hinaus die resultierende Bilddatei eine beträchtliche Größe haben kann. Über die Größe des Bildes in Bildpunkten sowie den zum Speichern des Bildes benötigten Speicherplatz informiert Sie übrigens ein kleines Fenster in der linken unteren Ecke dieser Dialogbox.

Scan-Einstellungen Mit dem Parameter COMPRESSION bestimmen Sie, ob das Scan-Resultat mit dem JPEG-Algorithmus komprimiert abgespeichert werden soll. Mit ADF legen Sie fest, ob bei einem mehrseitigen Scan der automatische Dokumenteneinzug verwendet werden soll.

Abbildung 32.3
So sieht die Voransicht eines gescannten Bildes aus.

Scan-Vorgang durchführen Wenn Sie Ihre individuellen Einstellungen abgeschlossen haben, können Sie den Scan-Vorgang direkt mit der Schaltfläche SCAN starten. Wollen Sie sich zuvor eine Voransicht anschauen, so öffnet die Schaltfläche PREVIEW WINDOW ein Voransichtsfenster, das in Abb. 32.3 gezeigt ist. Einen Voransichts-Scan starten Sie in diesem Fenster mit der Schaltfläche AQUIRE PREVIEW.

Was machen Sie, wenn Ihre Vorlage nicht die gesamte Fläche Ihres Scanners ausfüllt (z.B. wenn es sich um eine Fotografie im Postkartenformat handelt)? Sie markieren einfach den Bereich der Voransicht, der von Ihrer Vorlage ausgefüllt wird. Ähnlich wie mit GIMPs rechteckiger Auswahl (Kap. 8.2) lässt sich im Vorauswahlfenster ein rechteckiger Bereich mit der Maus auswählen. Dieser Bereich legt dann den Bereich fest, den der Scanner abfährt und in einer Bilddatei speichert.

Den eigentlichen Scan-Vorgang starten Sie, wie bereits oben erwähnt, mit der Schaltfläche SCAN in der Dialogbox von *xscanimage*. Während des Scan-Vorganges informiert Sie eine Dialogbox mit einem Fortschrittsbalken über den Status des aktuell laufenden Scans.

Der Vorteil einer Einbindung von *xscanimage* als GIMP-Plugin ist, dass das Scan-Resultat direkt als GIMP-Bild angelegt wird, das sich weiterbearbeiten und in einem beliebigen Format abspeichern lässt. Abb. 32.4 zeigt das Resultat eines mit GIMP durchgeführten Scan-Vorganges.

Abbildung 32.4
Das Resultat eines Scan-Vorganges in einem GIMP-Bildfenster

Scannen mit *xsane* Auf der *SANE*-Website finden Sie als weiteres X-Window-»Frontend«-Programm *xsane*. Vollkommen analog zum oben vorgestellten *xscanimage* lässt sich *xsane* (nach der Installation) von GIMP aus starten, indem Sie eine Verknüpfung einfügen, die folgendermaßen aussieht (sofern das Programm im Verzeichnis /usr/local/bin/ installiert wurde):

```
ln -s /usr/local/bin/xsane $HOME/.gimp-2.2/plug-ins
```

Nach Einbinden des Programms lässt *xsane* sich über die GIMP-Befehlsleiste mit XTNS → XSANE starten. *xsane* besitzt einige Funktionen mehr als *xscanimage*. Hierdurch nehmen Sie schon während des Scan-Vorgangs einen größeren Einfluss auf Aussehen und Qualität des digitalisierten Abbildes.

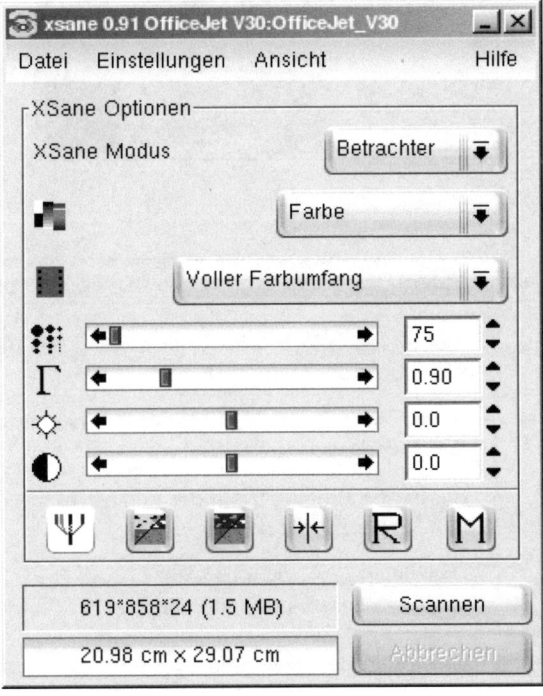

Abbildung 32.5
Im Hauptfenster von xsane *starten Sie den Scan-Vorgang. Zusätzlich steuern Sie, wie die Helligkeit im resultierenden Bild verteilt ist.*

Nach dem Start von *xsane* öffnet sich die in Abb. 32.5 gezeigte Hauptdialogbox des Programms sowie eine Bildvoransicht (Abb. 32.6). Sollte Letztere nicht angezeigt werden, dann können Sie diese Voransicht im Menü ANSICHT → ZEIGE VORANSICHT aktivieren. Ihr Scanner liefert Ihnen einen ersten Eindruck der Vorlage, wenn Sie in der Voransicht die Schaltfläche VORSCHAUSCAN betätigen. Danach können Sie durch Ziehen der Maus den Bereich festlegen, den Sie gerne scannen möchten. Bereits das Voransichtsfenster bietet verschiedene Schaltflächen, mit deren Hilfe Sie sich die Scan-Vorlage in verschiedenen Vergrößerungsstufen anschauen oder bereits erste Korrektureinstellungen vornehmen können. Tab. 32.1 erläutert diese Schaltflächen detaillierter.

Schaltfläche	Befehl
	Hiermit legen Sie in der Voransicht mit der Maus den Weißpunkt des Bildes fest.
	Hiermit bestimmen Sie in der Voransicht mit der Maus den Gammawert des Bildes.
	Hiermit bestimmen Sie in der Voransicht mit der Maus den Schwarzpunkt des Bildes.
	Deaktiviert eine zuvor gewählte Zoom-Einstellung und zeigt den gesamten Scan-Bereich.
	Vergrößert den gezeigten Zoom-Ausschnitt um 20 %.
	Vergrößert den Bildausschnitt in einen zuvor ausgewählten (s.u.) Bereich hinein.
	Macht den zuletzt durchgeführten Zoom-Vorgang rückgängig.
	Wenn Sie diese Schaltfläche aktivieren, können Sie mit dem Mauszeiger in der Voransicht einen Bereich auswählen, in dem Sie sich mit der oben genannten Lupenschaltfläche hineinzoomen.

Im Hauptfenster von *xsane* (Abb. 32.5) lassen sich vor dem Scan-Vorgang, den Sie mit der Schaltfläche SCANNEN initiieren, im Bereich XSANE OPTIONEN einige Einstellungen vornehmen. Zuerst bestimmen Sie den Scan-Modus, hier geben Sie das Ziel des Scan-Vorgangs an (z.B. Fax oder E-Mail), Sie legen den Farbmodus fest, d.h., ob farbig, schwarz-weiß oder als Liniengrafik gescannt werden soll. Mit dem ersten Schieberegler legen Sie die Scan-Auflösung fest.

Mit den drei weiteren Schiebereglern dieses Bereichs schließlich verändern Sie individuell den Gammawert sowie die Einstellungen für Helligkeit und Kontrast der Vorlage. Wenn Sie für diese Werte Standardvorgaben nutzen bzw. einmal gemachte Einstellungen abspeichern oder wieder aufrufen wollen, so sollten Sie die Schaltflächen verwenden, die in Tab. 32.2 erläutert sind.

Schaltfläche	Befehl
Ψ	Setzt Standardwerte für die Bildfarben Rot, Grün und Blau. Nicht aktiviert lassen sich die Werte für die Einzelfarben festlegen.
	Invertiert die Farben. Nützlich beim Scan von Negativen.
	Automatische Farbjustierung, in Abhängigkeit vom markierten Bildbereich.
→|←	Setzt Standardwerte für alle Farben des Bildes.
R	Stellt einmal gespeicherte Werte wieder her.
M	Speichert die aktuelle Einstellung ab.

Tabelle 32.2
Mit diesen Schaltflächen steuern Sie die Farbeinstellungen von xsane.

Zur Kontrolle der gewählten Einstellungen können Sie sich die Helligkeitsverteilungen in einer Histogrammdarstellung anschauen. Diese in Abb. 32.7 gezeigte Darstellung rufen Sie in der *xsane*-Befehlsleiste mit ANSICHT → ZEIGE HISTOGRAMM auf.

In diesem Fenster lassen sich nicht nur die Gesamtintensitäten anzeigen, sondern auch die der Farben Rot, Grün und Blau. Die Form der Darstellung bestimmen Sie mit den Schaltflächen im unteren Teil dieser Dialogbox, die in Tab. 32.3 beschrieben sind.

Egal ob Sie *xscanimage* oder *xsane* benutzen: Das Praktische an den GIMP-Plugins ist, dass das Resultat im Anschluss an den Scan-Vorgang

Abbildung 32.7
In der Histogramm-Darstellung von xsane *lassen sich die Helligkeitsverteilungen der einzelnen Farben darstellen.*

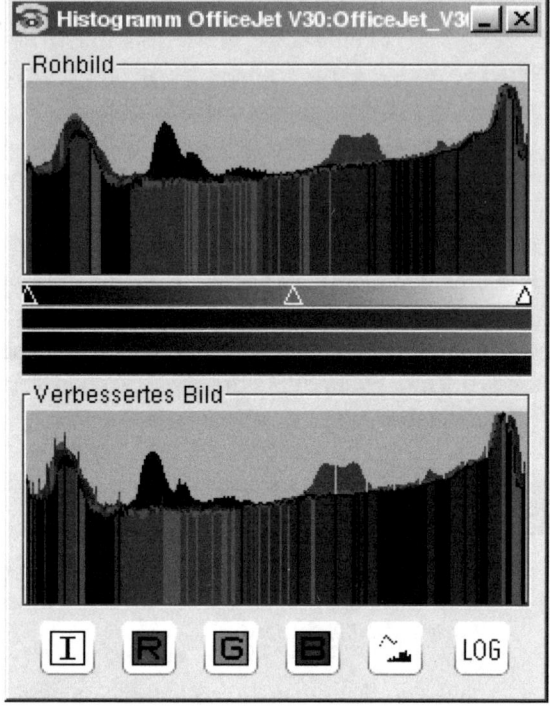

Tabelle 32.3
Diese Schaltflächen legen das Aussehen des Intensitäts-Histogramms von xsane *fest.*

Schaltfläche	Befehl
I	Zeigt ein Histogramm der Graustufen-Intensität.
R	Zeigt ein Intensitäts-Histogramm der roten Bildwerte.
G	Zeigt ein Intensitäts-Histogramm der grünen Bildwerte.
B	Zeigt ein Intensitäts-Histogramm der blauen Bildwerte.
∿	Schaltet zwischen der Punktdarstellung und der Liniendarstellung des Histogramms hin und her.
LOG	Stellt die Intensitäten logarithmisch dar.

sofort in einem GIMP-Bildfenster für die weitere Bearbeitung zur Verfügung steht (Abb. 32.4).

32.2 Scannen unter Windows

Wenn Sie die Windows-Version von GIMP verwenden und unter diesem Betriebssystem einen Scanner betreiben wollen – nichts einfacher als das. GIMP greift auf die *TWAIN*-Schnittstelle zu. Beim Aufruf des Befehls HOLEN öffnet sich eine Dialogbox, aus der heraus Sie die installierte Software zum Betrieb des angeschlossenen Scanners starten. Abb. 32.8 zeigt Ihnen, wie dies unter Windows 2000 aussieht.

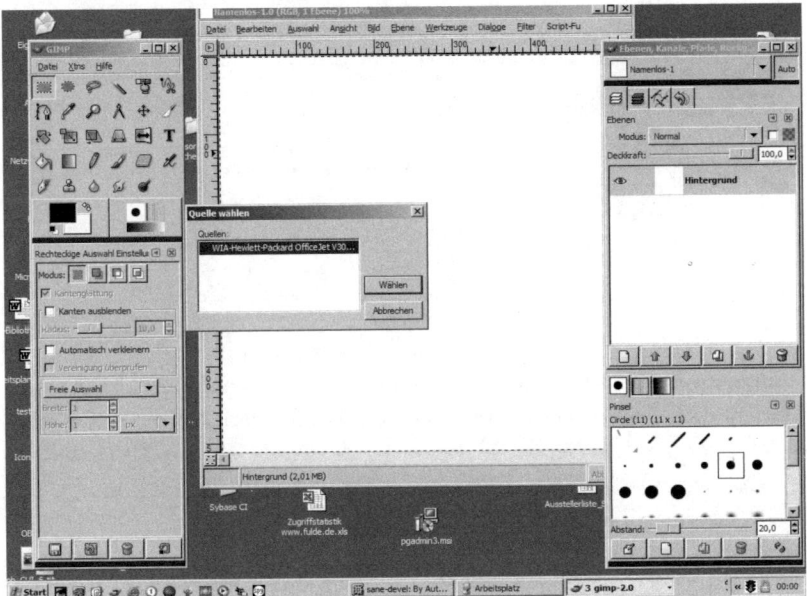

Abbildung 32.8
Scannen unter Windows 2000: GIMP (hier mit deutschem Interface) greift auf die TWAIN-Schnittstelle zu.

32.3 Scannen unter Mac OS X

Auch auf dem Apple-Betriebssystem lassen sich Inhalte mit einem Scanner unter GIMP sehr schnell digitalisieren. Dies gilt sogar für Scanner, für die es keine Mac-OS-X-Treiber gibt. Hier erweist sich das bereits beschriebene SANE als hilfreich, denn es gibt eine Portierung dieser Schnittstelle sowie der Backends für das Apple-Betriebssystem (Abb. 32.9). Der Zugriff erfolgt dann über eine TWAIN-SANE-Schnittstelle, die von Mattias Ellert unter http://www.ellert.se/twain-sane angeboten wird. Neben dem Quellcode finden Sie dort auch Mac-OS-X-Binärpakete, die sich bequem installieren lassen. Nach der Installation müssen Sie, je nach Scanner, einige wenige Konfigurationseinstellungen vornehmen. Näheres hierzu finden Sie auf der oben angegebenen Seite oder auch auf der Site des SANE-Projekts (http://www.sane-project.org).

Abbildung 32.9

*Auch für das Apple
Betriebssystem gibt es
eine SANE-Portierung
mit deren Hilfe sogar
Scanner betrieben
werden können, für die
es keine originären
Mac-OS-X-Treiber gibt.*

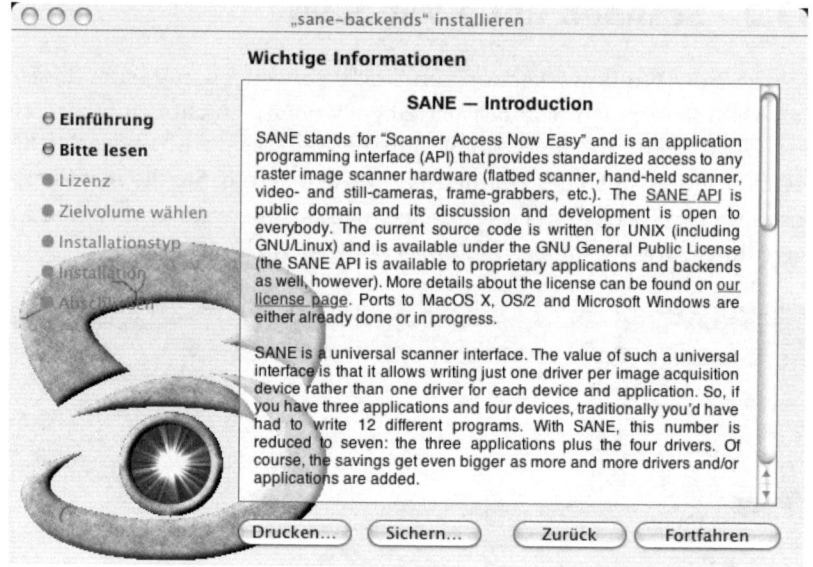

Abbildung 32.9
Auch für das Apple Betriebssystem gibt es eine SANE-Portierung mit deren Hilfe sogar Scanner betrieben werden können, für die es keine originären Mac-OS-X-Treiber gibt.

Nach erfolgter Installation und Konfiguration starten Sie dann einen Scanvorgang in GIMPs Werkzeugleiste mit dem Befehl DATEI → HOLEN →TWAIN. Danach öffnet sich das Bedienfenster der TWAIN-SANE-Schnittstelle (Abb. 32.10), von dem aus Sie mit PREVIEW eine Scan-Voransicht bzw. direkt den Scan (SCAN) starten können. Mit SCAN MODE entscheiden Sie, ob Sie eine Vorlage Schwarz-Weiß oder farbig einscannen, während Sie mit BIT DEPTH die Farbtiefe einstellen und mit SCAN RESOLUTION die gewünschte Auflösung Ihres Scans.

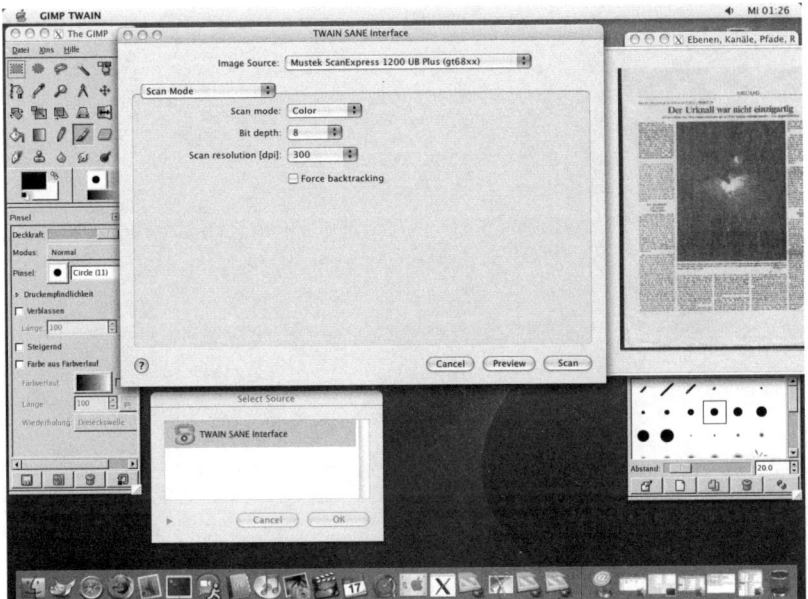

Abbildung 32.10
Mit der TWAIN-SANE Schnittstelle lassen sich unter Mac OS X einfach und schnell Scans erstellen.

33 Grafiktabletts unter Linux

Auch wenn die Computer-Maus mittlerweile zu einer Verlängerung Ihrer Hand und zu einem »sechsten Finger« geworden ist: Richtiges Malen und Zeichnen, so wie man es von Kindergarten- und Schulzeiten gewohnt ist, ist mit diesem Zeigegerät nicht möglich.

Einem Bleistift oder einem Pinsel näher kommen die so genannten Grafiktabletts, die sich an die serielle Schnittstelle eines Rechners anschließen lassen. Hierbei handelt es sich um digitale Zeichenbretter, die in verschiedenen Formaten erhältlich sind (z.B. DIN A6, DIN A5, DIN A4 usw.), beispielsweise von der Firma *Wacom* in Neuss (www.wacom.de). Diese Zeichenbretter sind so konstruiert, dass sie die Berührung eines besonderen elektronischen Stiftes in eine Koordinate umwandeln und auf den Bildschirm z.B. in dem Bildfenster einer Grafikbearbeitungssoftware wiedergeben können. Die neuesten Modelle dieser Tablets unterstützen verschiedene Zeichengeräte, z.B. Stifte, Pinsel, Airbrush-Werkzeuge und anderes. Sie geben die mit diesen Geräten erstellten Zeichnungen mit großer Genauigkeit wieder, sind druckempfindlich und erlauben es damit, Zeichnungen auf die klassische Art und Weise zu erstellen.

Abbildung 33.1
Erst ein Grafiktablett mit seinen digitalen Zeichenstiften erlaubt es, GIMP als vollwertiges »Zeichen«-Programm zu nutzen.

Grafiktabletts werden zumeist in einem professionellen oder semi-professionellen Umfeld eingesetzt. Aus diesem Grunde werden sie von sehr vielen professionellen Bildbearbeitungsprogrammen, z.B. *Photoshop*, unterstützt. Niemand kommt heutzutage allerdings an Linux vorbei und so gibt es seit einiger Zeit auch Treiber, mit denen Tablets unter diesem Betriebssystem benutzt werden können. Auch moderne USB-Grafiktabletts lassen sich mittlerweile problemlos betreiben. Von Interesse ist in diesem Zusammenhang das Linux Wacom Project. Informationen hierzu finden Sie unter linuxwacom.sourceforge.net. Im Folgenden ist die Installation und das Setup von Grafiktabletts am Beispiel der Intuos-Geräte der Firma *Wacom* beschrieben.

Grafiktabletts und X Window   Ein Grafiktablett ist – wie die Computermaus – ein Eingabe-Gerät, das unter der grafischen Benutzeroberfläche X Window betrieben wird. Dies bedeutet, dass der auf Ihrem Rechner verwendete X Server das Grafiktablett als Eingabe-Gerät unterstützen muss.

Zum Installationsumfang aller Linux-Distributionen gehört der freie X Server des XFree86-Projektes. Wenn Sie diesen benutzen, können Sie auf die so genannte *XInput*-Erweiterung zurückgreifen. Mit deren Hilfe lassen sich neben der üblichen Maus und einer Tastatur weitere Eingabe- und Zeigegeräte unter X Window betreiben. Hierzu gehören nicht nur Grafiktabletts, sondern auch Joysticks, TouchScreens und andere Geräte.

Im Folgenden beschreiben wir als Beispiel, wie man verschiedene Tablettmodelle der Firma *Wacom* unter X Window mithilfe dieser Erweiterung betreibt. Dies sind u.a. die Intuos- und die PenPartner-Modelle dieses Herstellers.

Installation des Tablett-Treibers   Der XFree86 Server hält für den Betrieb der oben genannten Geräte ein Treibermodul mit dem Namen xf86Wacom.so bereit. Dieses finden Sie im Modulverzeichnis Ihres X-Window-Systems, üblicherweise unter /usr/X11R6/lib/modules. Nachdem Sie innerhalb Ihrer Distribution X Window installiert und konfiguriert haben, sollte sich xf86Wacom.so an der angegebenen Stelle finden lassen.

Allerdings wird das Modul kontinuierlich weiterentwickelt. Die alleraktuellste Version des Moduls gibt es – wie immer – im Web unter:

http://www.lepied.com/xfree86/

Wenn Sie das Treibermodul aus dem Netz heruntergeladen haben, kopieren Sie dieses in das oben genannte Verzeichnis /usr/X11R6/lib/modules. Es ist sicherlich keine schlechte Idee, den alten Treiber zuvor umzubenennen, sodass Sie – sollten Probleme auftreten – immer wieder auf eine stabil laufende Konfiguration zurückgreifen können. Nachdem dies geschehen ist, müssen Sie die im Folgenden be-

schriebenen Ergänzungen der Konfigurationsdatei Ihres X Server vornehmen.

Tablett-Konfiguration   Damit der X Server beim Start auch das
Zeigegerät erkennt, muss seine Konfigurationsdatei /etc/XF86config angepasst werden. Ergänzen Sie diese Datei um die folgenden Inhalte:

```
# load the dynamic driver


Section "Module"
    Load "xf86Wacom.so"
EndSection
```

Mit diesen Zeilen veranlassen Sie den X Server, dass zur Startzeit von
X Window auch das oben beschriebene Modul geladen wird. Danach
werden die Parameter für die zur Verfügung stehenden elektronischen
Zeichengeräte definiert. Hierzu wird in der Datei ein Bereich XInput angelegt. Ein Bereich startet mit dem Befehl Section und wird beendet mit
End Section. Innerhalb dieses Bereiches wird dann für jedes der vorhandenen Zeichengeräte ein Unterbereich angelegt. Diese starten mit
dem Befehl SubSection End SubSection. Die Zeichengeräte des Herstellers *Wacom* werden dabei wie folgt in die Datei eingebunden:
   Ein Unterbereich WacomStylus unterstützt den Intuos Pen, das
Airbrush-Werkzeug sowie den InkingPen. Der Eintrag WacomCursor unterstützt die Intuos-4D-Maus sowie das Linsen-Cursor-Gerät dieses
Herstellers. Der Eintrag WacomEraser schließlich unterstützt den (inte-
grierten) Radierer der Zeigegeräte, z.B. von Pen und Airbrush.
   Im Unterbereich der jeweiligen Zeichengeräte werden nun verschiedene Variablen festgelegt. Werfen wir einen Blick auf einen solchen Unterbereich:

```
Section "InputDevice"
    Identifier "stylus"
    Driver "wacom"
    Option "Type" "stylus"
    Option "Device" "/dev/ttyS3"
EndSection
Section "InputDevice"
    Identifier "eraser"
    Driver "wacom"
    Option "Type" "eraser"
    Option "Device" "/dev/ttyS3"
EndSection
Section "InputDevice"
    Identifier "cursor"
```

```
    Driver "wacom"
    Option "Type" "cursor"
    Option "Device" "/dev/ttyS3"
EndSection

Section "ServerLayout"
    Identifier "layout1"
    Screen      "screen1"
    InputDevice "Mouse1" "CorePointer"

    InputDevice "stylus" "AlwaysCore"
    InputDevice "eraser" "AlwaysCore"
    InputDevice "cursor" "AlwaysCore"

    InputDevice "Keyboard1" "CoreKeyboard"
EndSection
```

Einige der Variablen beziehen sich auf das verwendete Grafiktablett. So legen Sie mit der Variablen Port fest, an welcher seriellen Schnittstelle Ihres Rechners das Tablett angeschlossen ist, und mit BaudRate die Übertragungsgeschwindigkeit dieser Schnittstelle. Da alle Zeichengeräte mit einem Tablett an ein und derselben Schnittstelle arbeiten, muss diese Variable nur einmal angegeben werden. Mit der Variablen DebugLevel (sie ist im obigen Beispiel durch ein #-Zeichen am Anfang der Zeile auskommentiert) aktivieren Sie übrigens einen Kommentarmodus, der Ihnen in der Textkonsole, von der aus Sie den X Server gestartet haben, Informationen über den Status des Grafiktabletts sowie seiner Zeichengeräte gibt.

Die übrigen Variablen in unserem Beispiel beziehen sich direkt und individuell auf das Zeichengerät, dem Sie mit DeviceName einen Namen geben. Dieser Name taucht z.B. in den entsprechenden Dialogboxen innerhalb GIMPs auf (s.u.). Die Variable Mode bezieht sich auf die Positionierung eines Zeichengerätes und kann entweder den Wert Absolute oder den Wert Relative haben. Wenn Sie sich in der Konfiguration für eine Einstellung entschieden haben, lässt sich diese übrigens zu einem späteren Zeitpunkt verändern. Hierzu benutzen Sie das Programm *xsetmode*.

Recht nützlich für die Arbeit mit den Zeichengeräten erweist sich in der Praxis auch der Parameter Suppress. Mit diesem legen Sie die minimale Distanz fest (in Koordinaten des Zeichengerätes), die das Zeichengerät bewegt werden muss, bevor eine Meldung an das System erfolgt. Insbesondere, wenn Ihnen die digitalen Stifte zu sensibel erscheinen und bei der kleinsten Bewegung ansprechen, sollten Sie diese Variable in der Konfigurationsdatei setzen.

Mehrere Zeichengeräte gleichzeitig nutzen Wie oben bereits erwähnt, bieten die Hersteller von Grafiktabletts verschiedene Zeichengeräte an, die Sie alle gleichzeitig verwenden können. Sie müssen lediglich für jedes der Geräte einen Eintrag – wie oben beschrieben – in der Konfigurationsdatei des X Server anlegen. Was aber, wenn Sie mehrere Zeichengeräte der gleichen Bauart besitzen und diese gleichzeitig nutzen wollen, beispielsweise mehrere *Intuos Pens*? Dies ist z.B. dann sehr praktisch, wenn Sie in GIMP unterschiedliche Werkzeugspitzen verwenden und nicht bei jedem Wechsel die Einstellungen ändern wollen; so lässt sich ein Stift als Tuschefeder definieren, ein zweiter Stift als Kreidestück und ein dritter als Borstenpinsel. Auch, wenn Sie eine Grafik mit zwei oder drei verschiedenen Farben kolorieren, ist die im Folgenden vorgestellte Konfigurationsmöglichkeit von Nutzen.

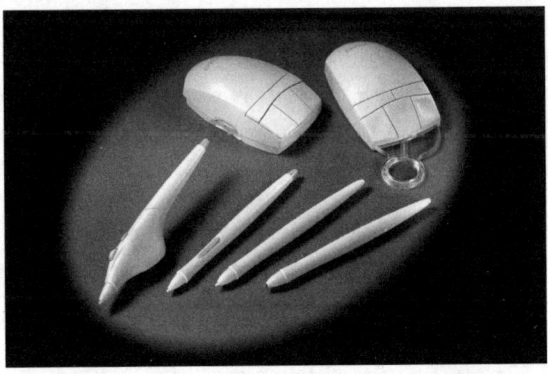

Abbildung 33.2
Moderne Grafiktabletts stellen verschiedene Zeichengeräte zur Verfügung, die sich alle unter GIMP nutzen lassen.

Alle Zeichengeräte der INTUOS-Grafiktabletts haben eine eigene digitale Kennung, sodass das Tablett stets weiß, welches Gerät Sie in den Händen halten. Damit Sie diese Eigenschaft verwenden können, müssen Sie die Seriennummer des Gerätes in der Variablen `Serial` angeben. Wie aber finden Sie heraus, welche Seriennummer ein bestimmter Stift besitzt? Hier kommt die oben erwähnte Variable `DebugLevel` ins Spiel. Wenn diese aktiviert ist, erkennen Sie, sobald Sie Ihr Tablett mit einem Zeichengerät berühren, in der Ausgabe des X Server die Nummer des Gerätes.

Mehrere Zeigegeräte gleichzeitig verwenden Wie in Abb. 33.2 zu erkennen ist, bietet die Fa. *Wacom* eine Maus an, die sich anstelle einer gewöhnlichen Computermaus mit dem Tablett zusammen nutzen lässt. Wenn Ihnen diese Anschaffung als nicht notwendig erscheint und Sie Ihre normale Maus und ein Tablett gleichzeitig verwenden möchten, wird die Sache ein wenig komplexer. Ihr X Window System muss dann nämlich Informationen, die von einem Stift des Tabletts kommen, zeitgleich verarbeiten mit Signalen Ihrer Maus, die entstehen, wenn Sie Menüs und Dialogboxen von X-Anwendungen, also z.B. von GIMP, bedienen.

Doch auch für diesen Fall ist vorgesorgt: Denn hierzu bietet die *XInput*-Ergänzung des X Server den so genannten AlwaysCore-Modus. Wenn dieser Modus für ein bestimmtes Zeichengerät gesetzt ist, dann übernimmt dieses Gerät, sobald es bewegt wird, die Steuerung des Bildschirmcursors. Dies ist unabhängig davon, ob bereits andere Geräte auf den Cursor zugreifen.

So viel zu den Parametern, die Sie für jedes der vorhandenen Zeichengeräte festlegen. Sobald die Anpassung der Konfigurationsdatei Ihres X Server abgeschlossen ist, sollten Sie X Window beenden und erneut starten, damit die Änderungen wirksam werden.

Tablettunterstützung in GIMP aktivieren   Nachdem nun alle Arbeiten auf der Ebene Ihres Linux-Systems abgeschlossen sind, können Sie sich daranmachen, den Tablettzugriff unter GIMP zu realisieren. Leider ist eine solche Benutzung nicht ohne weiteres möglich. Dies gilt sowohl, wenn Sie eine vorkompilierte Version des Programms nutzen (die z.B. Teil Ihrer Linux-Distribution ist), oder auch, wenn Sie das Programm nach den Vorgaben in Anhang A selbst kompiliert haben.

An einer Neu-Kompilation der *gtk*-Bibliothek führt leider kein Weg vorbei. Diese läuft vollkommen analog zu den in Anhang A beschriebenen Ausführungen.

Der einzige – aber entscheidende – Unterschied zu einer »normalen« Kompilation und Installation betrifft die *gtk*-Bibliothek. Die Unterstützung der *XInput*-Erweiterung muss nämlich bei der Kompilation dieser Bibliothek berücksichtigt werden. Hierzu muss lediglich vor der eigentlichen Kompilation das Programm configure mit einer weiteren Option gestartet werden. Dies ist die Option:

```
./configure - -with-xinput=xfree
```

Nachdem die *gtk*-Bibliothek mit diesem Zusatz kompiliert wurde, muss ebenso eine Neu-Kompilation von GIMP erfolgen. Erst danach lässt sich ein Zeigegerät in der im Folgenden beschriebenen Weise verwenden.

Benutzung der Zeichengeräte unter GIMP   Wie gebrauchen Sie ein Grafiktablett unter GIMP? Nachdem Sie das Programm gestartet haben, bietet das Programm eine Dialogbox zur Steuerung von Eingabegeräten. Diese finden Sie in der Befehlsleiste von GIMPs Werkzeugpalette im Menü DATEI unter EINSTELLUNGEN und dann in der Karte EINGABEGERÄTE.

Wenn Sie diesen Befehl ausführen, öffnet sich die in Abb. 33.3 gezeigte Dialogbox. Im oberen Bereich dieser Box finden Sie die beiden Auswahlfelder GERÄT und MODUS. Im zuerst genannten Feld steht eine Liste der verfügbaren Zeichengeräte. Diese tragen den Namen, den Sie in der X-Window-Konfigurationsdatei in der Variablen `DeviceName` festgelegt haben. Im Startzustand steht das Auswahlfeld MODUS für jedes der Geräte in der Stellung DEAKTIVIERT. Die Auswahl der Optionen BILDSCHIRM bzw. FENSTER aktiviert die Zeichengeräte, sodass sie mit dem Grafiktablett benutzt werden können.

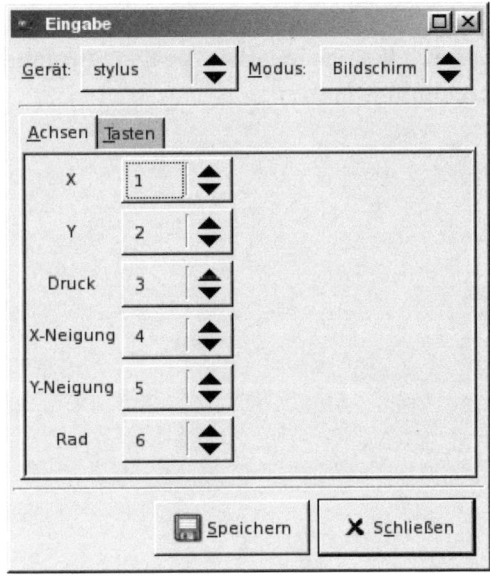

Abbildung 33.3
Mit dieser Dialogbox steuern Sie ein Grafiktablett unter GIMP.

Nach Aktivierung der Zeichengeräte können diese nicht nur in einem Bildfenster als Zeichenwerkzeug verwendet werden, sie ersetzen außerhalb der Fenster auch die Maus. Das heißt, Sie brauchen zur Auswahl eines GIMP-Werkzeuges oder zum Öffnen eines Dialoges nicht unbedingt die Maus zu benutzen, sondern können auch das Zeichengerät hierzu einsetzen. Besonders hilfreich sind die Tasten der Geräte. Wenn Sie diese innerhalb eines Bildfensters betätigen, öffnet sich das Bildmenü. Hierdurch haben Sie die Möglichkeit, in einer mit den Geräten angefertigten Zeichnung schnell auf GIMPs Filterfunktionen zuzugreifen.

Im unteren Bereich der Dialogbox finden Sie zwei Registerkarten. In der ersten dieser Karten ACHSEN lassen sich verschiedene Freiheitsgrade für die Zeigegeräte festlegen. Insbesondere sind dies die X- und die Y-Position, die Drucksensitivität der Geräte (DRUCK) sowie die jeweilige Geräteneigung in X- und in Y-Richtung (X-NEIGUNG bzw. Y-NEIGUNG).

Mit jedem der Zeichengeräte lässt sich nun in GIMP ein unterschiedliches Werkzeug und eine unterschiedliche Werkzeugspitze benutzen. Das Programm merkt sich diese Einstellung und sobald Sie das Werkzeug wechseln und sich ins gerade bearbeitete Bildfenster bewegen, wird das dem Zeichengerät zugeordnete Werkzeug aktiviert. Sie werden feststellen, dass einige der Wacom-Zeichengeräte über einen »Radierer« verfügen (sofern Sie diesen auch in Ihrer XF86Config-Datei eingerichtet haben). Auch dieser lässt sich einstellen. Wie Sie dies von einem normalen Bleistift gewohnt sind, können Sie dann eine Zeichnung einfach dadurch korrigieren, dass Sie den Stift umdrehen und den digitalen Radiergummi benutzen.

Anhänge

A Installation unter Linux

Die meisten Leser, die GIMP unter Linux einsetzen, werden eine Programmversion verwenden, die mit ihrer Linux-Distribution geliefert wurde. Wenn GIMP nicht mitgeliefert wurde oder wenn Sie eine neuere GIMP-Version aus dem Netz herunterladen und verwenden wollen, müssen Sie das Programm zuvor auf Ihrem Rechner installieren.

Im Folgenden finden Sie daher alle Schritte beschrieben, die notwendig sind, um auf Ihrem Linux-System eine lauffähige Version von GIMP zu installieren und zu benutzen. Dies umfasst Informationen, wo Sie das Programm finden und was es rund um die GIMP-Installation zu beachten gilt.

A.1 Bibliotheken und Programme

GIMP ist, wie viele andere Programme auch, modular angelegt und greift auf einige Bibliotheken und Programme zurück.

glib Wenn Sie eine neue Version der *GTK+*-Bibliothek installieren, sollten Sie zuvor auch die neueste Version der *glib*-Bibliothek installieren. Die *glib*-Bibliothek ist eine Sammlung nützlicher Funktionen und Definitionen, die einige der von der Linux-Standardbibliothek *libc* zur Verfügung gestellten Funktionen ersetzt.

GTK+ Die *Gimp Tool Kit*-Bibliothek ist – wie der Name es schon vermuten lässt – ein absolutes Muss, wenn Sie GIMP auf Ihrem Rechner installieren und betreiben wollen. Die *GTK+*-Bibliothek bestimmt das Aussehen der gesamten GIMP-Benutzeroberfläche, also z.B., wie die Dialogboxen aussehen, welche Funktionalität die Rollbalken besitzen, was sich hinter den Schaltflächen verbirgt usw.

Pango Die *Pango*-Bibliothek stellt ein Framework zur Verfügung, auf dessen Basis die Darstellung von internationalisiertem Text (insbesondere also Sonderzeichen, die im normalen ASCII-Code nicht vorkommen) umgesetzt werden kann. *Pango* wurde insbesondere für die *GTK+-*

Bibliothek programmiert, kann aber auch anderweitig eingesetzt werden.

ATK   Die Abkürzung *ATK* steht für *GNOME Accessibility Tool Kit*. Die *ATK*-Bibliothek stellt Anwendungen weitere Schnittstellen für den Zugriff zur Verfügung. Insbesondere sind hiermit Vorlesehilfen, Bildschirmvergrößerungen etc. gemeint.

Bild- und Grafikbibliotheken   Wie Sie weiter unten lernen werden, unterstützt GIMP eine Vielzahl von Grafik- und Bildformaten. Für einige dieser Formate benötigt das Programm zusätzliche Bibliotheken. Dies sind z.B. die *libtiff* für das Lesen und Schreiben von Bildern im TIFF-Format, die *libpng* für das Lesen und Schreiben von PNG-Dateien, die *libz* für die Komprimierung von Bildern im PNG-Format, die *libjpeg* für das Lesen und Schreiben von JPEG-Bildern und die *libmpeg* für das Einlesen von MPEG-Filmen.

Andere Programme   GIMP unterstützt auch Dateien im PostScript-Format und solche im PDF-Format. Wenn Sie diese Dateien anschauen und bearbeiten wollen, benötigen Sie *GNU GhostScript*, das zum Standardumfang der meisten Linux-Distributionen gehört.

Das Gleiche gilt für *xv*, das Standard-Bildbetrachtungs-Programm unter X Window. GIMP benötigt dieses, um die Bildvoransichten in der Dialogbox BILD ÖFFNEN zu erzeugen.

Sie werden in Kap. 7.1.3 lernen, dass Sie direkt aus GIMP heraus Dateien komprimiert abspeichern können. Hierzu müssen allerdings die beiden Programme installiert sein, mit deren Hilfe GIMP die Bilddateien in ein kompakteres Format bringt. Dies sind das GNU-Kompressionsprogramm *gzip* sowie das etwas besser komprimierende *bzip*.

Wenn Sie von GIMP aus einen Scanner in Betrieb nehmen wollen, so benötigen Sie eine Treibersammlung mit dem Namen *SANE*, mit deren Hilfe solche Geräte unter Linux benutzt werden können.

A.2   Wo gibt's GIMP?

Im vorigen Abschnitt haben Sie erfahren, welche Bibliotheken und Programme notwendig sind, um GIMP auf Ihrem Linux-Rechner betreiben zu können. Die dort genannten Dinge sind entweder Teil Ihrer Linux-Distribution oder können im Internet heruntergeladen werden. Wo aber bekommen Sie das Programm selbst? Hier gibt es mehrere Möglichkeiten:

- ❏ Ihre Linux-Distribution enthält höchstwahrscheinlich bereits eine GIMP-Version
- ❏ Im Internet finden Sie auf `ftp.gimp.org` die aktuellste GIMP-Version.

A.2.1 GIMP als Teil der Linux-Distribution

Vermutlich ist Ihre Linux-Distribution mit einem Installations- und Konfigurationswerkzeug ausgestattet, und wenn Sie damit umzugehen gelernt haben, sollten Sie in der Dokumentation Ihrer Distribution nachschauen, wo genau Sie GIMP finden.

A.2.2 GIMP aus dem Netz laden

Wenn Sie die aktuellste GIMP-Version installieren möchten, so bekommen Sie diese im Internet, denn neben einer Website betreiben die GIMP-Entwickler auch einen Server, wo Sie sich mithilfe des file transfer protocol (*FTP*) die Dateien auf Ihren Rechner übertragen können. Hierzu müssen Sie sich auf dem *FTP*-Server-Rechner mit dem Domain-Namen `ftp.gimp.org` als anonymer Benutzer anmelden. Verwenden Sie hierzu Ihren Browser oder ein *FTP*-Programm Ihrer Wahl.

> **Herunterladen der *bzip*-komprimierten Datei**
>
> Anstelle der oben angegebenen, mit dem Programm *gzip* komprimierten Datei können Sie auch die mit *bzip* komprimierte Datei mit der Dateiendung `.bz2` vom GIMP-*FTP*-Server herunterladen. *bzip* komprimiert besser als das klassische *gzip*. Damit verkürzt sich die Ladezeit der komprimierten Datei. Das Auspacken der Archivdatei erfolgt dann allerdings in zwei Schritten.

Eine mit *bzip* komprimierte Archivdatei lässt sich in zwei Schritten auspacken: Zuerst wird dekomprimiert und dann werden die Dateien aus dem Archiv entpackt.

```
gimp@sophie /# bzip2 -d gimp-2.x.x.tar.bz2
```

Dies erzeugt die Datei *gimp-2.x.x.tar*, die dann ausgepackt wird mit:

```
gimp@sophie /# tar xvf gimp-2.x.x.tar
```

Mithilfe einer aktuellen *tar*-Version kann man dies auch in einem Schritt vornehmen:

```
gimp@sophie /# tar tvfj gimp-2.x.x.tar.bz2
```

A.3   Die binären GIMP-Dateien installieren

Auf der GIMP-Website `http://www.gimp.de` finden Sie einen Link zu einigen fertig kompilierten Versionen des gesamten GIMP-Paketes für verschiedene Plattformen. Auch diese liegen dort in einer komprimierten Archivdatei vor. Handelt es sich hierbei um eine mit *gzip* komprimierte Archivdatei im *tar*-Format, so müssen Sie diese lediglich wie oben beschrieben an der dafür vorgesehenen Stelle entpacken und können GIMP direkt ohne weitere Bearbeitung nutzen.

Einige Dateien sind jedoch in einem anderen Format und wurden gepackt und komprimiert mit dem *RedHat Package Manager*, weswegen diese Dateien die Endung *.rpm* besitzen. Der Vorteil dieses Packformates ist es, dass zusätzlich zum eigentlichen Packen korrekte Installationsinformationen der Archivdatei hinzugefügt wurden und diese beim Entpacken berücksichtigt werden.

Die Installation eines Programmpaketes mithilfe des *RedHat Package Managers* ist relativ simpel, Sie müssen hierzu lediglich das Folgende eingeben (sofern Sie die archivierte Datei in das Verzeichnis /tmp kopiert haben):

```
/home/gimp> rpm -Uvh /tmp/gimp-2.x.x.i386.rpm
```

Wenn Sie nach Ausführen des letzten Befehls keine Fehlermeldungen bekommen, sollte GIMP korrekt installiert worden sein, und Sie können das Programm *sofort* benutzen.

A.4   Die GIMP-Quelldateien installieren

Wir gehen im Folgenden davon aus, dass Sie sich – wie oben beschrieben – eine Quelldistribution der zum Betrieb von GIMP notwendigen Daten besorgt haben, meist vom GIMP-FTP-Server.

Wenn Sie noch nicht so geübt sind im Umgang mit Linux, wird es Ihnen ein wenig ungewohnt vorkommen, dass Sie Programme nicht nur als lauffertige Binärdatei bekommen (bzw. eingepackt in einem selbst extrahierenden Installations-Programm), sondern auch als Quellcode. Das Vorgehen in diesem Falle ist aber nicht weiter kompliziert.

Bevor Sie ein Programm oder das Programmpaket, vom dem Sie lediglich den Quellcode besitzen, voll unter Linux benutzen können, sind zuerst einige weitere Schritte notwendig: Ein Compiler erzeugt aus dem Quellcode zuerst eine Binärdatei, die Binärdateien werden mit Systembibliotheken verknüpft und daraus wird dann eine Programmdatei erzeugt. In einem abschließenden Schritt wird die Programmdatei an einen Platz kopiert, von dem aus sie aufgerufen werden kann.

Die Installationsschritte Für das gerade Genannte müssen Sie allerdings nicht in die Tiefe der Programmierung einsteigen. Die meisten GNU-Programmpakete, so auch GIMP, beinhalten komfortable Skripte, mit deren Hilfe Ihnen die Installation wesentlich erleichtert wird. Sofern Sie eine der Linux-Standarddistributionen installiert haben, können Sie diese Skripte nutzen und es sollte bei der GIMP-Installation keine Probleme geben.

Im Ganzen[1] besteht die Installation sowohl von *glib*, *GTK+* und GIMP aus drei Befehlen (welche die alten Linux-Hasen unter Ihnen vermutlich »herbeten« können):

- ❏ Als Erstes `./configure`, mit dem Ihr System überprüft wird
- ❏ Dann `make`, mit dem alle zum Installationspaket gehörenden Programme und Bibliotheken übersetzt werden
- ❏ Schließlich `make install`, das diese in ein Verzeichnis kopiert, von dem aus Sie und andere Benutzer darauf zugreifen können

configure Sowohl GIMP als auch *glib* und *GTK+* sind umfangreiche Pakete, die auf viele Komponenten Ihres Linux-Systems zugreifen. Die Installation ist folglich aufwendig und benötigt eine Menge Informationen: Mit welchem Kompiler-Programm der Quellcode übersetzt werden soll, wo man diesen findet. In welchem Verzeichnis man gewisse Systembibliotheken findet, an welcher Stelle das X Window System installiert ist usw. usw. Nicht alle Linux-Installationen sind gleich. So ist es beispielsweise ein Unterschied, ob Sie das komplette Betriebssystem aus dem Internet heruntergeladen und auf Ihrem Rechner installiert haben oder ob Sie das System von der CD-ROM eines Distributors installiert haben. Auch die Systeme der unterschiedlichen Distributoren

---

[1]Wie schon mehrfach erwähnt, sollten Sie vor Installation einer neuen GIMP-Version auch die aktuellste Version der *glib*- und der *GTK+*-Bibliotheken installieren. Im Folgenden wird daher die gesamte Installation ausgehend von *glib* über *GTK+* und schließlich GIMP beschrieben.

unterscheiden sich mal mehr, mal weniger voneinander. Wie ganz zu Anfang erwähnt, läuft GIMP nicht nur unter Linux, sondern auch unter anderen Unix-Systemen (z.B. Irix, Sun Solaris u.a.). Diese sind nochmal ganz unterschiedlich angelegt.

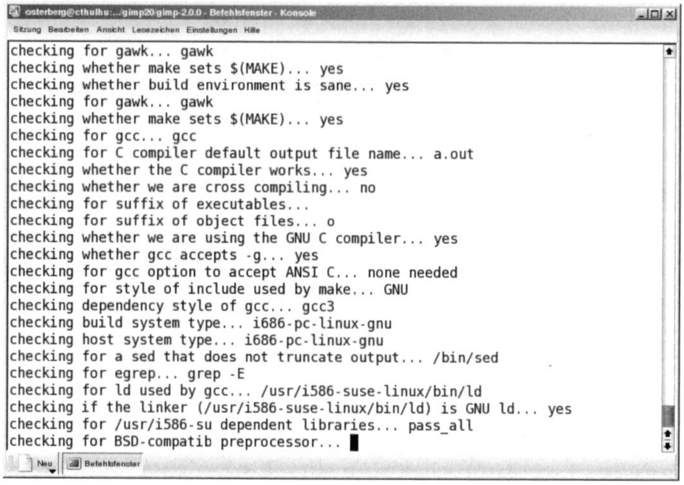

Abbildung A.1
Mit configure überprüfen Sie, ob alle zur Installation notwendigen Dateien vorhanden sind, und erzeugen die für die Installation be-nötig-ten make-Dateien.

```
checking for gawk... gawk
checking whether make sets $(MAKE)... yes
checking whether build environment is sane... yes
checking for gawk... gawk
checking whether make sets $(MAKE)... yes
checking for gcc... gcc
checking for C compiler default output file name... a.out
checking whether the C compiler works... yes
checking whether we are cross compiling... no
checking for suffix of executables...
checking for suffix of object files... o
checking whether we are using the GNU C compiler... yes
checking whether gcc accepts -g... yes
checking for gcc option to accept ANSI C... none needed
checking for style of include used by make... GNU
checking dependency style of gcc... gcc3
checking build system type... i686-pc-linux-gnu
checking host system type... i686-pc-linux-gnu
checking for a sed that does not truncate output... /bin/sed
checking for egrep... grep -E
checking for ld used by gcc... /usr/i586-suse-linux/bin/ld
checking if the linker (/usr/i586-suse-linux/bin/ld) is GNU ld... yes
checking for /usr/i586-su dependent libraries... pass_all
checking for BSD-compatib preprocessor...
```

Glücklicherweise müssen Sie die zahlreichen Informationen, die zur Kompilation der *glib*, der *GTK+* oder von GIMP notwendig sind, nicht selbst herausfinden und in Dateien, die Ihnen kryptisch erscheinen mögen, eintragen. Dies erledigt für Sie in allen drei Fällen *configure*, das Sie bequem im Verzeichnis, welches beim Auspacken der jeweiligen Archiv-Datei angelegt wurde, aufrufen. Für die einfache Installation wird *configure* ohne weitere Optionen aufgerufen. Für besondere Fälle (einige davon sind weiter unten beschrieben) können weitere Optionen mit angegeben werden. *configure* meldet die Ergebnisse des Suchvorganges in Ihrem System, wie Sie am Beispiel der GIMP-Installation in Abb. A.1 sehen können.

Die Informationen, die *configure* über Ihr System gewinnt, werden bei der Erzeugung der Dateien berücksichtigt, die für die weitere Installation (und für das Kommando *make*, s.u.) wichtig sind. Diese Dateien, die alle den Namen Makefile tragen, werden von *configure* sowohl im Hauptverzeichnis der Installation angelegt, als auch in den darunter liegenden Verzeichnissen (z.B. wird für jedes GIMP-Plugin ein separates Makefile angelegt).

make Sofern *configure* problemlos durchgelaufen ist, sollten Sie nun mit der eigentlichen Kompilation, dem Übersetzen des Quellcodes des Programms in binäre Dateien, beginnen können. Hierzu tippen Sie (im jeweiligen Installationsverzeichnis) in der Kommandozeile einfach *make* ein. Im Laufe der Installation gibt *make* eine Menge an Informationen aus. Je nach verwendetem Prozessortyp und vorhandenem Arbeitsspeicher ist eine GIMP-Installation (inklusive der Installation der *glib-* und der *GTK+*-Bibliotheken) innerhalb weniger Minuten abgeschlossen. Auf einem Rechner mit 486DX66-Prozessor kann dies mehrere Stunden dauern. Wenn *make* keine Fehlermeldungen ausgegeben hat, sind Sie bereit für den nächsten Schritt.

Abbildung A.2 zeigt den *make*-Vorgang am Beispiel der *GTK+*-Bibliothek.

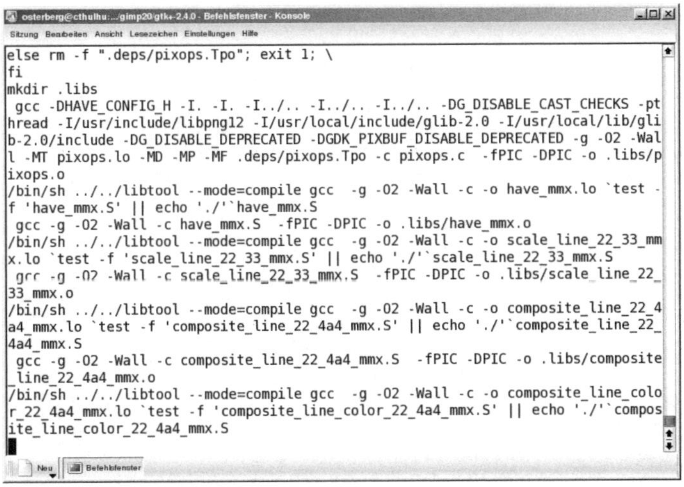

Abbildung A.2
make übersetzt die einzelnen Quelldateien der GTK+-Bibliothek ins Binärformat und erzeugt hieraus die Bibliotheks-Datei, auf die GIMP zur Laufzeit zugreift

make install Dies ist der letzte Schritt der Installation, in dem die erzeugten Bibliotheken und Programme an die vorgesehene Stelle im System installiert werden. Dies ist standardmäßig an einer Stelle in Ihrem Linux-Verzeichnisbaum, von dem aus Sie und andere Benutzer des Systems GIMP aufrufen und benutzen können.

B GIMP tagesaktuell

Sie wollen nicht warten, bis die nächste stabile Version von GIMP erscheint? Selbst auf das Erscheinen der nächsten instabilen Version wollen Sie nicht warten? Dann sollten Sie nicht zögern, sich GIMP tagesfrisch zu besorgen! Dies ist in der Tat möglich, es ist kein Scherz! GIMP wird, wie andere GNU-Projekte auch, fortlaufend entwickelt und die Entwickler haben Zugriff auf eine ständig aktualisierte Version des Programms.

Diesen Zugriff können auch Sie nutzen. Damit er möglichst einfach vonstatten geht, wird hierzu eine Software verwendet, die sich *CVS* nennt, dies ist die Abkürzung für *Concurrent Version System*. Hierbei handelt es sich um ein im Internet für die Entwicklung von Software sehr verbreitetes Paket. Mit CVS können große, global verteilte Entwicklerteams gleichzeitig an einer Software programmieren und auf einen gleichförmig geordneten und aktualisierten Quellcode zugreifen. Die Verwaltung desselben findet an einer zentralen Stelle statt, dem so genannten »Repository« (wörtlich übersetzt heißt dies »Lagerstätte«). Jeder Entwickler verfügt auf seinem Rechner über eine lokale Kopie desselben und kann an dieser seine Änderungen vornehmen. Beim Zugriff auf das Repository sind die folgenden Befehle möglich:

Der Dateibaum mit den GIMP-Quelldateien liegt auf dem Server cvs.gimp.org. Um hierauf zugreifen zu können, müssen Sie als Erstes die Umgebungsvariable CVSROOT setzen, denn damit geben Sie *cvs* die Adresse und das Verzeichnis vor, von dem aus die Programmquellen heruntergeladen werden können.

Sie müssen die Umgebungsvariable setzen auf:

```
:pserver:anonymous@anoncvs.gimp.org:/cvs/gnome
```

Wenn Sie die *csh* oder eine ihrer Varianten (z.B. der *tcsh*) benutzen, so setzen Sie die Variable CVSROOT mit:

```
$setenv CVSROOT :pserver:anonymous@anoncvs.gimp.org:/cvs/gnome
```

Befehl	Ergebnis
add	Fügt dem Repository eine neue Datei bzw. ein neues Verzeichnis hinzu.
get	Erzeugt ein Arbeitsverzeichnis mit bearbeitbaren Quelldateien.
commit	Überträgt Veränderungen an das Quell-Repository (dies erfordert einen Schreibzugriff).
diff	Zeigt Unterschiede zwischen lokalen Dateien und dem Quell-Repository.
history	Zeigt Status-Informationen bzgl. der CVS-Befehle.
log	Zeigt CVS-Log-Informationen.
rdiff	Erzeugt Differenz-Dateien, welche die Veränderungen zwischen einzelnen Release-Versionen angeben.
status	Zeigt den momentanen Status der lokalen Dateien und der im Repository gespeicherten.
update	Erneuert das lokale Arbeitsverzeichnis auf den letzten Stand und synchronisiert mit dem Repository.

Benutzer der Bourne-Shell oder Ihrer Varianten (z.B. der *bash*) setzen:

```
$ export CVSROOT=':pserver:... (s.o.)
```

Wenn Sie den Quellcode herunterladen wollen, müssen Sie sich dann als Nächstes auf dem CVS-Server einloggen:

```
$ cvs login
```

Der CVS-Serverrechner fragt Sie nach einem Passwort. Da es kein Passwort gibt, können Sie einfach die RETURN-Taste betätigen. Wenn Sie nun den Verzeichnisbaum in einem Unterverzeichnis des aktuellen Arbeitsverzeichnisses laden wollen, so geben Sie entweder ein:

```
$ cvs checkout gimp
```

Oder, um die Inhalte komprimiert zu übertragen:

```
$ cvs -z3 get gimp
```

Weitere Module, die Sie in der gleichen Art und Weise laden können und die alle mit GIMP zusammenhängen, sind: *gimp-data-extras*, *gimp-plugins-unstable*, *glib* und *GTK+*.

Innerhalb des GIMP-Verzeichnisses gibt es einige Verzeichnisbäume, welche die unterschiedlichen Entwicklungs-Versionen bezeichnen. Die stabilen Versionen gimp 2.2.x erreichen Sie in `GIMP-2-2`. Um einen bestimmten Verzeichnisbereich zu überprüfen, müssen Sie z.B. eingeben:

```
$ cvs -z3 co -r GIMP-2-2 gimp
```

Der anonyme GIMP-CVS-Server (`anoncvs.gimp.org`) besitzt die IP-Adresse: 130.239.18.151. Beachten Sie, dass auf dem Server nur in einem stündlichen Rhythmus aktualisiert wird. Weitere Informationen (und Dokumentation) zu *CVS* finden Sie auf der Website des Herstellers *Cyclic Software* unter: `http://www.cyclic.com`.

C   Weitere Grafikformate

Neben den in Abschnitt 7.1 vorgestellten Formaten unterstützt GIMP
eine Vielzahl weiterer Formate, die im Folgenden kurz vorgestellt werden.

PNM   (Portable aNyMap) Wenn Sie mit den Programmen des *pbmplus*
oder *netpbm*-Paketes arbeiten (hierbei handelt es sich um Programmpa-
kete zur Bearbeitung und Umwandlung von Bitmap-Dateien, die auf
vielen Unix-Rechnern zur Verfügung stehen und die recht verbreitet
sind), sollten Sie Ihre Bilder in diesem Format abspeichern, denn die
zu diesem Paket gehörenden Programme verstehen das PNM-Format,
das Farbtiefen bis zu 24Bit unterstützt. In der Dialogbox legen Sie fest,
ob im ASCII-Format abgespeichert werden soll oder im schnelleren und
kompakteren Raw-Format.

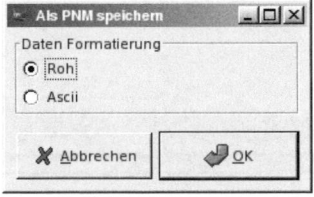

Abbildung C.1
Dies sind die
Speicheroptionen,
wenn ein Bild im
PNM-Format
abgespeichert wird.

MPEG   Analog zur JPEG-Gruppe (siehe Abschnitt 7.1) gibt es auch
für bewegte Bilder ein Format, das auf eine Arbeitsgruppe mit dem Namen *Motion Picture Experts Group* zurückgeht. Momentan können
Sie die mit GIMP erstellten Animationen noch nicht in diesem Format
abspeichern. Was jedoch klappt, ist das Lesen eines MPEG-Filmchens,
das Sie sich dann mit dem GIMP Animation-Player (FILTER → ANI-
MATION → ANIMATION WIEDERGEBEN) anschauen und hiernach als
GIF-Animation abspeichern können.

PCX   Dies ist eines der ältesten Bitmap-Formate und tauchte bereits
in den Anfängen des PC-Zeitalters in den ersten MS-DOS-Grafikpro-

grammen auf. Das PCX-Format unterstützt Farbtiefen bis zu 24 Bit und verwendet eine Kompression nach dem RLE-Verfahren.

PIX Dieses Format wird von Anwendungen (*Alias/Wavefront*) unterstützt, die auf den Workstations der Firma Silicon Graphics zu finden sind. In diesem Format lassen sich RGB-Bilder in 24-Bit-Farbtiefe abspeichern sowie Graustufenbilder in 8-Bit-Farbtiefe.

SGI Hierbei handelt es sich um das originäre Format der Bildbibliotheken, so wie sie auf Workstations der Firma Silicon Graphics zur Verfügung gestellt werden.

SNP Ein Animationsformat der Firma MicroEyes. Sie können dieses Format innerhalb GIMP laden und dann das Bild im GIF-Format abspeichern.

SunRas Das Sun Rasterfile-Format ist das originäre Format, das in den Grafikprogrammen genutzt wird, die auf Workstations der Firma Sun Microsystems zur Verfügung gestellt werden. Das Format unterstützt Bilder bis zu 32-Bit-Farbtiefe.

Abbildung C.2
Dies sind die Speicheroptionen, wenn ein Bild im Sun Rasterfile-Format abgespeichert wird.

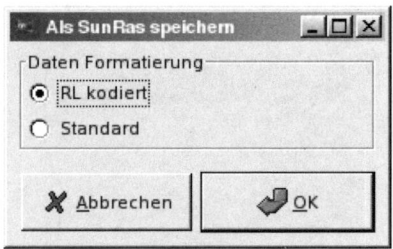

Wenn Sie in dieses Format abspeichern, wählen Sie in der Dialogbox, die sich beim Speichervorgang öffnet (Abb. C.2), ob das Bild unkomprimiert abgespeichert werden soll (Option STANDARD) oder ob GIMP das Bild mit dem RLE-Verfahren durchführen soll. Bei dieser Methode handelt es sich zwar um eine verlustlose Kompression, jedoch sollten Sie bedenken, dass sie nur eine Farbtiefe von vier Bit bzw. acht Bit pro Pixel unterstützt.

Targa Eigentlich handelt es sich hierbei um das TGA-Format von TrueVision und unterstützt sowohl Kompression als auch Bilder mit einer Farbtiefe bis zu 32 Bit. Auch wenn Sie in diesem Format abspeichern, haben Sie die Möglichkeit, das Bild nach dem RLE-Verfahren zu komprimieren. Zusätzlich bestimmen Sie, mit welcher Farbtiefe Sie das Bild speichern. Bei einer Farbtiefe von 32 Bit können Sie zusätzlich noch einen Alphakanal mit abspeichern.

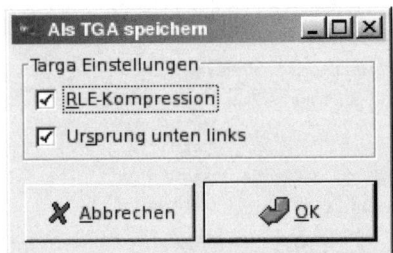

XWD Das XWD-Format (X Window Dump) wird vom Standard-Werkzeug benutzt, das das X Window System für die Erstellung von Screenshots zur Verfügung stellt.

XPM Im XPM-Format (X PixMap) werden die farbigen Icons, die man unter dem X Window System benutzt, abgespeichert. Mit GIMP können Sie XPMs bis zu einer Farbtiefe von 24 Bit abspeichern.

URL (Uniform Resource Locator). Sie können Bilder direkt aus dem World Wide Web in GIMP laden. Es reicht vollkommen aus, die URL einzugeben.

CEL Ein Format, das von KISS-Paper-Doll-Programmen genutzt wird.

FaxG3 Das Format, das Faxsysteme nutzen. Wenn Sie also ein Fax-Gerät an Ihrem Rechner angeschlossen haben, können Sie dieses als GIMP-Drucker nutzen.

FITS Das FITS-Format (Flexible Image Transport System) wird zumeist in der Astronomie benutzt. Sie können sich z.B. Rohdaten des Hubble-Weltraum-Teleskopes (oder auch Radiodaten des 100-Meter-Radioteleskopes in Effelsberg) besorgen und in GIMP betrachten (aber leider noch nicht »reduzieren« :-( ).

FLI/FLC Ein Format, das vom Autodesk Animator stammt und mittlerweile von den meisten Anwendungen, die animierte Grafiken erzeugen, unterstützt wird. Das FLI-Format unterstützt bei einer Auflösung von 320 × 320 Bildpunkten 64 Farben, während das FlC-Format 256 Farben bei einer Auflösung von 64k × 64k Bildpunkten unterstützt.

Abbildung C.4
Diese Box öffnet sich,
wenn Sie ein Bild im
FITS-Format aufrufen.

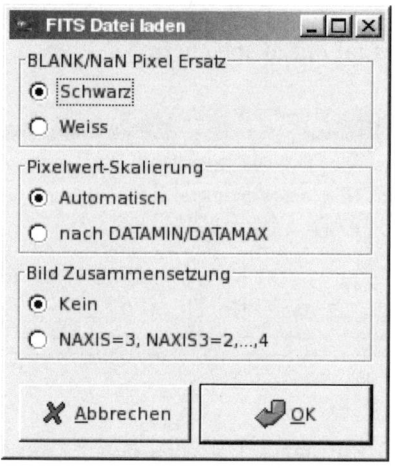

Abbildung C.5
GIMP auf Abwegen:
Die Strahlung der Hα-
Rekombinationslinie in
der
30 Doradus-Region,
einem aktiven Stern-
entstehungsgebiet in
der Großen
Magellan'schen Wolke

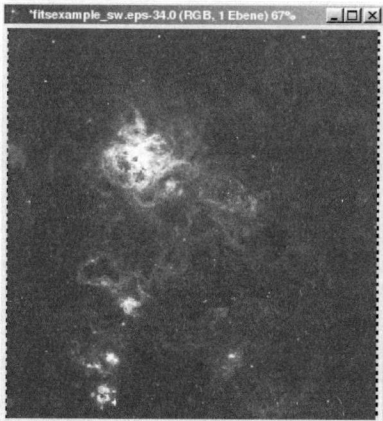

Header Dies ist das Format einer Header-Datei in einem Programm der Programmiersprache C. Wenn Sie ein Bild in eines Ihrer Programme mit einfügen möchten, müssen Sie es in diesem Format abspeichern.

HRZ Ein älteres Format, bestehend aus einfachen RGB-Daten. Es findet Verwendung bei Amateur-Funkern, die sich mit Fernseh-Übertragung beschäftigen. Die Bilder haben ein Format von 256×240 Bildpunkten.

D So geht's-Tutorials

E   GIMP-Tipps

Index

2003, 348 Seiten, durchgehend 4-farbig, gebunden
€ 49,– (D)
ISBN 3-89864-233-X

Martina Nohl

Workshop Typografie & Printdesign

Ein Lern- und Arbeitsbuch

Das Konzept des Lehr- und Arbeitsbuches sieht vor, dass der Leser immer im Wechsel mit der theoretischen Einführung oder Erarbeitung des Themenkomplexes entsprechende Aufgaben und Übungen praktisch durcharbeitet. Neben den Grundlagen der Typografie werden aktuelle Themen wie der Umgang mit Farbe und Bild in Printprodukten ausführlich dargestellt. Auf unterhaltsame Weise erhalten die Leser Einblick in das »Insiderwissen« der Fachwelt, das weit über Grundlagen hinausgeht. Zusätzlich wird ihnen durch Einführung in die Prinzipien der Wahrnehmung und in wesentliche Arbeitstechniken das Handwerkszeug gegeben, sich selbst weiterzubilden. Das umfangreiche und ergiebige Kapitel der Layoutgestaltung rundet das praxisnahe Buch ab.

»Ob Mac oder PC-Anwender, ob Internet-Gestalter, Layouter oder Hobby-Drucker – ihr Output wird sich nach der Lektüre dieses Buches verbessern.«
(c't 2003, Heft 24)

»Ein Buch, das didaktisch wirklich gut aufbereitet ist und Lust macht auf das ›Be-Schriften‹.«
(PublishingPraxis Dezember 2003)

Ringstraße 19 · 69115 Heidelberg
fon 0 62 21/14 83 40
fax 0 62 21/14 83 99
e-mail hallo@dpunkt.de
http://www.dpunkt.de

Rachel Andrew

Der CSS-Problemlöser

Über 100 häufige Probleme mit Cascading Stylesheets und wie man sie löst

Übersetzt aus dem Englischen

Cascading Stylesheets sind der Standard für professionell gestaltete und barrierefreie Websites. Die Autorin Rachel Andrew gibt wertvolle Tipps, wie Sie CSS 2.1 in Ihrer täglichen Webdesignarbeit verwenden. Behandelt werden u.a. Textgestaltung, Navigation, Formulare, Benutzungsoberflächen mit unterschiedlichem »Look-and-Feel«, Browserkompatibilität und das Ersetzen von Tabellen durch CSS-Layout.

Sie können das Buch von vorne nach hinten lesen oder wie ein Kochbuch verwenden – mit mehr als 100 verschiedenen Rezepten für unterschiedliche Anwendungsfälle. Zahlreiche Codebeispiele erleichtern das Lernen und können auch gleich für die eigene Website verwendet werden. Das Buch wendet sich an Einsteiger in die Webentwicklung sowie an erfahrene Webdesigner, die ihre Arbeiten wirksam optimieren wollen.

Übersetzt aus dem Englischen,
2005, 358 Seiten, Broschur
€ 35,00 (D)
ISBN 3-89864-348-4

 **dpunkt.verlag**

Ringstraße 19 · 69115 Heidelberg
fon 0 62 21/14 83 40
fax 0 62 21/14 83 99
e-mail hallo@dpunkt.de
http://www.dpunkt.de

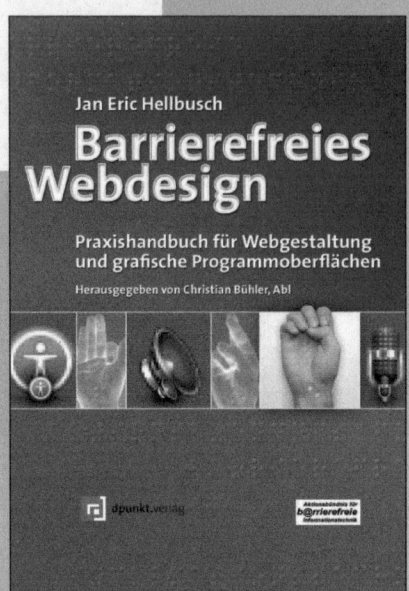